W0228322

KARL MAY

Karl May, am 25. Februar 1842 in Hohenstein-Ernstthal geboren und in ärmlichsten Verhältnissen aufgewachsen, gilt seit einem halben Jahrhundert als einer der bedeutendsten deutschen Volksschriftsteller. Nach trauriger Kindheit und Jugend wandte er sich dem Lehrerberuf zu. Als Redakteur verschiedener Zeitschriften begann er später die Schriftstellerlaufbahn, zunächst mit kleineren Humoresken und Erzählungen. Bald jedoch kam sein einzigartiges Talent voll zur Entfaltung. Er begann „Reiseerzählungen" zu schreiben. Damit begründete er seinen Weltruhm und schuf sich eine nach Millionen zählende Lesergemeinde. Die spannungsreiche Form seiner Erzählkunst, ein hohes Maß an fachlichem Wissen und eine überzeugend vertretene Weltanschauung verbanden sich überaus glücklich in seinen Schriften. Auch heute begeistern die blühende Phantasie und der liebenswürdige Humor des Schriftstellers in unverändertem Maß seine jungen und alten Leser. Karl Mays Werke wurden in mehr als zwanzig Kultursprachen übersetzt. Allein von der deutschen Originalausgabe sind bisher über sechsundvierzig Millionen Bände gedruckt worden. Karl May starb am 30. März 1912 in Radebeul bei Dresden.

FRANZ KANDOLF

IN MEKKA

FORTFÜHRUNG VON KARL MAYS REISEERZÄHLUNG
„AM JENSEITS"

UNGEKÜRZTE AUSGABE

KARL MAY TASCHENBÜCHER
IM
VERLAG CARL UEBERREUTER
WIEN-HEIDELBERG

INHALT

*

Karl Mays
treuer Lebensgefährtin
KLARA MAY
zu eigen

*

Herausgegeben von Dr. E. A. Schmid

*

Diese Ausgabe erscheint in enger Zusammenarbeit mit dem Karl-May-Verlag, Bamberg
© 1952 Joachim Schmid (Karl-May-Verlag), Bamberg / Alle Rechte vorbehalten
Die Verwendung der Umschlagbilder erfolgt mit Bewilligung des Karl-May-Verlages
Karl May Taschenbücher dürfen in Leihbüchereien nicht eingestellt werden

*

Bestellnummer
T 50
ISBN 3 8000 4050 6

Gesamtherstellung: Salzer - Ueberreuter, Wien
Printed in Austria

Vorwort

Als Karl May den Plan zu der Reiseerzählung „Am Jenseits" faßte, dachte er sich ihre Vollendung im Rahmen nur eines einzigen Bandes. Damals erschienen längst seine Reiseerzählungen in Buchform, und sein Verleger Fehsenfeld mußte für den geplanten Band die Nr. 25 der „Gesammelten Reiseerzählungen" freilassen. Mit der Nr. 26 sollte die Romanreihe „Im Reiche des silbernen Löwen" anfangen, deren Druck schon vorher im „Deutschen Hausschatz" begonnen hatte. Während May indes am Jenseitsband schrieb, wuchs die Fülle des Stoffs derart an, daß der Raum eines Bandes auch nicht entfernt reichte, und er mitten in der Handlung abbrechen mußte. In ungezählten Leserbriefen wurde an ihn die Frage nach dem Schluß des Romans gerichtet, worauf May regelmäßig antwortete, er werde in einem zweiten Band „Im Jenseits" die Leser zufriedenstellen. Dieser Band wurde jedoch niemals geschrieben, und „Am Jenseits" blieb unvollendet. In die Zeit nach dem Erscheinen von „Am Jenseits" fällt ein für die spätere schriftstellerische Tätigkeit Mays wichtiges Ereignis: die große Orientreise, nach der sich der Dichter der rein symbolischen Schreibweise zuwandte. Er begann mit dem, was er in „Mein Leben und Streben" sein eigentliches Lebenswerk nennt. Das eine ist klar: hätte er nach dieser inneren Wandlung sich an die Vollendung von „Am Jenseits" gemacht, so wäre ein ganz anders gearteter Schluß daraus geworden als ihm ursprünglich vorschwebte, und der Roman hätte das Schicksal der vier Bände „Im Reiche des silbernen Löwen" geteilt, deren Teile die deutlichen Spuren dieser Wandlung aufweisen und literarisch ganz verschieden zu beurteilen sind.

Wie hat sich der Dichter die Fortsetzung und Vollendung von „Am Jenseits" gedacht? Niemand vermag das zu sagen. In seinem Nachlaß war keine einzige Zeile darüber zu finden, und auch seine Witwe konnte keinen Aufschluß geben. Sicher ist, daß er ursprünglich nicht über das eigentliche Jenseits zu schreiben beabsichtigte, sondern sich darauf beschränken wollte, die Zustände der Seele an der *Schwelle* des Jenseits zu schildern. Erst nachdem er die Erzählung in der jetzigen Form vollendet und sein Schaffen auf die rein symbolische Schreibweise eingestellt hatte, mochte in ihm der Gedanke geboren worden sein, einen Band „Im Jenseits" zu schreiben. Ich stelle mir vor, daß er, hätte er diesen Gedanken zur Tat werden lassen, die verschiedenen Reiche des Jenseits ähnlich wie Dante in einer Reihe von Gesichten vor unserm geistigen Auge hätte erstehen lassen, wie denn auch der Leser bei der Lektüre von „Am Jenseits" unwillkürlich an einige Szenen aus Dantes „Göttlicher Komödie" erinnert wird. Allerdings hätte er sicherlich die Bilder, entsprechend dem Schauplatz der Handlung, dem orientalischen Vorstellungskreis vom Jenseits entnommen.

Wie dem auch sei, jedenfalls geht aus dem Gesagten hervor, daß es bei dem Fehlen jeglicher Aufzeichnungen keine leichte Aufgabe ist, sich in die Gedanken Mays einzufühlen und den von vielen Lesern begehrten „Schluß" zu finden. May läßt zwar den Münedschi einige Andeutungen geben, die auf die endliche Lösung hinzielen, aber diese sind so geheimnisvoller Natur, daß sie den Ausgang, anstatt ihn aufzuhellen, nur noch mehr verschleiern. Wenn sich der Unterzeichnete trotzdem entschlossen hat, den fehlenden Schluß zu schreiben, so ist er nicht so anmaßend, zu behaupten, daß er die Gedanken Mays vollkommen erraten habe. Das ist nicht möglich, um so weniger, als May wahrscheinlich selber darüber im unklaren war, wie er den Knoten schließlich lösen werde. Immerhin hofft er durch sein kleines Werk einem Wunsch der Leser entgegenzukommen und eine Lücke im Schaffen Mays auszufüllen.

Als Quellen dienten L. Snouck Hurgronje, „Mekka",
Haag 1888, Andree, „Burtons Reise nach Medina und Mekka",
Leipzig 1861, und A. J. B. Wavell, „A Modern Pilgrim in
Mecca", London 1912. Die ersten zwei Werke stehen auch
in der Bücherei Karl Mays.

Hiermit übergibt der Verfasser seinen Versuch der Öffentlichkeit. Möge der Leser entscheiden, ob es geglückt ist, den
Ton Mays zu treffen und den Roman so zu Ende zu führen,
wie ihn May *vielleicht* zu Ende geführt hätte, falls er ihn noch
im Jahre 1898, bevor er sich endgültig der Symbolik zuwandte,
abgeschlossen haben würde.

Franz Kandolf

Für jene Leser, die meine Reiseerzählung „Am Jenseits"
noch nicht kennen, diene folgendes zum besseren Verständnis:

Als ich mich wieder einmal bei den Haddedihn befand,
brachte ich meinen längst gehegten Wunsch, nochmals nach
Mekka zu gehen, zur Ausführung. Halef, Hanneh, ihr Sohn
Kara und fünfzig Haddedihn schlossen sich an. Da es für
mich zu gefährlich gewesen wäre, mich offen unter meinem
überall bekannten Namen nach Mekka zu wagen, war ich
gezwungen, einen andern Namen anzunehmen: Halef nannte
mich Hadschi Akil Schâtir Effendi. Der erste Teil der Reise
verlief ohne besonderes Erlebnis. Aber südlich des Dschebel
Daharah trafen wir mitten in der Wüste auf fünf Mekkaner,
die gerade beschäftigt waren, einen Toten im Sand zu begraben. Am nächsten Tag, als sich die Leute, deren Benehmen
geradezu rücksichtslos gewesen war, entfernt hatten, stellte
es sich heraus, daß der Begrabene nur scheintot war. Nach
langem Bemühn brachten wir ihn wieder zum Bewußtsein,
und es zeigte sich, daß wir es mit einem Blinden zu tun hatten,
der ohne unser Dazwischenkommen rettungslos verloren
gewesen wäre.

Einige Zeit nach unserm Aufbruch wurden wir von einem
Trupp von zweiundzwanzig Reitern eingeholt, dessen Anführer sich uns als Khutab Aga, Oberaufseher des Heiligtums von Meschhed Ali vorstellte. Er erzählte, daß er hinter
einer kleinen Karawane von Dieben her sei, die einen unglaublich frechen Diebstahl begangen hätten; sie hätten den „Schatz
der Glieder" in Meschhed Ali gestohlen. Die Angaben des

Persers paßten genau auf die Mekkaner, die uns vor einigen Stunden verlassen hatten, und ich zögerte nicht, ihm die entsprechende Mitteilung zu machen.

Erfreut ritt er weiter, fiel jedoch mit seiner ganzen Begleitung in die Hände der Beni Khalid, unter deren Schutz der Ghani, so wurde der Vornehmste unter den Mekkanern genannt, sich und die Seinen gestellt hatte. Es gelang uns, die Gefangenen zu befreien und den „Schatz der Glieder" zurückzugewinnen, doch nur, um sehen zu müssen, daß der Perser schon am nächsten Tag auf dem Rückweg in einen Hinterhalt fiel, den ihm die Beni Khalid gelegt hatten. Beim Kampf, an dem sich auch die Mekkaner beteiligten, wurden sämtliche einundzwanzig Begleiter des Persers erschossen. Ich kam leider zu spät, um die Bedauernswerten zu retten; im Gegenteil, infolge eines unglücklichen Sturzes meines Hedschîns fiel ich selber, der ich meinen Haddedihn vorausgeritten war, in die Hände der rachgierigen Beni Khalid. Und ich wäre verloren gewesen, wäre mir nicht die Habsucht des Scheiks zu Hilfe gekommen. Er schickte nämlich alle seine Leute fort, um den Schatz nicht mit ihnen teilen zu müssen. Dies ermöglichte es den mir folgenden Haddedihn, unbemerkt heranzukommen und den Scheik zu überrumpeln. Da Khutab Aga, die Rache Allah überlassend, auf eine Bestrafung des Scheiks und der Mekkaner verzichtete, wurden sie in Freiheit gesetzt. Die Strafe ließ indes nicht auf sich warten. Die Beni Khalid beabsichtigten nämlich einen Raubzug in die Weidegründe der Beni Lam. Diese hatten aber davon Kunde erhalten und waren aufgebrochen, um dem Feind in der offenen Wüste zu begegnen. Es gelang ihnen, die ahnungslosen Räuber am Bir Hilu zu überraschen und aufs Haupt zu schlagen. Scheik Tawil und viele seiner Krieger fielen im Kampf. Auch der Sohn des Ghani, gegen den die Beni Lam eine Blutrache hatten, und seine drei Begleiter wurden getötet. Der Ghani, der durch den Tod seines einzigen Sohnes schwer genug bestraft erschien, erhielt die Freiheit und zog weiter, begleitet von dem Blinden, der sich von dem Mann, den er für seinen größten Wohltäter hielt, nicht zu trennen vermochte. Der Mekkaner setzte aber jetzt seinen Schandtaten die Krone auf, indem er den Blinden, von dem er in Mekka verraten zu werden fürchtete, an Händen und Füßen gebunden, in der Wüste weit abseits vom Weg aussetzte, wo wir ihn am nächsten Tag bewußtlos auffanden. Wir alle waren empört über diese entsetzliche Grausamkeit, die auf das Gemütsleben des Blinden vernichtend wirken mußte, da sie ihm die größte Enttäuschung seines Lebens bereitete. Wir richteten ihm auf einem unserer Kamele einen bequemen Sitz zurecht und setzten unsern Ritt zu den Weidegründen der Beni Lam fort. Aber als wir die Stelle verließen, sagte der immer noch bewußtlose Blinde in einem jener ihm eigentümlichen Zustände, in denen er uns schon wiederholt mit der Kenntnis von Dingen, die jenseits der Grenze der irdischen Erfahrung liegen, überrascht hatte: „Schaut noch einmal zurück und merkt euch diese Stelle, denn ihr kommt wieder her, wenn abgerechnet wird!"

1. *Im Fegefeuer*

Am Nachmittag führte uns unser Ritt durch eine vollkommen wasserlose, öde Sandwüste. Bahr bila Ma, Meer ohne Wasser: eine solche Bezeichnung verdiente dieser Teil der Wüste, in deren tiefem Sand die Füße der Kamele verschwanden. Ich ritt mit dem Scheik der Beni Lam, der jetzt als Führer diente, sowie Halef und Khutab Aga voran. Letzterer verhielt sich sehr schweigsam und nach innen gekehrt; die Ereignisse der jüngsten Zeit hielten ihn noch immer in ihrem seelischen Bann. Desto redseliger waren die beiden Scheiks, die sehr rasch großen Gefallen aneinander zu finden schienen. Daß Halef die Gelegenheit fleißig benützte, um seine und meine Person in der nötigen Beleuchtung zu zeigen, brauche ich wohl nicht erst zu sagen. Ich beteiligte mich nur hie und da mit einer kurzen Bemerkung an der Unterhaltung. Bisweilen warf ich auch ein warnendes „Kutub" dazwischen, wenn Halef die Farben gar zu dick auftrug. Er ließ sich aber heute durch mich nicht irremachen; die gehabten Eindrücke waren zu stark, als daß die „munter plätschernden Wellen seiner Beredsamkeit" sich hätten eindämmen lassen. Dann und wann sah ich nach dem Münedschi, den ich der sorgenden Obhut Hannehs und ihres Sohnes übergeben hatte. Er war immer noch nicht zu sich gekommen, sondern lag in todesähnlichem Zustand in den Decken, mit denen wir den Sattel seines Hedschîns ausgepolstert hatten.

Gegen Abend verlor die Wüste ihr bisheriges Aussehen. Ihre ebene Fläche ging in leichte Wellen über, die die trostlose, das Auge ermüdende Einförmigkeit angenehm unterbrachen. In einer von zwei solchen Wellen gebildeten Bodensenkung machten wir halt, und die Vorbereitungen zum Lagern wurden getroffen. Da man bereits morgen gegen Mittag das Duar der Beni Lam erreichen wollte, brauchte mit dem Wasser nicht gespart zu werden. Noch waren wir mit dem Tränken der Tiere beschäftigt, da erscholl von der Stelle her, wo dem Blinden seine Lagerstätte gerichtet worden war, ein schriller, langgezogener Schrei, wie ihn nur ein Mensch in der höchsten Angst und Todesnot auszustoßen vermag. Ich drückte die Kirbe[1], aus der ich die nun mir gehörige Hedschînstute des Persers tränkte, dem nächstbesten Hadde- dihn in die Hände und eilte zum Blinden hin. Eben, als ich bei ihm angekommen war, sah ich auch Halef, Abd el Darak und den Basch Nâsir erscheinen, die der Schrei ebenfalls angelockt hatte. Der Münedschi mußte gerade, während Hanneh und Kara Ben Halef mit dem Instandsetzen des Frauenzeltes be- schäftigt waren und daher nicht auf ihn achtgeben konnten, zu sich gekommen sein, und mit dem Bewußtsein war auch die Erinnerung an die Treulosigkeit des Ghani zurückgekehrt. Er stand hoch aufgerichtet vor uns, in seinen eingefallenen Zügen lag ein lähmendes Entsetzen, während die ausdrucks- losen Augen ins Leere starrten. Dabei beschrieben seine Hände kreisähnliche Bewegungen, als suchten sie einen festen Halt. Wir umstanden ihn stumm, und auch die Haddedihn und Beni Lam hielten in ihrer Beschäftigung inne und blickten schwei- gend zu uns herüber. Man brauchte kein großer Menschen- kenner zu sein, um das Unbeschreibliche zu ahnen, das jetzt in der Seele des armen Blinden vor sich ging. Er hatte unsere Schritte gehört und glaubte wohl, sie rührten von seinem vermeintlichen Wohltäter her, denn er streckte uns bittend die Hände entgegen und rief, nein schrie förm- lich:

„Abadilah! Abadilah!"

Dann beugte er ängstlich lauschend den Kopf vor, wie wenn er von irgendwoher eine Antwort erwarte. Als aber

[1] Kirbe = Schlauch

keine solche kam, erhob er seine Stimme zu noch größerer Stärke, und eine wahnsinnige Angst sprach aus ihr:

„Abadilah, ich beschwöre dich bei meiner Liebe, ich beschwöre dich bei Allahs Barmherzigkeit — — —"

„Münedschi, du bist nicht bei Abadilah, sondern bei den Haddedihn und Beni Lam, die deine Freunde sind", unterbrach ich ihn, denn ich hielt es an der Zeit, ihn zu beruhigen und über den Irrtum aufzuklären, in dem er befangen war.

Sobald der Blinde meine Stimme hörte, sanken seine Hände langsam nieder, ein Seufzer der Erleichterung hob seine Brust, dann brach er langsam in die Knie und schlug die Hände vors Gesicht, während ein krampfhaftes, lautloses Weinen seinen Körper erschütterte. Nach einigen Minuten nahm er die Hände von den Augen und richtete diese auf die Stelle, von der meine Worte gekommen waren.

„Ich glaube aus deiner Stimme zu erkennen, daß du der Effendi aus dem Wadi Draa bist. Sag, bist du es wirklich?"

„Ja, ich bins."

„Dann bitte ich dich bei allem, was dir heilig ist, mir die Wahrheit zu sagen. Willst du?"

„Ich will", gab ich in tiefer Bewegung zur Antwort.

„Effendi, du weißt, daß mein Geist manchmal nicht bei mir ist, und daß ich dann Dinge erlebe, von denen ich hernach nicht immer weiß, ob sie Wirklichkeit oder nur Einbildung gewesen sind. So einen Traum — oder war es kein Traum? — habe ich eben gehabt. Sag, willst du mir wirklich die reine Wahrheit sagen ohne Rücksicht auf das Leid, das deine Worte vielleicht in meinem Herzen hervorrufen werden?"

„Ich gebe dir mein Wort", sagte ich einfach.

Der Blinde ließ sich in sitzende Stellung nieder. Dann richtete er seine blauen Augensterne starr über uns hinweg in die Ferne und begann, während in Pausen ein Zucken wie von einem geheimen inneren Schauer durch seinen Körper lief:

„Ich hatte einen fürchterlichen Traum. Ich saß auf einem Hedschîn und ritt an der Seite meines Beschützers und mit der Leiche seines Sohnes auf einem dritten Kamel von euch fort, in die Wüste hinein. Wir waren ungefähr vier Stunden unterwegs, da hielt mein Begleiter plötzlich an und fragte mich, wen ich für den Dieb des Kans el A'dhâ halte. Ich antwortete der Wahrheit gemäß: ‚Dich halte ich für den Dieb. Auch die Soldaten hast du mit gemordet. Aber ich bleibe trotzdem bei dir, denn du bist mein Wohltäter, den ich nicht verlassen darf.' Mein Beschützer brach in ein höhnisches Lachen aus, sagte aber kein Wort. Der Ritt ging wohl eine Stunde weiter. Dann wurde wieder angehalten. Mein Beschützer befahl mir abzusteigen und mich auf den Boden zu setzen. Und dann — dann kam das Fürchterliche, das unbeschreiblich Entsetzliche. Ich fühlte plötzlich Stricke an den Händen und Füßen. Und als ich, noch immer nicht das Gräßliche ahnend, Abadilah fragte, was er mit mir vorhabe, da stieß er ein kurzes, feindseliges Gelächter aus —, o Effendi, es war ein Lachen, wie ich es noch nie von ihm hörte, ein Lachen, so schneidend, daß es mir wie ein Dolch durch die Seele fuhr. Und dann sprach er, aber es war auch nur ein Satz, und seine Stimme klang wie die Stimme eines Scheitan aus der Hölle: ‚Münedschi, du bist ein Madschnûn[1], ein unsäglich dummer Madschnûn, fahre in die Dschehennem!' Und dann hörte ich nichts mehr als die Schritte der forteilenden Tiere, dann war alles still — still — still — ich war allein in der Wüste, allein mit meiner Verzweiflung, allein mit der Hölle im Herzen. Ich kann mich auf die Einzelheiten meines Traumes nicht mehr besinnen, ich weiß nur, daß ich wie ein Verzweifelter an den Stricken zerrte, ohne mich indes von ihnen freimachen zu können, bis ich aus Ermattung von dem aussichtslosen Beginnen abließ. Aber das Schlimmste kam erst. Effendi, weißt du, was unser Glaube von den Qualen der Verdammten erzählt? In der Dschehennem steht der schreckliche Baum Sakkûm, auf dessen Zweigen Teufelsköpfe wachsen. Die Verdammten müssen diese gräßlichen Früchte essen, die dann ihre Einge-

[1] Narr

14

weide zerfleischen. Oh, ich weiß jetzt, wer diese Teufelsköpfe sind, denn ich habe sie alle, alle in meinen Eingeweiden verspürt. Es sind die verzweiflungsvollen Gedanken, die sich wie Schlangen in mein Inneres schlichen und ihre giftigen Zähne in meine Seele schlugen. Und unter ihnen war es ein Gedanke, der mich dem Wahnsinn nahe brachte, daß ich betrogen war von einem, nein, von dem einzigen, dem ich meine von der Lieblosigkeit der Menschen fast leergebrannte Seele geschenkt hatte. Effendi, kannst du begreifen, was es heißt, und welchen Höllenschmerz es verursacht, mit einem Schlag den Inhalt seines ganzen, wenn auch arm gewordenen Herzens zu verlieren? Kannst du's begreifen, selbst wenn es nur ein Traum war? Kannst du es?"

Der Blinde hielt erschöpft inne und lehnte sich in die Decken zurück. Ich gab ihm auf seine letzte Frage keine Antwort, konnte ihm wohl auch keine geben. Wir waren alle tiefbewegt. Aus dem Innern des nahen Frauenzelts ließ sich leises Weinen vernehmen, Halef zupfte und zerrte, was bei ihm stets ein Zeichen von Rührung war, an den acht Spinnenfäden rechts und den neun links von seiner Nase, und Abd el Darak und Khutab Aga blickten in tiefer Teilnahme auf den Erzähler. Dieser richtete sich nun wieder aus den Decken auf und fragte mit vor Spannung bebender Stimme:

„Effendi, ich habe geglaubt, daß es ein Traum gewesen sei, zwar ein fürchterlicher, haarsträubender, aber doch nur ein Traum. Effendi, ich bitte dich, ich beschwöre dich: sag, daß es sich so verhält, daß es wirklich nur ein Traum war, und ich werde dich noch in meiner Sterbestunde segnen."

Was sollte ich tun? Den Blinden belügen und das Vertrauen täuschen, das er in meine Wahrhaftigkeit setzte? Ich hatte ihm mein Wort gegeben, das ich halten mußte. Es hätte auch keinen Wert gehabt, ihm das Geschehene vorzuenthalten, es mußte doch bald Zeit die kommen, da ein Verheimlichen nicht mehr möglich war. Deshalb begann ich langsam und möglichst schonend:

„Münedschi, du glaubst an Allah und an Allahs Liebe, und darum wird das, was ich — — —"

Da unterbrach mich der Blinde ungeduldig: „Effendi, mach nicht viele Worte, sondern sag mir kurz: Habe ich geträumt oder Wahres erlebt?"

Jetzt konnte ich nicht länger mit der ganzen Wahrheit zurückhalten, sondern gab zur Antwort:

„Deine Erzählung ist kein Traum, sondern Wahrheit gewesen."

Da war es, als bemächtigte eine eisige Erstarrung sich seiner. Seine Hände ballten sich zur Faust, daß sich die Nägel beinahe ins Fleisch gruben, die Augen schauten glanzlos ins Leere, der Mund war weit geöffnet, es schien im Münedschi alles erstorben zu sein. Aber er war nicht tot, denn aus seinem Mund kamen, obgleich sich die Lippen kaum zu bewegen schienen, stoßweise und abgerissen die Worte:

„Meine — Erzählung — — ist — — kein — — Traum — — sondern — — Wahrheit — — Wahrheit — — Wahrheit — —."

Hierauf sank er mit einem erschütternden Klagelaut zurück, die Augen schlossen sich, und seine im Krampf geballten Finger lösten sich. Aber nur für einen Augenblick. Dann sprang er, wie von einer Sprungfeder geschnellt, mit beiden Füßen in die Höhe, ein Schrei, noch schriller und gellender als der erste nach dem Erwachen, und dann brüllte er mit der vollen Kraft seiner Lunge:

„Fort mit euch — fort mit euch allen — weit fort von mir — denn ich bin ein Verdammter — ein von Allah Gezeichneter — ich habe geglaubt an eine menschliche Liebe — es gibt keine Liebe — die Liebe ist eine Lüge — eine große, große Lüge — die größte Lüge, die es gibt — o Allah — laß mich sterben — sterben — —!"

Bei den letzten Worten war die Stimme des Münedschi schwächer und immer schwächer geworden. Seine Knie gerieten ins Zittern, und er wäre zusammengebrochen, wenn ich nicht rasch hingesprungen wäre und ihn in meinen Armen aufgefangen hätte. Dann ließ ich ihn langsam auf sein Lager niedergleiten und untersuchte seinen Puls. Er ging, sehr schwach zwar, aber fühlbar. Was der arme, bedauernswerte Mann jetzt brauchte, war Ruhe, unbedingte Ruhe. Darum empfahl ich ihn der Obhut Kara Ben Halefs, der jetzt ebenfalls bei uns stand, und dann entfernten wir uns.

Als wir außer Hörweite des Blinden gekommen waren, blieb der Basch Nâsir stehn und wandte sich tief aufatmend an mich:

„Effendi, war das nicht schrecklich? Wie leid tut mir der arme alte Mann! Wie muß seine Seele an dem Ghani gehangen haben, daß sie durch die Enthüllung seines Unwerts in den tiefsten Abgrund der Verzweiflung gestürzt werden konnte! Wie gerne würde ich ihm helfen, wenn ich könnte, um ihn die größte Enttäuschung seines Lebens durch Liebe und abermals durch Liebe vergessen zu machen. Aber ich bin selber noch so unerfahren in dieser Kunst, bin noch ein Neuling. Effendi, rede du mit ihm, beweise ihm — —!"

„Jetzt ist noch nicht die richtige Zeit dazu. Seine Seele ist noch zu wund und zerschlagen. Es gibt Lagen im menschlichen Leben, und der Münedschi befindet sich in einer solchen, wo der Schmerz die Seele bis in ihre tiefsten Tiefen zerwühlt und zerpflügt. Eine jede Einmischung, selbst wenn sie noch so gut gemeint wäre, würde als lästige Zudringlichkeit wirken."

„Aber könntest du nicht wenigstens — —" begann der Perser von neuem, wurde aber von Halef unterbrochen:

„So gib dich doch mit dem zufrieden, was mein Sihdi sagt! Ich weiß, was er meint. Die Seele des Münedschi gleicht jetzt einer leeren Sâkîbe el Balah, einem Dattelsack, mit einem großen Loch unten. Stecke in diese Sâkîbe so viele und so köstliche Datteln wie du willst, sie fallen doch beim Loch wieder heraus. Laß dem Sihdi doch Zeit, daß er das Loch verstopfen kann! Er wird es, o Khutab Aga, darauf kannst du dich verlassen. Dafür kenne ich ihn zu gut."

Der kleine sonderbare Kerl hatte wirklich mit seinem drolligen Versuch den Nagel auf den Kopf getroffen. Freilich traute er mir, wie stets, mehr zu, als ich versprechen zu können glaubte. Ich war augenblicklich selber im unklaren, wie ich es anstellen sollte, das „Loch im Dattelsack zu verstopfen".

Jetzt wandte sich auch der Scheik der Beni Lam mit einer Frage an mich:

„Effendi, meinst du nicht, daß dem Blinden in seiner gegenwärtigen Erschöpfung der unbeschreibliche Aufruhr, der in seiner Seele tobt, schaden kann? Es täte mir wahrlich sehr leid, wenn er jetzt eine Beute des Todes würde, nachdem er zweimal auf so wunderbare Weise gerettet wurde."

„Beruhige dich, o Scheik! Gerade daß er zweimal dem Tode widerstanden hat, zeigt mir, daß sein Körper stark genug ist, um auch der heutigen Gefahr zu trotzen. Ich kann es dir nicht beweisen, aber eine innere Stimme sagt mir, daß wir den Münedschi gesund und heil nach Mekka bringen werden. Und meine Ahnungen haben mich selten betrogen."

Unterdessen war die Nacht angebrochen. Wir verzehrten unser Abendessen, bestehend aus einem Stück Hammelfleisch und einer Handvoll Datteln als Nachspeise. Dann stattete ich dem Münedschi einen kurzen Besuch ab; ich fand ihn im tiefen Schlaf der Erschöpfung. Nachdem ich das Nötige zu seiner Bequemlichkeit angeordnet hatte, suchte auch ich die Ruhe. Assil Ben Rih, den ich in der letzten Zeit etwas vernachlässigt hatte, begrüßte mich mit einem freudigen Schnauben; ich flüsterte ihm die gewohnte Sure ins Ohr und lag, den Hals des Pferdes als Kopfkissen benützend, bald selber in den Armen des Traumgottes. — —

Ich erwachte von einem eigentümlichen Gefühl, als streiche mir jemand mit der Hand liebkosend über das Gesicht. Noch halb im Schlaf griff ich zu und bekam eine Hand zu fassen, die, wie ich erkannte, als ich mit den Augen die Dunkelheit zu durchdringen suchte, — dem Münedschi gehörte. Nach dem Stand der Sterne war es etwa eine Stunde vor Mitternacht.

Wie hatte der Blinde den Weg zu mir gefunden, durch die Reihen der Schläfer hindurch? Der Greis ließ mir keine Zeit, darüber nachzudenken, er hielt meine Hand fest und bat mich leise, nicht, wie ich so halb und halb erwartete, mit Ben Nûrs Stimme, sondern mit seiner eignen, ihn außerhalb des Lagers zu führen. Ohne ein Wort zu sagen, tat ich ihm seinen Willen und führte ihn so weit vom Lager fort, daß unsre Stimmen von dort aus nicht gehört werden konnten. Hier breitete ich meine Decke, die ich zu diesem Zweck mitgenommen hatte, auf dem Sand aus, dann ließen wir uns nieder, wobei aber der Blinde wieder meine Hand festhielt. Lange sprach er kein Wort. Die Stille der Nacht wurde durch nichts als durch das rasche, deutlich vernehmbare Atmen des Blinden unterbrochen. Endlich fragte er, und seine Stimme hatte einen eigentümlichen, ängstlich zitternden Klang, wie ich ihn noch nie bei ihm gehört hatte.

„Effendi, wie spät ist es jetzt an der Zeit?"

„In einer Stunde wird es Mitternacht sein."

Der Münedschi schwieg, als ob er sich den Inhalt meiner Worte erst klarmachen müsse, dann gab er zögernd zur Antwort:

„In einer Stunde also — der Anbruch eines neuen Tags! — Oh, wenn doch auch — für mich — die Sonne — noch einmal — scheinen würde — nur noch — ein einziges Mal —!"

Er schwieg abermals, diesmal aber längere Zeit. Ich wußte wohl, welche Sonne er meinte, sagte aber nichts. Er schien auch keine Antwort erwartet zu haben, denn er fuhr fort:

„Effendi — ich bitte dich — um Allahs willen — verlaß mich nicht — —! Ich habe jetzt — auf der weiten Erde — niemand sonst — als dich — nur dich allein — —!"

Es ist mir unmöglich, die Stimmung zu beschreiben, in der ich mich befand. Über mir der Himmel mit seinen leuchtenden Sternen, um mich die erhabene Stille der Wüste, neben mir ein armer, grenzenlos unglücklicher Mensch — ich war nicht imstand, zu reden. Meine ganze Antwort war, daß ich die Hand des Blinden drückte.

„Effendi — ich danke dir — ich danke dir — so sehr — o so sehr!"

Dann führte er meine Hand so schnell, daß ich es nicht verhindern konnte, an die Lippen und küßte sie. Wieviel mußte dieser Mann durchgemacht haben, wie sehr mußte er sich nach Liebe sehnen, daß ihm ein einfacher Druck der Hand so wohl tat. Ich nahm mir in diesem Augenblick vor, selbst mein Leben, wenn es sein mußte, einzusetzen, um den Schleier des Geheimnisses, in dessen Mittelpunkt der Ghani stand, zu lüften und dem Blinden den verlorenen Seelenfrieden wiederzubringen. Vorläufig tappte ich freilich in dieser Beziehung noch im dunkeln, hoffte aber durch den Münedschi einen Fingerzeig zu erhalten. Deswegen sagte ich zu ihm:

„Willst du mir nicht deine Lebensgeschichte erzählen? Vielleicht wird das deiner Seele Erleichterung bringen."

„Ich danke dir für deine Teilnahme, Effendi. Ich war schon, bevor ich dich bat, mit mir zu kommen, entschlossen, dies zu tun. Irgend etwas Unbestimmbares in mir drängte mich dazu. Vielleicht war es die Stimme Ben Nûrs, der will, daß ich dir alles sage, wenn ich auch nicht begreife, auf welche Weise mir das Nutzen bringen soll."

„Vertraue auf Allah, er weiß am besten alles zu einem guten Ende zu führen."

Da entzog mir der Blinde mit einem jähen Ruck seine Hand und rief bestürzt:

„O Effendi, das hättest du nicht sagen sollen, denn es zwingt mich, dir etwas zu gestehen, was mir wahrscheinlich deine ganze Teilnahme entziehen wird."

Ich erriet, was jetzt kommen würde, suchte ihn indes zu beruhigen und sagte:

„Münedschi, was es auch sei, was du mir zu sagen hast, sei überzeugt, daß es meine Gefühle für dich nicht im geringsten beeinflussen wird."

20

„Ach, wenn ich das glauben dürfte, Effendi, wie glücklich würde mich das in meinem Unglück machen! Aber ich darf dir nunmehr das Schwerste, das Allerschwerste nicht verheimlichen. Du weißt, Effendi, daß ich Christ war. Aber ich sah an den Christen, mit denen ich es zu tun hatte, so viel Unchristliches, erfuhr von ihnen so entsetzlich viel Lieblosigkeit, daß der Glaube an das Christentum in mir erschüttert wurde. Als mir dann zum erstenmal im Leben Liebe entgegengebracht wurde, von einem, der sich zum Islam bekannte, da tat ich den Schritt vom Christen zum Muslim. Verstehst du, was mich dazu bewog? Die Liebe, nur die Liebe, die ich im Christentum nicht gefunden hatte und jetzt im Islam fand oder zu finden glaubte. Ich kann sagen, daß ich unter den Muslimin einer der eifrigsten war, wenn ich dir auch nicht verschweigen darf, daß der Grund meines Eifers in der inneren Unruhe lag, die mich trotz allem und allem nicht verließ, und die ich durch einen Eifer in Ausübung der religiösen Verpflichtungen zu betäuben suchte, den ich früher, als ich Christ war, als Fanatismus bezeichnet hätte. Kannst du dir nun vorstellen, wie unbedingt tödlich auf meine religiöse Überzeugung die Erkenntnis wirkt, daß ich mich auch im Islam getäuscht habe? Die Liebe, die ich bei ihm zu finden geglaubt hatte, war die einzige, die allereinzige Ursache meines Übertritts gewesen. Nun diese einzige Voraussetzung fällt, stürzt mit ihr auch der Islam von dem Masbach[1], den ich ihm in meinem Herzen erbaut hatte. O Effendi, warum hast du mich nicht in der Wüste liegen und verschmachten lassen! Die letzte, größte Enttäuschung wäre mir erspart geblieben! Nun bin ich dafür in eine andere, noch viel entsetzlichere Wüste geraten. Wo soll ich Wasser finden, damit ich nicht verschmachte? Ich frage dich Effendi, wo soll ich es finden? Wo — — —?"

Der Münedschi rief die letzten Worte mit einer Stimme in die Wüste hinein, daß ich glaubte, die Schläfer im Lager

[1] Altar

müßten davon erwachen. Nach einer Pause fuhr er leise fort:

„Effendi, du bist ein Muslim und wirst also, nein mußt andrer Ansicht sein als ich. Und ich muß es geduldig hinnehmen, wenn du mir, einem zweifach von Glauben Abgefallenen, deine Hand entziehst. Ich weiß dann freilich nicht mehr, was ich tun und beginnen soll. Dann bin ich eben in dieser Wüste mir selber überlassen — allein — — ganz allein —"

Der Blinde schwieg. Und auch ich sagte lange Zeit nichts. Ich dachte an einen Ritt vor mehr als zwanzig Jahren durch den Llano estacado. Es war Nacht wie heute. An meiner Seite ritten zwei, deren Inneres dem des Münedschi ähnlich war; sie hatten Gott verloren, der eine in frevelhaftem Trotz, der andere unter dem Druck großen Leids[1]. Damals war es mir vergönnt, eine nicht unwichtige Rolle in ihrem Leben zu spielen und ihrer Lebensbahn eine neue Richtung zu geben. Würde mir das gleiche heute ebenfalls gelingen? Der Münedschi war nicht glaubenslos. Sein Unglück bestand darin, daß er sich von jedem ausgesprochenen Bekenntnis losgelöst hatte, so daß er sich jetzt vorkam wie ein Irrender in der Wüste, der wohl die rettende Oase in weiter Ferne sieht, aber nicht die Kraft besitzt, sie zu erreichen. Es gab in seinem Leben einen toten Punkt, über den er nicht hinauskam. Würde ich diesen Punkt finden und imstande sein, ihn zu entfernen? Wie gern hätte ich ihm gesagt, daß ich ein Christ sei, aber es gab für mich Gründe, dies auch dem Blinden gegenüber zu verheimlichen. Ich mußte meine Rolle als Muslim weiterspielen. Konnte ich aber als solcher ihm sagen, welch ungeheuren logischen Fehler er mit seinem Übertritt zum Islam begangen? Konnte ich das, ohne mich selber zu verraten? Und doch hätte ich ihm so gern geholfen! Es erfaßte mich eine unbeschreiblich weiche, warme Regung des Erbarmens mit dem Unglücklichen. Ich nahm seine Hand, die er mir vorhin entzogen hatte, in die meine, und sagte:

[1] „Old Surehand", I. Band

„Ich entziehe dir meine Hand nicht, sondern gebe sie dir zum zweitenmal. Ich betrachte dich nicht als einen im Glauben Irrenden, der zu meiden ist, sondern als einen unglücklichen Bruder, der meiner Hilfe bedarf. Du sagtest mir einmal, deine Geschwister hätten dich gehaßt. So nimm denn mich an ihrer Statt als deinen Bruder. Ich will an Liebe dir ersetzen, was sie dir zugefügt an Leid und Harm. Bist du's zufrieden?"

Da reichte mir der Münedschi auch noch seine andere Hand und fragte zweifelnd:

„Du willst mein Bruder sein? Willst du wirklich? Und du fragst mich noch, ob ich's zufrieden bin? Oh, ich wäre schon zufrieden, wenn du mich nicht von dir treibst, wenn ich bei dir bleiben darf. Mehr hätte ich mir nicht zu wünschen getraut. Und nun soll ich gar einen Bruder gefunden haben — einen Bruder — — —!"

„Du sollst, ich ahne es, bald noch mehr finden als einen Bruder, du sollst den Frieden deines Herzens wiedererlangen. Doch mußt du auch das Deine dazu tun, du mußt um diese Gnade beten!"

„Beten sagst du? Beten?" rief der Münedschi gequält. „Ach, wenn ich das noch könnte! Und wenn ich wüßte, wie ich beten soll! Soll ich beten: Ja abana elladsi, fi 'ssamâvât, jata Kuddisa 'smuka¹? So darf ich nicht mehr beten. Dieses Gebet habe ich verwirkt, als ich dem Christentum den Rücken kehrte. Oder soll ich sagen: Bismillâhi 'rrachmâni rrachîm²? So kann ich nicht mehr beten, seit heute nicht mehr! Wie soll ich aber anders beten, daß mein Flehen zu Allahs Thron emporsteigt und Gnade findet?"

„So bete, wie es dir dein Herz eingibt! Und Allah wird dein Gebet hören und es gnädig annehmen, selbst wenn es keiner gebräuchlichen Gebetsform angehört. Hat nicht Isa Ben Marjam, zu dem du dich einst bekanntest, gesagt: Bittet und ihr werdet empfangen, suchet und ihr werdet

¹ Vater unser, der du bist im Himmel, geheiligt werde dein Name! ² „Im Namen Gottes des Allerbarmers!" So beginnt jede Sure des Korans mit Ausnahme der neunten

finden, klopfet an und es wird euch aufgetan werden!? Suche Allah mit einfältigem, redlichem Herzen, und er wird sich von dir finden lassen und dir den Frieden geben, den du verloren hast."

„Den Frieden! O wenn du recht hättest, Effendi! Wie würde ich ihn festhalten, diesen Frieden, damit er mir nicht wieder gestohlen wird!"

„Gestohlen? Glaubst du denn wirklich, Münedschi, daß einem Menschen der Friede so ohne weiteres gestohlen werden kann wie ein Kîß ed Dahab[1]? Bist du wirklich überzeugt, daß ihn selber dabei kein Verschulden trifft? Oder trägt man den Frieden nur so in der Dschaib el Maschlah[2] bei sich, daß der nächste beste Harâmi[3] ihn ohne Mühe entwenden kann? Nein, Münedschi, der Friede ist etwas so Innerliches, mit der Seele in kostbarer Einheit Verbundenes, daß kein Harâmi, selbst der schlaueste nicht, ihn mir stehlen könnte."

„Du meinst mit dem Menschen, der den Frieden achtlos in der Tasche mit sich herumträgt und ihn deshalb leicht verlieren kann, mich? Effendi, wenn du meine Geschichte wüßtest, oder wenn du das erlebt und erfahren hättest, was über mich gekommen ist, würdest du mich nicht so niedrig einschätzen."

„Ich wollte dich nicht beleidigen und habe nur im allgemeinen gesprochen. Aber ich weiß, auch ohne daß du mir deine Geschichte erzählst, daß du an dem Unglück, das dich betroffen hat, nicht ganz schuldlos bist, nicht schuldlos sein kannst."

„Wie kannst du das so bestimmt behaupten? Du kennst mich ja gar nicht, weißt nicht, welche Stellung ich in meinem früheren Leben eingenommen habe."

„In dieser Beziehung bin ich nicht so unwissend wie du denkst", lächelte ich. „Ich halte dich für einen persischen Gelehrten russischer Nationalität, wenn nicht gar für einen Lehrer des berühmten Kollegs von Teheran."

[1] Beutel Gold!   [2] Gürteltasche   [3] Dieb

„Maschallah!" rief der Münedschi erstaunt. „Du weißt es wirklich! Wo hast du etwas von mir gehört, Effendi?"

„Ich habe nichts von dir gehört. Ich habe es durch Nachdenken geschlossen. Daß du ein Europäer bist, hast du selber nicht in Abrede gestellt. Das übrige war nicht schwer zu folgern. Ein gelehrter Europäer, der sich jahrelang in Persien aufgehalten hat. Ein Diplomat konntest du nicht gewesen sein, denn als solcher hättest du den Ghani, deinen vermeintlichen Wohltäter, sicherlich durchschaut. Blieb nur noch eine Mutmaßung übrig! Ich weiß, daß Schah Nassreddin ein Freund europäischer Bildung ist und sich aus dem Abendland für seine Schulen Lehrer hat kommen lassen. Welches Land kam da wohl zuerst in Frage? Doch das befreundete Rußland, weniger die übrigen europäischen Staaten, die der Schah erst später während seiner Reisen im Ausland näher kennenlernte. Was mich wundert, ist nur, daß du in deiner Stellung als persischer Lehrer reich werden konntest. Du sagtest doch, daß du bei deiner Ankunft in Mekka wohlhabend gewesen seiest. Und um Reichtümer zu sammeln, erscheint mir ein persischer Lehrstuhl nicht geeignet, wenn ich auch annehmen darf, daß der Schah seine abendländischen Professoren nicht schlecht entlohnt."

„Effendi, ich höre mit Staunen, daß du dich auch in den persischen Verhältnissen gut auskennst. Der Schah zahlt gut, aber Reichtümer sind dabei nicht zu erwerben. Was ich besaß, habe ich nicht durch meinen Beruf erworben, sondern es gehörte mir als ein Teil des Erbes, das mein Vater, Graf Werniloff, ein reicher, russischer Großgrundbesitzer von altem Adel — der Ort tut nichts zur Sache — uns drei Söhnen hinterließ. Und damit geht auch gleich meine Leidensgeschichte an. Mein Vater und meine Brüder liebten mich nicht. Sie waren in ihren Anschauungen das, was man feudal nennt, aber das waren sie auch in einem Grad, der, wenigstens in meinen Augen, an Überspanntheit grenzte. Und darum erregte es ihr äußerstes Mißfallen, als sie im Lauf der Jahre merkten, daß ich, der jüngste der Familie, Neigungen zeigte, die den Überlieferungen ihres Standes entgegenliefen. Effendi, hast du schon etwas gehört von Leo Tolstoi, dem russischen Grafen, und seinen Schriften? Ich gestehe, daß seine Art, das Leben aufzufassen, einen bestimmenden Einfluß auf meine ganze Lebensrichtung ausübte. Ich beschloß, mich dem Studium zu widmen. Schon das entzweite mich mit meiner Familie, die in ihrem äußersten Konservatismus in mir einen Abtrünnigen, einen Verräter an den heiligsten Überlieferungen ihres Standes sahen. Effendi, ich behaupte nicht, daß mein Bildungsgang gerade der vollendetste war. Wir Russen sind ja, was Bildung anlangt, hinter den andern europäischen Staaten, wie z. B. Deutschland und Frankreich, weit zurück. Aber ich kann mir das Zeugnis ausstellen, daß ich mit weit geöffnetem, aufnahmefähigem Herzen an alle, auch die wichtigsten und einschneidendsten Fragen, herantrat, die mein Vaterland bewegten. Meine Neigungen führten mich zum Studium der Geschichte. Und jetzt kam es zum vollständigen Bruch mit meiner Familie. Das Studium der Geschichte und ihrer Zusammenhänge mit der Volkswirtschaft erweckte in mir eine mich peinigende Unzufriedenheit mit dem Parasitendasein, das ich als Mitglied einer bevorrechteten Minderheit bis jetzt geführt hatte, und das Verlangen, mich zu vervollkommnen und mich nützlich zu machen, führte mich zur Abschwörung meines bisherigen Lebens. Nach Beendigung meiner Studien erhielt ich in verhältnismäßig jungen Jahren einen Lehrstuhl auf der Universität in Petersburg. Meinen Einfluß benützte ich, um in Wort und Schrift die Vorstellungen zu vertreten, die ich seit meiner Jugend in mich aufgenommen hatte. Ich trat für alles ein, was ich für wert meiner Unterstützung hielt, besonders für die Gleichberechtigung der Völker und für die unterdrückte Bauernschaft. Daß ich dabei auch den Polen meine Teilnahme schenken mußte, ist klar. Ich trat öffentlich gegen den Plan der russischen Regierung auf, der die vollständige Russifizierung der polnischen Provinzen bezweckte. Man rühmte mir nach, daß ich die Gabe der Beredsamkeit in hohem Grad besaß, und ich erzielte nicht unbedeutende Erfolge. Du wirst verstehen, Effendi, daß diese Form meiner Tätigkeit erst recht Öl ins Feuer des Hasses goß, mit dem mich meine Familie verfolgte. Ich bin überzeugt, daß mein Vater, hätte er zu dieser Zeit noch gelebt, mich enterbt hätte. So aber setzte ich mich, im Besitz eines reichen Erbteils, leicht darüber hinweg, daß meine Brüder jede Verbindung mit mir lösten, und ich heiratete eine armes, aber den Kreisen des Petersburger Adels angehörendes Mädchen, von dem ich glaubte, daß es meine Gedanken teilte. Da, nach kurzem Glück, brach das Unglück über mich herein. Das Attentat des Nihilisten Dimitrij Karakosoff auf den Zar Alexander II. bildete den Anlaß. Die Altrussen, denen auch meine Brüder als hervorragende Mitglieder angehörten, brachten mich, ihren gefährlichen Gegner, in Verbindung mit dem mißglückten Attentat. Wie ihnen dies gelang, ist mir noch heut ein Rätsel, denn ich hatte nie mit den Nihilisten Gemeinschaft gepflogen. Tatsache ist, daß meine Verhaftung nahe bevorstand, und ich wäre ahnungslos in den Kerker gewandert, hätte mich nicht ein Freund gewarnt. Ich machte den größten Teil meines Vermögens flüssig und fragte meine junge Gattin, ob sie mich begleiten wolle. Jetzt erst lernte ich ihren wahren Charakter kennen; ihre Liebe war Heuchelei und Berechnung gewesen. Sie sagte mir offen ins Gesicht, sie hätte mich geheiratet, um mit mir Glanz und Ehre, aber nicht die Verbannung zu teilen."

Der Münedschi hielt inne; die Erinnerung an die Vergangenheit hatte ihn angegriffen. Er fuhr sich mit der freien Hand über die Stirn, als wolle er damit alle peinigenden Gedanken verscheuchen, und fuhr fort:

„Zwischen Rußland und Persien herrschte gerade damals eine gewisse Spannung wegen der Turkestanischen Frage, in der Rußland ohne Rücksicht auf das benachbarte Persien vorgegangen war. Ich glaubte also, in Persien am ehesten Aufnahme und Schutz vor Verfolgung zu finden, zumal ich schon lange den Wunsch gehegt hatte, den Orient kennenzulernen. Meine Erwartungen täuschten mich nicht. Mein Name war, ich weiß nicht wie, bis an den Hof in Teheran gedrungen und verschaffte mir eine Audienz beim Schah. Er fand Wohlgefallen an mir und ernannte mich, wie du ganz richtig erraten hast, zum Lehrer an dem dortigen berühmten Kolleg. Du kannst dir wohl denken, daß die freundliche Aufnahme, die der geächtete Christ bei den strenggläubigen Moslemin fand, nicht ohne Wirkung auf meine religiösen Anschauungen blieb. Ich warf mich in der Zeit, die mir mein Beruf übrigließ, mit Feuereifer auf das Studium des Islam. Man war so rücksichtsvoll gewesen, einen Übertritt zur Staatsreligion Persiens nicht von mir zu verlangen. Und ich dankte für dieses Entgegenkommen dadurch, daß ich meine ganze Kraft und mein ganzes Können dem Lande schenkte, das mir solche Gastfreundschaft bewies. Es tat mir weh, zu sehen, wie dieses begabte Volk am Gängelband fremder Nationen marschierte, ohne die Kraft zu finden, sich davon freizumachen, und ich benützte meinen von Tag zu Tag wachsenden Einfluß auf den Schah, um ihn von der Notwendigkeit, aber auch von der Möglichkeit zu überzeugen, sein verwahrlostes Vaterland zu heben. Du weißt vielleicht, daß der Schah Reisen unternahm, um durch Studium europäischer Einrichtungen den Zustand des Landes zu verbessern, und daß eine Reihe von wesentlichen Verbesserungen die Folge war. Unter anderm wurde die Duldung für alle Religionsgesellschaften, mit Ausnahme der Babi, hergestellt. Ich kann sagen, daß ich selbst viel zu diesen Verbesserungen beitrug, wenn ich auch einsah, daß, indem Persien in seiner Verwaltung selbständiger wurde, in demselben Grad Rußland in seinen politischen Vorteilen geschädigt werden mußte. Um diese Zeit war es, daß ich Abadilah el Waraka kennenlernte, der als Gesandter des

Großscherifs von Mekka an den Hof des Schah gekommen war. Du hast mir zwar jegliches diplomatisches Talent abgesprochen, aber so unerfahren bin ich doch nicht, daß ich nicht bald gemerkt hätte, was die Gesandtschaft wollte. Du weißt vielleicht, daß Persien wiederholt nach dem Besitz Bagdads und der heiligen Städte Kerbela und Meschhed Ali strebte, während die Streitigkeiten des Großscherifs von Mekka mit der Pforte ebenfalls allgemein bekannt sind. Gerade damals richtete der Schah seine Augen wieder begehrlich über die Grenze, und für mich stand es fest, daß die mekkanische Gesandtschaft ein Bündnis mit dem Schah anstrebte. Der Großscherif wollte durch seinen Einfluß auf die Gläubigen in religiöser Beziehung Persien mittelbar unterstützen, während die Maßnahmen der persischen Regierung gegen die Pforte letztere davon abhalten sollten, sich mit den mekkanischen Angelegenheiten zu befassen. Meinst du nicht auch, Effendi, daß ich mit dieser Vermutung das Richtige getroffen hatte?

Ich selbst war zwar in diesem Punkt mit der persischen Politik nicht einverstanden und zögerte nicht, meinen Einfluß in dieser Richtung geltend zu machen. Das hinderte aber weder Abadilah noch mich, daß wir unsre freundschaftlichen Beziehungen aufrechterhielten. Er ist für orientalische Verhältnisse ein ausnehmend gebildeter Mann und besitzt eine große Kenntnis des Koran und seiner Auslegungen. Kein Wunder, daß ich seinen Umgang suchte und mich in seiner Gesellschaft wohlfühlte. Ich sollte auch bald die Erfahrung machen, daß er mir ein aufrichtiger Freund war. Wenn ich geglaubt hatte, daß meine russischen Feinde mich vergessen hätten, so sollte ich mich darin zu meinem Leidwesen getäuscht haben. Meine einflußreiche Stellung in Teheran war ihnen schon längst ein Dorn im Auge. Und auf dem Umweg über Abadilah, der als Gesandter in manche Verhältnisse tieferen Einblick hatte als ich, erfuhr ich von dem Ränkespiel meiner Gegner. Ich habe bereits erwähnt, daß sich in Persien alle

Religionsgesellschaften vollkommener Duldung erfreuten, die Babi ausgenommen, die durch den bekannten Mordanfall auf den Schah im Jahre 1852 eine fürchterliche Verfolgung auf ihr Haupt heraufbeschworen hatten. Zwar hatte ich den Versuch unternommen, eine Milderung der strengen Gesetzesparagraphen, die die völlige Ausrottung der Babi bezweckten, zu erwirken, jedoch ohne Erfolg. Nun erfuhr ich durch Abadilah, daß meine russischen Feinde diesen meinen menschenfreundlichen Schritt als Vorwand benützten, um im Geheimen gegen mich zu wühlen und mir ein Einverständnis mit den Babi nachzuweisen. Abadilah warnte mich und riet mir, mich rechtzeitig in Sicherheit zu bringen, ja er ging sogar so weit, daß er mir ein Obdach in seinem Hause zu Mekka anbot. Soviel Verlockendes dieser Vorschlag für mich besaß — es wäre mir ja nicht schwergefallen, auf Grund meiner Kenntnis des Islam als vollkommen unverdächtiger Muslim aufzutreten —, so fühlte ich mich doch im Bewußtsein meiner Unschuld sicher und lachte über die Warnungen des Freundes. Wie sehr meine Stellung schon untergraben war, davon hatte ich keine Ahnung.

Das Erwachen aus dem Schlaf, in den mich meine Sorglosigkeit eingewiegt hatte, sollte nur zu bald folgen. Und das Erwachen war schrecklich! In einer dunklen Nacht brachen fünf vermummte Männer in mein Haus und rissen mich vom Lager auf. Dann verbanden sie mir die Augen und führten mich gefesselt fort. Wohin sie mich brachten, konnte ich nicht erkennen, ich war vor Schreck halbtot. Als ich wieder klar denken konnte, fand ich mich in einem finstern Kellerloch — allein! Und dann begriff ich mit entsetzlicher Klarheit, was man mit mir vorhatte. Meine Feinde hatten abermals über mich den Sieg davongetragen. Wie sie es angefangen hatten, ahnte ich, ich dachte an die Warnungen meines Freundes, aus dessen Mund ich später die ganze Wahrheit erfuhr. Den christlichen Ränkeschmieden war ihre Teufelei gelungen, sie hatten die persische Polizei von der Staatsgefährlichkeit meiner Person überzeugt. Und nun sollte ich spurlos verschwinden! Ich kannte die persische Art, Gerechtigkeit zu üben, zur Genüge, als daß ich nicht begriffen hätte, daß ich verloren war, wenn nicht ein Engel zu meiner Rettung erschien.

Das bange Harren an diesem schrecklichen Ort schien mir eine Ewigkeit zu sein, in Wirklichkeit waren es nicht viel mehr als drei Stunden. Was ich aber in dieser Zeit fühlte, Effendi, kann ich dir nicht beschreiben. Ich weiß nur noch, daß ich wütete wie ein Rasender, und daß ich Gott, die Menschen und mich selber verfluchte, bis ich vor Ermattung auf die schmutzigen Steinfliesen sank. Da hörte ich Schlüssel im Schloß klirren, die Tür öffnete sich, und herein trat — mein Engel, mein Retter, mein Freund Abadilah, eine Blendlaterne in der Hand. Er ließ mir keine Zeit, das Erstaunen auszudrücken, das ich über sein unerwartetes Erscheinen empfinden mußte, sondern sagte hastig: ‚Lassen wir jetzt alle Erklärungen! Du mußt fort, augenblicklich fort! Danke Allah, nicht mir, daß ich noch im letzten Augenblick von dem Anschlag erfuhr!‘ Damit hatte er schon meine Fesseln gelöst und zog mich die enge Kellertreppe empor und durch einen langen finsteren Gang ins Freie. Dann ging es in eine dunkle Gasse hinein, wo der Diener Abadilahs mit drei Pferden wartete. In den Sattel hinein und wie der Wind fort durch die menschenleeren Straßen, das war das Werk eines Augenblicks. Eine Stunde außerhalb der Stadt hielt mein Retter an und gab mir die nötigen Erklärungen. Er hatte, wie, das wollte er mir nicht sagen, weil er darüber einer gewissen Person Schweigen gelobt habe, in Erfahrung gebracht, auf welchem Weg ich noch in dieser Nacht unschädlich gemacht werden sollte, und sofort die Maßregeln zu meiner Rettung ergriffen. Das erste war gewesen, daß der Schließer des Gefängnisses mit einer großen Geldsumme bestochen wurde. In diesem Augenblick befand er sich schon auf der Flucht außerhalb der Stadt. Dann mußten die Pferde und das nötige Gepäck beschafft werden, mit welcher Aufgabe der Diener betraut wurde. Abadilah selbst übernahm den schwierigeren und gefährlicheren Teil, meine Befreiung. Wieviel er dabei wagte, kam mir erst später richtig zum Bewußtsein. Denn fiel der Verdacht, mir zur Freiheit verholfen zu haben, auf ihn, so wurde seine Stellung am Hof von Teheran unhaltbar. Effendi, verstehst du nun, wie ich behaupten konnte, daß Abadilah der einzige Mensch sei, der mir im Leben Liebe erwies? Und daß an der Seite meines Wohltäters mein Platz war trotz allem, was ich über ihn Nachteiliges erfuhr?"

Ich unterließ es, ihm zu antworten, sondern bat ihn, in seiner Erzählung fortzufahren.

„Abadilah machte mir abermals das Anerbieten, bei ihm in Mekka zu wohnen. Du kannst dir denken, Effendi, daß ich diesmal mit Freuden darauf einging. Zwar konnte er jetzt nicht mit mir gehen, seine Pflichten hielten ihn noch zurück, und ich hatte seine Hilfe auch noch anderweit nötig. Es handelte sich nämlich nicht nur um meine Person, sondern auch um die Rettung meines Vermögens, das auf der kaiserlichen Bank hinterlegt war. Wurde es nicht sofort erhoben, so war es für immer verloren; der Staatssäckel und die Taschen habsüchtiger Beamten hätten es verschlungen. Es zeigte sich, daß der umsichtige Abadilah auch daran gedacht hatte. Er hatte Papier und Tinte mitgebracht, sogar meine Petschaft — wie er es fertigbrachte, das letztere, das in meinem Haus auf dem Schreibtisch lag, in seine Hand zu bekommen, ist mir noch heut ein Rätsel —, und ließ sich von mir eine Vollmacht ausstellen, kraft deren die Bank ihm das Vermögen sofort aushändigen mußte. Noch am gleichen Morgen wollte er es abheben, sobald die Bank geöffnet wurde. Der Name des Überbringers war in der Vollmacht nicht genannt, um ihn nicht in Gefahr zu bringen. So war wenigstens, dachte ich, mein Vermögen gerettet, wenn auch mein Haus verloren war.

Dann nahmen wir Abschied voneinander. Er schnitt meine

Dankesworte mit einem kurzen ‚Allah jeßallimak — Gott behüte dich' ab und ritt in die Stadt zurück, während wir uns auf die lange, beschwerliche Reise nach Mekka machten. Ich kann dir sagen, Effendi, daß mein Vorhaben, als Muslim aufzutreten, mir nicht schwerfiel. Ich hatte während der langen Reise genug Zeit zum Nachdenken über meine zukünftige Stellungnahme zum Christentum. Ich hatte von den sogenannten Christen so viel Bitteres erfahren, daß ich die Abneigung gegen sie auch auf das Christentum übertragen zu dürfen glaubte. Ob ich damit recht dachte, darüber bin ich jetzt nach den jüngsten Ereignissen im Zweifel, jedenfalls glaubte ich damals recht zu handeln. Und mit jedem Schritt, mit dem ich Mekka näher kam, wurde die Überzeugung fester in mir, daß ein Baum, der so schlechte Früchte bringe, selber faul und morsch sein müsse. Daneben kann es aber auch, mir selber unbewußt, Dankbarkeit gegen meinen Wohltäter gewesen sein, die die letzte Brücke, die mich noch mit dem Christentum verband, hinter mir abbrach und mich bestimmte, den Glauben desjenigen anzunehmen, der allein, ganz allein von allen Menschen mir Liebe und uneigennützige Freundschaft entgegenbrachte."

Der Blinde richtete lange, wie in tiefe Gedanken versunken, seine Augen in die Ferne, bevor er fortfuhr:

„Der Glaubenswechsel machte mir keine Sorge. Nachdem ich jahrelang in Persien gelebt hatte, wäre die nächstliegende Bekenntnisform für mich die Schia gewesen. Aber da mein Wohltäter Sunnit ist, war es für mich selbstverständlich, daß auch ich mich zur Sunna bekannte. Dieses Geständnis mag mich vielleicht als willenlos erscheinen lassen, aber ich sage dir, Effendi, ich wäre auch ein Buddhist geworden, wenn mein Wohltäter dies von mir erwartet hätte. Kannst du dich in diesen seltsamen Seelenzustand hineindenken?"

„Ja", erwiderte ich kurz.

„Ich hatte einen Monat lang friedlich im Haus meines Beschützers gelebt, als dieser zurückkehrte. Er brachte mir mein auf der Bank hinterlegtes Vermögen mit. Es war ihm bis auf den letzten Schahi[1] ohne weiteres ausbezahlt worden, und ich konnte jetzt wieder standesgemäß auftreten. Ich wurde bald im ganzen Stadtviertel unter dem Namen ‚der reiche 'Adschami — der reiche Perser' bekannt. Freilich sollte dies nicht lange dauern. Ich sagte dir schon, daß mein Beschützer Schech el Hare[2] ist. In Mekka können die Pilger nicht wohnen, wo es ihnen beliebt, sondern es wird ihnen das Stadtviertel angewiesen, das für ihre Nationalität eigens bestimmt ist. So gibt es ein Hare der Türken, der Perser, der Afghanen, der Inder usw. Mein Beschützer ist Oberster des Stadtviertels der Türken. Dieses Amt brachte es mit sich, daß viele fremde Pilger im Haus meines Wohltäters ein- und ausgingen. Als ich eines Abends nach dem Maghrib[3] von der Kaaba zurückkehrte, fand ich den Dûlâb[4] in meinem Zimmer erbrochen. Die Kiste mit den vielen Beuteln Tuman war fort — ich war ein armer Mann. Ich meldete meinen Verlust sogleich meinem Beschützer, und Abadilah stellte die sorgfältigsten Nachforschungen an, jedoch vergeblich. Er meinte, daß einige türkische Pilger, die im Lauf des Nachmittags bei ihm vorgesprochen hatten, die Täter seien, aber sie waren nicht mehr aufzufinden. Sie mußten sofort nach dem Diebstahl die Stadt verlassen haben.

Ich kann nicht sagen, daß der Verlust meiner Habe mich sonderlich betrübt hätte. Sosehr hatte ich mich bereits an Unglücksfälle gewöhnt. Bitter war mir nur das eine, daß ich die Dienste, die mir im Hause meines Beschützers erwiesen wurden, nicht mehr wie sonst belohnen konnte. Im übrigen besaßen irdische Güter für mich wenig Wert mehr, um so weniger, als mein Augenleiden, das bereits in Teheran schlimme Formen angenommen hatte, bald in vollständige Blindheit überging. Was konnten mir tausend Beutel Tumans nützen! Ich hätte noch mehr freudigen Herzens hingegeben, besaß

---

[1] Kleinste persische Kupfermünze   [2] Oberster eines Stadtviertels   [3] Abendgebet
[4] Schrank

ich doch etwas, was mir lieber war als alles Gold der Erde, die Freundschaft meines Beschützers, der mich auch dann noch bei sich behielt, als ich zum 'Adschami el Meskîn — zum ‚armen Perser' geworden war. In ihrem Besitz kam ich mir unendlich reich vor. Dazu kam noch etwas anderes. Je mehr sich meine Augen dem Licht der Sonne schlossen, desto mehr öffnete sich mein inneres Auge dem Licht, das von Ben Nur, meinem Führer, ausging. In seinem Licht habe ich Dinge sehen dürfen, zu deren Kenntnis nur wenig Menschen gelangen, weil ihre Herzen von den Gütern dieser Erde eingenommen und ihre Augen geblendet sind von dem Glanz des Goldes, dem sie rastlos nachjagen. —

Effendi, es ist ein langer, vielfach gewundener Chêt[1], der vom christlichen Moskûfi[2] zum mohammedanischen Mekkâwi[3] führt, ein langer, mühevoller Weg von sechzig Jahren. Wirst du mir's verdenken, wenn ich mich nach Ruhe sehne? Nach Ruhe und nach Frieden! — Und nicht wahr, Effendi, du wirst mich nicht verlassen, nachdem ich von meinem bisherigen Beschützer verraten worden bin? Und eine zweite Bitte habe ich noch. Ich weiß, daß du auf Abadilah nicht gut zu sprechen bist. Du hast ihn eben niemals von seiner besseren Seite kennengelernt, wie ich, und du wirst vielleicht nicht alles glauben, was ich von der ehemaligen Uneigennützigkeit meines Freundes gesprochen. Effendi, glaube von ihm, was du willst! Aber, bitte, laß auch mir den Glauben an die frühere reine Güte meines Beschützers! Es ist so schön, an das Gute im Menschen glauben zu dürfen. Es ist so schön — — so schön — — —!"

Der Blinde schwieg erschöpft. Während der langen Erzählung hatte er meine Hand nicht freigegeben. Der arme, arme Mann! Er ahnte nicht, daß die Blindheit seiner Augen nicht die einzige war. Er war doppelt, ja dreifach blind! Durfte ich aus Rücksicht auf sein seelisches Gleichgewicht ihn in seiner glücklichen Unwissenheit belassen? Nein, ich

[1] Faden   [2] Russe   [3] Mekkaner

35

durfte es nicht! In einem Fall geistiger Blindheit wie der seinigen gab es nur ein einziges Mittel der Heilung — rücksichtslose Offenheit! Wenn auch die Wunde seiner Seele frisch zu bluten anfing! Früher oder später hätte er doch die traurige Wahrheit erfahren müssen! War es da nicht besser, sofort an die Operation zu gehen und ihm den Star zu stechen? Unerbittlich? Schonungslos?

Darum schwieg ich, als der Münedschi geendet hatte, längere Zeit, um meinen Worten größeren Nachdruck zu geben. Dann begann ich langsam und indem ich jedes Wort betonte:

„Münedschi, du hast mir eine traurige Geschichte erzählt. Ich könnte weinen über sie, weinen aber auch über dich, du armer, blinder Mann! Laß dir sagen, Münedschi! Ein blinder Mann ist zu bedauern. Wenn aber die Möglichkeit besteht, seine Blindheit zu heilen, und der Blinde verschließt mit Gewalt die Lider, weil er nicht sehen lernen will, dann muß das Bedauern in Verachtung übergehen. Und deine Blindheit ist so leicht zu heilen! Ein Kind könnte die Heilung bewirken! Münedschi, willst du denn nicht begreifen, daß deine Erzählung, angefangen von dem Punkt, wo dein ‚Beschützer‘ auftritt, ein Märchen ist, nein, kein Märchen, sondern eine faustdicke Lüge, von einem vollendeten Schurken ersonnen, so faustdick, daß ich mich wundern muß, daß du, der du ein erfahrener Mann sein willst, sie nicht auf den ersten Blick durchschaut hast — — ?“

Der Münedschi machte eine heftige Bewegung, als wolle er mich unterbrechen, ich ließ ihn indes nicht zu Worte kommen, sondern fuhr unbeirrt fort:

„Unterbrich mich nicht, Münedschi! Du kannst dir denken, daß ich nicht so sprechen würde, hätte ich nicht meine reiflich überlegten Gründe dazu. Der Ghani war von allem Anfang nicht dein Beschützer, sondern dein mit ausgesuchter Schlauheit handelnder, bewußter Feind. Der schlimmste, den du je besaßest! Du sagst doch selber, daß du ein Gegner der damaligen persischen Politik gewesen bist. Also warst du auch sein Gegner, denn er unterstützte sie. Und du warst ein gefährlicher Gegner, denn du besaßest Einfluß auf den Schah-in-Schah. Folglich mußtest du entfernt werden. Mit Verleumdungen war gegen dich nichts auszurichten, dafür besaßest du die Achtung des Herrschers in zu hohem Grad. Es mußte demnach anders mit dir verfahren werden. Und außerdem war es nicht nur auf deine Entfernung, sondern auch auf dein großes Vermögen und auf deine Person abgesehen. Der Ghani wollte drei Fliegen auf einen Schlag treffen."

„Drei Fliegen — — ich verstehe dich nicht."

„Und doch ist das Gewebe des Schurken so leicht zu durchschauen. Du warst ein Mann von großer Beredsamkeit. Wie ruhmvoll für ihn, wenn es ihm gelang, dich, der ohnehin zum Islam hinneigte, für seinen Glauben zu gewinnen! Welche Ehre mußte ihm das in seiner Heimatstadt einbringen, und welche Kraft wäre durch dich dem Islam gewonnen worden!"

„Aber ich verstehe noch immer nicht — —"

„Du wirst mich bald verstehen lernen. Also, du mußtest aus politischen Rücksichten entfernt werden, dein Vermögen sollte dem Ghani zufallen, und deine Person selbst war für ihn ein kostbarer Wertgegenstand, kostbarer noch als er selber damals ahnen konnte. Diesen dreifachen Zweck zu erreichen war aber dem Betrüger nur möglich, wenn es ihm gelang, dich ohne Aufsehen aus dem Land zu bringen, und wenn du selber seinen Absichten entgegenkamst. Sag mir nur das eine noch, Münedschi! Hast du dem Ghani die Geschichte deines Lebens erzählt?"

„Ja. Ich sah keinen Grund, sie ihm zu verheimlichen, als er mich einmal darum fragte."

„Ich dachte es mir. Ist dir noch nie die Ähnlichkeit der zwei verhängnisvollsten Ereignisse deines Lebens aufgefallen? Das eine Mal war es das von deinen Feinden erfundene Einverständnis mit den russischen Nihilisten, das dich aus dem Land trieb, und das zweitemal deine angebliche Verbindung mit der geächteten Sekte der Babi, die die Schuld an deinem Unglück tragen sollte. Ist dir jetzt noch nicht klar, wie verdächtig die ganze Babigeschichte ist? Der Ghani benutzte geschickt die von dir erlangte Kenntnis und setzte dir den Floh von der Rache deiner russischen Feinde ins Ohr. Das war der erste Schreckschuß, auf den du aber noch nicht hereinfielst, weil du dich im Gefühl deiner Unschuld für sicher hieltest. Um so besser traf der zweite. Der Ghani setzte einen Scheinüberfall in Szene, so daß in dir die Überzeugung entstehen sollte, daß deinen Feinden ihr Anschlag geglückt und dein Leben in höchster Gefahr sei. Du weißt selbst am besten, wie gut die Sache klappte. Du saßest geknickt in der Falle, und der Ghani erschien als rettender Engel und schickte dich dahin, wo er dich gern haben wollte, nach Mekka. Die vermummten Männer waren bezahlte Helfershelfer, die Geschichte mit der Bestechung des Gefängnisschließers ist Mumpitz, und der Diener, der dich nach Mekka bringen mußte, war natürlich in alles eingeweiht."

Die Hand des Münedschi, die in der meinen lag, zitterte heftig. Jedoch sagte er kein Wort, obgleich meine Worte wie Keulenschläge wirken mußten.

„Ich bin noch nicht fertig. Zwei Dinge waren dem Ghani geglückt; er hatte deine Entfernung bewirkt, und deine Person war in seiner Gewalt. Nun handelte es sich nur noch um dein Vermögen. Du sagst, es sei dir ein Rätsel, wie dein ,Beschützer' in den Besitz deines Petschafts gekommen sei. Und doch ist an dieser Sache gar nichts Rätselhaftes. Während sich die Helfershelfer des Ghani mit dir zu schaffen machten, ging er selber ruhig in dein Schreibzimmer und holte sich dein Petschaft vom Schreibtisch, denn ohne dein Siegel hätte ja die Vollmacht, die er sich von dir ausstellen lassen wollte, bei der Bank nichts gegolten. Er durfte sich das Geld aber nicht sofort aneignen, es mußte vielmehr in deine Hände kommen, weil du, wäre es ihm während der Reise ,gestohlen' worden, trotz deiner großen Vertrauensseligkeit Verdacht hättest schöpfen können. Aber einmal in deinem Besitz, war dein Vermögen keinen Augenblick mehr sicher. Und der Ghani wartete tatsächlich nicht lange, bis er seine Hände danach ausstreckte. Muß ich dir noch sagen, daß die ‚fremden Pilger' eine recht fadenscheinige Ausrede deines vermeintlichen Wohltäters sind?"

Jetzt verließ den Münedschi seine bisherige Starrheit, mit der er mich angehört hatte.

„Halt ein, Effendi, halt ein! Es ist zu fürchterlich, was du sagst. Du irrst dich sicher, du mußt, mußt dich irren!"

„Ich irre mich nicht, Münedschi! Ich bitte dich, verschließe doch deine Augen der Sonne nicht mit Gewalt!"

„Dann wäre — wäre ich also — vom Schah gar nicht geächtet! — — Und es wäre alles — alles — wirklich nur — gewissenlose Täuschung — —?"

„Du sagst es. Gesteh, ob du in Mekka all die Jahre her auch nur ein einziges Mal ungehindert und ohne Zeugen mit jemand reden konntest! Entweder war der Ghani bei dir, oder du wurdest eingeschlossen."

„Er sagte, dies sei notwendig, denn meine Feinde seien mächtig und ihre Hand reiche weit. Und wenn er nicht bei mir sei, oder wenn ich nicht eingeschlossen sei, könne er mich nicht beschützen."

„Unsinn! Nicht deine, sondern seine Sicherheit verlangte diese Maßregel. Wie leicht konnte es sein, daß ein persischer Pilger, der dich in Teheran gesehen hatte, dich erkannte und über den wahren Sachverhalt aufklärte! Dies mußte unter allen Umständen verhindert werden. Das war auch der Grund, warum er dich auf die weite, beschwerliche Reise nach Meschhed Ali mitnahm, obgleich du ihm in deiner Blindheit nur hinderlich sein konntest. Du durftest eben nicht allein in Mekka zurückbleiben! Und glaube nur ja nicht, daß du, als du durch seine Schlechtigkeit arm geworden warst, von seiner Mildtätigkeit lebtest! Du warst nicht einen einzigen Augenblick lang der Empfänger, sondern der Geber nur der Geber.

Ich weiß vom Basch Nâsir, daß dein ‚Wohltäter' in Meschhed Ali von den Leuten, mit denen du verkehren durftest, und die Zeugen deiner Geschichte waren, mehr als einmal sogar ein Goldstück als ‚Gabe' erhielt und sehr viel Geld einnahm. Glaubst du, daß er diese Goldquelle in Mekka weniger ausnützte? Ja, ich bin überzeugt, daß Abadilah erst durch dich zum ‚Ghani' geworden ist."

„Maschallah! — — Das — — das habe ich nicht gewußt!"

„Ja, du wurdest auf eine unverantwortlich schamlose Weise ausgebeutet, bis wir mit ihm zusammentrafen und ihn als Verbrecher entlarvten; dann zeigte er auch dir gegenüber sein wahres Gesicht und setzte seinem Werk die Krone auf, indem er dich, von dem er Verrat fürchtete, dem Tod überliefern wollte. Hältst du ihn jetzt, nach all dem, was ich dir mitgeteilt, noch immer für deinen Wohltäter?"

Der Münedschi erwiderte eine Weile gar nichts, dann sagte er leise:

„Effendi, wenn ich denken soll, daß alles sich so verhält, wie du sagst, dann möchte meine Seele weinen — —! Aber noch bin ich nicht überzeugt. Die Gründe, die du angeführt hast, sind nur Vermutungen: Effendi, gib mir Beweise!"

Unglaublich! Dieser unverbesserliche Schwärmer verlangte noch Beweise, wo ein nur einigermaßen vorurteilsfreier Mensch vollkommen überzeugt gewesen wäre. Es wäre zum Lachen gewesen, wenn nicht der Münedschi gerade dadurch doppelt rührend erschienen wäre, daß er nach dem letzten Strohhalm griff, der sich ihm bot.

„Beweise verlangst du von mir? Beweise? Was stellst du dir unter diesen Beweisen vor? Soll ich dir eine vom Schah-in-Schah eigenhändig unterschriebene Schahâde[1] vorzeigen, worin er dir ausdrücklich versichert, daß er dir seine Liebe nie entzogen habe? Oder soll ich auf dem Scherît et Telegrâf[2], den es hier in der Wüste leider nicht gibt, von der persischen Sabtîje[3] die Bestätigung erholen, daß sie sich damals um deine Person nicht, aber auch nicht im geringsten gekümmert habe?"

„Verzeih, Effendi! Aber es wird mir schwer, o so schwer, das Schreckliche zu glauben. Und Abadilah galt als ein äußerst frommer Mann, als einer der frömmsten in ganz Mekka!"

„Mag sein! Aber hat ihn diese Frömmigkeit vielleicht gehindert, den Kans el A'dhâ zu stehlen? Oder ist sie ihm vielleicht in den Arm gefallen, als er dich erbarmungslos dem Verschmachtungstod in der Wüste preisgab? Meinst du nicht, daß ein Mann, der solche Schandtaten verüben kann, auch noch andrer Verbrechen fähig ist? Warte bis wir nach Mekka kommen! Dort hoffe ich das, was du Beweise nennst, zu finden. Übrigens bringt mich das auf eine Frage. Kennst du in Mekka ein Gemach, in dem drei Gebetsteppiche liegen, zwei von roter und einer von blauer Farbe, welch letzterer mit goldenen Koransprüchen verziert ist?"

Der Blinde dachte eine Weile nach, dann sagte er bestimmt: „Nein. Wie kommst du auf diese Frage?"

Sonderbar! Der Münedschi hatte mich doch selber, allerdings mit Ben Nurs Stimme, auf dieses Gemach aufmerksam gemacht, und jetzt behauptete er, es nicht zu kennen. Ich beschloß, ihn einstweilen noch nicht aufzuklären.

„Das werde ich dir später mitteilen. Es hängt wahrscheinlich mit den Beweisen zusammen, die du von mir verlangst. Für jetzt möchte ich von dir etwas Näheres über die Lebensgewohnheiten des Ghani erfahren. Geht der Ghani oft aus?"

„Nein. Wenn er sich in Mekka aufhält, ist er fast immer zu Hause. Freilich macht er häufig Ausflüge in die Umgebung der Stadt und nach Dschidda, bleibt aber dann nur einen oder zwei Tage fort."

„Macht er diese Ausflüge allein oder in Begleitung?"

„Meistens allein. Manchmal begleitete ihn jedoch sein Sohn Ben Abadilah, der in der Wüste starb."

Das fiel mir auf. Was hatte der Ghani so oft außerhalb der Stadt zu suchen? Obendrein, wo es für einen einzelnen oder auch zwei Reiter leicht gefährlich werden konnte? Wagten es doch bis in die jüngste Zeit einige Stämme der Wüste, selbst größere und wohlbewaffnete Pilgerkarawanen anzugreifen, und das sogar in der nächsten Nähe der heiligen Stadt.

„Fürchtet sich denn Abadilah nicht vor Räubern?"

„Oh, er besitzt einen ausgezeichneten Renner, den ihm der Großscherif, dessen Liebling er ist, geschenkt hat, und außerdem kennt er die Wüste wie die Taschen seines Burnus."

Das letztere glaubte ich ihm allerdings. Nur ein vorzüglicher Kenner der Wüste konnte es, wie Abadilah es getan, wagen, den gewöhnlichen Karawanenweg zu verlassen und seinen Weg mitten durch die wasserlose Wüste zu nehmen.

„Zu Hause führt er also ein sehr zurückgezogenes Leben?"

„Ja. Ich bemerkte bereits, daß er als sehr fromm gilt. Er hält die Vorschriften des Koran sehr streng ein. Niemals versäumt er eine Waschung oder eine Gebetszeit. Er hat sich sogar, um beim Beten ganz ungestört zu sein, in seinem Garten ein eigenes kleines Mekân es Ssalâ[1] bauen lassen, in dem er oft stundenlang im Gebet zubringt. Niemand darf ihn dann stören, denn Abadilah sagt, es sei eine große Sünde, ihn zu unterbrechen, wenn er sich im Gespräch mit Allah befinde."

Der Ghani stundenlang im Gebet? Ich glaubte kein Wort davon.

„Bist du schon einmal in diesem Mekân es Ssalâ gewesen?"

„Nein. Der Ghani hat allen im Haus und auch mir streng verboten, es zu betreten. Er sagt, es sei ausschließlich sein Heiligtum."

Ich horchte auf. Daß sich Abadilah ein eigenes „Haus des Gebets" bauen ließ, war mir zwar merkwürdig, aber deswegen noch nicht verdächtig. Aber daß er jedwedem den Eintritt verweigerte, das machte mich stutzig. Da gab es sicherlich irgendeine Heimlichkeit, von der niemand wissen durfte.

[1] Haus des Gebetes

Wenn es nun gar das bewußte Gemach mit den drei Gebetsteppichen war? Dann war es für mich gar nicht·so schwierig,
den Schlüssel des Geheimnisses, von dem Ben Nur gesprochen,
zu finden. Ich sagte dem Münedschi nichts davon, nahm mir
aber vor, in Mekka diesem merkwürdigen „Hause des Gebets" meine ganz besondere Aufmerksamkeit zu schenken.
Einstweilen war ich freilich noch nicht soweit. Zunächst
mußte ich mich mit dem alten, blinden Mann befassen, der
da vor mir saß. Und da kam mir ein Gedanke, ganz unvermittelt, und auf den ersten Blick ungeheuerlich erscheinend, der
aber vielleicht gerade deswegen für mich doppelten Reiz besaß. War es nicht möglich, diesem Blinden die Sehkraft
seines Auges wiederzugeben? Ich hatte von Anfang an
die Vermutung gehegt, daß die Erblindung durch über-
mäßigen Tabakgenuß erfolgt sei. Es fragte sich nun, ob die
Vergiftung schon so weit vorgeschritten war, daß eine Heilung unmöglich war. Das erschien mir indes zweifelhaft,
weil seine Blindheit noch nicht vollständig war. Der Münedschi
hatte ja schon einmal gesagt, daß er ganz nahe Gegenstände als
Schatten mit verschwommenen Umrissen erkennen könne.
Wie nun, wenn es möglich wäre, durch Entziehung des Gif-
tes die im letzten Abschnitt der Entwicklung stehende Krankheit der Augen zum Stillstand zu bringen und dem fast er-
loschenen Sehnerv neue Kraft einzuflößen? Wäre ein solcher
Erfolg nicht die glänzendste Krönung des Gesundungsvor-
gangs, den die göttliche Gnade in der Seele des Bedauernswerten, wie ich hoffe, bald zum glücklichen Ende führen
würde? Dieser Gedanke begeisterte mich förmlich, und ich
zögerte nicht mit der Ausführung.

„Münedschi", begann ich unvermittelt, „möchtest du nicht
wieder sehend werden?"

Der Gefragte zuckte zusammen. Diese Frage hatte er offenbar nicht erwartet.

„Wie meinst du das?"

„Ich meine, daß du vielleicht, aber auch nur vielleicht,

deine Sehkraft wiedererlangen könntest, wenn du bereit wärest, zu tun, was ich von dir verlange."

„Effendi, wenn das ein anderer gesagt hätte, würde ich über ihn lachen, oder ich würde glauben, er mache sich über mich lustig. Bei dir ist das freilich ausgeschlossen. Und darum frage ich dich: Was verlangst du von mir?"

„Zuvor muß ich noch eine andere Frage an dich richten. Münedschi, glaubst du, daß unser Zusammentreffen in der Wüste Zufall ist?"

„Nein. Ich weiß, daß alles dem Menschen durch sein Kismet bestimmt ist."

„Auch für mich gibt es keinen Zufall. Hältst du es für ein freundliches oder widriges Kismet, daß du mich getroffen hast?"

„Effendi, wie kannst du noch fragen? Ohne dich hätte ich doch zugrunde gehen müssen."

„Das wollte ich von dir erfahren. Nun höre! Auch das halte ich für keinen Zufall, daß ich auf den Gedanken gekommen bin, deine Blindheit sei auf dein starkes Tabakrauchen zurückzuführen. Ich kann es dir nicht so beschreiben, wie ich es fühle, aber es ist wie eine unbestimmte Empfindung, eine Ahnung in mir, als könne ich dir auch hierin helfen. Und darum bitte ich dich: gib das Tabakrauchen auf!"

„Effendi, weißt du, was du von mir verlangst? Das Rauchen ist mir zur Gewohnheit geworden, es ist der einzige Genuß, den ich noch vom Leben habe. Und es wird mir sehr schwerfallen, deine Bitte zu erfüllen."

„Ich weiß es. Aber nicht meinet-, sondern deinetwegen bestehe ich auf dieser Bitte. Zwar kann ich, wenn du mir dieses Opfer bringst, als Entgelt kein bestimmtes Versprechen, sondern nur ein ‚vielleicht' in die Waagschale werfen. Und dennoch bitte ich dich: bring das Opfer! Bring es Allah dar! Und wenn er es auch nicht in deinem Sinn erhören sollte, so wird es ihm als Sühne um so mehr gefallen."

„Als — — Sühne — — —?"

„Ja, als Sühne für die große Sünde, die du begangen hast. Ich sagte dir schon, daß kein Mensch den Frieden seines Herzens ohne sein eigenes Verschulden verlieren kann. Und ich weiß jetzt, Münedschi, daß du diesen Frieden, dessen Verlust dich unglücklich macht, nie besessen hast."

„Du sagst — ich habe — diesen Frieden — nie — besessen — — ?"

„Nein", gab ich bestimmt zur Antwort. „Kannst du dich erinnern, o Münedschi, daß du einmal die Frage an mich stelltest, ob ich die Liebe habe? Ich gab dir eine Antwort, die dich nicht befriedigte. Nun aber frage ich dich, der du von dir behauptetest, daß du die Liebe habest: hast du sie wirklich? Du brauchst mir nicht die Antwort zu geben, ich gebe sie für dich, indem ich sage: du hast die Liebe nicht, hast sie nie gehabt."

Ich sprach mit Absicht streng, fast schroff zu ihm, denn ich hielt es für wichtig, ihn von dem Eigendünkel, der ihn beherrschte, zu befreien. Wenn dieser Mann zur Gesundung gelangen sollte, war es für ihn notwendig, einen tiefen Blick in sich selbst hinein zu tun, auch auf die Gefahr hin, daß diese Selbsterkenntnis ihm Schmerz bereitete. Tatsächlich schienen ihn meine Worte verletzt zu haben, denn er suchte langsam seine Hand aus der meinen zu ziehen, ich hielt sie jedoch fest.

„Münedschi, höre mich an! Du besitzest ein an Schätzen reiches Herz. Alles Schöne und Gute, das darin wohnt, brachtest du zugleich mit deinem Herzen der Menschheit entgegen und botest es ihr an. Aber während du das mit der einen Hand tatest, strecktest du ihr auch die andere entgegen und verlangtest als Lohn Gegenliebe, wie ein Kahwedschi[1], der mit der einen Hand eine Findschân[2] köstlich duftenden Mokkas reicht und mit der andern die Bezahlung entgegennimmt. Und als die Menschen den Mokka aus deiner Rechten entgegennahmen, aber nach deiner Bezahlung fordernden Linken schlugen, da zogst du gekränkt beide Hände

---

[1] Kaffeewirt   [2] Tasse

zurück und schenktest deine ganze Seele einem Menschen, nur einem einzigen, deine große, reiche Seele, die doch der ganzen Menschheit gehörte. Und diesem einen Menschen brachtest du eine so große, an Abgötterei grenzende Verehrung entgegen, wie ein Mensch sie niemals verdienen kann. Und da wunderst du dich, daß Allah dir seine Hand entzog, indem er dies zuließ und ruhig zusah, wie dir in eben diesem deinem vergötterten ‚Beschützer' die größte Enttäuschung deines Lebens bereitet wurde. War deine Liebe wirklich die eine, unteilbare, von der du sprachst, der göttliche Funke, der über die ganze Welt hin flammt und zündet, oder war sie nicht Abgötterei, Götzenkult zu Ehren eines einzigen Menschen? Daß dieser eine sich später als ein schlechter Mensch entpuppte, hat dabei gar nichts zu sagen. Deine Sünde wäre die gleiche gewesen, wenn du deine Liebe dem Würdigsten und Verdienstvollsten von allen geschenkt hättest. Besäßest du die richtige Liebe, hättest du sie nicht nur geübt, sondern auch gelebt, so wärst du jetzt nicht an Allah irre geworden. Denn die echte Liebe, die Liebe, die nicht hofft und wünscht, wie das Kitâb el mukaddas[1] der Christen sagt, die Liebe, die eben darum auch keine Enttäuschung kennt, diese Liebe führt zu Gott. Gott selbst ist die Liebe — — und in Gott ist Friede. Begreifst du jetzt, warum ich behauptete, du hättest weder die Liebe noch den Frieden jemals besessen? Denn beides ist unzertrennlich miteinander verbunden."

Der Münedschi hatte meinen Worten aufmerksam gelauscht. Jetzt saß er lange in sich versunken neben mir. Was ging in ihm vor? Würde sich die Gärung seines Innern zur Klärung entwickeln? Endlich brach er das Schweigen und begann leise:

„Gott ist die Liebe — — und in Gott ist Friede. — — Effendi, deine Worte schmeckten bitter. Fast möchte ich dir deswegen zürnen und kann doch nicht, denn ich fühle, du hast recht, nur zu recht. Und dein Vergleich mit dem

[1] Das heilige Buch = die Bibel

Kahwedschi stimmt, er stimmt sogar ganz genau. Und ich erkenne jetzt zu meinem aufrichtigen Schmerz, daß ich in einem großen, ja ungeheuren Eigendünkel befangen war, ich, der in meinem Leben über die Anfangsgründe in der Übung der Liebe nicht hinausgekommen bin. Dieser Eigendünkel führte mich, das weiß ich jetzt, dem Ghani in die Arme, er ist die persönliche Schuld, an die ich nicht glauben wollte, und die doch jetzt so klar, so furchtbar klar und groß vor mir aufsteigt. Und darum wird die Aufgabe meines künftigen Lebens sein, wenn Allah mir die nötigen Jahre schenkt, diese schwere Schuld zu sühnen und jene echte, wahre Liebe zu suchen, von der ich in so hochtönenden Worten sprach, und die doch für mich ein mit sieben Siegeln verschlossenes Buch war. Dir, Effendi, danke ich diese späte Erkenntnis, wie ich dir noch so vieles andre verdanke. Wie ich dir dafür lohnen soll, weiß ich nicht. Ich bin ja ein armer, blinder Mann, der ganz allein auf deine Güte angewiesen ist. Doch will ich wenigstens den Versuch machen. Und das erste Zeichen meines Dankes soll sein, daß ich deine Bitte erfüllen werde, ich werde in Zukunft auf den Tabakgenuß verzichten. Gebe Allah, daß ein Tag komme, an dem ich dir noch ganz anders danken kann!"

„Gott sei Dank!" hätte ich beinahe laut ausgerufen. Der scharfe Schnitt, den ich in den kranken Teil seiner Seele führte, war also geglückt. Und zwar besser als ich zu hoffen gewagt hätte. Es hätte mir sehr leid getan, wenn diese edle, Gott suchende Seele die natürliche und leicht begreifliche Abneigung vor dem schmerzenden Messer auf mich, den Hakim, übertragen hätte. Daß er dies nicht getan, ehrte ihn, denn es gibt nur wenige Menschen, die eine demütigende Wahrheit aus dem Mund andrer hören können, ohne sich in ihrem Selbstgefühl tief gekränkt zu fühlen. Darum umspannte ich die Hand des Blinden mit festem Druck, als ich erwiderte:

„Sprich nicht von Dank zu mir, Münedschi! Aber danke

Allah, der dir durch mich Erleuchtung gab! Indem du dich in deinem wahren Wert erkanntest, hast du dich selber frei gemacht. Ich brauche dir wohl nicht zu sagen, wer der Feind ist, der dich mit noch weit stärkern Banden gefesselt hielt als selbst der Ghani, dein vermeintlicher Beschützer. Wohl dir, daß du ihn endlich kennenlerntest! Du hast dadurch den ersten Schritt getan, der dich dem neuen Tag, dem Licht, entgegenführt. Du sagtest heut, nein gestern war's, denn Mitternacht ist längst vorüber, daß du, dem Tode des Verschmachtens überliefert, der Hölle ganzes Entsetzen in dir fühltest. Das war indes ein Irrtum — zu deinem Glück, Münedschi! Du wußtest nicht, daß es noch Hoffnung für dich gab. Und Hoffnung ist der Hölle fremd, sonst ist sie keine Hölle. Drum sei getrost! Was jetzt in deiner Seele schmerzlich wühlt, ist nicht der Hölle hoffnungslose Nacht, es ist — du wirst als früherer Christ das Bild verstehn — des Fegefeuers reinigende Glut.

Die Sterne sind verblichen und der Saum der Wüste rötet sich vom Licht des neuen Tags. Laß uns zur Ruhe gehn, Münedschi, damit wir frisch und neu gestärkt der Morgensonne in ihr leuchtend Antlitz schauen können. Allah ja'tik nûro; jißabbahak bilchêr — Allah spende dir sein Licht, guten Morgen!" — — —

2. Himmel und Hölle

„Sei mir gegrüßt, Mekka el Mukarrame — heiliges Mekka! Labbêk, Labbêk — hier bin ich, hier bin ich!" So begrüßt der müde Pilger die Stadt des Propheten, wenn er nach langer, müh- und gefahrvoller Hadsch[1] die sechs Minaretts und die

[1] Pilgerfahrt

einhundertzweiundfünfzig Miniaturkuppeln von El Haram, der Hauptmoschee, von ferne erblickt. Schließt sie ja doch das Ziel seiner Gedanken, die Sehnsucht seiner Träume, den größten Schatz des Islam ein, das Beit Allah, das Gotteshaus, die heilige Kaaba. Und weinend und schluchzend wirft er sich in seinem bestaubten Ihram, dem Pilgergewand, in den Schmutz der Straße und küßt den Boden, auf dem der Prophet gewandelt. Dann hebt er seine flachen Handteller zu Schulterhöhe empor und spricht das Gebet, das für diesen Augenblick vorgeschrieben ist: „O Allah, dort ist deine schützende Burg, dort ist dein Heiligtum. Wer dieses betritt, ist gerettet. O halte das Feuer der Hölle fern von meinem Fleisch und Blut, von meinen Knochen und meiner Haut! Ich beschwöre dich darum, denn du bist Allah, der Barmherzige und Gütige, dem nichts verglichen werden kann. Habe Erbarmen mit unserm Herrn Mohammed, deinem Propheten, und mit seinen Nachkommen und Getreuen, mit einem und mit allen!" Dann erhebt sich von den Knien und legt betend und mit von nie gekannten Gefühlen geschwellter Brust die letzte Wegstrecke zurück, die ihn von Mekka und seinem Heiligtum trennt, um dann ohne Verzug den Tawâf el Kudûm, den „Umgang nach der Ankunft" zu halten.

Mekka! — — Da lag sie nun vor mir, die Verbotene, die Gefährliche, die mir schon einmal beinahe zum Verderben geworden war. Wie wird sie heute nach zwanzig Jahren, den Fremdling in ihren Mauern aufnehmen? Jetzt, nach jahrelanger, gewissenhafter Vorbereitung, und nachdem ich mich mit allen Sitten und Gebräuchen des Islam vertraut gemacht hatte, kam es mir erst zum Bewußtsein, welch gefährliches Wagnis und welcher Leichtsinn es damals von mir gewesen war, diese Stadt zu betreten. Ja, ein fast unverantwortlicher Leichtsinn! Ich war erst verhältnismäßig kurze Zeit im Orient gewesen und hätte mir folgerichtig sagen müssen, daß ich mich unmöglich als echter Muslim geben konnte und daß ein Besuch der Stadt gleichbedeutend sei einem Spiel mit dem Tod. Der Uneingeweihte hat keine Ahnung, welche Unsumme von Fleiß und schärfster Beobachtungsgabe dazu gehört, sich die dazu nötigen Kenntnisse zu erwerben. Um nur ein Beispiel anzuführen von den vielen Einzelheiten und Kleinigkeiten, auf die der strenge Muselman großes Gewicht legt, und die ein Europäer wissen muß, wenn er nicht sofort Anstoß oder Verdacht erregen will: es handelt sich darum, ein Glas Wasser zu trinken. Für einen Abendländer ist das ein höchst einfaches Ding, aber bei einem Muslim kommen dabei nicht weniger als fünf Vorschriften in Betracht. Zuerst muß der wahre Gläubige das Glas so fest anfassen, als wollte er seinem Todfeind mit den Fäusten die Kehle eindrücken. Bevor er dann das Getränk an die Lippen bringt, hat er zu sprechen: „Bismillâhi ’rrachmâni ’rrachîm.“ Drittens muß er das Glas austrinken, ohne dabei abzusetzen und hat dann ein Gemurmel hören lassen, durch das er sein Wohlgefallen zu erkennen gibt. Beim Niedersetzen des Glases hat er viertens auszurufen: „Hamdulillah!“ und man begreift diesen Ausdruck der Dankbarkeit sehr wohl, wenn man bedenkt, was in der heißen Wüste ein Trunk Wasser bedeutet. Und wenn fünftens irgendein Reisegefährte oder ein beliebiger Mann das Wort ausspricht: „Bißirrak — zur Gesundheit“, also etwa unser: „Wohl bekomm’s“, dann muß man erwidern: „Allah jehannik — Gott lasse es dir wohlergehen!“ Übrigens sind das bei weitem noch nicht alle Vorschriften, die man beim Trinken zu beobachten hat.

Der geneigte Leser wird mich also begreifen, wenn ich sage, daß ich das „heilige Mekka“ mit sehr gemischten Gefühlen vor mir liegen sah. Ich glaubte zwar, das Menschenmögliche getan zu haben, um mich vor Entdeckung sicherzustellen, aber damit war ich noch nicht vor allen Gefahren geschützt. Ich möchte den Menschen kennen, der alle Möglichkeiten im voraus berechnen kann! Und außerdem gab es eine Nummer, die ich gar sehr in den Kreis meiner Berechnungen ziehen mußte — den Ghani. Ich fürchtete ihn zwar nicht, ich glaubte, ihn vielmehr in der Hand zu haben. Wohl konnte ich mir denken, daß er bei einem feindlichen Zusammentreffen den Diebstahl des Kans el A'dhâ in Abrede stellen werde, aber ich besaß einen Beweis, an den er nicht dachte, den Münedschi, den er wohl schon längst eine Beute der Schakale der Wüste glaubte. Und deshalb konnte ich der Zukunft getrost und wohlgemut entgegensehen.

Mein erster Aufenthalt in Mekka war von so kurzer Dauer gewesen, daß eine Schilderung der heiligen Stätten sich erübrigte. Das Versäumte soll nunmehr nachgeholt werden. — Das größte Heiligtum des Islam, die heilige Kaaba, erhebt sich inmitten einer ausgedehnten Einfriedung, die die Form eines Rechtecks hat, von etwa zweihundertfünfzig Schritten Länge und zweihundert Schritten Breite. Die Ostseite wird von vier Säulenreihen gebildet, während die übrigen Seiten deren drei zählen. Das Dach besteht aus drei Reihen kleiner Kuppeln, die mit Gips beworfen und geweißt sind. Die Säulen von ungefähr sieben Meter Höhe und einen halben Meter Durchmesser sind zu vier Fünftel von Marmor, die andern aus Granit, wie er in der Nähe von Mekka gebrochen wird. Einige sehr schöne Schäfte von rotem Porphyr fallen als Ausnahmen auf und sollen aus Ägypten hergebracht worden sein. Unter diesen Hunderten von Säulen sind nicht zwei mit gleichförmigem Kapitell oder einerlei Sockel zu finden. Die ersteren zeigen zumeist schlechte sarazenische Arbeit, einige haben früher anderen Gebäuden angehört und sind von ungeschickten Werkleuten verkehrt eingesetzt worden, so daß der obere Teil nach unten steht. An einigen Sockeln erkennt man gute griechische Arbeit. Das Pflaster besteht aus roh nebeneinander liegenden Steinen.

In der Mitte des von diesem Säulenrechteck eingeschlossenen Platzes erhebt sich die Kaaba. Sie bildet einen massiven Bau von fünfzehn Meter Länge und zwölf Meter Breite und ist ungefähr zwölf bis dreizehn Meter hoch. Das Dach ist platt, was der Kaaba die Gestalt eines Würfels[1] verleiht. Die einzige

[1] Daher der Name Kaaba, von Ka'b = Würfel

Pforte zum Innern liegt auf der Ostseite etwa zwei Meter über dem Boden, ihre Türflügel sind mit vergoldeten Silberplatten bedeckt. Die Gläubigen gelangen zu dieser Pforte auf einer hölzernen, auf vier Rädern beweglichen Treppe: Ed Darai, die für gewöhnlich in der Nähe des Brunnens Sem-Sem steht. Der ganze Bau ist bedeckt mit dem Kisua, dem großen, schwarzseidenen Schleier, der ihm ein merkwürdiges, an den Tod erinnerndes Gepräge gibt. Dieser Kisua wird jedesmal erneuert, wenn ein anderer Sultan den Thron besteigt. Das Innere dieses berühmten Tempels ist äußerst einfach und entspricht keineswegs den gehegten Erwartungen. Das Pflaster besteht aus Marmorplatten von verschiedenen Farben und ist einem Schachbrett ähnlich. Auch die Wände sind mit Marmorplatten von unregelmäßiger Gestalt bekleidet und weisen an mehreren Stellen lange Inschriften auf. Der obere Teil der Mauern und die Decke sind mit rotem und mit goldblumenbedecktem Damast umzogen. Diese Bekleidung beginnt etwa zwei Meter über dem Boden, damit sie nicht von den Händen der Pilger berührt werden kann. Unter der Decke hin laufen als Stützen drei Querbalken, denen drei mit Schnitzwerk versehene Säulen aus Aquilaholz als Träger dienen. In einem Winkel ist eine schmale Tür angebracht, Bâb et Tauba[1] genannt; sie führt zu einer Treppe, mit deren Hilfe man auf das Dach gelangt, wird jedoch nur selten geöffnet. In einem zweiten Winkel steht eine Art Koffer, in dem die Schlüssel zur Kaaba aufbewahrt werden. In drei Meter Höhe sind zwischen den Säulen Metallstangen befestigt, an denen mehrere Lampen hängen. Das ist das ganze tote Gerät der heiligen Kaaba. Das lebende besteht aus den — hunderttausend Flöhen, die sich in den Falten des Kisua und des Damastbezugs im Innern eines ungestörten Daseins erfreuen, weil es niemand einfallen kann, auf sie Jagd zu machen. Denn während der Hadsch ist es jedem frommen Pilger verboten, ein Tier zu töten oder auch nur zur Flucht zu nötigen. Diese Vorschrift geht so weit, daß

[1] Pforte der Reue

er sich nicht mit den Fingern kratzen darf, sondern nur mit der flachen Hand, weil er sonst in Gefahr käme, ein Schmarotzerinsekt zu töten. Allah segne den Propheten für diese menschenfreundliche Vorschrift tausendfach!

Unweit der Tür, im südöstlichen Winkel der Kaaba, ist in die Mauer der berühmte Hadschar el Aswad[1] eingelassen, den die Engel Abraham zutrugen, als dieser am heiligen Tempel baute. Dieser Stein, seit den ältesten Zeiten ein Gegenstand der Verehrung für die Araber, hat eine länglichrunde, unregelmäßige Gestalt von etwa 20 Zentimeter Durchmesser und sieht aus, als wäre er einmal durch einen kräftigen Schlag in Trümmer zerschlagen worden, die man dann zusammensuchte und mit Mörtel gut aneinanderkittete. Seine Farbe ist dunkelbraun, beinahe schwarz, und er ist mit einem goldenen Ring umgeben. Der Hadschar el Aswad ist seit vielen Jahrhunderten durch Millionen und aber Millionen Küsse dermaßen abgeglättet worden, daß es schwer ist, seine mineralogische Beschaffenheit zu bestimmen. Einige halten ihn für ein Stück Lava, am richtigsten wird er aber wohl als Aerolith zu bezeichnen sein.

In der westlichen Mauer liegt ein anderer Stein, dem die Pilger Ehrfurcht erweisen, El Mustaschab, der „Stein des Gebets"; die Gläubigen dürfen ihn aber nicht küssen, sondern nur mit der Hand berühren. Unten an der östlichen Mauer ist der Boden etwas eingedrückt und mit Marmor ausgelegt. Das ist die „Stätte der Vermischung", El Madschem, weil dort Abraham und sein Sohn Ismael den Lehm und Ton vermischten, dessen sie beim Bau bedurften. Die Stelle wird auch Makâm Dschibrail, der Ort Gabriels genannt, weil der Erzengel dem Propheten Mohammed hier die Weisung überbrachte, die fünf täglichen Gebete des Islam anzuordnen. Am Fuß der nördlichen Mauer bezeichnen zwei grüne Steinplatten inmitten eines sehr schönen Mosaikpflasters die Stelle der Gräber Ismaels und seiner Mutter Hagar. Es gilt sehr ver-

[1] Der schwarze Stein

dienstlich, hier zu beten. Dieses Doppelgrab ist von einer halbkreisförmigen Mauer, El Hatîm, umschlossen. Der Überlieferung zufolge hat dieser Platz einst zur Kaaba gehört, ist aber bei einem Umbau ausgeschieden worden. Wie dem auch sei, die Gebete, die man in „El Hatîm" hersagt, gelten für ebenso verdienstlich, als wären sie im Innern der Kaaba selbst gesprochen worden. Deshalb darf ein Pilger, der nicht in das Heiligtum gelangen konnte, aber in „El Hatîm" gebetet hat, mit gutem Gewissen schwören, daß er im Beit Allah, im Hause Gottes, gebetet habe.

An die Kaaba schließen sich mehrere Nebengebäude. Da sind die vier Mekams oder Stätten, an denen die Imans der vier rechtgläubigen Sekten der Hanifiten, Schafeiten, Hanbaliten und Malekiten stehen, wenn sie vorbeten, kleine, von allen Seiten offene Lauben. Der Makâm el Schafai enthält zugleich den Brunnen Sem-Sem. Er ist wuchtiger gebaut als die übrigen Mekams, und das Gemach, in dem sich der Brunnen befindet, ist reich mit verschiedenfarbigem Marmor geschmückt. Die Pilger, die von dem sehr bitteren Wasser dieser Hagarquelle trinken wollen, reichen ihre Schalen durch ein Gitterfenster, denn die Öffnung des Brunnens ist mit einer fast zwei Meter hohen Mauer umgeben und auf dieser stehen die Brunnendiener, die das Wasser in ledernen Eimern heraufziehen.

Südöstlich vom Sem-Sem sieht man zwei kleine, viereckige, mit Kuppeln überdachte Gebäude, deren schwerfällige Bauart in starkem Gegensatz zu den leichten, zierlichen Mekams steht, die Kobbateïns. Sie bilden die Büchereiräume, in denen die von frommen Muselmanen der Moschee vermachten Bücher und die von Konstantinopel geschenkten Uhren und Chronometer aufbewahrt werden.

Zwischen der Kaaba und der Bab es Ssalâm, der Begrüßungspforte, liegt El Makâm Ibrahim, die Stätte Abrahams, ein zierliches Häuschen, das auf sechs Pfeilern ruht. Hier wird jener Stein aufbewahrt, auf dem Abraham stand, als er die Tempelmauern baute. Dieser Makâm wird für sehr heilig gehalten, und stets liegen Gläubige vor ihm auf den Knien, die um Abrahams Fürbitte bei Allah flehen, denn Abraham gilt bei den Muslimin als ein Vorläufer Mohammeds. Die Bab es Ssalâm selbst, die Pforte der Begrüßung, ist ein halbkreisförmiger Bogen; man darf aber diesen Bogen nicht verwechseln mit dem großen Haupttor der Moschee, das den gleichen Namen führt. Der Hadschi, der zum erstenmal das Beit Allah besucht, muß durch beide „Tore der Begrüßung" gehen, und wenn er durch das zweite hindurchschreitet, die Worte sprechen: „O Allah, gib, daß dieser Eingang mir günstig sei!"

Neben „El Makâm Ibrahim" steht der Mimbar, die aus weißem Marmor gebaute und mit Bildhauerei verzierte Kanzel, die mit einer Art von Traghimmel aus vergoldetem Metall überdacht ist.

El Haram, die Moschee, hat neunzehn sehr unregelmäßig verteilte Eingangstüren. Sie werden niemals geschlossen, und die Bewohner der heiligen Stadt rühmen sich gegen die Fremden, daß die Kaaba immer und ewig, bei Tag und bei Nacht, Gläubige finde, die in Tawâf, den Umgang, machen.

Die Geschichte des Beit Allah verliert sich im Dunkel der Zeiten, aber die Überlieferung weiß von nicht weniger als zehnmaligem Bau und Umbau zu berichten. Allah faßte den Gedanken, für die Menschen einen Tempel zu bauen, schon zweitausend Jahre vor der Schöpfung. Dieser himmlische Tempel kam aus Allahs Händen selbst, bestand aus vier Jaspissäulen und hatte ein Dach von Rubinen. Als er fertig war, umgaben ihn sogleich die Engel und riefen: „Alhamdulillah! La ilaha il Allah — Lob sei Allah! Es gibt keinen Gott außer Allah." Und dann machten sie den Umgang, den noch heute die Gläubigen halten. Der zweite Tempel stand zu Adams Zeiten und verschwand, als Adam starb. Später befahl Allah dem Abraham und dessen Sohn Ismael, auf jener Stelle den dritten Tempel zu bauen; der Engel Dschibrail brachte den Hadschar el Aswad, den schwarzen Stein, den Abraham dort anbrachte, wo der Tawâf beginnt. Auch lehrte der Engel den

Patriarchen alle Gebräuche, die bei der Pilgerfahrt beobachtet werden müssen. Als Abraham die heilige Kaaba fertiggebaut hatte, erstieg er auf Allahs Befehl den Dschebel Sabir, um von dort aus aller Welt zu verkünden, daß die Menschen den heiligen Ort besuchen sollten. Und alle Bewohner der Erde hörten ihn. Späterhin, als zu Mohammeds Zeiten die Kaaba von einer Überschwemmung heimgesucht wurde, die einen beträchtlichen Teil der Mauern zum Einstürzen brachte, betrieb der Stamm der Koreïschiten, dem Mohammed angehörte, den Wiederaufbau des Tempels. Als dieser unternommen wurde, zählte der Prophet schon fünfundzwanzig Jahre. Er schlichtete den Streit, der sich unter den verschiedenen Stämmen wegen des schwarzen Steins erhoben hatte, indem er ihn auf einem Teppich, an den sämtliche Älteste gemeinschaftlich die Hand legten, emporheben und an der Stelle anbringen ließ, wo er sich jetzt befindet. In der Folge wurde die Kaaba, die durch Feuersbrunst und Eroberungen heimgesucht wurde, wiederholt neu- und umgebaut, bis sie endlich im Jahre 1040 nach der Flucht (1631 nach Christus) ihre jetzige Gestalt erhielt.

Man möchte nun meinen, die Heiligkeit dieser Stätte, die eine geradezu beispiellose Verehrung seitens der Gläubigen genießt, würde auf die Mekkâwi, die Einwohner Mekkas, wenigstens etwas abfärben. Dem ist indes nicht so. Sie, die sich so hochtrabend als „Nachbarn Allahs“ bezeichnen, sind weit verderbter als die Bewohner von andern Städten des Orients. Und es gibt ein Sprichwort, das da lautet: In den beiden heiligen Städten Mekka und Medina wohnt der Teufel. Wie das möglich ist, ist freilich nicht leicht einzusehen, denn es heißt, die guten Handlungen, die man in Mekka verrichtet, werden im Himmel hunderttausendfach belohnt. Freilich hat Omar auch behauptet, daß eine in der heiligen Stadt verübte Sünde siebzigfache Züchtigung erfährt. Wie dem auch sei, jedenfalls wird den Pilgern im allgemeinen verboten, länger in Mekka zu verweilen als für die Erfüllung der religiösen

Übungen erforderlich ist. Und das mit gutem Grund. Denn im Gefolge der großen Aufregung tritt nur zu bald eine Rückwirkung ein; ein Muselman, der beim ersten Anblick des Beit Allah von tiefster Ehrfurcht durchschauert wird, geht am Heiligtum gleichgültig vorüber, wenn er es monatelang täglich sieht. Und gar erst die Mutawwifs, die Fremdenführer, die während der Pilgerzeit die Gläubigen an die kleinlichste Einhaltung der Firâdh und Wâdschib[1] mahnen, sind die allerletzten, die sich in ihrem Privatleben darum kümmern. „Ich bitte Allah um Verzeihung, aber ich bin von der Haram[2] völlig gesättigt", pflegen sie zu sagen, wenn sie trotz des viel geringeren Himmelslohns ihre täglichen Ssalawât[3] zu Hause anstatt mit der Gemeinde in der Moschee verrichten.

Der Mekkaner ist zugleich geizig und verschwenderisch; er geht mit dem, was er leicht erwirbt, auch leichtfertig um. Besoldungen, Jahrgelder und Geschenke aller Art verschaffen ihm viel Mittel, und er lebt deshalb in Müßiggang. Die Ausgaben für Hochzeiten, religiöse Gebräuche, Hausstand sind hochgegriffen, die Wohnung ist mit möglichst viel Prunk eingerichtet. Feste kommen häufig vor, und die Gesellschaften, die die Frauen einander geben, kosten viel Geld. Es ist beim Bürger von Mekka allgemeiner Brauch, Darlehen aufzunehmen, die er vom Gewinn, den er in der Pilgerzeit zu machen hofft, wiederbezahlt. Ist er gewandt, und hat er Glück, so geht die Sache gut, besonders, wenn er Gelegenheit fand, reiche Pilger auszubeuten. Sobald aber das nicht der Fall ist, gerät er in die schlimmste Lage, da er das erborgte Geld mit fünfzig vom Hundert verzinsen muß. Auffällig ist an den Mekkanern ihre Eitelkeit. Sie halten sich für die Blume, für den Ausbund des Menschengeschlechts und rühmen sich bei jeder Gelegenheit ihres heiligen Ursprungs. Dabei entbehren sie nicht einer gewissen Gutmütigkeit, sie sind höflich, besitzen Ehrgefühl, Mut, Anhänglichkeit an ihre Familie und Liebe zur Heimat. —

[1] Unerläßliche und erforderliche Handlungen   [2] Die große Moschee   [3] Gebete

Unser Besuch bei den Beni Lam hatte mehr Zeit in Anspruch genommen, als wir ursprünglich beabsichtigt hatten. Immer und immer wieder fand Abd el Darak einen Vorwand, der die Abreise verzögerte. Wir ließen uns im Grund auch die Gastfreundschaft dieser guten Leute ganz gern gefallen, weil wir sahen, welche Freude wir durch unser Bleiben anrichteten. Schließlich konnten wir aber unsere Abreise nicht länger aufschieben, wollten wir Mekka noch einige Zeit vor Ankunft der großen Pilgerkarawanen erreichen. Ich war der Meinung gewesen, Khutab Aga, der Perser, würde sich jetzt von uns trennen und mit seinem wiedergewonnenen Kans el A'dhâ den ihm der Scheik der Beni Lam zurückgegeben hatte, die Heimreise anzutreten. Aber am Tag vor der endgültig festgesetzten Abreise kam er zu mir und sagte:

„Effendi, ich habe eine Bitte, und ich hoffe, du wirst sie mir erfüllen. Nimm mich mit nach Mekka!"

Offen gesagt, kam mir dies, so lieb ich den Perser auch gewonnen hatte, nicht ganz gelegen. Ich dachte an den Ghani, der uns allen Rache geschworen hatte. Ihm, dem Schiiten, traute ich nicht die nötige Besonnenheit zu, die in Mekka, dem Ort des größten religiösen Fanatismus, vonnöten war. Deshalb gab ich zur Antowrt:

„Ich würde deine Bitte gern erfüllen, aber bedenke, daß du dich in die größte Gefahr für deine Person und dein Leben begibst."

Der Basch Nâsir lächelte nur.

„Begibst du dich nicht als Christ in die gleiche oder eine noch größere Gefahr, Effendi? Warum soll ich nicht Mekka besuchen dürfen, das auch für uns Schiiten ein großes Heiligtum ist? Viele meiner Landsleute wallfahrten alljährlich dorthin, und es geschieht ihnen nichts, wenn sie sich nicht herausfordernd benehmen."

„Weißt du das so sicher? Ich denke, für dich gibt es noch einen besonderen Grund, dich von Mekka fernzuhalten, und dieser Grund heißt — El Ghani."

„Den fürchte ich nach dem Vorgefallenen nicht mehr. Effendi, es ist mein fester Wille, mit euch zu gehen, und wenn du es mir nicht gestattest, werde ich der Karawane ganz allein folgen."

Dies letztere konnte ich erst recht nicht zugeben, und so willigte ich denn ein, worüber der Perser sehr erfreut war.

Für den Münedschi hatte ich vom Scheik der Beni Lam einen Tachtirewan zur Weiterreise erbeten. Übrigens hatte er sich während der vierzehn Tage unseres Aufenthaltes bei den Gastfreunden körperlich gut erholt. Ich hatte ihn gleich am Tage nach der nächtlichen Unterredung in „ärztliche Behandlung" genommen. Wenn ich auch keine Prüfung als Augenarzt abgelegt hatte, so glaubte ich doch, in diesem Falle das Richtige zu treffen. Natürlich wußte ich, daß mit dem Rauchverbot allein noch lange nicht alles getan sei, ich hatte sogar für den Anfang damit zu rechnen, daß der an den Nikotingenuß gewöhnte Körper des Blinden die Kur als sehr nachteilig empfinden würde. Dem hatte ich entgegenzuwirken, was nur dadurch geschehen konnte, daß ich dem Blinden reichliche und kräftige Kost verordnete. Zwar bedeutete es keine kleine Schwierigkeit, ihn, der stets keine Eßlust hatte, von der Notwendigkeit dieser Maßregel zu überzeugen und zu bewegen, die Mahlzeiten regelmäßig einzunehmen. Aber was mir nicht gelang, das brachte Hanneh fertig, die ich zur „Krankenschwester" ernannt hatte. Ein freundliches Wort aus ihrem Mund, und der Blinde würgte die ihm vorgelegten Speisen tapfer hinunter. Ich weiß nicht, ob ein Augenarzt mit unserer „Behandlung" einverstanden gewesen wäre, aber ich wußte keine bessere und — sie wirkte, zunächst allerdings nur in bezug auf den allgemeinen Gesundheitszustand. Sein Körper setzte „Fleisch" an, und sein früher leichenähnliches Gesicht erhielt Farbe. Und als eine Woche vorüber war, hielt ich die körperliche Krisis für überwunden. Seine frühere beständige Appetitlosigkeit ging in Hunger, in einen wirklichen Heißhunger über, der ihn die einzelnen

Mahlzeiten kaum erwarten ließ. Zugleich stellte sich auch der erste Erfolg für seine Augen ein. Der bisherige schwarze Schleier, der ihm die allernächsten Gegenstände nur in den schwächsten Umrissen zeigte, nahm eine blutrote Farbe an — die Pupillen waren für die Einwirkung der Sonnenstrahlen wieder empfänglich geworden, so daß ich tagsüber die Augen des Blinden durch eine Binde schonen mußte, die er erst am Abend, nach Eintritt der Dunkelheit, abnehmen durfte. Außer dem ordnete ich an, daß, um eine Entzündung hintanzuhalten Hanneh ihm alle zwei Stunden einen feuchten Umschlag auf die Augen legen mußte. Ich wußte freilich, daß meine „ärztliche Behandlung" sehr viel zu wünschen übrig ließ. Ein europäischer Arzt hätte darüber wohl den Kopf geschüttelt. Es war mir auch wohlbekannt, daß bei solchen und ähnlichen Augenerkrankungen Strychnineinspritzungen verordnet werden. Aber woher mitten in der Wüste Strychnin nehmen? Ich hoffte, es würde auch so gehen. Der Kranke besaß, abgesehen von der Nikotinvergiftung, eine gesunde Natur, die, wie ich fest vertraute, das Unzulängliche meiner Behandlung ausgleichen würde.

Der Blinde nahm alle Liebesbeweise mit glühender Dankbarkeit entgegen. Es war so etwas wie eine wohlige Müdigkeit über ihn gekommen, der er sich widerstandslos hingab. Ich machte die Beobachtung, daß die Zeiten, wo seine Seele „vom Leib abwesend" war, nicht mehr so häufig waren wie früher und betrachtete dies als gutes Zeichen.

Besonders zufrieden und glücklich schien er sich in der Nähe Hannehs, seiner Pflegerin, zu fühlen. Wenn sie sprach, lauschte er dahin, woher ihre Stimme tönte, und wenn ihre weiche Hand sich um ihn bemühte, lag es wie der Widerschein eines glücklichen Lächelns auf seinen Zügen. Psychologisch war mir das Glücksgefühl des Blinden sehr wohl verständlich. Er hatte die liebende Sorge eines Frauenherzens so lange entbehren müssen, daß er sie jetzt als etwas ganz Neues empfand und sich ihr wie einer Wohltat oder einem Gnadengeschenk Allahs hingab. Ich selbst betrachtete die Sorge für den Blinden als heiliges Amt, gewissermaßen als Vermächtnis der Vorsehung, die mich mit ihm zusammengeführt hatte, und kam ihm mit aller Gewissenhaftigkeit nach. Und als ich zwei Tage nach dem Aufbruch von den Beni Lam am Abend vor den Blinden hintrat, ihm die Binde abzunehmen, da bemächtigte sich meiner ein unbeschreibliches Glücksgefühl, als der Münedschi auf einmal ausrief:

„Allah, der blutrote Schleier ist weg, und es ist mir, als ob ich — — — nein, ich sehe dich wirklich, zwar nicht deutlich, sondern wie durch einen hellen Schemsije el Kandil[1] ich sehe deine Gestalt, deinen Haik und — Allah — — Allah — — — ich glaube, ich sehe sogar deine Augen — deine Augen — —"

In diesem Augenblick hätte ich den Münedschi umarmen und vor Freude weinen können, weinen wie ein glückliches Kind, dem sein Herzenswunsch in Erfüllung ging. Und ich bin überzeugt, mein Halef und die Haddedihn fühlten so ähnlich. Denn es war auffallend, mit welcher Aufmerksamkeit sie den Genesenden behandelten, und wie sie alles taten, ihm die Beschwerden der Reise zu erleichtern. Der fremde, in der Wüste aufgelesene Mann war zum Mittelpunkt geworden, um den sich die Sorge des ganzen Lagers drehte. Beim Aufbruch bekam er das Kamel, das die leichteste Gangart hatte, wenn haltgemacht wurde, erhielt er sein Lager an der schattigsten Stelle, ja sogar das Zeitmaß des Rittes richtete sich nach seinem jeweiligen Befinden. Halef konnte sich nicht enthalten, mir gegenüber einmal zu bemerken:

„Sihdi, weißt du, wer der Befehlshaber unserer Karawane ist? Nicht du und nicht ich und auch nicht Hanneh, die liebliche Beherrscherin des Frauenzeltes — — warum lachst du, Sihdi? Glaubst du es etwa nicht? Siehst du nicht, wie meine Haddedihn ihre Augen und Hände nur für den Münedschi zu haben scheinen? Und auch Hanneh, die notwendige Er-

[1] Lampenschirm

gänzung meines irdischen Daseins, ist, seitdem wir von den Beni Lam fort sind, beinahe nicht mehr für mich zu sprechen. Sie sagt, sie habe für mich keine Zeit! Ist dir schon einmal so etwas vorgekommen? Für mich, ihren Halef, hat sie keine Zeit, weil sie für den Münedschi alle Hände voll zu tun hat! Aber ich bin nicht eifersüchtig, nein, bei Allah, ich bin es nicht, denn ich weiß, daß wir bei unserm Heimkommen dafür um so größern Ruhm ernten werden. Denn in allen Zelten wird man erzählen von den beiden unvergleichlichen Helden, die dem Rachen des Todes einen Menschen entrissen haben, den er schon zur Hälfte verschluckt hatte, und die sogar die unerhörte Kunst verstanden, die erblindeten Schebâbik en Nefs, die Fenster seiner Seele zu putzen, so daß sie wieder lustig und vergnügt die Dinge draußen betrachten kann. Und in allen Duars und Oasen der Erde und weit darüber hinaus wird man deinen Namen nennen und dabei auch mich nicht vergessen, deinen unüberwindlichen Beschützer und Freund Hadschi Halef Omar Ben Hadschi Abul Abbas Ibn Hadschi Dawud al Gossarah!"

Beim Abschied hatten wir Abd el Darak versprechen müssen, die Heimreise so einzurichten, daß die Weidegründe der Beni Lam auf unserm Weg lagen. Vierzehn Tage später erreichten wir bei Es Sufeïne die Pilgerstraße, die von Damaskus nach Mekka führt, und nach wieder vier Tagen um die Mittagszeit hielten wir hinter der letzten Krümmung eines vielgewundenen Tals unsre Tiere an. Das Ziel war erreicht, wir sahen Mekka vor uns liegen.

Schon in den letzten Tagen hatte sich der Haddedihn eine gewisse Erregung bemächtigt, brachte sie doch jeder Schritt der Kamele dem ersehnten Ziel näher. Die wenigsten von ihnen waren schon in Mekka gewesen, aber auch diesen wenigen hatte sich die allgemeine religiöse Begeisterung von neuem mitgeteilt. Beim Anblick der heiligen Stadt, der vielen Minaretts und Kuppeln und der Kaaba, deren oberer Teil aus dem Häusergewirr hervorragte, stiegen alle Muslimin von ihren Tieren. Auch Hanneh ließ sich aus dem Tachtirewan heben. Neben dem Münedschi, der gerade jetzt einen jener immer seltener werdenden Zustände hatte, in denen er nicht wußte, was um ihn her vorging, war ich der einzige, der auf seinem Tier sitzenblieb. Alle übrigen standen oder lagen auf den Knien, das Angesicht gegen Mekka gerichtet, und riefen mit ausgebreiteten oder auf der Brust gekreuzten Armen ihr „Labbêk, Allah, labbêk — hier bin ich, o Gott! Hier bin ich!" Vielen rannen die Tränen über die Wangen, während ihre Augen leuchteten und wie gebannt auf der heiligen Stadt ruhten. Ich muß sagen, ich selbst war tiefergriffen von der Unmittelbarkeit dieses Andachtsergusses. Die Stunde, in der ein Mensch das Höchste und Tiefste empfindet, was ihm seine Religion zu bieten vermag, ist ein heiliger Augenblick. Und auch ein Andersgläubiger, der Zeuge eines solchen Vorgangs ist, wird sich ihrer Weihe nicht entziehen, wenn er nicht ein aller wirklichen Religion barer, ja, ich behaupte sogar, gefühlloser Mensch ist.

Als dem ersten religiösen Antrieb Genüge getan war, waren die Haddedihn eben dabei, ihre Tiere wieder zu besteigen, da bannte sie eine von oben kommende Stimme an die Stelle, an der sie sich gerade befanden. Es war die Stimme des Münedschi und doch nicht seine Stimme. Ich kannte sie; so wie jetzt, genauso hatte sie damals geklungen, als uns Ben Nûr in jener denkwürdigen Nacht in der Wüste die Geschehnisse an Ssetschme, dem Ort der Sichtung, offenbarte. Der Münedschi hatte die Vorhänge beiseite geschoben und saß, allen sichtbar, in gerader Haltung zwischen den Kissen; den Kopf mit der Binde und die Rechte hielt er in der Richtung nach Mekka, und die Worte kamen langsam und schwer von seinen Lippen:

„Im Namen Gottes, des Allbarmherzigen: Ich schwöre bei diesem Land[1] — und du bist ein Bewohner dieses Landes —, und ich schwöre beim Vater, und was er erzeugt, wahrlich,

[1] Gemeint ist das heilige Gebiet von Mekka

wir erschufen den Menschen zum Harm. Glaubt er etwa, daß niemand etwas gegen ihn vermag? Er spricht: ‚Ich habe Gut in Menge vergeudet.' Glaubt er etwa, daß ihn niemand sieht? Machten wir ihm nicht zwei Augen und eine Zunge und zwei Lippen und leiteten ihn auf den beiden Heerstraßen[1]? Und doch kommt er nicht über die Klippe. Willst du wissen, was die Klippe ist? Die einen Gefangenen lösen oder am Tage der Hungersnot eine Waise speisen, oder einen Armen, der im Staub liegt; sodann alle, die zu denen gehören, die glauben und zur Geduld und Barmherzigkeit mahnen: das sind die Gefährten der Rechten. Jene aber, die unsere Zeichen verleugnen, das sind die Gefährten der Linken. Und über ihnen wird einst das Feuer zusammenschlagen."

Das war die neunzigste Sure des Koran. Der Münedschi hielt inne. Lautlose Stille war eingetreten, wo soeben noch das leidenschaftlichste Stimmengewirr geherrscht hatte. Alle schauten mit Blicken ehrfürchtigen Schauders auf den Greis, dessen Stimme wie aus dem Jenseits in ihre Ohren klang. Was würden wir noch zu hören bekommen? Wir brauchten nicht lange zu warten, denn der Münedschi fuhr in eindringlichem Ton fort, indem er beide Arme gegen uns ausbreitete, als wollte er uns bewillkommnen:

„Seid mir gegrüßt, ihr frommen Mekkapilger! Ich habe euch an Allahs Statt zu grüßen. Ihr klopfet müde und bestaubt vom Schmutz der Reise sehnsüchtig an die Tore dieser Stadt und harret eines freundlichen ‚Ssalâm'. Wird er euch werden? Er ist euch schon geworden, denn ich, der Bote Allahs, habe euch gegrüßt. Als Hadschi seid ihr fromm hierhergepilgert. Als Hadschi nur? Seid ihr nicht mehr, viel mehr? Seid ihr nicht alle Pilger dieser Erde, deren Ziel ein andres Mekka ist, viel höher und viel heiliger als diese Stadt, die nur ein Gleichnis ist in Allahs Augen? Und dieses Mekka, das ich meine, heißt ‚das Jenseits', zu dem ihr pilgert, dort ums Bürgerrecht zu bitten. In diesem höhern, wahren Sinn künde ich euch

[1] Zu ergänzen: Des Guten und Bösen

noch einmal von ganzem Herzen Allahs Gruß: Ssalâm, Ssalâm!"

Der Münedschi ließ beide Arme in den Schoß sinken und richtete das Gesicht wieder gegen die Stadt, bevor er fortfuhr:

„Und nun laßt eure Augen auf dem Ziel eurer Wanderung ruhen! Was seht ihr? Ihr seht eine herrliche, volkreiche Stadt, deren Minaretts wie ebenso viele Finger gläubiger und frommer Menschen auf zum Himmel weisen, und ihr seht kahle, unfruchtbare und wasserlose Höhenzüge, die gar bald in die furchtbare Wüste übergehen, in der nur unstete, wilde Beduinen hausen, der Schrecken des friedlichen Pilgers. Auf der einen Seite eine Stätte des Friedens, in der die Sehnsucht des Pilgers Ruhe findet und die Lobpreisungen der Gläubigen Tag und Nacht, ohne Unterlaß, zu Gott emporsteigen, auf der andern das Verderben, das auf den Ahnungslosen von seiten blut- und beutegieriger Räuber lauert. Sag, Pilger dieser Erde, erblickst du nicht in dem, was dein Auge schaut, ein Bild des Jenseits? Ich habe dir neulich ,El Halâk' und das Tor zu ,Es Ssa'âdet' eng nebeneinander gezeigt, den ,Abgrund des Verderbens', den ihr in eurer Sprache Dschehennem[1] nennt, und das Tor zur ,Seligkeit', die in eurer schwachen menschlichen Ausdrucksweise den Namen Dschennet[2] führt. Wohlweislich habe ich dich nur die äußeren Umrisse dieser beiden ,Orte' sehn lassen. Denn die Finsternis zu durchdringen, die ,El Halâk' erfüllt, und die leuchtende Klarheit ganz in sich aufzunehmen, die uns über ,Es Ssa'âdet' strahlt, dazu ist dein irdisches Auge viel zu schwach. Schon die Erkenntnis dessen, was dich am Jenseits erwartet, konnte dir nur vermittelt werden durch eine Reihe von schwachen Bildern, die deinem Verständnis die Vorgänge in der Sterbestunde näherbringen sollten. Willst du aber erst gar den Schleier lüften, der dir dein Los im Jenseits verbirgt, dann versagen alle menschlichen Sprachmittel, die nur für diese kleine Erde,

[1] Hölle   [2] Paradies

nicht aber für Unendlichkeiten berechnet sind. Nimm alle Schrecken dieser Welt zusammen und hole aus dem Wörterbuch deiner Sprache alle Bezeichnungen hervor, die für die ärgsten Schmerzen des Leibes und die fürchterlichsten Qualen der Seele darin zu finden sind, so erhältst du dadurch noch lange keinen treffenden Maßstab, mit dem du an den entsetzlichen ‚El Halâk‘, den Abgrund des Verderbens, herantreten könntest. Und ebenso gliche die Sprache des beredtesten aller Redner dem Lallen eines Kindes, wollte er sich vermessen, eine Schilderung der Wonnen zu geben, deren sich die Seligen im Himmel erfreuen.

Begreifst du nun, daß, wenn ich zu dir vom Jenseits spreche, es nur Bilder sind, nur Bilder sein können, deren ich mich bediene, damit du mich verstehst? Wer kann aber von einem Bild verlangen, daß es in allen Einzelheiten der Vorlage entspreche? Wenn ich das Jenseits mit Mekka vergleiche, so ist es nur ein Bild, und wenn du von der Dschehennem hörst, daß in ihr Bäche fließen, die so sehr stinken, daß die Verdammten trotz ihres glühenden Durstes nicht aus ihnen trinken mögen, oder daß sie vom Baum Sakkûm Teufelsköpfe essen müssen, die dann ihre Eingeweide zerfleischen, wie kannst du darin etwas andres als ein Gleichnis finden? Und wenn dir gesagt wird, daß im Paradies der Baum Tûba steht, der Baum der Glückseligkeit, in dessen Ästen alles hängt, was zur Seligkeit erforderlich ist, und aus dessen Wurzeln die Flüsse des Paradieses entspringen, in denen Milch, Wein, Kaffee und Honig strömt, wirst du dies alles für bare Wirklichkeit nehmen, da es doch nur ein deinen Sinnen angepaßtes Bild sein soll? All diese sinnfälligen Dinge bestehen im Jenseits natürlich nicht, und doch sind sie vorhanden in einem höheren und viel wahreren Sinn als der an die irdischen Erscheinungen gebundene Mensch sich träumen läßt.

Mit welchem Namen soll man aber erst einen Menschen bezeichnen, der sich von der Unzulänglichkeit dieser Bilder verleiten läßt, am Jenseits zu zweifeln oder es gar in Abrede zu stellen? O Unverstand der Unverständigen! Weil das Bild seinen verfeinerten Sinnen nicht genügt, verwirft er die Sache selbst und leugnet ihr Bestehen! Der Tor, der bedauernswerte Tor, der, zu faul zum Nachdenken oder auch von seiner ‚höheren Bildung‘ gesättigt, sich nicht die Mühe geben will, in den tieferen Sinn dieser ‚Märchen‘ einzudringen und über sie lachen zu dürfen glaubt! Wenn ich vom heiligen Brunnen Sem-Sem behaupte, daß er nicht nur die Quelle der leiblichen, sondern auch der geistigen Wohlfahrt der Mekkaner geworden ist, so versteht jeder dieses Bild, weil er weiß, daß das Wasser des Sem-Sem die erste Ursache der menschlichen Ansiedlung gewesen ist, die jetzt Mekka heißt. Wenn ich aber erzähle, daß im Dschennet der große Brunnen Hawuth Kauser steht, aus dem hunderttausend Selige gleichzeitig trinken können, dessen Wasser weißer als Milch, dessen Geruch köstlicher als Moschus und Myrrhe ist und an dessen Rand Millionen goldener Trinkschalen stehen, die mit Diamanten und edlen Steinen besetzt sind, so will er dieses Bild nicht begreifen, sondern sucht mir hohnlächelnd mit Hilfe seiner ‚Wissenschaft‘ nachzuweisen, daß es auf und über der Erde keinen ‚Ort‘ gibt, wo ein solcher Brunnen zu finden wäre. Ebenso schnell ist die Hölle abgetan, indem er mit einer unendlich überlegenen Gebärde feststellt, daß, obwohl das Weltall in all seinen Teilen genau durchforscht worden sei, mit keinem, auch nicht mit dem schärfsten Fernrohr ein Ort entdeckt werden könne, auf den die Beschreibung der Dschehennem passe. Das Weltall genau durchforscht! In all seinen Teilen! Wie selbstbewußt das klingt! Und doch hat die Wissenschaft, die durch das Erforschen des Kosmos den Gipfel menschlicher Erkenntnis erstiegen zu haben behauptet, noch nicht einmal die Hälfte des Aufstiegs zurückgelegt, weil sie Gebiete und Strecken von ungeheurer Größe und Ausdehnung ganz übersehen hat. Sie soll doch endlich aufhören, mit Sextant und Fernrohr die Erde und den Weltenraum nach dem ‚Ort' der Seligkeit und des ewigen Feuers abzusuchen; sie soll lieber dies ihr Fernrohr in das Innere der *Seele* richten, und sie wird Bäche und Seen, Brunnen und Wüsten, Gebirge und Meere, Abgründe und Höhen, Pflanzen und Mineralien entdecken, von deren Dasein sie vorher keine Ahnung gehabt hat. Freilich darf sie dabei nicht mit dem gewohnten Zollstab und Senkblei, mit Barometer und Thermometer arbeiten, sondern muß mit ganz anderen, unendlich feineren Geräten an diese Aufgabe herantreten. Dann wird sie finden, daß die sogenannten ‚Märchen' keine Märchen, sondern lautere Wahrheit sind; dann wird sie auch auf die stinkenden Bäche und die Feuerströme der Dschehennem und auf den Baum Tûba und den großen Brunnen Hawuth Kauser des Paradieses stoßen, aus dessen lebendigen, unerschöpflichen Wasserquellen die Seligen unsagbare Wonnen trinken.

Und wer, o Pilger dieser kleinen Erde, wer sind diese Brunnen und diese Wasser des Paradieses? Es sind die unerschöpflichen Ströme der Liebe, mit denen die Seelen der Seligen erfüllt werden, weil sie auf Erden Liebe gelebt und in Gottesund Nächstenliebe sich verzehrt haben. Und jetzt wirst du auch das Wesen von El Halâk, des ‚Abgrunds des Verderbens' erfassen, in dem die Verdammten an den verpesteten Bächen der Selbstsucht und der Lieblosigkeit verschmachten müssen und von bösen Geistern durch die Feuerströme des Hasses und der Gottentfremdung geschleppt werden, weil sie in diesem Leben ihr Herz von der Liebe ab- und der alle edlen Triebe tötenden Selbstsucht zugewendet haben. O großes, furchtbares, anbetungswürdiges Gesetz der Wiedervergeltung! Furchtbar in seiner Anwendung auf die Bösen, anbetungswürdig in seiner Verwirklichung bei den Guten! Wie unbedingt einleuchtend ist doch für den Gläubigen der oberste Grundsatz der strafenden göttlichen Gerechtigkeit: womit einer gesündigt hat, mit dem wird er gestraft! Wieviel einleuchtender als die bequeme Ausrede der Ungläubigen, die sich hinter der göttlichen Barmherzigkeit verschanzen und die Strafe der Verdammnis in Abrede stellen, indem sie sagen, es widerspreche der unendlichen Güte Gottes, eine Hölle zu schaffen, und die Seligen des Himmels würden sogar im Genuß ihrer Wonnen beeinträchtigt werden, wüßten sie einen Ort, wo vernünftige Wesen ihresgleichen die Strafe der Verdammnis leiden. Ja, sie würden in ihrer Liebe nicht ruhen und rasten, bis sie den ,Abgrund des Verderbens' in einen ,Ort der Seligkeit' verwandelt hätten. Wie bequem gesprochen, aber wie irrig gedacht! Schau hin auf Mekka! Widersprach es vielleicht der göttlichen Güte und Weisheit, neben einer blühenden Oase die furchtbare, schreckensvolle Wüste zu schaffen? Oder lassen sich die frommen Pilger in ihren Ssalawât[1] zu Allahs Lob und Preis durch das Bewußtsein stören, daß vielleicht gleichzeitig in der nahen Wüste andre Pilger dem Tod des Verschmachtens erliegen? Oder hat das segenbringende Wasser des Sem-Sem die Kraft, die Schrecken der Wüste in den freundlichen Anblick einer lieblichen Oase und die wilden Bedwân[2] in gesittete Muslimin zu verwandeln? Jene wohlfeile Ausrede ist nur der Tirs[3], hinter dem sich ihre Angst vor dem Jenseits verbirgt, soweit bei ihnen von Angst die Rede sein kann. Denn tatsächlich hat für viele die Hölle ihre Schrecken verloren. An die stinkenden Bäche, die Feuerströme und die Teufelsköpfe glauben sie nicht, weil sie ihre tiefere Bedeutung nicht verstehen. Und wenn man sie warnt vor dem Abgrund des Hasses und der Lostrennung von Gott, in den sie ihre Seelen stürzen, so fühlen sie das Entsetzen nicht, das sich in diesen Worten birgt. Wie sollten sie auch? Sie sind ja ein Leben lang in diesem Abgrund gewandelt und haben sich darin ganz wohlgefühlt. Sie schütteln höchstens verständnislos das Haupt und sagen verwundert: „Ich kann nicht begreifen, wie die Trennung von Gott für meine Seele ein großes Unglück sein kann. Ich kann nicht behaupten, daß ich sie bis jetzt als solches fühle. Mir schmeckt das Essen, mir schmeckt das Trinken, ich habe einen ruhigen, ge-

[1] Gebete   [2] Mehrzahl von Bedâwi = Beduine   [3] Schild

sunden Schlaf, ich habe auch sonst nicht über mein körperliches Befinden zu klagen; geh mir doch mit deinen Seelenqualen! Ich fühle sie ja gar nicht." Die Unglückseligen! Ihre ganz im Wohlbehagen des Leibes aufgehende und davon vollständig gesättigte Seele gleicht einem mit einer dicken Haut und einer noch dickeren Fettschicht auswattierten Hißâ el Bahr[1], das gegen alle Mücken- und Insektenstiche, ja sogar gegen schwere Pfeil- und Lanzenwunden unempfindlich ist; nur eine wohlgezielte Kugel ins Auge oder hinters Ohr vermag seine Seele aus der trägen Körpermasse hervorzuscheuchen.

Wenn aber das dereinst geschehen ist — und diese Stunde, sie kommt, da der Todesengel Asrâ'il den unfehlbaren Todespfeil in die Herzen der Lebenden entsenden wird — dann ist die Zeit dieser ihrer großen Selbsttäuschung zu Ende. Dann wird der Körper von der Seele wie ein nutzloser Ballast abfallen und damit wird sie sich auch dem Bereich seiner Wünsche, Begierden und Sonderbestrebungen entziehen, in deren Ketten sie so lange gelegen hat. Dafür wird aber etwas andres vor uns in der Seele aufsteigen. Riesengroß! Die Kräfte und Tätigkeiten der Seele werden nicht mehr in Anspruch genommen und geteilt sein zwischen Essen und Trinken, Schlafen und Spazierengehen und aller mit dem Stoffwechsel verbundenen Betätigung des irdischen Daseins, nein, das ganze Denken und Fühlen, Wollen und Begehren der aus ihrem Kerker befreiten Seele wird zu einem einzigen, unwiderstehlichen Gefühl verschmelzen, und all die vielgestaltigen und sich oft widersprechenden Bedürfnisse der Verbindung von Körper und Seele, ‚Mensch' genannt, werden von einem, nur einem einzigen, aber um so gewaltigeren Bedürfnis verdrängt, von dem Verlangen der Seele nach Liebe, die die größte Kraft im Himmel und auf Erden ist. Dann wehe dem, der im Leben nichts von dieser Liebe wissen wollte, sich vielleicht gar von ihr lossagte, weil er den Haß, die Verneinung der Liebe, dieser vorzog!

[1] Nilpferd

Die verschmähte Liebe braucht seine Seele gar nicht erst in El Halâk zu stürzen, weil sie sich schon längst darin befand, nein, weil sie ihn selber in ihrem Innern birgt. Die gähnende Leere des Herzens, hervorgerufen durch Selbstsucht und nichts als Selbstsucht, die undurchdringliche Finsternis erzeugt, durch die bewußte Abkehrung vom Licht der Liebe, wodurch alle edleren Regungen der Seele im Keim erstickt wurden — sag, brauchst du da noch nach einem geographischen ‚Ort' für die Hölle zu suchen? Oder meinst du nicht, daß auch die Seele Längen- und Breitengrade kennt, mit deren Zuhilfenahme das Dasein und die Lage übersinnlicher Ländergebiete genau festgestellt werden kann? Ich habe dir gezeigt, daß Ssetschme, der Ort der Sichtung, in deiner eigenen Seele zu suchen ist. Zweifelst du noch, daß auch Dschehennem und Dschennet Gebiete sind, die nirgendwo anders als in deiner Seele zu finden sind?

‚Übersinnliche Ländergebiete?' spottet vielleicht ein Ungläubiger. ‚Die Hölle nur ein übersinnliches Gebiet? Und vor dem soll der Mensch sich fürchten? Pah, ist das nicht zum Lachen?' Zum Lachen, o Spötter, ist nur deine Unwissenheit. Glaubst du vielleicht, daß nur jenes Feuer, das der Physiker als ‚chemische Verbindung eines Körpers mit Sauerstoff unter Erzeugung von Wärme und Licht' bezeichnet, Schmerzen verursachen könne? Kann es nicht auch ein anderes Feuer geben, das die Verdammten peinigt mit Qualen, mit deren Heftigkeit die von einem gewöhnlichen Feuer hervorgerufenen Schmerzen nicht im entferntesten verglichen werden können? Oder haben die Teufelsköpfe, von denen die Eingeweide der Verdammten zerfleischt werden, deswegen ihren Schrecken für dich verloren, weil sie nicht in dem von dir ihnen fälschlich beigelegten Sinn aufgefaßt zu werden brauchen, und weil du, der fleischlich gesinnte Mensch, andere Schmerzen der Eingeweide nicht kennst, als wie sie durch ein einfaches Wadscha' el Batn[1] verursacht werden? Ich sage dir,

[1] Bauchgrimmen

wenn sich deine Seele vom Leib getrennt haben wird, wenn dein Auge aufgehört hat, nach sinnlichen Genüssen und Vergnügungen auszuschauen, wenn dein Ohr die Stimmen der Lockerungen der Welt und der Verführung nicht mehr vernehmen wird, wenn dein Leib und all deine Sinne nicht mehr auf die Befriedigung der Gelüste des Fleisches gerichtet sind, mit einem Wort, wenn deine Seele nackt, ganz nackt und allein dastehen wird, dann wird sie mit staunender Bestürzung einen Ton in sich vernehmen, zuerst leise, dann immer mächtiger anschwellend, einen Ton, dessen Laut zu Buchstaben, und die Buchstaben zu einem Wort werden, zu einem Ruf, in dem das Verlangen und das niemals gestillte Bedürfnis der Seele sich machtvoll mit Posaunenstärke kundgibt. Und dieser Sehnsuchtsschrei der Seele, endlos oft in die gähnende Leere hinausgerufen, lautet: Gott — Gott — — Gott — — —! Und die Seele wird ihre Schwingen ausbreiten und diesem Ruf folgen wollen, aber ihre Schwingen werden matt und schlapp wie ein windleeres Segel zusammenklappen, und der urgewaltige Schrei der Seele wird ungehört verhallen und nie erfüllt werden — nie! Seine liebeleere Seele hat sich längst von der Liebe und darum von Gott losgesagt, denn Gott ist die Liebe. Die große Hadsch[1] ist zu Ende, die Zeit der Vorbereitung ist vorbei, El Akhiret, das Ende, das für die übrigen Menschen, die noch einer Läuterung fähig sind, erst nach dem Jaum el âchir[2] eintreten wird, ist bereits jetzt für ihn angebrochen.

Ich habe dir an Khutab Aga gezeigt, daß er dieser Läuterung für würdig gehalten wurde, weil die Gedanken des letzten Tages, bevor er vor Ssetschme, den Ort der Sichtung, gestellt wurde, Liebe waren, Liebe selbst gegen den Feind. Wie soll aber ein Mensch der Läuterung fähig sein, dessen ganzes Leben Haß, Haß und wieder Haß gewesen ist? Wie soll dem eine Probezeit gewährt werden können, der nie, aber auch gar nie dem Ruf der Liebe Gefolgschaft geleistet hat? Der Ab-

[1] Pilgerreise   [2] Der Jüngste Tag

grund muß ihn rettungslos verschlingen, und die Strafe der Verdammnis wird ihn erbarmungslos treffen. Die Erkenntnis, sein Ziel verfehlt zu haben, wird wie ein tausendfacher Feuerstrom seine Seele brennen und quälen, und der Gedanke, daß es so leicht in seiner Macht gestanden hätte, das, was die Menschen hier auf Erden so gerne und so schnell das ‚Kismet' nennen, zu ändern, wird sein Inneres mit glühenden Zangen der Reue ärger zerreißen und zerfleischen als die Zähne von hunderttausend Teufelsköpfen zu tun imstande wären. Auch die Selbstsucht und die Eigenliebe, die das einzige waren, was er auf Erden zu befriedigen suchte, wird ihm keine Erleichterung verschaffen. Sie hat alle edlen Triebe seines Innern getötet und dafür alle häßlichen Leidenschaften genährt und gepflegt, die aber jetzt, befreit vom Körper, dem sie dienten, einen Geruch der Verwesung von sich geben, daß die Seele des Verdammten ein unbeschreiblicher Ekel vor sich selbst ergreift — die stinkenden Bäche der Dschehennem, durch die die unendlich feinen Geruchsnerven der Seele ohne Unterlaß beleidigt werden. Nur ein ganz und gar irdisch und triebhaft gesinnter Mensch, der keine Ahnung hat von dem, was Seelenschmerz und Seelenqual bedeuten, kann an diese Dinge denken, ohne zitternd zu erblassen.

Soll ich dir noch die Vernunftbeweise und Billigkeitsgründe anführen, warum es eine Hölle gibt, eine Hölle geben muß? Oder muß ich dir wie ein Failasûf[1] unter strengster Anwendung des Scharî'et el Iftikâr[2] die Gründe namhaft machen, die für ein ewiges Dschennet sprechen? Nein, und abermals nein! Der Ungläubige würde sie ja doch nicht annehmen, weil er für jeden Beweis ein Hinterpförtchen bereit hält, durch das er der ihm unbequemen Anerkennung der Wahrheit entschlüpfen könnte. Und der Gläubige braucht keinen ‚Beweis'. Sein Glaube ist ihm Beweis genug. Er weiß, auch ohne daß ich ihm mit erstens, zweitens, drittens die einzelnen Gründe nenne, daß das Jenseits lautere Wahrheit ist,

[1] Philosoph [2] Denkgesetz

sein Herz sagt ihm klar und deutlich dasselbe, was auch der Ungläubige vernehmen würde, wenn er gelernt hätte, der Stimme des seinigen zu lauschen. Hast du schon einmal die Seligkeit verspürt, die das Bewußtsein einer guten Tat, einer Tat der Liebe, im Herzen zurückläßt? Und hat sich dir dabei nicht der Gedanke aufgedrängt: So glücklich möchte ich mich immer fühlen, und so ähnlich, nur unendlich beglückender und beseligender müssen die Wonnen des Paradieses sein? Warum soll all das Gute und Schöne, warum soll gerade die schönste und heiligste Kraft der Seele, die Liebe, sich in diesem kümmerlichen Diesseits erschöpfen? Warum soll sie nicht in einem Jenseits weiterleben dürfen? Sag mir einen, nur einen einzigen stichhaltigen Grund, warum Gott so grausam sein sollte, dir dieses Glücksgefühl zu zerstören und nicht vielmehr noch weiter und noch viel herrlicher zur Entfaltung zu bringen? — Oder hast du noch nie den Stachel gefühlt, den eine schlimme Tat, eine Tat ohne und gegen die Liebe, in deine Seele senkte? Glaubst du, daß der Sprachgebrauch umsonst und grundlos den Ausdruck ,Höllenqualen der Seele' geprägt hat? Stell dir nun einen Menschen vor, der ein ganzes langes Leben hindurch, ohne auf den Stachel in seinem Herzen zu achten, Übeltat an Übeltat gereiht hat, dessen Seele nichts von Liebe weiß, nichts von Liebe wissen wollte, und sag mir dann, wie und auf welchen Brücken seine von Haß und Rachsucht und von allen möglichen geistigen Wüsten verödete und versandete Seele den Abgrund überschreiten soll, der sie von der endlose Welten entfernten und in schimmerndem Licht thronenden Liebe trennt? Kannst du dir eine solche Brücke als psychologisch möglich denken? Nein! Der Abstand ist zu groß, die Entfernung beträgt Unendlichkeiten, denn Licht und Finsternis sind zwei sich vollständig ausschließende und sich aufhebende Begriffe. —

Ihr werdet Seltsames in Mekka sehen und erleben. Es wird euch sein, als gieße sich des Himmels ganze Seligkeit zumal in eines Menschen Brust. Jedoch wird wiederum ein andrer euch begegnen, der tausend Teufel der Dschehennem in sich trägt. Ich spreche bildlich nur, wie immer, und im Gleichnis. Doch ist's für euch nicht schwer, dies Gleichnis zu begreifen. Ihr seid ja Gläubige und werdet bald in Mekka ‚Allahs Gäste‘ heißen. Dort sollt ihr dann des Bildes Deutung finden, doch würde es mich sehr betrüben, wenn ihr nichts andres in diesem Gleichnis sähet, als nur ein Abenteuer, wert, davon in euren heimatlichen Zelten zu erzählen. — So zieht denn ein in Mekka im Ihrâm, im weißen Pilgerkleid! Und traget Sorge, daß es nicht durch Schmutz besudelt werde! Ich biete nochmals allen, allen ein Ssalâm. Auf denn zum Hause Gottes — auf zum Beit Allah!"

Der Münedschi schwieg und sank in die frühere liegende Stellung zurück. Ich übertreibe nicht, wenn ich das Gefühl, das durch diese Predigt in uns allen wachgerufen worden war, als eine Art heiligen Grauens bezeichne. Schweigend bestiegen wir unsre Tiere und trieben sie in der Richtung nach der heiligen Stadt an. Kein freudiges, zuversichtliches „Labbêk — hier bin ich", ließ sich mehr hören, selbst Halef, der allzeit redselige, ritt in sich gekehrt neben mir. Den größten Eindruck indes schienen die Worte des Münedschi auf Khutab Aga gemacht zu haben, der stumm, mit tief auf die Brust gesenktem Haupt auf seinem Kamel saß. Was in seinem Innern vorging, war für mich kein Rätsel, denn das soeben Gehörte stand in engster Beziehung mit seinem Erlebnis vor kaum einem Monat, das seine Lebensführung in eine neue Bahn gelenkt hatte. Jeder Mensch hat wenigstens einmal in seinem Leben solch eine Stunde heilig ernster Besinnlichkeit. Wohl ihm, wenn er sie in ihrem ganzen Ernst auf sich wirken läßt!

Als wir die Vorstadt Maabideh fast erreicht hatten, ließ ich
die Vorhänge des Tachtirewans, in dem der Münedschi saß,
schließen. Es sollte ihn kein des Wegs kommender Mekkaner
zu sehen bekommen. Wäre die Anwesenheit dieser stadt-
bekannten Persönlichkeit dem Ghani zu Ohren gekommen,
so hätte ich den besten Trumpf, den ich gegen ihn in Händen
hatte, verloren. Am Palast des früheren Großscherifs vorbei
lenkten wir in El Ma'la, die Hauptstraße der oberen Stadt, ein.
Beim Grab Abu Talebs zweigt der gepflasterte Weg ab, der
zwischen dem Friedhof, El Ma'la, in dem das Grab der
Chadidschah, der Lieblingsfrau Mohammeds, gezeigt wird,
und dem nördlichen Abhang des Dschebel Hindi nach Westen
führt und dann später in die Straße nach Dschidda übergeht.
Wäre bereits jetzt die Zeit der großen Hadsch gewesen, so
hätten wir in diese Straße einbiegen müssen, um den Lager-
platz der syrischen Pilger zu erreichen, der den von Norden
kommenden Karawanen angewiesen wird, denn in der von
Fremden überfüllten Stadt hätten unsre fünfzig Haddedihn
kein Unterkommen gefunden. So aber war zu hoffen, daß wir
irgendwo in einem größeren Haus genügend Platz finden
würden, ohne uns trennen zu müssen. Aus Gründen, die der
Leser leicht erraten kann, lag mir daran, meine Haddedihn alle
beisammen zu haben. Da es nun in Mekka zum Unterschied
von andern orientalischen Städten keine Gasthäuser im gewöhnlichen Sinn, also Karawansareis oder Hans gibt, vielmehr
während der Wallfahrtsmonate mehr oder weniger jeder
Mekkaner, mag er nun ein ganzes Haus oder auch nur bloß
ein Stockwerk bewohnen, Gastwirt ist, so kam für uns als
Unterkunft nur ein Privathaus in Frage.

Wir folgten also der nach Süden führenden Hauptstraße
weiter. Als wir die ersten Häuser des Stadtviertels En Naka
hinter uns hatten, kam uns ein alter Mann von vertrauener-
weckendem Aussehen entgegen. Bei ihm angekommen, hielt

ıch Assil Ben Rih an und sagte, indem ich grüßend die Rechte
an die Brust führte:

„Ssalâm aleik, ia abûje — Friede sei mit dir, mein Vater!
Wir sind müde Pilger aus der fernen Dschesîre. Kannst du uns
vielleicht zu einer Herberge führen, die geräumig genug ist
für uns und unsre Tiere?"

Diese kurze Art der Vorstellung war indes nicht nach dem
Geschmack meines Halef. Er drängte sein Tier so nahe an den
Alten heran, daß dieser erschrocken einen Schritt zurückwich
und ergänzte meine nach seiner Meinung mangelhafte Vorstellung, während seine Arme die ihm eigentümlichen leb-
haften Bewegungen vollführten:

„Ja, wir sind Pilger aus der Dschesîre, aber in dieser von
Allah und seinem Propheten begnadeten Stadt nicht so unbekannt, wie du vielleicht denken wirst. Dieser Effendi hat schon
einmal Mekka mit dem Glanz seiner Anwesenheit beehrt, und
auch ich und einige dieser tapferen Krieger sind bereits in den
Spuren des Propheten gewandelt. Die Füße unsrer Hud-
schûn haben die ganze Erde durchmessen, und der Ruhm
unsrer Taten ist in alle Länder gedrungen, sogar in die, die
erst noch entdeckt werden müssen. Dieser Effendi aus dem
fernen Wadi Draa ist der Scheik el Ulema[1] der berühmtesten
Medrese[2] des Maghrib und kommt nach Mekka, um zu sehn, ob
sich die Weisheit der hiesigen Professoren mit der seinigen
messen könne. Der Name dieser erleuchteten Persönlichkeit ist länger als die längste Haije el akbar[3], und wollte ich ihn
dir hersagen vom Kopf bis zur äußersten Schwanzspitze, so
wäre der Topf deines Gedächtnisses längst angefüllt und würde
überlaufen, eh ich mit dem ersten Viertel fertig geworden wäre.
Deshalb will ich dich mit der ganzen Länge seines Namens ver-
schonen und dir lieber bloß den Schwanzzipfel nennen, und
dieser lautet: Hadschi Akil Schâtir el Medscharrib Ben Hadschi
Alim Schadschî er Ghani Ibn Hadschi Dâ'im Maschhûr el
Azîm Ben Hadschi Taki Abu Fadl el Mukarram. Merke dir

[1] Der oberste der Gelehrten   [2] Universität   [3] Riesenschlange

diesen Namen gut, und wenn dann noch ein wenig Raum in deinem Gedächtnis übrigbleibt, so kannst du meinen Namen noch obendrein hineinstopfen. Ich bin Hadschi Halef Omar Ben Hadschi Abul Abbas Ibn Hadschi Dawud al Gossarah, der Scheik der berühmten Haddedihn vom großen Stamm der Schammar."

Der Alte hatte bewegungslos diese Überschwenglichkeiten über sich ergehen lassen. Jetzt warf er einen forschenden Blick auf unsre Begleitung und auf unsre Tiere. Die Prüfung schien zu seiner Zufriedenheit ausgefallen zu sein, denn er verbeugte sich tief und gab zur Antwort:

„Der Ruhm deines Namens, o Scheik, und die Nachricht von den Taten deiner tapferen Krieger sind längst bis zu uns gedrungen. Unsre Frauen und Töchter sind eures Lobes voll, und unsre Männer und Söhne rühmen die Unübertrefflichkeit eurer Heldentaten. Die Kunde von der erleuchteten Weisheit dieses Effendi ist bereits vor hundert Jahren zu uns gelangt, und alle Ulemas unsrer sämtlichen Medâris[1] wünschen seit langem mit Sehnsucht, sein Angesicht sehen und die Stimme seiner Weisheit hören zu dürfen. Für so berühmte und vornehme Pilger ziemt sich nur die vornehmste und schönste Wohnung, und ich bin glücklich, euch eine solche verschaffen zu können. Habt die Güte, mir zu folgen, so werdet ihr in kurzem im Besitz eines Hauses sein, mit dem sich nicht einmal der Palast des Großscherifs, dem Allah tausend Jahre schenken möge, vergleichen läßt."

Nach diesen mit unerschütterlichem Ernst vorgebrachten Worten machte der Alte abermals eine Verbeugung, die noch ehrerbietiger ausfiel als das erstemal, und schritt uns voran in einer Haltung, als hätte er uns soeben den ganzen durch die Geschenke der Pilger angesammelten Schatz des Beit Allah zum Geschenk gemacht. Und es war gut, daß er sich nach dem letzten Wort zum Weitergehen gewendet hatte, denn auf diese Weise sah er wenigstens den Ausdruck grenzenloser Ver-

[1] Mehrzahl von Medrese = Schule

blüffung auf dem Gesicht Halefs nicht. Dieser Alte verstand es ja noch besser aufzuschneiden als er selber. Oder war die ganze Erwiderung nur Spott gewesen? Aber er hatte so ernst und würdevoll dabei ausgesehen! Halef konnte nicht klug aus ihm werden und warf, als er sein Tier in Bewegung setzte, einen so unsicher fragenden Blick auf den vor uns Schreitenden, daß ich nur mit Mühe das Lachen verbeißen konnte. Während des Ritts durch die Straßen war er still, ganz still. Nur von Zeit zu Zeit hörte ich ihn ein Wort in seinen Bart brummen. Er kam offenbar über die „in allen Basars gerühmte Unübertrefflichkeit unsrer Heldentaten" und über die „Sehnsucht der Gelehrten, mein Angesicht zu sehen", nicht hinweg. Ich schwieg ebenfalls, gönnte aber im stillen dem Kleinen die Niederlage, die er als Strafe für seine Übertreibungen wohl verdient hatte.

Ich wurde selber ein wenig auf die uns versprochene Wohnung neugierig, als wir jetzt an den zwei nebeneinander liegenden prächtigen Fassaden der Paläste des jetzigen Großscherifs und seines verstorbenen älteren Bruders Abdallah vorbeikamen. Wenn es keine Übertreibung, sondern Wahrheit gewesen wäre, was der Alte gesagt hatte, daß sich mit unserm Obdach nicht einmal der Palast des Großscherifs vergleichen lasse, so hätte mir beim Anblick des letzteren freilich angst und bange um meinen Beutel werden müssen.

Etwa dreihundert Schritt weiter bog unser Führer in die Sukak el Hadschar ein, die Steingasse, worin sich die heiligen schwarzen Steine befinden, deren einer Mohammed begrüßt haben soll, während der andre den Eindruck seines Ellbogens zeigt. In dieser Gasse liegt das Wohnhaus des Propheten, das indes einen recht unansehnlichen Eindruck macht und mit den übrigen Häusern der Straße verglichen eher einer unterirdischen Wohnung gleicht; der Grund dafür ist in der in kurzen Zeiträumen wiederkehrenden Überschwemmung zu suchen, die eine Menge Schlamm mit sich führt, so daß der Boden der Stadt allmählich höher wurde. Wenn man nun auch bemüht war, durch Reinigung der Straßen den frühern Straßenzug wieder freizulegen, so mußte man doch bei Neubauten die Grundlagen etwas höher machen, so daß jetzt die heiligen Stätten, die man natürlich im alten Zustand belassen wollte, zwischen den stattlichen Wohnhäusern der vornehmen Mekkaner sich förmlich in die Erde zu verkriechen scheinen.

Überschwemmungen? Und gar in Mekka? Im Land der Dürre und des Warenmangels? wird der Leser erstaunt fragen. — Ja, die Mekkaner haben einen immer drohenden Feind ihres Lebens und Eigentums, den Sêl. Wenn es östlich von Mekka regnet, eilen die rasch sich bildenden Gießbäche über die nach Westen sich senkende Ebene dem Meeresstrand zu. Da das enge Mekkatal sich gerade auf der Bahn des abfließenden Regenwassers befindet, schleppt der Sêl, die Überschwemmung, hier alles fort, was sich auf dem Weg befindet. Von jeher war es deshalb das Bestreben einzelner Beherrscher von Mekka, durch Abwehrbauten die Stadt und besonders die Heiligtümer zu schützen. Trotz alledem verzeichnen aber die Geschichtschreiber eine lange Reihe von Überschwemmungen, denen Häuser erlagen und Menschen und Vieh zum Opfer fielen, während die Moschee manchmal metertief unter Wasser stand. Dazu kommt, daß den meisten Herren Mekkas der Sinn für große Werke des Friedens abging; ihre ganze Abhilfe beschränkte sich darauf, daß sie ruhig warteten, bis das Wasser gesunken war, und dann durch ihr Beispiel die Bevölkerung ermunterten, sich an der Reinigung der Straßen und der Haram zu beteiligen. Seit früher haben sich zwar die Verhältnisse bedeutend gebessert, aber der Erbfeind haust trotzdem auch jetzt noch dann und wann in einer den Mekkanern unvergeßlichen Weise.

Auf der rechten Straßenseite kamen wir nun an Maulîd Sittana Fâtimah, dem Geburtshaus der Tochter des Propheten vorbei. Noch einige Schritte, und wir hatten das Ziel erreicht. Unser Führer klopfte an das Tor eines vornehm aussehenden

Hauses, und nach kurzer Zeit wurde von innen geöffnet. Ein ungefähr vierzig Jahre zählender Mann, der Hausverwalter, wie sich später herausstellte, fragte nach unserm Begehr und zeigte sich erfreut, als ihm gesagt wurde, wir beabsichtigten, das Haus oder wenigstens einen Teil zu mieten. Das erste und zweite Stockwerk kam für uns nicht in Frage. Es war die ständige Wohnung des Herrn und seiner „Familie", wenn sie zu Haus waren, was freilich gerade jetzt nicht der Fall war. Wie viele vornehme Mekkaner besaß auch der Herr dieses Hauses in Taif eine Sommerwohnung, wohin er sich mit seinem Harem und der gesamten Dienerschaft für die Dauer der heißen Jahreszeit zurückgezogen hatte. Uns konnte dies nur lieb sein, denn um so ungestörter konnten dann wir uns bewegen, ohne auf die übrigen Mitbewohner des Hauses Rücksicht nehmen zu müssen. Ich brauche wohl nicht zu sagen, daß dieser Umstand besonders für mich, den Christen angenehm war, weil ich da, den Hausverwalter ausgenommen, lästige Beobachter nicht zu fürchten hatte.

Unter einem Schwall von Worten machte uns der redselige Mann begreiflich, daß das ganze Erdgeschoß nebst dem die Rückfront des Hauses bildenden großen Hof mit mehreren Nebengebäuden uns zur Verfügung stehe und lud uns zur Besichtigung ein. Ich stieg vom Pferd und forderte Halef auf, mitzukommen. Durch die Haustür traten wir in die Diliz[1] ein, die, wie alle vornehmeren Häuser, mit Tubtâb, einer Art Zement, gepflastert war. Längs den beiden Wänden liefen Polster hin, die auf hölzernen Sakâle[2] lagen, die durch eine herabhängende Stoffbekleidung verhüllt wurden. Je zwei hinter farbenprächtigen Vorhängen versteckte Türen führten zu beiden Seiten in geräumige, mit Kissen und Teppichen wohnlich eingerichtete Gemächer. Im Hintergrund der Vorhalle führte neben der Treppe zu den oberen Stockwerken eine Tür in den Hof, der mit den Nebengebäuden groß genug war, um die Haddedihn nebst ihren Reittieren aufzunehmen.

[1] Vorhalle   [2] Bänke

Der Hausverwalter erklärte, daß mit Hilfe von Stangen und mehreren großen Stücken Sackleinwand der ganze Hof überdacht werden könne, so daß nicht nur während der Nacht, sondern auch in den heißesten Mittagsstunden der Aufenthalt dort erträglich sei. Durch eine enge Gasse zwischen dem Nachbarhaus und dem unsrigen hatte der Hof eine bequeme Verbindung mit der Straße. Ich war mit dem bisher Gesehenen, recht zufrieden, und als ich nach dem Preis der Miete fragte, fand ich sie nicht hoch, in Anbetracht der Lage im Mittelpunkt der Stadt und der Nähe der Heiligtümer. Freilich, wäre der große Pilgermonat schon angebrochen gewesen, so wären wir nicht so billig davongekommen.

Durch das Verbindungsgäßchen begaben wir uns vor das Haus zurück, wo unterdessen die gesamte Einwohnerschaft der Straße zusammengeströmt war, um den um diese Zeit noch ungewohnten Anblick einer Karawane sich nicht entgehenzulassen. Wir wurden mit dem Hausverwalter bald einig und machten uns dann daran, uns in unserm neuen Heim wohnlich einzurichten. Die Kamele und Pferde wurden durch die Gasse in den Hof geschafft, wo Halef die nötigen Anordnungen für ihre Unterbringung traf, während Kara Ben Halef und Omar Ben Sadek die Verteilung der Haddedihn auf die verschiedenen Nebenräumlichkeiten besorgten. Die vier Zimmer des Erdgeschosses verteilte ich so, daß je ein Raum auf Hanneh, Halef und seinen Sohn, den Münedschi und den Perser, und zuletzt auf mich traf. Die große Vorhalle sollte als gemeinsames Wohn- und Eßzimmer dienen und den Verkehr zwischen Vorder- und Hintergebäude vermitteln. Zwei Haddedihn mußten ständig Wache stehen und besonders darauf achten, daß kein Unberufener Zutritt zum Münedschi nahm.

Unser alter, würdiger Führer entpuppte sich als ein Scheik der Mutawwifs, als ein „Oberhaupt der Fremdenführer". Die Mutawwifs bilden nämlich eine förmliche Zunft. Jede Völkerschaft hat ihre eignen Mutawwifs, die unter einem

Scheik stehen; es gibt somit Scheike der Türken, der Ägypter, der Maghribiner, der Inder usw. Über allen aber steht der Zunftmeister, der „Scheik der Scheike", der die oberste Zuständigkeit in Streitfällen besitzt, die nicht selten zwischen den verschiedenen Zunftgruppen entstehen. Würde jemand, der nicht zur Zunft gehört, es wagen, den Pilgern für Geld ähnliche Dienste wie ein Mutawwif zu leisten, so würden ihm die Leute der Zunft wie ein Mann entgegentreten; heimlich und öffentlich würde er nur Feindschaft empfinden, und keinem Pilger wäre zu raten, sich einem solchen Pfuscher anzuvertrauen. Insofern hatten wir es gut getroffen, daß wir gleich an den richtigen Mann geraten waren. Der Alte hängte sich denn auch wie eine Klette an uns und ließ erst von uns ab, als wir Mekka wieder verließen. Er besorgte uns einfach alles: nicht bloß Lebensmittel für die Tage unsres Aufenthalts in Mekka, sondern auch Zelte und Brennholz für die Wallfahrt zum Berg Arafat, der von den Arabern Dschebel er Rahme, Berg der Barmherzigkeit, genannt wird, und für die sogenannte „kleine Wallfahrt" nach El Umrah. Ich wußte freilich, daß der Alte bei alledem seinen nicht geringen Vorteil hatte, aber dem war eben in Mekka nicht zu entgehen, und überdies bot er uns durch seine maßlosen, ins Groteske gehenden Aufschneidereien oft Anlaß zu stiller Heiterkeit.

Nachdem wir uns vom ärgsten Staub der Reise gereinigt und eine reichliche Mahlzeit von Kunafa, das ist ein Gericht von mit Zucker bestreuten Nudeln, zu uns genommen hatten, brachen wir auf, um der ersten Vorschrift zu genügen, die im „Tawâf el Kudûm, dem Umgang nach der Ankunft" besteht. Wenn ich sage „wir", so sind damit der Münedschi und die zwei Haddedihn, die als Wache zurückbleiben mußten, nicht gemeint. Und auch mir konnte es als Christ nicht einfallen, die mohammedanischen Gebräuche mitzumachen. An einer glaubwürdigen Ausrede unserm Mutawwif gegenüber fehlte es nicht; ich war eben Hadschi Akil Schatir Effendi, ein Gelehrter aus dem Maghrib, der nach Mekka des Studiums wegen gekommen war und die Obliegenheiten der Hadsch längst erfüllt hatte.

Wenige Schritte brachten uns auf die breite Mas'a, die Straße, die von Es Szafa nach El Merwa führt, und die Bâb es Ssalâm, die „Pforte der Begrüßung", lag vor uns. Während die übrigen unter Führung ihres Mutawwifs zurückblieben, um ihre „Raka'ât[1] zu verrichten, schritt ich allein über die Treppe durchs Tor in den Moscheehof und über diesen in der Richtung auf die Kaaba. Ich hatte eben die zweite Bâb es Ssalâm erreicht, die zu dem mit Marmor gepflasterten und im Oval angelegten „Hof der Kaaba" führt, und wollte sie durchschreiten, da stieß ich fast mit einem Mann zusammen, der vom Makâm Ibrahim her eiligen Schrittes um die Ecke bog und bei meinem Anblick förmlich zurückprallte. Es war der Ghani. Fünf Sekunden lang standen wir, uns mit den Augen messend, einander gegenüber, dann ballten sich seine Hände zu Fäusten, während sich seine Züge in maßlosem Grimm verzerrten. Ich glaubte schon, er wolle sich im nächsten Augenblick auf mich stürzen, aber er besann sich doch eines Besseren und schoß, einen Fluch ausstoßend, an mir vorüber — Mekka, freilich nicht das heilige, hatte seinen Gast mit einer Verwünschung begrüßt.

Die Begegnung mit dem Ghani rief in mir den Wunsch wach, seine Wohnung zu sehen, wenigstens von außen. Darum verließ ich die Moschee durch die Bâb el Widâ' und schlug die Richtung nach dem Stadtviertel el Mesfalah ein. Dieses bildet mit dem Stadtviertel Bâb el Umrah die untere Stadt und füllt die tiefste Senkung des Mekkatals aus, während sich das zweitgenannte Viertel an die Ausläufer des Dschebel Omar und Dschebel Hindi anschmiegt und deshalb höher gelegen ist.

Das Haus Abadilahs war nicht schwer zu erfragen. Es bildete die Ecke zweier sich im rechten Winkel begegnender Straßen, die von Norden und Osten kommend, sich nach

[1] Niederwerfungen

Süden fortsetzten. Es war ein großer Bau und machte trotz verschiedner, dem neuzeitlichen Geschmack angepaßter Veränderungen den Eindruck, als ob er bereits mehrere Jahrhunderte gesehen habe. Das Haus erhob sich nicht unmittelbar an der Straße, sondern lag etwas weiter zurück im Innern eines geräumigen Hofs, der sich durch eine ziemlich hohe Steinmauer den Blicken entzog.

Ich folgte, den Blick aufs Haus gerichtet, der von Osten kommenden Straße und bemerkte, daß sich an das Haus ein großer, mit Obstbäumen bestandener Garten anschloß, der in eine Reihe von Gemüsegärten überging, die sich bis an den Fluß des Dschebel Abu Kubes hinzogen und zum Teil noch seine Abhänge bedeckten.

Wenn ich, wie ich plante, dem Haus des Ghani einen geheimen Besuch abstatten wollte, mußte ich vorher die Örtlichkeit genau kennen. Deshalb stieg ich in den Dschebel Abu Kubes ein Stück empor, bis ich unterhalb der großen, von Othman Pascha erneuerten Festung, der Qal'at Dschijât, angekommen war. An einer Stelle, wo ich weder von unten noch von oben bemerkt werden konnte, ließ ich mich nieder und ließ meine Blicke über die heilige Stadt schweifen.

Da lag sie vor mir im verzehrenden Brand der Sonne, die Stadt der Sehnsucht von Millionen, das erträumte Ziel jedes frommen Pilgers, wie auch des gewinnsüchtigen Händlers, der sich die Frömmigkeit des gebefreudigen Muslim als Ausbeutungsgegenstand erwählt hat. Hier laufen die Fäden der gesamten mohammedanischen Welt zusammen; Mekka ist das Herz des Islam. Wie in Tausenden und aber Tausenden von Adern nimmt es während der großen Hadsch die Säfte und Kräfte dieses Riesenleibs in sich auf, und in tausend und aber tausend Arterien pumpt es neues Leben und neues frisches Blut hinaus bis in die äußersten Poren und bis in die letzten Spitzen seiner weitverzweigten und verästelten Nervenstränge.

Trotzdem kann ich nicht sagen, daß mich nun, da es mir

vergönnt war, dem Pulsschlag dieses Herzens zu lauschen, ein Gefühl der Erhebung erfüllte. Ich war in den hervorragendsten Städten des Orients gewesen: ich stand auf der Kuppe des Dschebel es Salehije bei Damaskus und ließ meine trunkenen Blicke schweifen über das zu meinen Füßen liegende irdische Paradies, in dessen Mitte die berühmte Moschee der Ommajaden ihre Minaretts gen Himmel erhebt. Ich schaute von der schwindelnd hohen Galerie des Turms von Galata hinüber auf Stambul, das auch Dâir i Sa'adet[1] genannt wird, und das mit seinen Gärten, Moscheen und Türmen amphitheatralisch aus dem Meer aufsteigt wie ein Märchen aus Tausendundeiner Nacht. Ich saß auf dem Dschebel Mokattam und ließ mich im Anblick des im Schein der untergehenden Sonne feenhaft schönen Kairo einspinnen vom Zauber einer glänzenden Vergangenheit. Und ich blickte mit einem Gemisch von Bewunderung und Bedauern von der Schiffsbrücke, die über den Tigris führt, zurück auf Bagdad, die „Stadt des Heils", die einstige Residenz Harun al Raschids, die da vor mir lag im Sonnenglanz in all ihrer Pracht und Herrlichkeit, und doch auch wieder mit all den nicht zu verkennenden Spuren des Verfalls. Aber nie hatte ich das Gefühl gehabt wie jetzt, ein Gefühl, das ich fast mit dem Ausdruck „Grauen" bezeichnen möchte. Das tief zwischen unfruchtbaren, kahlen Höhen liegende Mekkatal erweckte in mir die Vorstellung eines gähnenden Grabes, und die heilige Stadt selber kam mir vor wie eine im Sonnenbrand ausgetrocknete Leiche. Diese Vorstellung wurde noch verstärkt durch die Kaaba, die mit ihrem schwarzseidenen Überzug ganz so aussah wie ein mit einem schwarzen Bahrtuch bedeckter Sarkophag, der riesengroß inmitten dieses Grabes aufragte. Und merkwürdig! Indem die Vorstellung eines Grabes in mir auftauchte, fiel mir das Wort des Weltheilands ein von den „übertünchten Gräbern, die von außen her den Leuten zwar schön erscheinen, inwendig aber voll sind von Totengebeinen und jeglicher

[1] Tor der Glückseligkeit

Ungerechtigkeit[1]". Und ich mußte daran denken, wie ich während meiner vielen Reisen im Orient und inmitten einer strenggläubigen Bevölkerung viel mehr Böses als Gutes gesehen und erlebt hatte, und zwar gerade von solchen, die die Worte des Koran beständig im Munde führten. Woran lag die Schuld? Woran liegt es, daß diese Stadt, die doch der Mittelpunkt mohammedanischen Lebens und islamitischer Kultur zu sein beansprucht, das Aussehen einer Leiche hat? Es fehlt an der belebenden Kraft, es fehlt am Wasser. Die Mohammedaner sind durchwegs schlechte Ingenieure. Sie verstehen es nicht, die Kräfte der Natur höheren Zwecken dienstbar zu machen. Das Kismet ist der Hemmschuh, der sie um ein paar Jahrhunderte in der Kultur zurückgeworfen hat. „Ma scha Allah kan, wa ma lam jascha lam jekûn — was Allah will, geschieht, und was er nicht will, geschieht nicht", das ist ihr beständiger Spruch, mit dem sie sich in das scheinbar Unvermeidliche fügen, und damit geben sie sich zufrieden. Der Sêl, die periodisch wiederkehrende Überschwemmung, würde Wasser genug liefern, um das ganze Mekkatal in eine blühende Oase zu verwandeln. Aber all die Jahrhunderte hindurch ist es keinem Kalifen und keinem Großscherif eingefallen, durch Anlegung von Wassergräben und -behältern den Segen des Himmels festzuhalten und in gemünztes Gold zu verwandeln. Wann kommt der geschickte Baumeister, der diese Kunst verstehen wird, und wann erscheint der große Bahnbrecher, der es fertigbringen wird, in die dürstenden Gräben und schmachtende Leere des Islam das lebendige Wasser zu leiten, die gütige, beseligende Macht der — Liebe?

Der Anblick der im glühenden Sonnenbrand schmachtenden Stadt tat mir förmlich weh, und ich richtete meine Aufmerksamkeit auf den Zweck, der mich hierhergeführt hatte. Ich nahm das Fernrohr zur Hand und stellte es auf das Haus des Ghani ein. Von meinem Standort aus war nur die Hofseite sichtbar, die indes nichts Bemerkenswertes zeigte, kahle und

[1] Matth. 23, 27

nur von wenigen vergitterten Fenstern unterbrochene Flächen mit einem Ausgang in den Garten. Ich suchte mit dem Glas den letzten ab. Richtig, da stand der vom Münedschi erwähnte „Pavillon des Gebets", ein hübsches, in maurischem Stil gehaltenes Häuschen, bei dem mir auffiel, daß es nur blinde Fenster besaß. Das notwendige Licht mußte also woanders her, wahrscheinlich von oben einfallen, wo ein zierliches Kuppelchen den Bau stilvoll krönte. Warum hatte der Ghani, als er das Häuschen baute, keine richtigen Fenster anbringen lassen? Wollte er nicht beobachtet werden, wenn er sich im Innern befand? Einen andern Grund konnte ich mir nicht denken, und ich nahm mir vor, dem Häuschen sobald als möglich einen Besuch abzustatten. Gar so schwer war es nicht, in seine Nähe zu kommen. Die Mauer bildete das kleinste Hindernis, und der Pavillon stand in der Mitte des geräumigen Gartens, also in ziemlicher Entfernung vom Haus. Wenn es mir gelang, einen Zeitpunkt auszukundschaften, an dem der Ghani für länger von seiner Wohnung ferngehalten wurde, so war ich vor Entdeckung fast sicher; denn ich wußte vom Münedschi, daß es den übrigen Bewohnern streng verboten war, das Gartenhaus zu betreten.

Ich wünschte sehr, einen der Bewohner, vielleicht sogar den Ghani selber, vor das Rohr zu bekommen. Aber ich wartete umsonst. Nach ungefähr einer Stunde kehrte ich nach Hause zurück, wo ich die Haddedihn, die vom ersten Tawâf heimgekommen waren, mit der Zubereitung des Abendessens beschäftigt fand. Ich suchte Halef auf und besprach mit ihm einen Plan, der mir unterwegs eingefallen war. Es sollten sich zwei Haddedihn in der Nähe der Wohnung des Ghani einmieten und mir sofort Mitteilung machen, wenn sie etwas von Bedeutung beobachteten. Namentlich sollten sie es sofort melden, wenn sie bemerkten, daß der Ghani die Stadt verließ. Was ich dann tun wollte, wußte ich zwar jetzt noch nicht, das mußten die Umstände ergeben. Jedenfalls war es bedenklich, an die Untersuchung des

Häuschens heranzutreten, solange ich den Ghani in der Nähe wußte.

Es kann nicht meine Absicht sein, den Leser mit allen Einzelheiten unsres Aufenthalts in Mekka bekanntzumachen. Es genügt, zu sagen, daß mein diesmaliger Aufenthalt in der heiligen Stadt meine Kenntnis des Islam bedeutend vertiefte und erweiterte. Ich sah das Innere der Kaaba, die den Pilgern nur selten geöffnet wird, ich hörte auf dem Berge Arafah die Predigt an, die ein Imam, in Nachahmung des Propheten, von einem Dromedar herunter hält; ich beteiligte mich im Tal Muna an der „Steinigung des großen Teufels" und trank gewissenhaft meine Tasse Kaffee im Kaffeezelt von El Umrah, wohin sich die Pilger zur „kleinen Wallfahrt" begeben. Aber ich hörte auch in den Säulenhallen der Hauptmoschee die Vorlesungen der Professoren und knüpfte mit manch einem der weisen Ulema eine gelehrte Unterhaltung über eine strittige Koranstelle an. Daß ich es dabei so einrichtete, daß ich die Beteiligung an den Pilgergebräuchen umging, habe ich bereits erwähnt. Als berühmter „Taleb" aus dem fernen Maghrib, der einmal in Mekka gewesen war, fühlte ich mich nicht daran gebunden, und mein sonstiges Benehmen war, so glaubte ich wenigstens, derart, daß niemand daran Anstoß nehmen konnte.

Weniger zufrieden als ich war der Perser. Er kam schon am dritten Tag aufgeregt zu mir und sagte:

„Effendi, ich muß mit dir reden. Ich habe Dinge gesehen, die ich allein nicht verwinden kann. Vielleicht weißt du, daß, obgleich die große Hadsch noch nicht angebrochen ist, doch bereits vereinzelte Pilger aus Persien sich eingestellt haben. Aber wahrscheinlich weißt du nicht, wie lieblos sie hier behandelt werden. Sie bekommen Schimpfnamen zu hören, ‚verdammter ‘Adschami' ist noch einer der harmlosesten. Besonders die armen unter ihnen werden am geringschätzigsten behandelt. Man drängt sie zur Seite, wo man nur kann, man spuckt in nicht mißzuverstehender Weise vor ihnen aus, kurz, ein Hund könnte nicht mehr gestoßen werden. Gegen mich war man ja von größerer Zuvorkommenheit, aber Anzüglichkeiten habe auch ich schon genug zu hören bekommen. Ich selber mache mir zwar nichts daraus, aber meine armen Landsleute tun mir so leid. Effendi, was soll ich tun? Und kann ich ihnen irgendwie behilflich sein? Ich begreife das Benehmen der Sunniten gegen uns Schiiten nicht. Wir haben doch im Grunde den gleichen Glauben wie sie, und eine Verschiedenheit der Auffassung bezüglich der Rechtmäßigkeit der Erbfolge eines Kalifen kann doch unmöglich den Haß rechtfertigen, den man auf uns wirft."

Ich konnte ihm nicht unrecht geben, sagte aber trotzdem: „Kuthab Aga, was du sagst, ist von deinem Standpunkt aus berechtigt. Leider gibt es aber auch noch einen andern Standpunkt."

„Einen andern Standpunkt? Wieso?"

„Kannst du noch fragen? Wie werden denn die Sunniten von den Bekennern deines Glaubens behandelt, wenn sie es wagen, in die Nähe eurer heiligen Städte Kerbela und Meschhed Ali zu kommen? Setzt sich ein Sunnit nicht der Gefahr gröbster Beschimpfung aus, wenn er auch nur zufällig den Pfad einer schiitischen Todeskarawane kreuzt, die sich auf dem Weg nach Kerbela befindet? Und wie oft sind sunnitische Heiligtümer, beispielsweise in Medina, von schiitischen Pilgern geschändet worden! Bloß weil sie die Gräber der beiden Kalifen enthalten, die Alis Nebenbuhler waren! Weißt du nicht, daß in Schiras ein Mann sofort als Held gefeiert wird, wenn er sich rühmen kann, die Gräber Abu Bekrs und Omars in Medina beschmutzt zu haben? Und da wunderst du dich, daß ihr hier, im Brennpunkt der sunnitischen Überlieferung, mit Mißtrauen angesehen und mit Verachtung behandelt werdet? Ich habe dir schon bei den Beni Lam vorhergesagt, was deiner hier wartet, du wolltest mir aber nicht glauben."

Der Perser blickte beschämt zu Boden und sagte nach einer Weile sehr gedrückt:

„Effendi, was du sagst, stimmt mich traurig. Um so mehr, weil ich dir nichts darauf entgegnen kann. Ich weiß nur das eine: wenn im Islam keine Liebe zu finden ist, und ich zweifle jetzt stärker daran als je, dann kann ich nicht mehr mit Freuden ein Muslim sein."

Und er ging betrübt von dannen.

Der Aga tat mir leid. Ich konnte ihm jedoch nicht helfen, er mußte mit der Gärung, in der sich seine Seele befand, allein fertig werden. Was hätte ich ihm zum Trost auch sagen können? Höchstens, daß es auch im Christentum Spaltungen gebe, die sich gegenseitig oft aufs schärfste befehdeten und auch heut noch in unversöhnlichem Gegensatz zueinander stehen. Dieser Hinweis hätte aber eher geschadet als genützt. Folglich war es besser zu schweigen.

Auch der Münedschi rang mit sich. Ich hatte ihm am Tag nach unsrer Ankunft eine blaue Naddâra[1] gekauft, weil ich die Gesundung seiner Augen für so weit vorgeschritten hielt, daß ich den die Augen während des Tags schützenden Umschlag durch eine Brille ersetzen zu dürfen glaubte. Als er dann am achten Tage vor Freude weinend versicherte, er vermöge meine Gesichtszüge ganz deutlich zu erkennen, da war auch meine Freude unaussprechlich. Natürlich teilte sich diese meine Freude auch den Haddedihn mit, und ich hatte Mühe zu verhindern, daß sie ihren Jubel auf die Straße trugen und dort an allen Ecken ausposaunten. Noch größer war freilich die Dankbarkeit des Alten gegen mich, und doch war in seinem Verhalten mir gegenüber eine wesentliche Änderung eingetreten. Ich hatte das Gefühl, als rufe meine Anwesenheit jedesmal eine leise Verlegenheit in ihm hervor, ja, als bereiteten meine Worte und der gütige Ton meiner Stimme ihm manchmal sogar innere Qual, so daß es ihm Erleichterung verschaffte, wenn ich mich entfernte. Es fiel mir freilich nicht ein, dies auf eine Änderung seiner Gesinnung gegen mich zurückzuführen. Ich wußte, daß er innerlich schwer kämpfte. Das verleugnete und

[1] Brille

verabschiedete Christentum kehrte wieder zurück und klopfte stürmisch an sein Herz. Das Zünglein der Waage, auf der er Islam und Christentum gegenseitig in ihrem Wert abwog, neigte sich entschieden zugunsten des Christentums. Da kam ich, der vermeintliche rechtgläubige Muslim, und die Dankbarkeit, die er mir zu schulden glaubte, und beide zogen das Zünglein der Waage wieder auf die Gegenseite. Ich hätte zwar seinen Kampf abkürzen können, indem ich mich ihm einfach als Christ zu erkennen gab, aber ich hielt es für besser, daß dieser edle Geist selbständig, ohne jede persönliche Beeinflussung, über alle persönlichen Rücksichten hinweg entschied. Deshalb konnte es mich nicht im geringsten beleidigen, als ich bemerkte, daß sich der Münedschi von Tag zu Tag mehr an seinen Zimmergefährten, den Basch Nâsir, anschloß. Er fand eben in ihm eine ihm im Suchen nach der Wahrheit verwandte Seele. Mir war das ganz recht, nur schärfte ich dem Perser ein, er dürfe dem Münedschi gegenüber mein wirkliches religiöses Bekenntnis nicht erwähnen.

Die Dritte im Bunde war Hanneh, die nach wie vor in mütterlich fürsorglicher Weise für den Münedschi tätig war und, wie Halef und ich lächelnd bemerkten, ihm förmlich unentbehrlich wurde. So geschah äußerlich alles, was geeignet war, dem Münedschi die Tage der Genesung und der erzwungenen Einsamkeit möglichst angenehm zu machen, und nur ein scharfes Auge konnte bemerken, daß in der Brust des Russen ein Vulkan wogte, und daß zwischen mir und ihm ein unsichtbares und unausgesprochnes, aber deutlich fühlbares Fragezeichen stand.

Ein Tag nach dem andern verging wie im Flug. Es fehlte nicht an Abwechslung, und ich hatte den Ghani und die Gefahr, die uns von ihm drohte, beinahe vergessen, um so mehr, da die beiden wachestehenden Haddedihn nichts von Belang über ihn zu berichten wußten.

Aber am Morgen des sechzehnten Tags unsrer Anwesenheit wurde ich aus dem Schlaf geweckt. Einer der beiden Haddedihn, die ich gegen den Ghani auf die Lauer geschickt hatte, stand vor mir.

„Sihdi, Abadilah, den wir beobachten sollen, ist soeben fortgeritten."

„Wohin?"

„Ich weiß es nicht, aber es sah aus, als ob er sich für einen längeren Ritt eingerichtet habe."

Ich begab mich sofort in den Raum hinüber, wo Halef mit seinem Sohn schlief, und teilte ihnen, nachdem ich sie geweckt hatte, mein Vorhaben mit, dem Haus des Ghani einen Besuch abzustatten. Kara Ben Halef war still, um so lebhafter aber gebärdete sich sein Vater.

„Hamdulillah! Endlich, endlich einmal wieder ein Abenteuer! Ich sage dir, Sihdi, ich hätte es nicht lange mehr ausgehalten. Die zehntausend Raka'ât haben meinen Rücken krumm und steif gemacht, und die hunderttausend Takbîrs und Tahlils[1] sind schuld, daß ich das Sprechen beinahe verlernt habe. Lache nicht, Sihdi! Es ist wirklich so. Wie willst du wissen, wie es mir zumute ist? Du hast dir deine Sache sehr leicht gemacht, während ich jeden einzelnen Rak'a noch in meinen Gliedern fühle. Ich lobe mir den Rücken eines Pferdes oder den Schaukelschritt eines Dschemmels. Allah bji'rif — Allah weiß es."

Nachdem wir noch Hanneh und den Perser verständigt hatten, gingen wir in den frischen Morgen hinaus. Es hatte während der Nacht geregnet, und die Luft war von balsamischer Kühle. Das Haus Abadilahs war bald erreicht. Wir wandten uns links und schlichen zwischen den Gemüsegärten hindurch auf die den Garten abschließende Steinmauer zu. Unser Vorhaben wurde dadurch sehr begünstigt, daß es frühe Morgenstunde war und sich weit und breit kein lebendes Wesen zeigte. Einige Griffe und ein Schwung brachten uns glücklich hinüber, und dann pirschten wir uns im Schutz der ziemlich dicht stehenden Bäume auf das Gartenhaus zu. Kara

[1] Vorgeschriebene Pilgergebete

Ben Halef mußte bis in die nächste Nähe des Hauses schleichen und, hinter dem Stamm eines Baumes verborgen, dafür sorgen, daß wir von der Hausseite her vor Überraschungen verschont blieben. Die Seite zu bewachen, von der wir gekommen waren, war nicht nötig.

Nun konnten wir beide, nämlich Halef und ich, uns an die Untersuchung des Pavillons machen. Die Tür befand sich nicht auf ebener Erde, sondern über einigen steinernen Stufen, und war, wie ich vermutet hatte, mit einem Schloß abgesperrt. Für diesen Fall hatte ich mich indes vorgesehen. Mit Hilfe eines starken Drahtes, den ich, umgebogen, als Dietrich gebrauchte, und meines Messers hatte ich das einfache Schloß bald auf. Ich drückte die Klinke nieder und befand mich im nächsten Augenblick, Halef dicht hinter mir, im Innern.

Zunächst war nichts zu unterscheiden. Es herrschte ein fast vollständiges Dunkel, nur einige schwache Strahlen fielen von oben durch ein paar in der Kuppel angebrachte Öffnungen herein. Ich hoffte jedoch bald Licht zu haben; der Ghani mußte doch irgendwo einen Aufbewahrungsort für die Gegenstände haben, deren er bedurfte, um Licht zu machen, denn daß er das Häuschen nicht aufsuchte um hier zu beten, war für mich klar. Und ich hatte mich nicht getäuscht. Neben der Tür fühlte ich eine Nische und in dieser ein Bündel Wachsfackeln und ein Büschchen Kibritât[1]. Ich entzündete eine der Wachsfackeln und erblickte — — das Gemach mit den drei Gebetsteppichen, das meine Gedanken in den letzten Wochen so oft beschäftigt hatte.

Ja, es konnte gar keinen Zweifel geben, ich befand mich in dem Raum, von dem mir der Münedschi in seinem Gesicht Mitteilung gemacht hatte. Auch Halef, den ich längst von dieser merkwürdigen Wahrsagung in Kenntnis gesetzt hatte, war der gleichen Meinung, denn er stieß, als die Wachsfackel aufflammte, einen Ruf der Überraschung aus und sagte:

[1] Zündhölzer

„Maschallah! Sihdi, da sind wir, ohne es zu wollen, mit der Nase an das richtige Mauseloch gestoßen. So, grad so habe ich mir das Gemach mit den Gebetsteppichen vorgestellt, von dem du mir erzähltest. Und schau, Sihdi, hier zu beiden Seiten sind zwei rote Teppiche, und in der Mitte liegt ein blauer, goldgestickter! Ich bin ungeheuer begierig, welches Geheimnis er uns enthüllen wird."

Ohne meine Antwort abzuwarten, machte er sich an die Untersuchung des mittleren Teppichs von blauer Farbe. Ich ließ ihn ruhig gewähren, schloß aber vorsichtig die Tür, damit uns kein ins Freie dringender Lichtstrahl verraten könne.

Wir befanden uns in einem ungefähr sieben Schritt im Geviert messenden Raum. Die breiten Wandflächen waren geschmackvoll mit einer Art Teppichmuster bemalt, und goldene, sich ineinander verschlingende arabische Schriftzeichen, die Koransprüche darstellten, erglänzten da und dort, wenn das Licht der Fackel an die Wand fiel. Die Lücken zwischen den drei Gebetsteppichen zeigten, ein Zeichen vom Reichtum des Erbauers, einen mit Marmorplatten belegten Boden. Das Gemach war, die erwähnten Gebetsteppiche ausgenommen, völlig leer. Und die letztern schienen mir gar nicht zu dem sonstigen Prunk des Raumes zu passen. Nicht als wären sie unschön oder sehr abgenutzt gewesen, aber es war jene Dutzendware, wie sie um billiges Geld überall in den Basaren zu haben sind. Auch der mittlere machte trotz seines bessern Aussehens davon keine Ausnahme. Die scheinbaren Goldfäden, mit denen einzelne Koransprüche eingewebt waren, erwiesen sich bei der späteren Prüfung als unecht. Offenbar wollte der Ghani, wenn es jemand einfallen sollte, hier einzubrechen, dadurch seine Aufmerksamkeit von den Gebetsteppichen ablenken, wenn sie wirklich ein Geheimnis enthielten.

Nachdem ich das Gemach in Augenschein genommen hatte, wandte ich mich Halef zu. Dieser kniete am Boden und drehte den mittleren Teppich um und um, indem er ihn von allen Seiten besah. Jetzt schien er mit seiner Untersuchung fertig zu sein, denn er sagte enttäuscht:

„Sihdi, ich weiß mit dieser Decke des Gebets nichts anzufangen. Sie sieht aus wie tausend andere, und ich wüßte nicht, welches Geheimnis sie uns mitzuteilen hätte. Probiere du einmal dein Glück mit ihr! Du weißt, in diesen Dingen verdient die Länge deines Verstandes den Vorzug vor der Breite des meinigen."

Ich nahm den Teppich zur Hand und hatte kaum einen Blick auf ihn geworfen, so wußte ich, woran ich war.

„Halef, vergleiche doch einmal die Rückseite mit der Vorderseite! Fällt dir nichts auf? Wenn es sich um einen gewöhnlichen in einem Stück gewebten Teppich handelte, müßten sich Vorder und Rückseite vollständig decken. Was vorne links ist, müßte auf der Kehrseite rechts liegen und umgekehrt. Und die Koranverse müßten auf der Rückseite ein unleserliches Gewirr von verkehrt stehenden Schriftzeichen bilden. Ist das hier der Fall?"

„Maschallah, Sihdi! Du hast recht. Jetzt sehe ich es auch. Die Koranverse sind auch auf der Rückseite tadellos zu lesen. Meinst du, daß wir es nicht mit einem, sondern mit zwei Teppichen des Gebets zu tun haben?"

„Ich zweifle nicht daran. Außerdem fühlt sich dieser Teppich bedeutend dicker an als andere Stücke dieser Art, was aber nur jemand bemerken kann, der, wie wir, Ursache hat, ihm besondere Aufmerksamkeit zu schenken. Obendrein sind die beiden Decken so geschickt aneinandergenäht, daß keine Bauschungen entstehen und folglich Verdacht erregen können."

„Dann wäre also die Lösung des Rätsels zwischen den beiden Teppichen zu suchen? Aber wo?"

Die Lösung ließ nicht lange auf sich warten. Eine Stelle des Randes fühlte sich so an, als sei sie etwas dicker als die danebenliegenden Teile. Nach kurzem Bemühen hatte ich die Naht gefunden, die die beiden Ränder miteinander verband, und mit einem scharfen Messer getrennt. Ich schob die Hand in die so entstandene Tasche und — fühlte zwischen den Fingern ein Päckchen Papiere. Einen Ruf der Freude ausstoßend, zog ich meine Hand mit dem Päckchen heraus, während sich Halef mit der Fackel in der Hand gespannt über mich beugte.

Das oberste Papier war eine Schlußnote der kaiserlichen Bank von Teheran über das vom Grafen Werniloff dort hinterlegte Vermögen, dann folgten einige Noten derselben Bank in bedeutender Höhe, die genau den Betrag der in der Schlußnote angegebenen Summe ergaben, und endlich entdeckte ich fünf Zeitungsausschnitte, die persischen Blättern entnommen sein mußten. Sie behandelten, wie ein flüchtiger Blick ergab, samt und sonders das geheimnisvolle Verschwinden des Grafen Werniloff und enthielten die Aufforderung des Schah-in-Schah an ihn, wieder zurückzukommen, wenn er überhaupt noch am Leben sei.

Ich hatte die Durchsicht der Papiere kniend vorgenommen, sprang aber jetzt, meiner Freude freien Lauf lassend, in die Höhe.

„Halef, ahnst du, was ich hier in Händen habe? Doch, wie solltest du es wissen! Ich habe dir ja von der Lebensgeschichte des Münedschi bis jetzt nichts erzählt. Ich bin jetzt im Besitz des Vermögens, das dem Münedschi gestohlen wurde, und des Beweises, daß der Ghani an ihm vor Jahren ein niederträchtiges Verbrechen begangen hat."

Halef machte erstaunte Augen: „Der Ghani — ein Verbrechen an dem Münedschi begangen? Hat er ihm sein Vermögen gestohlen?"

„Gewiß! Wer denn sonst? Ich habe jetzt keine Zeit, dir alles zu erklären, aber nach dem, was wir bereits an ihm erlebten, kannst du dich über diese neue Entdeckung nicht wundern!"

„Eigentlich nicht. Und doch, Sihdi, kann ich es nicht fassen, wie einer, der sich als der ‚Liebling des Großscherifs' ausgibt, zugleich ein so abgefeimter Schurke sein kann."

„Wundert dich das? Mich nicht! Der Ghani hat den Beweis überhaupt erst zu liefern, daß er wirklich der Liebling des Großscherifs ist. Ich glaube es ihm nicht, weil ich bezweifle, daß ein edel denkender Mann, für den ich den Fürsten von Mekka unbedingt halte, einen Menschen, wie den Ghani, in seinem innern Unwert nicht längst erkannt haben sollte."

„Ghani, Ghani! Das Netz zieht sich immer enger um dein Haupt zusammen. Ich danke Allah, daß ich nicht die Dubbâne[1], bin, die darin gefangen wird." Dann fügte er in plötzlich aufwallendem Zorn hinzu: „El Châ'in! 'Abid el Asuâm! — Dieser Schuft! Dieser Götzendiener! Der die Menschen mit dem Schein seiner Heiligkeit betrügt und die Stätten und Gegenstände, die wahren Gläubigen als heilig gelten, nur dazu benutzt, um seine Verbrechen damit zu verdecken! Hätte ich ihn hier, diesen Baras el Baschar[2], ich würde ihn mit wahrer Wonne mit meinen Fäusten solange bearbeiten, bis seine Seele einer Darabukka[3] gleicht, deren Fell ein großes Loch besitzt, und die darum zu nichts mehr taugt. — Was suchst du noch, Sihdi?"

Ich hatte die Rede des Hadschi nur mit halbem Ohr gehört. Mir war nämlich der Gedanke gekommen, ob nicht die zwei roten Teppiche ebenfalls als Versteck für die Schätze des Ghani dienten. Ben Nur hatte zwar nichts davon erwähnt, was als Fingerzeig hätte gelten können, vielleicht deswegen nicht, weil es nicht in Beziehung zum Münedschi stand, aber mir fiel jetzt ein, wie angelegentlich Abadilah damals in der Wüste von uns seinen Gebetsteppich zurückverlangt hatte, in den er seinen Raub eingewickelt hatte. War darin vielleicht das viele Geld versteckt, das er nach den Worten des Persers in Meschhed Ali mit dem Münedschi verdient hatte? Möglich! Sogar wahrscheinlich! Dann war es überhaupt seine Gewohnheit, Gebetsdecken als Aufbewahrungsort für Geld oder Geldeswert zu gebrauchen und ich konnte hoffen, in den Decken von roter Farbe noch andere „Geldzettel" zu finden,

[1] Fliege   [2] Aussatz der Menschheit   [3] Trommel

wie Halef sich ausgedrückt hätte. Zugleich drängte sich mir noch ein neuer Gedanke auf. Der Ghani kam oft hierher. Wozu? Wohl nicht allein wegen des blauen Teppichs. Es mußte mit diesem Beit es Ssalâ[1] noch eine andere Bewandtnis haben, von der ich bis jetzt noch nichts wußte.

Ich wollte eben den blauen Teppich, nachdem ich ihn vergeblich nach weiteren Taschen durchsucht hatte, auf seinen Platz zurücklegen, da wurde ich durch etwas aufmerksam gemacht. Halef war nähergetreten, um mir zuzusehen. Dabei fiel das Licht seiner Fackel so auf den Marmorboden, daß es eine längliche Ritze bloßlegte. Es sah gerade so aus, als ob zwei nebeneinanderliegende Marmorplatten nicht mehr fest miteinander verbunden seien. Ich nahm Halef die Fackel aus der Hand und besichtigte die betreffende Stelle. Zu meiner Verwunderung bemerkte ich, daß sich die Ritze an beiden Enden rechtwinkelig fortsetzte, so daß es sich also um eine frei eingelassene Platte handelte. Ein Verdacht stieg in mir auf. Wie, wenn diese Platte den Eingang zu einem unterirdischen Raum verdeckte? Ich mußte Gewißheit haben und klopfte mit dem Griff meines Bowiemessers an verschiedenen Stellen auf den Boden. Der Ton war überall der gleiche, nur an der erwähnten Stelle klang er hohl. Es war also wirklich so, wie ich vermutet hatte, ich befand mich wahrscheinlich über dem Eingang zu einem Keller. Doch wie war die schwere, etwa einen Meter im Geviert messende Platte zu entfernen? Ich suchte weiter und bemerkte, daß die Nachbarplatte an einer Stelle wie von einem harten Gegenstand abgeschürft sei. Ich schob die starre, unzerbrechliche Klinge meines Messers an der gleichen Stelle in die Ritze und drückte. Und siehe da, die Platte hob sich etwas in die Höhe, so daß ich mit der Hand nachhelfen und sie ohne weitere Mühe vollständig abheben konnte, obgleich sie ein ziemliches Gewicht besaß. Ich legte sie neben das entstandene Loch, das uns finster und unheimlich entgegengähnte. Als ich mit der Fackel, so weit mein Arm reichte,

[1] Haus des Gebets

hinunterleuchtete, fand ich, daß es sich nicht um eine Treppe, sondern um einen senkrecht in die Tiefe führenden engen Schacht handelte. Jedoch war es offenbar nicht schwer hinunterzukommen, denn soweit ich sehen konnte, waren an der einen Wand in bestimmten Zwischenräumen eiserne Klammern eingelassen, so daß Hand und Fuß beim Hinuntersteigen genügend Halt finden konnten. Halef sah mir erwartungsvoll ins Gesicht.

„Sihdi, wollen wir? Es wäre herrlich, wenn wir dem Ghani, diesem Schurken, hinter seine Schliche kommen würden."

„Ja, steigen wir hinunter! Aber nehmen wir zur Vorsicht noch eine zweite Wachsfackel mit. Wir wissen nicht, wie lang wir veranlaßt sein können, unten zu bleiben."

Eigentlich hatte ich die beiden roten Teppiche einer genaueren Untersuchung unterwerfen wollen, aber die neue Entdeckung erschien mir wichtiger als alles andre. Ich konnte ja die Untersuchung immer noch zu einer gelegeneren Zeit vornehmen.

Ich steckte die gefundenen Papiere zu mir und stieg, die Wachsfackel in der Rechten, als erster hinunter. Halef folgte unmittelbar hinter mir. Ich zählte zwanzig Klammern, bis ich wieder festen Boden unter mir fühlte. Wir befanden uns in einem nach zwei Richtungen verlaufenden Gang, der so eng war, daß höchstens zwei Personen nebeneinander gehen konnten. Wände und Decke bestanden aus Granitquadern, und verschiedene Anzeichen ließen erraten, daß der Gang bereits ein höchst ehrwürdiges Alter besitzen mußte. Jedenfalls war er nicht erst kürzlich entstanden oder gar vom Ghani angelegt. Aber wohin führte er? Wir folgten ihm zunächst in der nach Westen weisenden Richtung, kamen indes nicht weit. Nach einigen Schritten schon mußten wir halten. Der Weg war zu Ende, denn der Gang war eingestürzt. Hätte er weiter geführt, so wären wir schließlich wohl unter dem Haus des Ghani in irgendeinem Keller herausgekommen. War der Gang verschüttet worden, oder war er von selbst eingestürzt? Ich hielt die Beantwortung dieser Frage für eine müßige Zeitverschwendung und ging zurück, um den Gang in der andern Richtung zu verfolgen. Zunächst führte er uns ziemlich lange eben dahin. Ich zählte nahezu tausend Schritte, die wir in östlicher Richtung zurücklegten. Wohin führte der Gang? Nach meiner Schätzung mußten wir uns schon im Innern des Dschebel Abu Kubes befinden.

Ich brauchte mir nicht lange den Kopf zu zerbrechen, denn der ebene Weg war jetzt zu Ende, und schmale, aber im übrigen ganz bequeme Steinstufen führten in die Höhe. Ich hatte zweihundertsechsundfünfzig Stufen gezählt, da zweigte ein schmaler, ebener Gang nach rechts ab. Was tun? Sollten wir die Hauptrichtung oder der Abzweigung folgen? Nach kurzem Überlegen wählte ich das letztere und sollte es auch nicht zu bereuen haben. Verschiedene Anzeichen ließen erkennen, daß dieser Weg gar nicht so selten begangen wurde, wie mehrere weggeworfene Reste verbrannter Wachsfackeln bewiesen. Auch in der letzten Zeit mußte er betreten worden sein, denn ich bemerkte mehr als einmal an Stellen, wo die Feuchtigkeit zwischen den Granitquadern durchgesickert war und den Boden aufgeweicht hatte, den Eindruck eines Fußes. Die Spur mußte ziemlich neu sein, weil es erst in den letzten Tagen geregnet hatte. Nach vielleicht fünfhundert Schritten konnten wir abermals nicht weiter, denn eine Tür aus Holz versperrte uns den Weg. Glücklicherweise war der Verschluß, ein schwerer hölzerner Riegel, auf unsrer Seite angebracht. Ich schob ihn zurück, stieß die Tür auf und befand mich — im Freien. Zu meinen Füßen breitete sich die heilige Stadt aus, seitwärts über mir blickten, und zwar nicht allzu hoch, die düsteren Mauern der Festung Dschijâd herunter, ich selber aber stand in einem Gewirr von Mauerresten und Steintrümmern, die in ziemlich großem Umkreis den Bergeshang bedeckten, offenbar die Überreste einer alten, aufgelassenen Festungsanlage. Trotz der Nähe der Stadt herrschte hier oben bei mir die tiefste Stille der Einsamkeit.

Ich wandte mich zurück, um die Tür näher zu untersuchen, während Halef neugierig zwischen den Ruinen herumkroch. Die Tür bestand aus schweren hölzernen Balken und war auf der Außenseite so geschickt der Umgebung angepaßt, daß nur ein scharfes Auge ihr Vorhandensein entdeckt hätte und auch dann nur in dem Fall, wenn ihr Vorhandensein bekannt gewesen wäre.

Welchen Zwecken diente die Tür und der ebene Gang, den wir jetzt verlassen hatten? Und wohin hätte uns die Steintreppe geführt, wenn wir sie weiterverfolgt hätten? Vielleicht gar bis hinauf zur Festung? Dann gehörte der ganze unterirdische Maulwurfsgang aber sicherlich zu den Festungsanlagen und es wunderte mich nur, daß offenbar nur der Ghani darum wußte. Ich mußte in diesem Fall annehmen, daß der unterirdische Gang auch Othman Pascha unbekannt geblieben war, als er die alte Festung Dschijâd wieder instand setzte. Was aber hatte Abadilah damit zu tun und welche Zwecke verfolgte er?

Ich war fest entschlossen, nicht eher in den „Pavillon des Gebets" zurückzukehren, als bis ich wußte, wo die Steintreppe mündete. Daher rief ich Halef zurück und entzündete die zweite Wachsfackel, da die erste bereits verbraucht war. Wir traten in den geheimen Gang zurück und wollten eben die Türe von innen zuziehen, da sah ich etwas Weißes am Boden blinken. Vorher war es mir entgangen, weil die Fackel ungenügendes Licht spendete, aber jetzt fiel das volle Licht des Tages herein und beleuchtete hell die Mündung des Gangs. Ich hob das Ding auf. Es war ein auf einer Seite beschriebener Zettel und es stand nur ein einziger Satz darauf, aber dieser Satz enthielt ein Wort, das mich beinahe starr vor Erstaunen machte.

Die Leser meines Bandes „Durch die Wüste" werden sich erinnern, daß wir damals, als ich gezwungen war, aus Mekka zu flüchten, eine nur den Anführern der Ateïbeh bekannte Höhle aufsuchten. Unter „wir" sind die Tochter

Maleks, Halef, ich und der gefangene Abu Seïf gemeint. Die Höhle hieß Atafrah, und „Atafrah" lautete auch das Wort, auf das ich jetzt in beinahe ungläubigem Staunen und in solcher Verblüffung starrte, daß mich Halef in die Seite stieß und verwundert fragte:

„Was hast du denn, Sihdi? Was steht auf dem Zettel?"

„Da, lies selbst und sage mir dann, ob ich recht gelesen habe!"

Halef nahm mir den Zettel aus der Hand und las seinen Inhalt laut vor: „Komme morgen in die Höhle Atafrah!" Dann ließ auch er die Hand mit dem Zettel verblüfft sinken und sagte nach einer Pause wortlosen Staunens:

„Es ist wahr, Sihdi. Hier steht es ganz deutlich. Maschallah! Und abermals Maschallah! Ob es wohl unsre Höhle ist, in der wir vor zwanzig Jahren gewesen sind?"

„Wie kannst du noch fragen? Ich bin überzeugt davon und ich weiß jetzt, daß wir heute nicht nur das Vermögen des Münedschi, sondern auch diesen Zettel finden sollten. Komm mit! Wir müssen sofort zurück und dem Ghani nach."

„Wie?" fragte der Hadschi erstaunt. „Willst du nicht vorher die Treppe bis zu ihrem Ende verfolgen?"

„Wir haben heut keine Zeit mehr dazu. Ich habe das sichere Gefühl in mir, daß wir in oder bei der Höhle Atafrah Wichtigeres erfahren werden, als wenn wir hier unter der Erde wie Chuldât[1] herumkriechen."

„Aber wir werden doch zu spät kommen. Der Ghani ist uns so weit voraus, daß wir seinen Vorsprung nicht einholen können."

Ich warf einen Blick auf meine Uhr.

„Wir sind kurz nach dem Aufbruch des Ghani von zu Hause fort und erst eine Stunde hier. Er hat also einen Vorsprung von vielleicht anderthalb Stunden. Nun mußt du bedenken, daß es sich offenbar um eine Sache von größter Heimlichkeit handelt. Er wird also sicher den Ort der Zu-

[1] Maulwürfe

sammenkunft nicht auf dem geraden, sondern auf einem Umweg aufsuchen. Ich vermute sogar, daß er die Stadt nicht durch das Dschiddator, sondern in entgegengesetzter Richtung verlassen hat, und daß er, um nicht aufzufallen, keine große Eile zeigen wird. Wir dagegen können unsre Tiere anstrengen und noch dazu die gerade Linie einhalten, so daß wir ihn einholen, vielleicht sogar überholen können."

„Sihdi, du hast recht, und ich sehe wieder einmal, daß die Länge deines Verstands gar nicht so übel ist."

Wir verschlossen die Tür sorgfältig hinter uns und kehrten dann so schnell zurück, als es uns der Weg erlaubte. Dabei gingen mir alle möglichen Vermutungen durch den Kopf. Wer war es, mit dem der Ghani in geheimer Verbindung stand, und von dem er auf dem Umweg über den unterirdischen Gang Botschaft erhielt? Denn daß er den Boten nicht in seinem Haus, sondern draußen zwischen den Ruinen empfing, war mir nach dem bisherigen klar. Gehörte er dem Stamme der Ateïbeh an? Eigentlich mußte ich das annehmen, denn ich hielt es für ausgeschlossen, daß diese einem Fremden von der Höhle Atafrah Mitteilung machten. Wem galt ferner der Ritt des Ghani und die Zusammenkunft in der Höhle? Galt es uns oder jemand anderm? Daß Abadilah die Rache gegen uns nicht fallenließ, war für mich selbstverständlich. Anderseits hätte er, wenn es sich nur um uns handelte, in Mekka selbst fügsame Werkzeuge für seine Rachepläne gefunden, dazu brauchte er doch nicht eigens vor die Stadt hinauszugehen. Wie ich mir die Sache auch zurechtlegte, ich konnte nur Mutmaßungen, keine Behauptungen aufstellen.

Nicht anders erging es mir mit der seltsamen Wahrsagung des Münedschi, die auf eine so ungeahnte Weise in Erfüllung zu gehen begann. Was für eine Kraft war das, die aus dem Münedschi sprach und Dinge offenbarte, von denen er selbst im wachen Zustand keine Ahnung hatte? Was das Vermögen des früheren russischen Professors und den geheimen unterirdischen Gang betraf, so war mir die Voraussage des Münedschi nicht so unbegreiflich. Wie war es aber mit dem Zettel? Mußte ich ihn auch auf die Rechnung dieser geheimnisvollen Kraft setzen? Konnte diese seelische Kraft in die Zukunft schauen und wußte sie voraus, daß zu einer bestimmten Zeit, ja zu einer bestimmten Stunde ein Zettel, der für mich Wichtiges enthielt, auf meinem Weg liegen werde?

Ich wurde einer Antwort, die ich ja doch nicht hätte geben können, enthoben, denn wir waren am Schacht angekommen. Wir turnten uns hinauf, dann legten wir die Marmorplatte über die Öffnung und richteten den blauen Teppich genauso, wie er ehedem gelegen hatte. Abgesehen von den Papieren und den zwei verbrannten Wachskerzen war nun alles wieder so wie vorher. Nach einem nochmaligen prüfenden Blick verließen wir das Gemach, und es gelang mir, das Türschloß wieder zum Einschnappen zu bringen.

Kara Ben Halef war erfreut, als wir kamen, um ihn von seinem Posten abzurufen. Es hatte sich kein Mensch im Garten sehen lassen, und die Zeit des Wartens war ihm ziemlich lang geworden. Auch jetzt gelang es uns wieder, unbemerkt über die Gartenmauer zu kommen, und dann eilten wir mit raschen Schritten unsrer Wohnung zu, während Halef seinem Sohn das Notwendigste von dem, was er zu wissen hatte, mitteilte.

4. Bei der Höhle Atafrah

In der Sukâk el Hadschar hielten wir uns nur solange auf, als nötig war, um die Pferde zu satteln und uns auf einen Tagesritt einzurichten. Die den Münedschi betreffenden Papiere übergab ich Kara Ben Halef, der zu Hause bleiben sollte, zur Aufbewahrung, da ich sie nicht den Gefahren eines wenn auch nur kurzen Ritts aussetzen wollte. Eigentlich hätte ich sie dem Münedschi jetzt gleich geben können, aber das hätte zu Erklärungen geführt, und dazu hatte ich jetzt keine Zeit.

So waren seit unsrer Ankunft in der ‚Steingasse‘ nur einige Minuten vergangen, als wir, Halef und ich, an der großen Moschee vorüber und durch die Bab el Umrah[1] ritten, um die nach Dschidda führende Straße zu erreichen. Sobald wir die letzten Häuser der Stadt hinter uns hatten, konnten wir endlich unsre Tiere zur Eile antreiben.

„Assil — — Assil! Ramchchchchch, ramchchchchch!“ munterte ich meinen Rappen auf, und „Barkh — — Barkh! Ramchchchchch, ramchchchchch!“ folgte Halef meinem Beispiel. Das war die Aufforderung zum schnellsten Galopp. Die Tiere flogen dahin, und dabei mit einer Ruhe und Leichtigkeit, als ob diese Gangart für sie nicht die geringste Anstrengung bedeute. Trotzdem der Weg zunächst nichts weniger als eben war, überwanden die Tiere jedes Hindernis wie spielend, und als wir die offne Wüste erreichten und an der Stelle vorüberjagten, wo ich damals den „Vater des Säbels“ gestellt hatte, war nicht mehr als eine halbe Stunde vergangen, obgleich ich damals mit dem vortrefflichen Reitkamel Abu Seïfs zu dem gleichen Weg sicher drei Viertelstunden gebraucht hatte. Bisher war Halef der Unebenheiten wegen gezwungen gewesen, hinter mir zu reiten, aber jetzt erlaubte es ihm der Weg, an meine Seite zu kommen, und ich erzählte ihm jetzt zum erstenmal die Geschichte des Münedschi und das niederträchtige Gewebe von Täuschungen, mit dem Abadilah den vertrauensseligen Mann umgarnt hatte. Halef war empört. Während ich berichtete, unterbrach er mich mehrmals mit Ausrufen des Staunens, und die „Wallah, billah, tallah!“ wollten namentlich gegen den Schluß meines Berichts kein Ende nehmen. Doch als ich fertig war, verhielt er sich ganz gegen seine sonstige Art schweigsam. Aber dieses Schweigen war beredter, als wenn er seinem Grimm in lauten Äüßerungen des Abscheus Luft gemacht hätte. Gut, daß der Ghani nicht

[1] Tor der kleinen Wallfahrt

hier war! Er wäre sonst von der „Tretmühle seines Zorns" zermalmt worden.

Während meiner Erzählung hatten wir die Tiere in eine langsamere Gangart fallen lassen, um sie nicht zu überanstrengen, trieben sie aber jetzt von neuem an. Die Sonne stieg höher und höher, und die Hitze des Tages machte sich immer fühlbarer. Wir ritten jedoch weiter, ohne zu rasten, denn ich wollte an Ort und Stelle sein, bevor die Glut der Mittagshitze den Ritt zur Qual machte. Wir waren nun schon beinahe drei Stunden unterwegs, und ich gebrauchte jetzt fleißig das Fernrohr, um den Ghani zu entdecken, der nach meiner Berechnung nicht mehr weit vor uns sein konnte, vorausgesetzt, daß er auf der geraden Linie geblieben war und seinen Ritt nicht gerade zu einer Hetzjagd gemacht hatte. Dies letztere fürchtete ich übrigens nicht, denn ich sah keinen Grund, warum er übermäßige Eile hätte betätigen sollen.

Endlich wurde der Fleiß, mit dem ich Ausschau hielt, belohnt. In weiter Ferne vor mir sah ich einen Punkt, der sich bewegte, und als wir uns näherten, sich als ein einzelner Reiter herausstellte, der mit mäßiger Eile einer Linie zustrebte, die durchs Fernrohr am Gesichtskreis gerade noch zu erkennen war. Dies mußten die Felsentrümmer sein, die auf dieser Seite die offne Wüste begrenzten und hinter denen die Höhle Atafrah zu suchen war. Ohne ein Wort zu sagen, lenkte ich mein Pferd von der bisherigen Richtung ab nach links, und Halef folgte mir, ohne sich darüber verwundert zu zeigen. Er kannte mich und konnte sich mein Verhalten erklären, auch ohne daß ich ihm den Grund sagte. Wir konnten damit rechnen, daß die Gegend, aus der der Ghani kommen mußte, von dem Felsenwa'r aus beobachtet wurde, und mußten demgemäß danach trachten, daß wir uns auf einem Umweg von Süden und Westen her dem Ort des Stelldicheins näherten. Um womöglich noch vor dem Ghani die Höhle zu erreichen, setzten wir unsre Tiere in schärfsten Galopp und kamen nach einer Viertelstunde an die Stelle, wo die offne Wüste in das Felsenwa'r überging. Diese Stelle lag so weit südlich von dem Punkt, dem der Ghani zustrebte, daß wir von dort aus mit dem bloßen Auge sicherlich nicht zu bemerken waren. Wir lenkten die Pferde zwischen die zerklüfteten Felsen hinein und hielten auf die Richtung zu, in der ich die Höhle Atafrah wußte. Zwar waren schon mehr als zwanzig Jahre verflossen, seit ich hiergewesen war, und mein Aufenthalt damals war nur ein kurzer gewesen; aber ich traute dem fast untrüglichen Ortssinn des Westmanns zu, daß er den gesuchten Punkt ohne allzu große Mühe finden würde.

Als ich glaubte, der Höhle ziemlich nahe gekommen zu sein, ließen wir unsre Pferde in einem Felsspalt zurück. Eigentlich hätte Halef als Wache zurückbleiben müssen, aber der liebe Kerl bat mich so dringlich, ihn mitzunehmen, daß ich nicht widerstehen konnte. Zu Fuß schlichen wir nun lautlos weiter. Ich richtete meine Schritte so ein, daß ich nach meiner Berechnung hinter, also westlich der Höhle auf diese stoßen mußte, weil ich annahm, daß man dieser Seite keine Aufmerksamkeit schenken würde. Wir kamen weiter und weiter und ich hoffte, in jedem Augenblick auf sichere Anzeichen zu stoßen, daß wir uns in der Nähe unsers Ziels befanden; aber nichts dergleichen geschah. Schon glaubte ich selber, daß ich mich in der Richtung geirrt habe, und blieb stehen, um mich zu vergewissern, da erscholl seitwärts hinter uns in einiger Entfernung ein lauter Ruf. Es klang fast wie eine Frage. Ich hörte auch die Antwort, die aus noch größerer Entfernung gegeben wurde, konnte indes kein Wort verstehen. Schnell und mit äußerster Vorsicht pirschten wir uns in der Richtung des Schalls weiter. Der Felsenspalt, der den Eingang zur Höhle bildete, war, wie ich von früher wußte, von vielen mächtigen Steinblöcken umgeben, so daß uns das Anschleichen keine Mühe verursachte. Mit jedem Schritt wurde mir die Gegend bekannter und schließlich erblickte ich, vorsichtig um eine Felskante herumspähend, den Eingang der Höhle und zwei Beduinen, die am Boden saßen und erwartungsvoll einem dritten entgegensahen, der soeben eiligen Schritts aus der Richtung kam, aus der auch der Ghani zu erwarten war. Die Pferde sah ich nicht; sie waren wohl in der Höhle unterge- bracht, in deren Hintergrund sich, wie ich von früher her wußte, ein kleines Wasserbecken befand, eine große Seltenheit in dieser wasserarmen Gegend.

Als der dritte bis auf wenige Schritte herangekommen war, fragte der eine von den beiden, der der Vornehmere zu sein schien:

„Ha hu Abadilah — ist es Abadilah?"

„Aiwa, ha hu — ja, er ist es. Er ist zwar noch weit entfernt, aber ich habe ihn an seiner roten Barda'a[1] erkannt, die in der Sonne schillerte."

„So gehe und sorge dafür, daß uns kein Unberufener stören kann!"

„Wer sollte uns in dieser abgelegenen Gegend stören, o Scheik?"

„Frage nicht, sondern gehorche!" erwiderte der mit „Scheik" Angesprochene kurz. „Du weißt, es handelt sich um eine Ange- legenheit, die so gefährlich ist, daß man nicht vorsichtig genug sein kann."

Der Zurechtgewiesene entfernte sich ohne ein Wort der Erwiderung, glücklicherweise nicht an der Seite hin, wo wir uns befanden, sondern nach der entgegengesetzten, wohl des- halb, weil eine unliebsame Störung doch wohl nur von der freien Wüste her zu befürchten sein konnte. Ich erwartete, daß die beiden Zurückgebliebenen ein Gespräch beginnen würden, aus dem ich auf den Zweck ihres Hierseins hätte schließen können, wurde aber in meiner Hoffnung getäuscht; die beiden blickten stumm vor sich hin.

Wohl zehn Minuten mochten vergangen sein, da erklangen von der uns abgewandten Seite Hufschläge — der Erwartete kam. Nach wenigen Augenblicken bog ein Reiter um einen Felsvorsprung. Ja, er war es, Abadilah el Waraka. Von seiner

---

[1] Satteldecke

hageren Gestalt war nichts zu sehen, denn sie war in einen weiten, faltenreichen Burnus gehüllt, der auf Stand und Rang des Besitzers nicht schließen ließ. Aber das Pferd, auf dem er saß, war von edelster Rasse, und die rote, mit Gold reich bestickte, purpurfarbene Decke, die unter dem Sattel hinweg Rücken und Flanken des Pferdes bedeckte, mußte „viele Beutel" gekostet haben. Es wunderte mich, daß er den Weg durch das Felsgewirr gefunden hatte, ohne abgestiegen zu sein; offenbar war er nicht das erstemal hier. Während die gewöhnlichen Begrüßungsworte gewechselt wurden, half der Begleiter des Scheiks dem Reiter vom Pferd und führte dieses in die Höhle. Also hatte ich recht vermutet: die Tiere waren in der Höhle untergebracht.

Es fragte sich jetzt, wo die Unterredung stattfinden sollte. Wenn in der Höhle, so mußte es für uns schwer, wenn nicht unmöglich sein, sie zu belauschen. Dieser Sorge wurde ich aber enthoben, denn der Scheik richtete an den Neuangekommenen die Frage:

„Willst du hierbleiben, oder sollen wir in die Höhle gehen?"

„Ist die Umgebung sicher, und können wir nicht überrascht werden?"

„Es befindet sich niemand in der Nähe, und außerdem hält Ali am Rand des Wa'rs Wache. Wir sind also vollständig sicher."

„Dann ziehe ich vor, hier außen zu bleiben. Es ist hier bequemer als drinnen, wo wir, um sehen zu können, ein Feuer anbrennen müßten."

Das war es, was ich wissen wollte, und während es sich die drei, denn der Begleiter des Scheiks kehrte eben jetzt aus der Höhle zurück, bequem machten, schlichen wir noch ein gutes Stück näher. In der Nähe der Stelle, wo die drei saßen, lagen zwei ziemlich große Felsblöcke so nebeneinander, daß sie einen nach vorn zu immer schmäler werdenden Spalt bildeten. In diesen hinein krochen wir und befanden uns nun in leidlicher Sicherheit. Der Spalt war vorn so eng, daß es uns wohl möglich war, durch ihn hinauszusehen, aber nicht den andern, hereinzublicken. Und selbst wenn es einem von ihnen eingefallen wäre, die Stelle zu untersuchen, hätten wir dies zur rechten Zeit wahrnehmen und uns hinter eins der zahlreich hier verstreuten Felstrümmer verstecken können.

Eben als wir es uns in dem engen Spalt so bequem als möglich gemacht hatten, begann der Ghani die Unterredung. Das erste, was wir zu hören bekamen, war ein Vorwurf:

„Warum bist du nicht, um die letzten Abmachungen zu treffen, an den gewohnten Platz gekommen, sondern hast mich den weiten Ritt hierher machen lassen?"

„Weil ich es nicht für klug halte, den Plan, wie man einen Löwen fangen könne, in seiner eignen Höhle zu besprechen."

„Wenn aber der Löwe krank und schwach geworden ist? Seit wann fürchtet sich Achmed Ghalib, der Scheik der tapferen Sebidaaraber?"

Ah! Achmed Ghalib! Von dem hatte ich schon gehört. Unter dem früheren Wali[1], Othman Pascha, hatte er als Verbündeter Ben Asims, des mächtigen Scheiks der Beni Harb, die Karawanenstraßen von Mekka nach Dschidda lange unsicher gemacht, bis ihrem Treiben von dem tatkräftigen Pascha ein Ende gemacht wurde. Seitdem hatte man nichts mehr von beiden vernommen, und die Karawanenstraßen hatten sich einer ziemlichen Sicherheit erfreut, bis auf die jüngste Zeit, in der einige kecke Raubüberfälle vorgekommen waren, bei denen es jedoch nicht gelang, den Urheber zu ermitteln. Der gegenwärtige Wali, Szafwet Pascha, nahm seine Aufgabe sehr leicht; leben und leben lassen, schien sein oberster Grundsatz zu sein. Er besaß nicht den Ehrgeiz wie sein Vorgänger, neben dem Großscherif eine bedeutende Rolle spielen zu wollen; seine Habgier konnte er auch so befriedigen. Unter diesen Umständen konnte ihm nichts daran liegen, für die Sicherheit der Karawanenstraßen Sorge zu tragen, und ich hielt es nicht für unwahrscheinlich, daß der Scheik der Sebidaaraber, zunächst im geheimen, daraus

[1] Statthalter

Nutzen schöpfte, und daß er bei den genannten Raubüber-
fällen die Hand im Spiel hatte. Dabei drängte sich mir der
Gedanke auf, daß der Ghani gewissermaßen den „Zutreiber"
spielte. Als Gebieter eines ganzen Stadtviertels erhielt er genügend Einsicht in die Vermögensverhältnisse der ihm unter-
stellten Pilger, daß er seinen Verbündeten, den Scheik, auf
manchen guten Fang aufmerksam machen konnte. Die Beute
wurde geteilt, und Abadilah wurde dadurch zum reichen Mann,
zum Ghani.

Diese Gedanken gingen mir blitzartig bei den letzten Worten des Ghani durch den Kopf. Aber wer war der Löwe, der
gefangengenommen werden sollte und der schwach und krank
geworden sei? Auf uns konnten sich diese Worte wohl nicht
beziehen. Ich erhielt sofort die Antwort auf diese Frage, denn
der Scheik erwiderte:

„Ein kranker, schwacher Löwe, sagst du? 'Aun er Rafiq
besitzt noch viele mächtige Freunde und hat auch großes Ansehen beim Volk."

„Allah kerîm — Gott ist gnädig", meinte der Ghani ge-
ringschätzig, „und du bist auf einmal voller Bedenken. 'Aun
er Rafiq ist längst nicht mehr so beliebt wie früher. Hast du
vergessen, wie sehr man es dem Großscherif verübelt, daß er
für gewöhnliche Leute unzugänglich und selten zu sprechen
ist? Alles kann der Mekkaner bei seinem Fürsten ertragen und
entschuldigen, eine geringschätzige Behandlung aber nicht.
Nicht einmal in seinem eignen Haus besitzt er Freunde, so
sehr ist er tyrannisch und launenhaft. Laß mich nur erst an
seine Stelle treten, und du wirst sehen, daß niemand auch nur
einen Finger für ihn rührt. Oder glaubst du, daß der Nachkomme Mohammed Abu Numehjis und der Urenkel Qata-
dahs für den Scherifenthron weniger geeignet ist als 'Aun er
Rafiq? Warum sollen die Nachkommen Barakats nicht ebenso
zur Herrschaft berufen sein als die Söhne Hassans[1]? In

---

[1] Hassan und Barakat waren Söhne Mohammed Abu Numehjis. 'Aun er Rafiq gehörte zur
Herrscherfamilie Hassans.

meinen Adern fließt das gleiche edle Fürstenblut. Soll ich auf mein Recht verzichten, nur weil der jetzige Emir der älteren Linie angehört? Das fällt mir nicht ein. Ich will und werde Großscherif sein, und wer die Macht besitzt, hat auch das Recht!"

Das war ja hochspannend! Ich war Mitwisser einer Verschwörung geworden, die gegen den jetzigen Großscherif geschmiedet wurde. Freilich, wenn ich die Sache recht bedachte, wollte sie mir gar nicht so wunderlich scheinen. Die Geschichte der Großscherife von Mekka ist bis in die neueste Zeit mit Blut geschrieben. Manch ein später berühmt gewordner Emir gelangte über den Leichnam seines Vorgängers auf den Scherifenthron und erzwang sich dann die Bestätigung der Pforte, deren Oberhoheit zeitweise ohnehin nur scheinbar war, namentlich dann, wenn sie durch Kriege verhindert war, sich um die Angelegenheiten des fernen Hedschas zu bekümmern. Daß aber jetzt, wo die Türken ein starkes Truppenaufgebot in der heiligen Stadt besaßen, ein Mann eine Erhebung gegen den regierenden Großscherif wagte, die sich zugleich auch gegen den Pascha richten mußte, war eine Kühnheit, die mich bei der sonstigen Feigheit des Ghani überraschte. Oder stand er vielleicht mit Szafwet Pascha in geheimen Einvernehmen? Das war eine Vermutung, die mir doch etwas gewagt vorkam. Jedenfalls erschien mir jetzt die Reise des Ghani nach Meschhed Ali, die er als „Gesandter des Großscherifs" unternommen, in einem ganz andern Licht als vorher. Hatte er dabei auch seine eignen selbstsüchtigen Pläne verfolgt? Vielleicht unter der dortigen hohen Geistlichkeit Freunde zu werben gesucht? Wenn ja, dann mußte das Ergebnis nicht nach Wunsch ausgefallen sein, sonst hätte er den Diebstahl des Kans el A'dhâ nicht gewagt. Denn Verbündete, deren Hilfe man nötig hat, bestiehlt man doch nicht vorher.

Ich hatte keine Zeit, diese Gedanken weiterzuspinnen; das, was ich hier zu hören bekam, verlangte meine ungeteilte Aufmerksamkeit: „Wer die Macht besitzt, hat auch das Recht", hatte der Ghani gesagt. Darauf stieß der Scheik ein kurzes, höhnisches Lachen aus und sagte:

„Wer die Macht besitzt, meinst du? Hast du sie denn?"

„Noch habe ich sie nicht, werde sie aber bald besitzen, und du sollst mir dazu verhelfen."

„Wenn ich aber nicht will? Wenn ich nicht meine Haut für dich auf den Markt tragen will?"

Da sprang der Ghani zornig auf und stampfte mit dem Fuß auf den Boden.

„Du mußt wollen! Vergiß nicht, daß du mein Ssihr[1] bist, und daß es mich nur ein Wort kostet, und der Pascha hetzt seine Asaker auf euch."

Es war ein boshaftes Lächeln, das über die Züge des Scheiks glitt, als er entgegnete:

„So sprich doch dieses Wort aus! Ich möchte gar zu gern die Gesichter der Mekkaner sehen, wenn sie erfahren werden, daß der angesehne und fromme Abadilah der Hamu[2] des gefürchteten Achmed Ghalib ist. Übrigens hat der Pascha andres und Wichtigeres zu tun, als auf uns Jagd zu machen. Das brächte ihm zu wenig ein. Doch warum sollen wir uns entzweien? Was für einen Vorteil hättest du dabei? Setze dich und laß ruhig mit dir reden! Bis jetzt hast du es noch nicht zu bereuen gehabt, daß du mir deine Tochter zum Weibe gabst. Ha, ha, wenn das die Mekkaner wüßten! Wir haben es damals doch verteufelt schlau eingefädelt, als du deine Tochter angeblich nach Ägypten brachtest, um sie dort zu vermählen, in Wirklichkeit aber in das Duar der Sebîd führtest. Es war das einträglichste Geschäft, das jemals geschlossen wurde. Warum soll es sich jetzt auf einmal zerschlagen?"

Der Ghani ließ sich zögernd wieder auf seinen früheren Platz nieder und meinte mißmutig:

„Du selber hast doch den Anfang gemacht, indem du sagtest, daß du mir nicht helfen wolltest."

[1] Schwiegersohn   [2] Schwiegervater

„Habe ich gesagt, daß ich nicht will? Ich habe nur andeutungsweise davon gesprochen. Die Sache ist zu gefährlich."

„Die Sache ist nicht im mindesten gefährlich", versicherte der Ghani eifrig. „Ich habe dir doch schon früher mitgeteilt, daß ich den Scheik el Ulema[1] und eine Anzahl einflußreicher Mudarris[2] für mich gewonnen habe. Außerdem besitze ich großes Ansehen beim Volk. Und was den Pascha betrifft, so wird er nichts gegen mich unternehmen, wenn er einmal vor die vollendete Tatsache gestellt ist."

„Ja, wenn — — —! Bis wir aber soweit sind, werden viele meiner tapferen Krieger ihr Leben lassen müssen."

„Nicht einer wird sein Leben lassen, nicht ein einziger! Ich bin im Besitz eines Mittels, das dir die Festung Dschijâd fast ohne Schwertstreich in die Hände liefern wird."

„Die Festung Dschijâd? Ohne einen Schwertstreich? Du scherzest!"

„Ich scherze nicht. Ich wollte ursprünglich mit dir erst dann davon sprechen, wenn wir miteinander im reinen gewesen wären. Aber du zwingst mich schon jetzt dazu, dir mein Geheimnis zu offenbaren."

„Dein Geheimnis? Es handelt sich um ein Geheimnis? Du machst mich neugierig."

„Ja, es ist ein lange gehütetes Geheimnis, und ich bin der einzige, der darum weiß. Es hängt mit dem unterirdischen Gang zusammen, der von meinem Haus ins Innere des Dschebel Abu Kubes führt, und dessen eines Ende in den Ruinen mündet, wo ich deine Botschaften empfange."

„Du sagst, das eine Ende. Hat denn der Gang auch noch ein andres?"

„Ja, und das ist eben mein Geheimnis, das ich vor allen, selbst vor dir, sorgfältig verbarg. Deswegen durfte auch kein Fuß, außer dem meinigen, den Gang betreten, weil ich keinen Mitwisser haben wollte, der diese Kenntnis für seine eignen Zwecke hätte ausbeuten können. Der Gang führt nämlich

[1] Oberhaupt der Gelehrten   [2] Professoren

nicht nur bis zu den Ruinen, sondern höher, viel höher. Er mündet in einem Keller der Festung Dschijâd."

Jetzt war es der Scheik, der mit allen Zeichen der Erregung aufsprang. „Maschallah! Sagst du die Wahrheit?"

„Ich sage sie. Die Mündung des Gangs wird durch einen Steinblock verschlossen, der mit Hilfe einer einfachen Vorrichtung entfernt werden kann. Jenseits befindet man sich in einem Keller der Burg, und von dort aus ist es leicht, bis in das Innere der Festung vorzudringen. Ich selbst habe mich davon überzeugt und bin ungesehen bis in den Festungshof gekommen, mußte mich aber dann freilich vor den Posten zurückziehen, die dort ständig wachen. Glaubst du jetzt, daß mein Mittel vortrefflich ist?"

Ich brauche wohl nicht zu sagen, daß ich den Worten des Ghani mit nicht geringerer Spannung lauschte als der Scheik, obgleich ich etwas Ähnliches erwartet hatte. Halef stieß mich mit dem Ellbogen an. Er wollte dadurch seiner Verwunderung Ausdruck verleihen, weil eine andre Art der Mitteilung sich wegen der Nähe der Feinde von selbst verbot. Am aufgeregtesten zeigte sich der Scheik. Er rannte einigemal in großen Schritten hin und her und blieb dann vor dem Ghani stehn.

„Warum sagst du mir dies erst jetzt? Hätte ich früher davon gewußt, so hätte ich mich keinen Augenblick besonnen. Aber bist du wirklich davon überzeugt, daß außer dir niemand von dem Gang weiß? Ich kann es fast nicht glauben."

„Du darfst es ruhig glauben. Die Festung war doch länger als zwei Edschjâl[1] außer Gebrauch. Wie leicht konnte in diesem langen Zeitraum der Gang in Vergessenheit geraten! Übrigens scheint man schon damals, als die Festung ihrer Bestimmung entzogen wurde, davon nichts mehr gewußt zu haben, sonst wären wohl die beiden Einmündungen unzugänglich gemacht worden, sowohl die eine, die in die Festung führt, als auch die andre bei den Ruinen, die früher

[1] Mehrzahl von Dschîl = Jahrhundert

ein Außenwerk der Dschijâd gewesen sind. Das dritte Ende des Gangs, das irgendwo in meinem Haus mündet, ist ja auch verschüttet worden; und auch ich hätte von all dem keine Ahnung gehabt, hätte ich nicht durch einen Glücksfall den Gang entdeckt, worauf ich unter vieler Mühe einen neuen Zugang zu ihm grub. Den alten konnte ich trotz allen Suchens nicht finden, obgleich ich alle Winkel meines Hauses danach durchforschte. Er hätte mir auch nichts genützt, weil es mir unmöglich gewesen wäre, unbeobachtet die Erdmassen zu entfernen, die den Stollen gegen mein Haus zu versperrten."

„Und wie ist überhaupt der unterirdische Gang zwischen deinem Hause und der Festung entstanden?"

„Allah weiß es! Ich vermute, daß die Herren Mekkas, die die Burg erbauten, von meinem Hause, das wahrscheinlich ihre Stadtwohnung bildete, den Gang in die Festung anlegten, um sich in Zeiten der Gefahr rasch und ungesehen in Sicherheit bringen zu können. Höchstwahrscheinlich wurde bei einem solchen Rückzug der Stollen in der Nähe meines Hauses gesprengt, um den Feinden die Verfolgung unmöglich zu machen, während die beiden oberen Mündungen belassen wurden, da sie die unterirdische Verbindung zwischen der Festung und dem Außenwerk darstellten. Später ging Mekka und mit ihm die Burg in die Hände andrer Herren über, und der Gang geriet in Vergessenheit. So denke ich mir den Hergang der Sache."

„Wie war es dir aber möglich, den Gang zu entdecken, und wo hast du den neuen Zugang angelegt?"

„Achmed Ghalib, ich habe dir mein Geheimnis offenbart, soweit es für unsre Pläne notwendig ist. Mehr kann ich dir nicht sagen."

Der Scheik hatte den Erklärungen des Ghani mit großer Aufmerksamkeit zugehört, und es läßt sich denken, daß auch wir die Ohren spitzten. Ich war mit dem Versuch unsres alten Bekannten, die Entstehungsgeschichte des Gangs zu erklären, vollständig einverstanden. Genauso dachte ich sie mir auch. Das „Heilige Gebiet Allahs", wie ein zeitgenössischer Schriftsteller Mekka nannte, wechselte seinen Herrn so oft, und die „Heilige Erbschaft" war der Gegenstand so erbitterter Kämpfe, daß der „Erbe" vor allem auf seine persönliche Sicherheit bedacht sein mußte. Dieser Notwendigkeit verdanken die an den verschiednen Stadteingängen erbauten Wachtürme und die Festung Dschijâd ihr Entstehen. Letztere wurde freilich im Lauf der Jahrhunderte mehr als einmal erobert und zerstört, bis sie kürzlich von Othman Pascha wieder instand gesetzt wurde. Sie diente nicht nur Verteidigungszwecken, sondern auch als Kerker für solche Mekkaner, die eine längere Gefängnisstrafe zu büßen haben. Den Zutritt zu diesem Kerker, und damit auch zur Festung, beanspruchte übrigens der Großscherif für seine Schergen ebenso wie der Gouverneur für seine Asaker. Und beide wieder hatten keine Ahnung, daß sie in einem Fuchsbau saßen, der ihnen keine genügende Sicherheit bot, weil ein geheimer Gang vorhanden war, zu dem der Ghani den Schlüssel in Händen hatte. Daß dieser Zugang leicht zu einer gefährlichen Einfallspforte werden konnte, ging aus dem eben Gehörten klar genug hervor. Hätte der Ghani geahnt, daß er nicht mehr im alleinigen Besitz dieses „Schlüssels" war!

Die Erklärungen des Ghani hatten die letzten Zweifel des Scheiks beseitigt; er hielt nunmehr nicht länger mit seiner Einwilligung zurück:

„Abadilah, du sollst meine Hilfe haben. Sag mir nur, wann der Schlag geschehen soll!"

„In den allernächsten Tagen. Ich kann nicht länger warten. Und meine erste Tat als Großscherif wird eine Tat der Rache sein."

„Ah, du meinst die Haddedihn, die die Schuld am Tod deines Sohnes tragen. Mich wundert nur, daß du nicht schon längst Rache genommen hast."

„Das verstehst du nicht. Ich hätte die Bestrafung in die Hände des Großscherifs legen müssen, und dabei wären

Dinge zur Sprache gekommen, von denen er nichts zu wissen braucht."

„Aha, der Kans el A'dhâ", lachte der Scheik. „Aber wie leicht konnten die Fremden unterdessen wieder abreisen, und du hättest das Nachsehen gehabt."

„Meinst du?" höhnte der Ghani. „Ich hätte dich für klüger gehalten. Du kannst dir doch denken, daß ich meine Späher habe, die mich über alles unterrichten, was diese Hunde tun. Durch sie weiß ich genau, daß sie an eine Abreise noch nicht denken. Und wenn auch, ich hätte lieber darauf verzichtet, Großscherif zu werden, als auf die Freude, diese Schufte meine Rache fühlen zu lassen."

„Wenn aber der Großscherif dir nicht zu Willen gewesen wäre? Was hättest du, der einzelne Mann, gegen so viele ausrichten können?"

„Ich bin nicht allein. Habe ich dir nicht gesagt, daß ich auch in der Stadt viele Freunde habe? Und wenn ich die ganze Einwohnerschaft hätte gegen sie aufrufen müssen, ich hätte es getan."

„Nun, jedenfalls ist es besser, daß du dich nicht auf diesen immerhin unsichern Ausweg zu verlassen brauchst. Aber sage mir endlich einen bestimmten Tag, an dem du losschlagen willst."

Der Ghani dachte eine Weile nach, dann gab er zur Antwort: „Heut ist Jôm el Dschum'a[1]. Bis übermorgen bin ich mit meinen Vorbereitungen in der Stadt fertig. Komme in der Nacht zwischen Jôm el Hadd[2] und Jôm el Itnên[3] mit deinen Kriegern an den bekannten Ort bei den Ruinen, wo ich dich zwei Stunden nach Mitternacht erwarten werde. Platz, um euch zu verstecken, findest du dort genug. Denn es versteht sich von selbst, daß euch niemand sehen darf. Auch das Sammeln deiner Leute muß möglichst an einem Ort geschehen, wo ihr nicht bemerkt werden könnt. Denn es würde unnötiges Aufsehen erregen, wenn sich ein so großer Trupp in der Nähe der Stadt blicken ließe."

[1] Freitag   [2] Sonntag   [3] Montag

„Da trifft es sich gut, daß uns unsre frühern Verbündeten aus Abd el Muttalibs Zeit, die Ateïbeh, diese Höhle verraten haben. Ich werde meine Krieger hierherbestellen. In diese Gegend kommt nur selten jemand, und das Wasser in der Höhle genügt zur Not, daß wir es eine Zeitlang aushalten können."

„Gut! Sorge aber zugleich auch dafür, daß deine Krieger keine Fehler machen!"

„Hab' keine Sorge! Ich werde ihnen genaue Anweisungen geben. Wir werden beim Einbruch der Dunkelheit von hier aufbrechen und es so einrichten, daß wir ungefähr um Mitternacht auf unseren Pferden die Straße erreichen, die von Mekka nach Yemen führt. In der Nähe weiß ich eine in den Dschebel Omar einschneidende Schlucht, in der wir unsre Tiere zurücklassen können. Sie ist nur eine halbe Stunde von Mekka entfernt und so abgelegen, daß vor Anbruch des Morgens wahrscheinlich kein Mensch sie betreten wird. Um diese Zeit werden wir indes die Herren von Mekka sein und können uns unsre Pferde nachbringen lassen."

„Dein Plan ist gut, und er wird gelingen, wenn du keine Fehler machst. Am besten wird es sein, wenn deine Leute einzeln und von verschiedenen Seiten her sich den Ruinen nähern. Ich werde euch, wie gesagt, zwei Stunden nach Mitternacht erwarten und euch durch den geheimen Gang ins Innere der Festung führen, wo es dir ein leichtes sein wird, die Posten zu überrumpeln und die Besatzung gefangenzunehmen. Das übrige ist dann meine Sache."

„Wie aber, wenn der Großscherif vor der Zeit von der Sache Wind bekommt und Gegenmaßregeln ergreift?"

„Das ist unmöglich. Ich habe meine Fäden zu fein gesponnen, und 'Aun er Rafiq kann mir nicht entgehen, vorausgesetzt, daß du deine Sache gut machst. Besonders ist es von Wichtigkeit, daß du dich lautlos in den Besitz der Festung setzest. Es darf nicht das mindeste Geräusch in die Stadt hinunterdringen. Das andre ist nur noch ein Kinderspiel. Du bleibst mit der Hälfte deiner Krieger als Besatzung zurück, und mit der andern Hälfte umzingle ich den Palast des Großscherifs und hole ihn aus dem Schlaf. Den Pascha brauchen wir, bin ich einmal Großscherif, nicht zu fürchten. Wie ich ihn kenne, wird er sich, vor die vollendete Tatsache gestellt, bald ins Unvermeidliche ergeben, denn es versteht sich von selbst, daß wir die Besatzung nicht eher von der Festung zurückziehen. Und die Bestätigung des Padischah in Stambul wird dann auch nicht lange auf sich warten lassen."

„Was wirst du mit dem Großscherif tun? Wirst du ihn am Leben lassen?"

„Allah erhalte deinen Verstand! Läßt du vielleicht einen Dib[1] am Leben, wenn er in deine Gewalt gekommen ist? Wie leicht kann er mit seinen scharfen Zähnen die Fessel zernagen und dich dann zerreißen! Nein, 'Aun er Rafiq und seine beiden kleinen Söhne müssen sterben. Erst dann bin ich vor ihnen sicher."

„Was du mit ihnen anfängst, ist deine Sache und geht mich nichts an", meinte der Scheik kalt. „Um so mehr kümmere ich mich um die Abmachungen, die wir unter uns getroffen haben für den Fall, daß ich dir meinen Arm leihe. Ich hoffe, du wirst, wenn du dein Ziel erreicht hast, nicht plötzlich andern Sinnes werden und mich betrügen wollen."

„Was fällt dir ein! Du bist doch mein Ssihr und wirst mir hoffentlich nicht zumuten — —"

„Laß den Schwiegersohn aus dem Spiel", unterbrach ihn der Scheik kurz, „und seien wenigstens wir beide gegeneinander aufrichtig! Was uns vereinigt, ist nicht verwandtschaftliche Zuneigung, die nie vorhanden war, wie du zugeben mußt, sondern das ‚Geschäft'. So war es immer, und so ist es auch jetzt. Ich bin dein Geschäftsteilhaber, weiter nichts. Und als solcher würde ich dir nicht raten, mich übervorteilen zu wollen. Ich würde mich rächen und dabei keine Rücksicht auf den vornehmen Hamu nehmen. Bei Allah, Muhammed

[1] Wolf

und allen heiligen Kalifen schwöre ich dir zu, ich würde mich rächen."

Die Unterredung schien eine für den Ghani unangenehme Wendung nehmen zu wollen, und deshalb beeilte sich dieser, zu versichern:

„Achmed Ghalib, ich schwöre dir beim Bart des Propheten, daß ich nicht daran denke, dich zu betrügen. Ich bin sogar bereit, über unsere Abmachungen hinauszugehn und verspreche dir, wenn unser Vorhaben gelingt, den Kans el A'dhâ, den der Perser sicher mit nach Mekka genommen hat; denn ich kann nicht glauben, daß er den kostbaren Schatz unterwegs zurückgelassen hat."

„Den Kans el A'dhâ?" Die Stimme des Scheiks klang schon merklich milder. „Ich wünschte, du hättest ihn schon fest in Händen und es wäre alles vorüber! Aber — ma scha Allah kân, was Allah will, geschieht. Hast du mir sonst noch irgendwelche Weisungen zu geben?"

Das, was nun folgte, kann ich übergehn; es enthielt nichts, was der Angelegenheit eine neue Wendung hätte geben können. Es dauerte denn auch nicht lange, so standen beide — denn der Scheik hatte sich längst wieder niedergesetzt — auf und drückten sich zum Zeichen des Einverständnisses die Hände. Dann rief der Scheik mit einem scharfen Pfiff den Posten zurück, während sich der dritte, der die ganze Zeit über nicht ein Wort geäußert hatte, in die Höhle begab, um die Pferde zu holen. Nach kurzem Abschied ritt der Ghani fort, zurück in der Richtung, von der er gekommen war. Die drei Zurückgebliebenen sahen ihm nach, bis er zwischen den Felsen verschwunden war, dann brachen auch sie auf. Wir warteten noch einige Minuten, für den Fall, daß es einem von ihnen einfallen sollte, zurückzukehren, dann krochen wir aus unserm Versteck. Draußen angekommen, brach Halef das ihm aufgezwungene lange Schweigen, indem er, sich unmittelbar vor mich hinstellend, sagte:

„Sihdi, sieh mich einmal an! Bemerkst du nichts?"

Ich tat, als wüßte ich nicht, was er meinte, und erwiderte: „Was soll ich bemerken? Ich sehe nichts."

„Sihdi, ich bin baff, vollständig baff. Zum erstenmal in meinem Leben fehlen mir die Worte, um auszudrücken, was ich empfinde. O Allah, Wallah, Tallah! O Mohammed und ihr heiligen Kalifen alle! Was ist doch dieser Abadilah, der sich der Liebling des Großscherifs nennt, für ein Scheitan, ein wirklicher, wahrhaftiger Scheitan! Ja, er ist noch schlimmer als der oberste der Schejâtîn! Allah verdamme ihn dafür in den tiefsten Abgrund der Dschehenna! Wir müssen sofort aufbrechen, um den Großscherif zu warnen, sonst ist er verloren. Komm mit zu den Pferden, Sihdi! Schnell, schnell!"

Der kleine Hadschi war noch immer der Hitzkopf wie vor zwanzig Jahren. Ich blickte ihm lächelnd ins erregte Gesicht und rührte mich nicht von der Stelle. Das machte ihn aufmerksam. Er warf einen unsichern Blick auf mich und sagte:

„Warum gehst du nicht, Sihdi? Bist du nicht meiner Ansicht?"

„Sag mir, Halef, was du eigentlich erreichen willst!"

„Maschallah, wie kannst du noch fragen! Ich will den Großscherif retten und werde ihm unverzüglich alles erzählen, wovon wir eben Zeugen gewesen sind."

„Und du bist wirklich der Meinung, daß der Großscherif dir, dem unbekannten, hergelaufenen Fremden, Glauben schenken wird?"

„Warum nicht? Ich möchte keinem raten, auch dem Emir von Mekka nicht, mich geringzuschätzen. Ich bin Hadschi Halef Omar Ben Hadschi Abul Abbas Ibn Hadschi Dawud al Gossarah, der berühmte Scheik der tapfern Haddedihn vom Stamm der Schammar. Merk dir das!"

„Das ist alles gut und recht, lieber Halef, ändert aber nichts an der Tatsache, daß dich der Großscherif nicht kennt, und daß du im Vergleich zum Ghani hier in Mekka eine Sifr, eine Null, bedeutest. Der Großscherif wird, solange er dem Ghani noch traut, deine Erzählung für ein Märchen halten, und diesem wird es nicht schwerfallen, deinen Schritt als eine Tat der Gehässigkeit und der Rache hinzustellen."

„Aber du vergissest den Gang, den geheimen Gang. Er ist doch der beste Beweis für die Wahrheit dessen, was ich behaupte."

„Der Gang ist kein Beweis. Er beweist nur, daß Abadilah ihn entdeckte und zeitweise als Mittel benutzte, um sich unbemerkt zu entfernen, weiter nichts."

„Aber etwas muß doch geschehen", beharrte Halef ungeduldig. „Es ist notwendig, daß —"

„Es ist notwendig, daß wir jetzt nach unsern Pferden sehn, die wir lange genug haben warten lassen", fiel ich ihm in die Rede. „Was weiter geschehen soll, wird der geeignete Augenblick ergeben. Jetzt kann noch gar nichts darüber gesagt werden. Fasse dich darum in Geduld! Auch mir fällt es natürlich nicht ein, den Plan des Ghani zur Ausführung kommen zu lassen."

Unsre Rappen begrüßten uns mit freudigem Schnauben, als wir sie aus ihrem Versteck holten. Wir brachten sie in die Höhle, wo wir ihnen zu trinken gaben. Dann hielten wir von den mitgenommenen Vorräten ein einfaches Mahl. Auch die Tiere bekamen einige Hände voll Datteln. Als die größte Mittagshitze vorüber war, machten wir uns auf den Heimweg. Da es möglich war, daß auch der Ghani irgendwo auf dem Weg haltgemacht hatte, schlugen wir, um eine Begegnung mit ihm zu vermeiden, eine mehr nördliche Richtung ein, die uns nach der Ma'la, der oberen Stadt, bringen mußte. Die Unterhaltung verlief ziemlich einsilbig; jeder war mit seinen eignen Gedanken beschäftigt. Um aufrichtig zu sein, wußte ich selber nicht, wie ich den „Stecken schwimmen" lassen sollte. Es widerstrebte mir, den Angeber zu machen, wo ich selber nicht der Angegriffne war; auch war es gefährlich, sich ins Ränkespiel andrer zu mischen. Man konnte da leicht selbst zwischen die Räder kommen. Ich hätte zwar dem Ghani trotz seiner Wachsamkeit ein Schnippchen schlagen und mitsamt den

Haddedihn verschwinden können, aber ich hielt es eines Hadschi Akil Schatir Effendi beziehungsweise Kara Ben Nemsi für unwürdig, vor einem sittlich so minderwertigen Menschen wie dem Ghani die Flucht zu ergreifen, abgesehen von der offenbaren Lebensgefahr, in der der Großscherif schwebte, und in der ich ihn hätte steckenlassen müssen. Und das konnte, nein, durfte ich nicht auf mein Gewissen laden. Übrigens war es sehr fraglich, ob es uns so leicht geworden wäre, uns von der Sache zurückzuziehen, selbst wenn dies in unsrer Absicht gelegen hätte. Ich mußte nämlich an die geheimnisvollen Worte des Münedschi, die drei Gebetsteppiche betreffend, denken, die wie die Weissagung eines Sehers geklungen hatten; „Dort findest du das Ziel zu deinen jetzigen Gedanken, das ihm den Frieden bringt; dort findest du zugleich den Schlüssel für die Tat, durch die euch Rettung werden soll, und nicht nur euch, auch einem andern." Der erste Teil dieser Weissagung schien mir bereits Tatsache geworden zu sein, denn es war klar, daß der Fund, den ich im blauen Gebetsteppich gemacht hatte, für das Gemütsleben und die ganze Zukunft des Münedschi von allerhöchster Bedeutung war. Der zweite Teil schien sich nun ebenfalls verwirklichen zu wollen. Der „andre", dem Rettung werden sollte, konnte nach dem, was wir bei der Höhle Atafrah erlauscht hatten, wohl nur der Großscherif sein. Worin allerdings die Tat bestehen würde, durch die er und wir gerettet werden sollten, wußte ich jetzt noch nicht, und es erschien mir auch wertlos, mir den Kopf darüber zu zerbrechen. Die Lösung würde schon von selber kommen. Ich verließ mich dabei auf die Führung Ben Nurs und ein wenig auch auf mein gutes Glück. Und daß ich daran recht getan hatte, sollte ich bald erfahren. Die Lösung kam viel schneller, als ich erwarten konnte.

5. Vor dem Großscherif

Es war um die Zeit des Maghrib, als wir am Friedhof der Chadîdschah vorüberritten und in die Ma'la, die Hauptstraße, einbogen. Bald lag der Palast des Großscherifs hinter uns, und wir hatten nicht mehr weit bis zur Sukâk el Hadschar, der Steingasse, zu reiten, als uns ein Trupp von einem halben Dutzend berittner Bawârdîs[1] entgegenkam. In ihrer Mitte ging ein Mann, der mit den Händen an den Steigbügel eines Bawardi gefesselt war, und ich erkannte in ihm zu meinem Schrecken — — Khutab Aga, den Perser. Auch Halef erschrak bei seinem Anblick, und ein halblautes „Allah, Allah" entfuhr seinen Lippen. Wir hatten unwillkürlich angehalten, so daß wir nun, auf unsern Pferden sitzend, die ganze Mitte der Straße einnahmen. So blickten wir erwartungsvoll dem Zug entgegen, dem ein lärmend, aufgeregter Volkshaufen folgte, der nicht übel Lust zu haben schien, über den Gefangenen herzufallen.

Und wie sah dieser aus! Seine Kleider waren in Unordnung und teilweise zerrissen, und Blutspuren auf seinem Gesicht ließen erraten, daß ein Kampf vorausgegangen war. Was war geschehen? Und womit hatte der Perser, der doch im Grund von sanfter Gemütsart war, seine Gefangennahme herausgefordert? Nun, ich würde es ja bald erfahren, denn ich war fest entschlossen, dem Freund aus der Klemme zu helfen, koste es, was es wolle.

Unterdessen war der Zug nahe herangekommen, und ein schwarzbärtiger Kerl, der der Anführer zu sein schien, rief uns ein barsches „Ruch[2]!" entgegen. Ich tat, als hörte ich es nicht, und gab nur, als er seinen Befehl wiederholte, Halef einen Wink. Auf diesen hatte der kleine Hadschi gewartet. Er drängte sein Pferd an das des Anführers heran und begann in einem Ton, als habe er einen Untergebenen vor sich:

„Wie hast du gesagt? Und wer bist du, daß du es wagst, uns in diesem Ton anzuschnauzen? Hat die Sonne dein Ge-

[1] Die aus Freien und Leibeigenen zusammengesetzte Leibwache des Scherifs   [2] Weg!

hirn verbrannt, so daß die Gesetze der wohlerzogenen Höflichkeit und der höflichen Wohlerzogenheit in deinem Kopf eingetrocknet sind? Siehst du mir und meinem Begleiter nicht an, daß wir hohe Herren sind, die nicht gewohnt sind, dem nächsten besten zu gehorchen, sondern zu befehlen? Bist du vielleicht Effendina[1], den der Padischah — Allah schenke ihm tausend Jahre — als Pascha hier aufgestellt hat? Oder solltest du gar Sejjidana, unser Herr, der Großscherif, in höchsteigner Person sein, so daß wir vor dir unser Haupt in Demut beugen müßten? Ich sage dir, selbst wenn Mohammed, der Prophet, den Allah die Wonnen des siebenten Himmels genießen läßt, uns begegnen würde: er würde es nicht wagen, unhöflich gegen uns zu sein, schon aus dem Grund, weil er damit nichts ausrichten würde. Du meinst, wir sollen auf die Seite ausweichen und dir Platz machen? Warum? Seit wann hat der Höherstehende dem Niedrigeren zu weichen? Wir sind mitten auf der Straße haltengeblieben. Ja. Aber das hätte dir sagen sollen, daß wir beabsichtigen, mit dir zu reden. Ihr habt einen Mann gefangengenommen, der unser Freund ist. Und wir verlangen Auskunft von dir, aus welchem Grund dies geschehen ist. Allah begnadige deinen Verstand mit der nötigen Einsicht, damit du die Tiefe meiner Worte und die Vorzüge unsrer unschätzbaren Eigenschaften erkennst. Allah jeßallimak — Gott erhalte dich!"

Diese Rede wurde mit einem solchen Ernst vorgetragen und die Worte sprudelten so schnell aus dem Mund des Hadschi, daß sie der Anführer über sich ergehen ließ, ohne den Versuch zu machen, ihn zu unterbrechen. Er kannte uns nicht, aber er sah unsre Tiere. Wie jeder Orientale schloß auch er aus ihrem Wert auf die Stellung ihrer Besitzer. Das machte ihn unsicher, so daß die Antwort höflicher war, als sie sonst wohl ausgefallen wäre. Ich selbst hatte unterdessen meine Aufmerksamkeit auf den Perser gerichtet. In dem Augenblick,

[1] Titel des Statthalters von Mekka — „unser Effendi", zum Unterschied von Sejjidana — „unser Herr", wie der Großscherif genannt wird

als er uns bemerkt hatte, war er zusammengezuckt, dann hatte sich tiefe Röte über seine Züge ergossen. Als er sah, daß mein Blick auf ihn gerichtet war, wiegte er langsam den Kopf, als wollte er sagen, es habe keinen Wert, ihm helfen zu wollen, und wir sollten ihn seinem Schicksal überlassen. Er hatte überhaupt ein sehr niedergedrücktes Aussehen. Es war nicht Zorn, und auch nicht Erbitterung, sondern ein tiefer, trauriger Ernst, der in seiner Miene lag.

Mittlerweile hatte Halef geendet, und der Bärtige entgegnete:

„Entschuldige mich, ich habe nicht gewußt, mit wem ich es zu tun habe. Aber halte uns nicht auf! Wir haben diesen Mann, der ein Anhänger der verfluchten Lehre der Schia und ein Übeltäter ist, ins Gefängnis zu bringen."

Nun war es für mich Zeit, einzugreifen, und ich sagte daher mit würdevoller Miene zum Anführer:

„Warte noch einen Augenblick, o Kolagaßi dieser tapfern Bawârdîs! Was hat dieser euer Gefangner angestellt?"

„Er hat sich an mehreren wahren Gläubigen vergriffen."

„Wie meinst du das? Willst du damit sagen, daß dieser Mann, der in seinem Vaterland eine sehr hohe Stellung bekleidet, eine Schlägerei angefangen hat?"

Daß ich ihn mit „Kolagaßi", also „Hauptmann", angeredet hatte, schmeichelte ihm, wie ich bemerkte. Meine direkte Frage brachte ihn indes in Verlegenheit.

„Das weiß ich nicht. Wir befanden uns im Moscheehof, als in der Nähe der Kaaba Lärm entstand. Als wir hineilten, sahen wir mehrere Menschen miteinander kämpfen und trieben sie auseinander. Man bezeichnete uns diesen Mann als den Schuldigen, und wir nahmen ihn mit, damit er morgen von unserm Herrn, dem Emir, seine Strafe erhalte."

„So ist also noch gar nichts erwiesen, und ich verlange, daß der Fall streng untersucht werde, damit unser Freund nicht etwa unschuldig verurteilt wird. War es da aber schon notwendig, diesen Mann wie einen gewöhnlichen Verbrecher zu behandeln und zu fesseln? Ich glaube, wenn die Asaker des

Pascha dazwischengekommen wären, und nicht ihr, sie wären höflicher gewesen."

Daß ich die Asaker des Paschas gegen die Bawârdîs ausspielte, war von mir ein Schachzug. Wie die beiden Beherrscher von Mekka, so standen auch ihre Sicherheitsorgane in beständiger Rivalität miteinander. Wenn ein Unruhestifter von türkischen Soldaten aufgegriffen wurde, so wurde er aufs türkische Amt geführt; ein andrer, der zufällig von Bawârdîs ertappt wurde, kam vor den Großscherif oder dessen Kaimakam, einen Scherif, der seinen Herrn in gewöhnlichen Fällen vertritt. Der eine wurde ins Gefängnis des Emir, der andre in das des Pascha gebracht. Aus diesem merkwürdigen Verhältnis ergab sich von selbst, daß die beiderseitigen Sicherheitsbehörden gegeneinander eiferten und den Gegner auszustechen suchten, wo sie nur konnten.

Die Anspielung auf die Asaker des Pascha und der darin versteckte Vorwurf der Unhöflichkeit hatte den Erfolg, daß die Verlegenheit des Bärtigen wuchs. Er sah ein, daß er einen Fehler gemacht und vorschnell gehandelt hatte. In dem Bestreben, diesen Fehler wiedergutzumachen, richtete er an mich die Frage:

„Was hätte ich tun sollen? Es ist doch nicht unsre Sache, den Fall zu untersuchen."

„Das behaupte ich auch nicht. Aber du hättest auch die andern, die in den Streit verwickelt waren, gefangennehmen, oder, nachdem du das unterließest, auch den Perser seine Wege gehen lassen müssen. Er hätte dir ja seine Wohnung angeben können, so daß es dir möglich gewesen wäre, ihn jederzeit zur Verantwortung zu holen."

Der Bärtige blickte nachdenklich vor sich hin. Er wußte offenbar nicht, welche Antwort er geben sollte. Ich half ihm aus der Verlegenheit.

„Es ist auch jetzt noch in deine Macht gegeben, die Sache zu ändern. Laß deinen Gefangenen einstweilen frei, und ich gebe dir mein Wort, daß er sich nicht durch die Flucht der Rechenschaft entziehn wird. Ja, ich verspreche dir sogar, daß ich ihn morgen persönlich in den Palast des Fürsten begleiten werde. Du wirst doch sein Angesicht nicht schamrot machen wollen, indem du ihn, einen vornehmen Mann, zwingst, mit zerrissenen Kleidern vor dem Großscherif zu erscheinen."

Ich bemerkte mit Genugtuung, daß meine Vorstellungen Eindruck machten. Der Anführer wandte sich zu seinen Begleitern und sprach leise mit ihnen. Unterdessen ließ ich meinen Blick über die Volksmenge wandern, die sich, während ich mit dem Bawardi verhandelte, bedeutend vermehrt hatte. Ich sah nichts, was mich mit Besorgnis erfüllt hätte. Die Augen der meisten ruhten zwar feindselig auf dem Perser, aber achtungsvoll auf mir und auf Halef, und ich sah mehr als einen bewundernden Blick, der unsern Tieren galt. Einige Gesichter waren mir sogar bekannt, da wir uns, wie bereits erwähnt, in der Nähe unsrer Wohnung befanden. Die Lage der Dinge war also im ganzen nicht ungünstig, und ich durfte hoffen, meinen Willen durchzusetzen. Doch da bemerkte ich unter den vielen Gesichtern eins, das ich an dieser Stelle nicht erwartet hätte, und das haßerfüllt auf uns gerichtet war. Es gehörte dem — — Ghani. Er trug nicht mehr die Wüstenkleidung, sondern die gewohnte Tracht eines vornehmen Mekkaners. Sein Haupt war bedeckt mit dem grünen Turban, dem Abzeichen der Scherifenwürde. Er war eher als wir heimgekommen und befand sich wieder auf der Straße, als er den Auflauf wahrnahm. Was würde er tun? Würde er uns hinderlich in den Weg treten und entgegen seinem dem Scheik der Sebid geäußerten Vorsatz die Feindseligkeiten schon heute beginnen? Die Klugheit mußte ihm zwar das Gegenteil raten, aber es war nicht vorauszusagen, wozu ihn sein Haß verleiten würde. Ich sah, wie er mit seiner Umgebung sprach — wahrscheinlich ließ er sich den Vorgang erklären —, und wie sein Blick zwischen dem Perser und mir mit dem Ausdruck größter Gehässigkeit hin und her flog, und ich muß gestehen, daß ich, seit ich des Ghani ansichtig geworden war, meines Erfolgs nicht mehr so sicher war.

Der Bärtige war mit seinen Begleitern ins reine gekommen und wandte sich wieder an mich.

„Effendi, meine Leute sind mit mir der Ansicht, daß es das beste ist, wenn wir deinem Rat folgen. Der gefangene 'Adschami soll mit euch gehn, wenn du einem meiner Bawârdîs gestattest, euch zu begleiten und — —"

„Ußkut, ia Maßkîn — schweig, Unglückseliger!" wurde er da von der Seite her, wo der Ghani stand, unterbrochen, und dieser drängte sich durch die Reihen der Umstehenden, bis er vor dem Anführer stand. „Ibrahim Aga, weißt du, was du tust? Du willst einem Schurken, einem Verbrecher und Mörder zur Freiheit verhelfen!"

„Maschallah, der Scherif Abadilah!" rief der Bärtige überrascht. „Aber ich verstehe dich nicht. Du nennst diesen Mann einen Schurken und Mörder, diese beiden Effendis behaupten dagegen —"

„Diese beiden Männer sind die Rädelsführer und Genossen seiner Schandtaten. Sie sind schuld am Tod meines einzigen Sohns."

„Allah, Allah! Allah akbar! Allah strafe die Mörder!" klang es wirr durcheinander. Die Lage hatte sich mit einem Schlag zu unserm Nachteil verändert. Der Kreis der Umstehenden rückte in bedrohliche Nähe und ich schaute in lauter empörte und zornerfüllte Gesichter. Am meisten empört war indes mein kleiner, hitziger Halef.

„Unverschämter Lügner, wahre deine Zunge! Ich reite dich nieder!" brüllte er in den allgemeinen Lärm hinein. Und er hätte seine Drohung wirklich ausgeführt, wenn ich nicht rasch meinen Rappen zwischen den Ghani und den aufgeregten Hadschi gedrängt hätte.

„Du wirst mich nicht niederreiten", höhnte der Ghani. „Glaubst du vielleicht, du befindest dich noch in der freien Wüste, wo wir eurer Willkür ausgesetzt gewesen sind? Ihr Hunde und Enkel von Hundesöhnen, eure Stunde hat nun endlich geschlagen."

„Allah, Wallah, Tallah!" ließ sich nun auch der Aga der Bawârdîs vernehmen, der sich unterdessen von seinem Erstaunen erholt hatte. „Scheik Abadilah, erlaube, daß ich dich frage: Hast du im Scherz oder im Ernst gesprochen?"

„Im Ernst, du Dummkopf, im Ernst! Laß dich doch nicht täuschen durch die glatten Gesichter dieser Schurken! Ich verlange, daß du nicht nur diesen verfluchten Ketzer, sondern auch seine Freunde, diese zwei Hunde, die jedoch bald nicht mehr beißen werden, vor das Angesicht des Emirs bringst, damit sie dort ihre tausendfach verdiente Strafe erfahren. Allah jihrakhum — Gott verbrenne sie!"

„Schi'aïb, schi makrûh — das ist schändlich, das ist abscheulich!" rief Halef im Ton höchster Entrüstung. „Sihdi, müssen wir uns das gefallen lassen?"

Ich winkte ihm zu, sich ruhig zu verhalten. Jetzt, in diesem Augenblick, das sah ich ein, war es das beste, gute Miene zum bösen Spiel zu machen. Es wäre uns zwar ein leichtes gewesen, zu entkommen. Ein paar Sätze unsrer Pferde, und wir wären für den Augenblick in Sicherheit gewesen. Aber was hätte uns das genützt? Wir hätten sofort die ganze racheschnaubende Menge hinter uns gehabt, und die Entscheidung wäre dabei doch nur um Minuten hinausgeschoben worden. Nein, nachdem sich die Lage nun einmal so zugespitzt hatte, war es am richtigsten, wenn die zwischen uns und dem Ghani schwebenden Fragen bald erledigt wurden.

Der Aga war in größter Verlegenheit. Das war ihm anzusehn. Einerseits durfte er dem Befehl Abadilahs nicht widerstehen, der als Oberster eines ganzen Stadtviertels große Machtbefugnis besaß, und andererseits wollte es ihm nicht recht einleuchten, daß wir so gefährliche Verbrecher seien. Um das Peinliche dieser Lage abzukürzen, sagte ich:

„Ibrahim Aga, tu das, was dir befohlen wurde! Dir aber, Abadilah, sage ich, du wirst diese Stunde noch bereuen, da du uns herausgefordert hast. Denk an meine Worte!"

„Denk lieber du an das, was euch bevorsteht!" gab der Ghani wütend zur Antwort. „Ibrahim Aga, nimm den Gefangenen die Waffen ab!"

Ich muß erwähnen, daß wir am Morgen, da es sich bloß um einen Kundschafterritt handelte, die Gewehre zu Haus gelassen und nur die Revolver und Pistolen mitgenommen hatten. Hätten wir sie jetzt abgegeben, so wären wir vollständig wehrlos gewesen, und damit konnte ich nicht einverstanden sein. Der Ghani hatte das letzte Wort kaum gesprochen, so zog ich beide Revolver. Halef folgte sofort meinem Beispiel. Indem wir unsre Rappen ausschlagen ließen, zwangen wir die dicht bei uns Befindlichen, sich aus der gefährlichen Nähe der Pferdehufe zurückzuziehen. Das verschaffte uns Luft für einen Augenblick, den wir benutzten, um die eine Straßenseite zu gewinnen, so daß wir rückenfrei wurden. Die Mekkaner waren darauf nicht vorbereitet und vor Erstaunen sprachlos. Ich durfte den Ghani nicht zu Wort kommen lassen:

„Ihr Bürger von Mekka! Wer hat in eurer Stadt zu befehlen? Adabilah, dem wir bald die Maske von seinem heuchlerischen Angesicht reißen werden, oder 'Aun er Rafiq, der Großscherif, dem Allah ein langes Leben geben möge? Wir sind freie Männer und werden unsre Waffen erst dann abgeben, wenn unsre Schuld bewiesen ist, oder wenn der Großscherif sie uns abverlangen wird, eher aber nicht. Wer vorher auch nur einen Finger nach uns oder unsern Waffen ausstreckt, der bekommt unsre Kugeln zu schmecken. Ibrahim Aga, frage Abadilah el Waraka, und er wird dir bestätigen, wie gut wir zu treffen wissen. Wir werden als deine Gefangenen mit dir gehen, aber nicht, weil Abadilah es will, sondern weil es uns so gefällt. Auf keinen Fall werden wir aber die Waffen an dich oder an Abadilah ausliefern, sondern an den Großscherif, der über uns zu bestimmen hat. Bist du damit einverstanden, so sage es, und wir werden gutwillig mit dir gehen. Wenn nicht, so werden unsre Kugeln sprechen, und ich versichere dir, wir werden viele in die

Dschehenna befördern, ehe es euch gelingt, uns zu überwältigen."

Meine Rede hatte den gewünschten Erfolg; die Menge hielt sich in achtungsvoller Entfernung von der Mündung unsrer Revolver, die wir zum Abdrücken bereit hielten. Der Ghani war wütend darüber, daß wir es wagten, ihm zu widerstehen, wenn er sich auch bemühte, sich nichts anmerken zu lassen. Am meisten mußte er sich ärgern, daß ich ihn bei seinem Spottnamen El Waraka genannt hatte. Der Aga wußte nicht, wie er sich verhalten sollte und fragte den Ghani. Dieser schien es offenbar für das klügste zu halten, die Lage nicht noch mehr zu verschärfen, denn der Aga wandte sich, nachdem die Unterredung, die nicht lange Zeit beansprucht hatte, beendet war, an mich mit der Frage:

„Effendi, wollt ihr wirklich mit uns gehen, ohne euch zu wehren und ohne einen Fluchtversuch zu machen?"

„Ich habe es dir bereits versprochen."

„Beschwöre es beim Bart des Propheten!"

„Ich schwöre nie. Mein Wort muß dir genügen."

„Und du gibst dein Wort, daß ihr die Waffen dem Großscherif einhändigen werdet, sobald er sie von euch verlangt?"

„Ich gebe es, verlange aber auch, daß wir von niemand behelligt oder beleidigt werden, ehe der Emir das Urteil gesprochen hat."

„Allah akbar, du hast einen harten Kopf, aber du sollst deinen Willen haben. — Ichlaflina — folge uns!"

Für den Augenblick konnten wir mit dem Erreichten zufrieden sein; wir blieben einstweilen im Besitz unsrer Waffen. Diese schußfertig haltend, setzten wir uns in Bewegung. Die Bawârdîs schlossen sofort einen Kreis um uns, während hinterher die lärmende und sich wild gebärdende Menge strömte. Wie bereits erwähnt, hatten wir bis zum Palast der Großscherifs nicht weit. Vorher ereignete sich aber, allerdings nur von Halef und mir bemerkt, ein Zwischenfall.

Wir waren eben an der Mündung eines Seitengäßchens angekommen, da sah ich an der Ecke einen Mann stehen, den ich sofort erkannte, es war Kara Ben Halef. Auch sein Vater hatte ihn bemerkt, wie ein bezeichnender Blick verriet, den er mir zuwarf. Als Kara sah, daß unser Blick auf ihn fiel, hob er grüßend die Hand und war im nächsten Augenblick in der Seitengasse verschwunden. Später erfuhr ich von ihm, wie es kam, daß er gerade jetzt zur Stelle war. Als Khutab Aga im Moscheehof festgenommen wurde, befand sich ein Haddedihn in der Nähe, der nach Haus rannte, um den Vorfall zu melden. Kara machte sich sogleich auf den Weg, um das Schicksal des Persers zu erfahren, und kam gerade recht, um zu sehen, daß es jetzt nicht nur den Khutab Aga, sondern drei Gefangne zu befreien gelte.

Was diese unsre Befreiung betraf, so wußte ich nun, daß sie in guten Händen lag. Kara würde uns selbstverständlich nicht im Stich lassen. Bis jetzt war ich doch in einiger Sorge gewesen. Denn wenn ich auch gegen den Ghani alle Trümpfe in der Hand hatte, so hatte ich noch mit der Wesensart des Emir zu rechnen, und die war mir unbekannt. Jetzt, da Kara von dem Vorgefallenen unterrichtet war, konnte ich auch in dieser Beziehung ohne Sorge sein.

Der Palast des Großscherifs liegt, wie ich schon erwähnt habe, in der obern Stadt an der Ma'la, der Hauptstraße. Er ist ganz aus dem berühmten Schemesistein gebaut, den die Steinbrüche in der Nähe des Bergs Schemesi auf dem Weg nach Dschidda in genügender Menge liefern. Wir ritten durch die Einfahrt auf einen großen, quadratischen und ganz mit Marmor gepflasterten Platz. Von drei Seiten öffneten sich auf ihn laubenartige Arkaden, deren Öffnungen von in Kübeln gezogenen Zitronen-, Orangen-, Granaten- und Feigenbäumen maskiert wurden. Die Mitte des Platzes nahm ein Marmorbecken ein, in dessem Wasser sich gold- und silberglänzende Fische tummelten, und in jeder Ecke befand sich ein Springbrunnen, um dieses Becken zu speisen. Über den Arkaden zogen sich drei bunt bemalte Stockwerke hin, zu denen eine freiliegende, breite, mit duftenden Blumen reich geschmückte Treppe emporführte; die Fensteröffnungen waren teils durch seidene Vorhänge, teils durch kunstvolle, hölzerne Gitter verschlossen.

Im Hof angekommen, bedeutete uns der Aga, daß wir abzusteigen hätten. Wir folgten diesem Befehl und mußten dann ruhig zusehen, wie unsre Tiere zugleich mit denen der Bawârdîs auf die Seite gebracht wurden. Diese hielten uns noch immer umzingelt, während sich der Ghani mit dem Aga entfernt hatte, wohl um den Großscherif auf uns vorzubereiten. Die Volksmenge war, ohne von jemand gehindert zu werden, nachgedrängt und schloß einen weiten Kreis um uns, die wir in der Mitte in der Nähe des Beckens hielten.

Es war um die Zeit des Maghrib, also des Sonnenuntergangs gewesen, als wir mit den Bawârdîs und dem Perser zusammentrafen. Während der in den letzten Seiten geschilderten Vorgänge war die in jenen Breiten kurze Dämmerung fast verstrichen, und die Nacht brach herein. Angezündete Fackeln wurden herbeigebracht und beleuchteten ein durch die vielen bunten Farben malerisch wirkendes Bild. Für dessen eigenartige Schönheit hatten wir aber heute kein Verständnis; wir hatten an die bevorstehende Unterredung mit dem Beherrscher von Mekka zu denken, die, wenn es nach dem Ghani ging, mit unserm Vernichtungsurteil enden sollte.

Was mich betrifft, so kann ich sagen, daß mir nicht im mindesten bange war. Das nämliche war auch bei Halef der Fall. Wenigstens gab er kein Zeichen von Aufregung oder gar Furcht. Das gleiche ließ sich indes vom Perser nicht behaupten. Seine Hände zitterten, und seine Augen hatten einen fieberhaften Glanz. Ich glaubte, es sei die Sorge um die Zukunft, die ihm die Ruhe nahm, hatte mich aber getäuscht. Es sollte sich bald zeigen, daß seine Aufregung einen viel tieferen und keineswegs selbstsüchtigen Grund hatte.

Unser persischer Freund war die ganze Zeit über, sowohl während der Vorgänge auf der Straße, als auf dem Weg hierher, stumm gewesen. Es war mir fast so vorgekommen, als wäre er in einem traumhaften Zustand befangen, in dem er alles über sich ergehen ließ, ohne es wahrzunehmen. Jetzt, auf dem Palasthof, wachte er auf. Es war ein tieftrauriger Blick, mit dem er mich ansah, als er sagte:

„Effendi, ich wünschte um euretwillen, ihr hättet mich nie kennengelernt!"

„Wie kommst du zu diesem sonderbaren Wunsch?"

„Weil ich dir und euch allen bis jetzt nur Ungelegenheiten bereitet habe. Und auch jetzt stündet ihr nicht hier, wenn ich nicht daran schuld wäre."

„Khutab Aga, du täuschest dich. Wir sind schon vorher, bevor wir dich kannten, mit dem Ghani auf eine Weise zusammengeraten, die in ihm den Wunsch nach Rache erweckte. Es wäre alles genau so oder wenigstens so ähnlich gekommen, auch wenn wir damals in der Wüste nicht mit dir zusammengetroffen wären. Aber reden wir nicht mehr davon! Erzähle uns lieber, wie du in die Hände der Bawârdîs geraten bist!"

„Das ist bald erzählt. Kannst du dich noch an unser Gespräch neulich erinnern, als ich mich über das lieblose Verhalten der Mekkaner meinen Glaubensbrüdern gegenüber beklagte? Ich war darüber empört, du aber wiesest mich darauf hin, daß es den Sunniten bei uns nicht besser ergehe. Das stimmte mich traurig, weil ich es zugeben mußte, und machte, daß ich die Mekkaner nachsichtiger beurteilte. Aber heut überwältigte mich doch der Zorn. Ich ging spät am Nachmittag in die Moschee, um gemeinsam mit den andern Pilgern das Maghrib zu verrichten. Als ich zur Kaaba kam, wurde ich Zeuge einer häßlichen Szene. Einige armselig gekleidete Perser hatten sich um den heiligen Stein versammelt und wollten ihm eben ihre Andacht bezeugen, da drängte sich eine Schar von Pilgern aus Marokko hinzu, die ebenfalls den Stein küssen wollten. Mit Schimpfworten trieben sie meine Landsleute von ihrem Platz. Und als einer nicht gleich gehorchte und Widerstand zu leisten versuchte, schlug ihn ein Maghrebi[1] mit seinem Stock derart über den Kopf, daß er blutüberströmt zu Boden sank. Da konnte ich mich nicht mehr halten. Ich entriß dem Übeltäter den Knüttel und versetzte ihm damit einige Hiebe, an die er hoffentlich noch lange denken wird. Was darauf geschah, kannst du dir denken. Die ganze Rotte fiel über mich her, und es wäre mir übel ergangen, wenn nicht die Bawârdîs dazwischengekommen wären. Die Fremden machten sich schleunigst aus dem Staub, und ich wurde als Hauptschuldiger ohne Verhör verhaftet. Das ist alles."

Sollte ich die Tat des Persers verurteilen? Konnte ich das überhaupt? Wenn ich an seiner Stelle gewesen wäre, hätte ich wohl nicht anders gehandelt. Darum gab ich zur Antwort:

„Khutab Aga, ich kann dir keinen Vorwurf machen. Was geschehn ist, läßt sich nicht ändern. Jedenfalls siehst du jetzt ein, daß ich recht hatte, wenn ich dir, wie ich es oft genug tat, den Rat gab, nicht ohne Begleitung die Moschee zu betreten."

„Effendi, du hattest recht. Und doch, was ich getan habe, reut mich nicht. Ja, ich würde ein zweites Mal genau so handeln, wenn der gleiche Fall wieder einträte. Ich könnte nicht anders."

Was sollte ich erwidern? Nichts! Ich hätte doch nur gegen meine Überzeugung sprechen müssen. Deshalb ging ich nicht näher auf seine letzten Worte ein, sondern fragte:

„Bist du arg verletzt?"

„Nein. Einige Beulen und Risse in der Haut, weiter nichts. Etwas schlimmer sind, wie du siehst, meine Kleider weggekommen. Das alles ist leicht zu verschmerzen, etwas andres aber nicht. Ich kann es dir nicht so beschreiben, Effendi, wie ich es fühle, aber es ist etwas zersprungen in meinem Innern, etwas, was mir kostbarer war als mein Leben — mein Glaube an den Propheten und meine Überzeugung von der sieghaften Kraft des Islam. Sie sind zersprungen wie Glas.

[1] Araber aus dem Maghreb (Marokko)

Und dieser Schaden, Effendi, fürchte ich, wird nicht so bald geheilt werden können."

Nach diesen Worten fiel er wieder in sein früheres Schweigen zurück, und ich war nicht so rücksichtslos, ihn in seinen Gedanken zu stören. Wir hatten, um von den andern nicht verstanden zu werden, persisch miteinander geprochen. Von den Bawârdîs waren wir am Reden nicht gehindert worden, ja, sie hatten, abgesehen davon, daß sie uns noch immer umzingelt hielten, gar nicht auf uns acht gegeben. Jetzt wandte ich mich Halef zu, der sich frohgemut und guter Dinge zeigte. Nicht als ob er den Ernst der Lage unterschätzt hätte, aber er verließ sich auf seinen Sohn und seine Haddedihn, die sicher ihr Leben einsetzen würden, um unsre Freiheit zu erzwingen.

Unsre Geduld wurde auf eine lange Probe gestellt. Endlich, nach einer halben Ewigkeit, entstand eine Bewegung: Ibrahim Aga kehrte zurück. Seine Miene war unheilverkündend. Hatte er uns bisher höflich und zuvorkommend behandelt, so war jetzt davon nichts mehr zu merken. Ohne uns eines Blicks zu würdigen, gab er barsch den Befehl, ihm zu folgen. Es mußte dem Ghani allem Anschein nach trefflich gelungen sein, den Aga gegen uns einzunehmen. War es ihm beim Emir ebenso geglückt? Wenn ja, dann durften wir uns auf nichts Gutes gefaßt machen. Wir folgten dem Aga gegen die den Hintergrund bildenden Arkaden. Hinter uns schob und drängte sich das Volk nach. Sollte diesem am Ende gar gestattet werden, an der Verhandlung teilzunehmen? Mir auch recht! Wenn es die Absicht des Ghani war, uns gewissermaßen an den Pranger zu stellen, so konnte es uns erst recht nicht einfallen, ihn zu schonen, und ich war entschlossen, das treulose Verhalten des Ghani dem Münedschi gegenüber aufzudecken, soweit dadurch das heute in Erfahrung gebrachte Geheimnis nicht gefährdet würde. Jetzt hieß es einfach: biegen oder brechen.

Wir wurden in einen großen Saal geführt. Ein von der Decke herabhängender, vielarmiger, vergoldeter Kronleuchter beleuchtete ihn fast taghell. Hohe, breite Samtpolster zogen sich an den Wänden hin; in einer Nische tickte eine kostbare französische Pendeluhr ihre eintönigen Schläge; die vordere Seite, durch die wir eingetreten waren, bildete eine offene, von Säulen getragene Veranda, und die Wände der drei übrigen Seiten waren zum größten Teil von seidenen Vorhängen verhüllt; die Stellen, die von den Geweben freigelassen wurden, waren, golden auf blauem Grund, mit Koransprüchen verziert. An der Wand, dem Eingang gegenüber, erhob sich außerdem auf einigen mit einem Teppich belegten Stufen ein grünsamtner Diwan, mit einem niedrigen Tischchen davor, auf dem eine kostbare Wasserpfeife stand — offenbar der Platz für den Großscherif.

Fast gleichzeitig mit unsrem Eintreten öffnete sich neben dem Samtdiwan eine Tür, und herein trat, gefolgt vom Ghani und einem andern, den ich nach seiner Kleidung für einen vornehmen Scherif hielt — — unser Richter.

Ja, er mußte es sein, 'Aun er Rafiq, nach der Beschreibung, die ich mir von ihm hatte geben lassen. Er trug nicht, wie man erwarten mochte, ein prunkvolles Ehrenkleid, sondern eine einfache, dunkelfarbige Dschubba[1]; als Gürtel diente ihm ein grünseidner Schal; grünseiden war auch die Bedeckung seines Hauptes, der Turban mit dem hervorstehenden Zipfel, der zu den Merkmalen der städtischen Scherifenkleidung gehört.

'Aun er Rafiq mochte gegenwärtig etwa fünfzig Jahre zählen; von mittelgroßer Gestalt war er das, was man unter einem „schönen Mann" versteht. Sein etwas volles Gesicht war von einem kurz geschnittenen, dunklen Vollbart umrahmt, der die vornehme Blässe seines Antlitzes noch mehr hervorhob; über einer schön geformten Nase glänzten zwei große, dunkle Augen, die sonst wohl etwas träumerisch in die Welt blicken mochten, jetzt aber unter zusammengezognen Brauen ein düsteres Feuer ausstrahlten. Er würdigte uns keines Blicks, als er sich auf dem Diwan niedergelassen hatte, sondern ergriff den Schlauch der Wasserpfeife, die ein

[1] Langes Oberkleid, Kaftan

Diener in Brand setzte. Seine beiden Begleiter blieben links und rechts von ihm stehen. Wenn ich das Gesicht des Ghani beschreiben soll, so genügt es, wenn ich sage, daß es die fleischgewordene Schadenfreude war; es war ihm offenbar gelungen, den Großscherif ganz und gar gegen uns einzunehmen.

Unterdessen waren wir, geführt von den Bawârdîs, bis vor die Stufen vorgeschritten, während die Volksmenge in ehrerbietiger Entfernung an den Seitenwänden und vor dem Eingang stehnblieb. Beim Erscheinen des Großscherifs war völlige Stille eingetreten, nur unterbrochen von dem Ticken der Pendeluhr, die, wie mich beim Vorübergehn ein rascher Blick belehrte, die neunte Abendstunde anzeigte.

Nach einigen Zügen aus der Wasserpfeife geruhte der Großscherif, die Gerichtssitzung zu eröffnen. Er wandte sein Gesicht — nicht uns, o nein — sondern Ibrahim Aga zu und gab ihm einen Wink. Der Genannte trat auf uns zu und befahl barsch:

„Gebt eure Waffen an mich ab!"

Diesen Ton konnte ich mir allerdings nicht bieten lassen. Ich habe bereits erwähnt, daß der Großscherif uns „schnitt", wie man zu sagen pflegt, das heißt, daß wir für ihn Luft waren. Wenn wir uns das gefallen ließen, so hatten wir von vornherein verspielt. Deshalb trat ich, als sei ich sehr erstaunt, einen Schritt zurück und sagte:

„Ibrahim Aga, was fällt dir ein? Hast du unsre Abmachung vergessen, daß wir unsre Waffen nur an den Emir persönlich abgeben würden? Wie kommt es, daß du jetzt gegen uns ganz anders bist als vorher? Ist unsre Schuld vielleicht bereits bewiesen und das Urteil fertig, so daß es einer Verhandlung nicht bedarf? Dann möge der Emir die Sache kurz machen und uns gleich jetzt sagen, was er über uns beschlossen hat! Möge er dann aber auch gleich unsre Antwort vernehmen! Wir sind keine Mekkaner, sondern freie Männer und dieser hier ist ein hochgestellter Beamter der heiligen Stätten von

Kerbela und Meschhed Ali. Als solche sind wir nicht dem Großscherif von Mekka, sondern dem Padischah von Stambul Rechenschaft schuldig und stehn also nicht unter dem Emir, sondern unter dem Pascha von Mekka."

Das hatte der gute Ibrahim Aga nicht erwartet; er blickte uns ganz verdutzt an. Unter den Mekkanern wurden Ausrufe des Unwillens laut; es empörte sie, daß ich es gewagt hatte, den Pascha über den Großscherif zu stellen. Meine furchtlose Entgegnung hatte aber den Erfolg, daß der Emir nunmehr auch uns seine Aufmerksamkeit schenkte. Er wandte mir sein Gesicht voll zu und sagte:

„Fremdling, du sprichst sehr kühn! Vergiß nicht, wo du stehst und daß du Angeklagter bist! Aber du sollst deinen Willen haben! Gib mir deine und deines Gefährten Waffen!"

Halef reichte mir seine Pistolen, die ich zugleich mit meinen Revolvern dem Emir aushändigen wollte. Er nahm sie jedoch nicht in Empfang, sondern deutete auf das vor ihm stehende Tischchen, auf das ich sie niederlegte. Dann kehrte ich auf meinen Platz zurück.

Der Ghani war jeder meiner Bewegungen mit den Augen gefolgt. Jetzt trat er zum Großscherif und flüsterte ihm etwas ins Ohr. 'Aun er Rafiq warf einen verächtlichen Blick auf uns und nahm vom Tischchen einen meiner Revolver, den er dem Ghani reichte. Das sollte offenbar eine Vorsichtsmaßregel sein, konnte mir aber keine Angst einjagen.

Die Stimme des Emirs klang sehr streng, als er sich jetzt an den Perser wandte:

„'Adschami, du bist beschuldigt, einen wahren Gläubigen mißhandelt zu haben. Was hast du auf diese Anklage zu entgegnen?"

Khutab Aga hatte die ganze Zeit über regungslos, mit gesenktem Haupt dagestanden. Jetzt war es, als ob er aus einem Traum erwache; er hob das Haupt und richtete die Augen, in denen ein unruhiges Feuer flackerte, voll auf den Fragenden.

„Emir, wen nennst du einen wahren Gläubigen? Verdient

jemand diesen Namen, der einen Mitmenschen mit dem Knüttel zu Boden schlägt, obgleich er ihm nicht das mindeste zu leide getan hat? Sagt nicht der Koran: ‚Gütige Rede und Verzeihung ist besser als ein Almosen, dem Unrecht folgt?‘ Glaubst du, daß ein Gläubiger nach der Lehre des Propheten handelt, wenn er bei der Kaaba den Hütern des Heiligtums seine Gabe entrichtet, aber dann hingeht und einen Mitbruder mißhandelt, einzig aus dem Grund, weil er in einigen unwesentlichen Punkten des Ta'lîm[1] von seiner Anschauung abweicht? Stehen die sieben Himmel Mohammeds etwa nur den Anhängern der Sunna offen, und sind sie für die Schia verschlossen? Ihr gebt euch selbst den hochtrabenden Titel ‚Nachbarn Allahs‘, während es die Pilger nur bis zu ‚Gästen Allahs‘, bringen können. Ich frage nicht, mit welchem Recht, und erwarte auch keine Antwort. Aber ich muß dir sagen, Emir, ich glaubte daran, ich hielt die Einwohner Mekkas für Lieblinge Allahs und des Propheten und ich kam mit offnem Herzen und gläubigem Vertrauen hierher, wähnte ich doch, ich müßte hier dem Himmel ein gutes Stück näher sein. Ich Tor, der ich war! Was mußte ich finden! Ich will jetzt nicht reden von der jahrhundertelangen Unversöhnlichkeit zwischen Sunna und Schia, aber was ich bei euch wahrnahm, in eurer eignen Mitte, das erregte mein Erstaunen und mein Befremden. Ich fand nichts als Lieblosigkeit, Gehässigkeit und Unversöhnlichkeit. Ich habe lange genug in der heiligen Stadt gewohnt, um mich mit ihrer Geschichte und mit ihrem Leben vertraut zu machen. Eure Überlieferung sagt, daß Allah den Menschen, die in der heiligen Stadt und im heiligen Gebiet leben, einen Vorteil auf ewige Zeiten gewährt habe, die vollkommene Sicherheit. Hier sollte ein ewiger Ssulh Allah[2] herrschen; unverbrüchlich heilig sollte hier das Leben eines jeden Menschen und fast aller Tiere und Pflanzen sein. Aber wie sieht die Wirklichkeit aus? Der Prophet selber erlaubte sich einmal, das heilige Ge-

[1] Lehre [2] Gottesfriede

setz zu übertreten, allerdings ausnahmsweise von Gott dazu berechtigt, wie er sagte. Und von da an bis auf diese Zeit sind die Bekenner des Islam der Ausnahme gefolgt, die sich der Prophet erlaubte, nicht seinem Wort. In keiner Stadt haben die Parteien heftiger gegeneinander gewütet als hier; tausend Jahre lang lebten hier die Nachkommen Mohammeds in einem nur durch kurze Waffenruhe unterbrochnen Bruder-krieg; die Oberhäupter der verschiedenen Tarîkas[1] und der vier rechtgläubigen Madhabs[2] liegen sich beständig in den Haaren und bieten den Gläubigen ein häßliches Bild eifer-süchtiger Zänkereien und Streitigkeiten. Ist es da ein Wunder, wenn die gewöhnlichen Gläubigen sich das Beispiel der Großen und Gelehrten zunutze machen? Ich habe es zuerst nicht glauben wollen, aber meine eignen Augen haben mir den Beweis geliefert — die ‚Nachbarn Allahs‘ erfreuen sich nur innerhalb ihres Hare[3] einer verhältnismäßigen Sicherheit, außerhalb dieses Schutzes sind sie vogelfrei. Möchte man es für möglich halten, daß sich die Einwohner der verschiedenen Stadtviertel gegenseitig förmliche Schlachten liefern? Und das unter Billigung ihrer Scheiks und im Schatten des Beit Allah! Schu haida, schi bikarrif — pfui, das ist abscheulich! Wo bleibt bei all dem die Liebe? Emir, ich habe in der Wüste den Münedschi kennengelernt, den auch die Mekkaner schätzen und verehren, und durch ihn ist mir ein Licht, ein helles, strahlendes Licht aufgegangen. Ich weiß nun: auf Es Ssirat, der Brücke des Todes finden nur jene Taten Gnade, die von der Liebe eingegeben sind, und nur der wird sicher über sie zum Tor der Seligkeit gelangen, der die Liebe hatte und die Liebe übte. Nach ihr werde ich suchen und sie werde ich fest-halten mein Leben lang, wenn ich sie gefunden habe. Wo aber werde ich sie finden? Vielleicht bei euch, wo der Haß auf blutigen Pfaden wandelt und die Unversöhnlichkeit ihre Zähne fletscht? In euren Schulen lehren die Ulemas das Fikh, die Gesetzeskunde und das Tadschwîd, die Kunst des schönen

---

[1] Orden   [2] Riten   [3] Stadtviertel

144

Koranvortrags. Wo aber ist der Ulema, der über das oberste Gesetz Aufschluß gibt, die Liebe? Und wo hören eure Knaben etwas von der schönsten Kunst, der Kunst, Liebe zu üben? Ihr wollt mich bestrafen, weil ich eine Tat der Gemeinheit und des Hasses vergalt. Taijib, kuwaijis — gut, vortrefflich! Bestraft mich, verschließt mir alle Tore eurer sieben Himmel, verdammt mich in den tiefsten Pfuhl der Dschehennem — ich verlache euer Urteil. Behaltet euern Himmel! Ich verzichte gern darauf; ich mag ihn nicht haben. Denn nur da, wo der Liebe als Königin gehuldigt wird, finde ich die Seligkeit des Himmels, und euer Dschennet, wo Haß und Unversöhnlichkeit das Zepter führen, wäre für mich schlimmer als die Dschehennem. Allah jeßallimi minha — Allah bewahre mich vor ihr und vor eurem Himmel!"

Der Großscherif hatte der Verteidigung des Persers, die zur Anklage geworden war, aufmerksam und ohne das geringste Zeichen der Erregung zugehört. Er hielt den Schlauch der Wasserpfeife noch in der Hand, hatte aber längst zu rauchen aufgehört, sosehr hatten ihn die Worte des Angeklagten gefesselt. Was mochte wohl in seinem Innern vorgehn? Ihm, dem gebildeten Mann, der eine wenn auch nur kurze Zeit im Abendland zugebracht hatte, mußten die vom Perser so scharf gerügten Mängel selber schon zum Bewußtsein gekommen sein. In gewissen Kreisen erzählte man sich sogar, er sei ein „Failasûf", was nach mohammedanischer Anschauung gleichbedeutend mit „Freidenker" ist. Was würde er erwidern? Er machte auf mich den Eindruck eines Edelmanns, und deshalb konnte er den Perser doch nicht gut wegen Ansichten verdammen, die zum Teil vielleicht seiner eigenen Denkungsart entsprachen.

Was mich betrifft, hatten mich die Worte des Freundes überrascht. Er war in den letzten Wochen, ohne daß ich es bemerkt hatte, innerlich gewachsen. Seine Gedanken zeigten eine Reife, die mich in Erstaunen versetzte und mich zugleich mit höchster Freude erfüllte.

Die Mekkaner hatten sich während der Rede des Persers ruhig verhalten, weil auch der Großscherif gelassen blieb. Jetzt machte sich ihre Erregung in lauten Ausrufen der Empörung Luft. Schimpfworte und Drohungen flogen zu uns herüber. Der Großscherif blieb unbewegt. Er war ein Diplomat und wußte die Verhandlung geschickt in ein andres Geleise zu lenken. Er gebot nach einer Weile Ruhe mit der Hand und sagte:

„'Adschami, du redest eine gewagte Sprache, und manches ließe sich darauf entgegnen. Aber lassen wir diesen Punkt fallen; er ist von nebensächlicher Bedeutung. Ihr seid wegen ganz andrer Dinge angeklagt. Scherif Abadilah, welcher Schandtaten beschuldigst du diese Männer?"

Nun war für den Ghani die Zeit da. Er warf uns einen widerwärtig gehässigen Blick zu und begann:

„Emir, ich beschuldige diese Männer des Raubes an mir, ich klage sie an des Mordes an meinem Sohn Ben Abadilah und an meinen drei Begleitern, und ich klage sie an des Mordes an meinem Gast, dem Münedschi."

Ein allgemeiner Schrei des Entsetzens hallte durch den Saal. Die Mekkaner machten Miene, mit geballten Fäusten auf uns einzuspringen, so daß die Bawârdîs den Kreis enger um uns schlossen.

Der Entsetzensschrei der Mekkaner klang so unvermittelt, als habe der Ghani ihnen eine bis jetzt ganz unbekannte Tatsache mitgeteilt. Er hatte ihnen wohl bis jetzt nur weisgemacht, der Münedschi sei in der Wüste gestorben, entweder weil er mit der eigentlichen Erklärung warten wollte, bis er uns fest hatte, oder weil er bis heute selber nicht an diesen Ausweg dachte, den ihm Haß und Rachsucht ins Ohr flüsterten.

Auch Halef war so entsetzt, daß ihm zunächst die Sprache versagte. Dann wurde er aber um so lebendiger. Wenn jemand jahrelang nur fremde Sprachen redete, im Augenblick großen Schreckens wird er sich seiner Muttersprache bedienen. So auch hier. Halef verfiel in sein heimatliches Arabisch, seinen maghribinischen Dialekt.

„Allah, Allah! Schi 'aïb, schi makrûh — das ist schändlich, das ist abscheulich. Schi biwakkif scha'r errâs, — das läßt einem die Haare zu Berge stehn! La tihki, walah kilme — rede nicht mehr, auch nicht ein Wort, du Erzlügner, du Sohn und Enkel eines Betrügers, sonst platze ich vor Wut wie eine Bombe in tausend Stücke und sprenge dich mit mir in die Luft."

„Platze nur", höhnte der Ghani, „platze aber bald, sonst wirst du nicht mehr dazu imstande sein, weil dieses Geschäft von andern an dir besorgt wird!"

„Warum hast du die Anklage nicht früher erhoben, Scherif Adabilah?" fragte der Großscherif.

„Weil ich keine Gelegenheit dazu hatte. Diese Hundesöhne waren stets so umgeben von ihren Spießgesellen, daß nur mit Hilfe großen Blutvergießens an sie zu kommen war. Und das wollte ich vermeiden."

Das war eine Lüge. Sowohl ich, als Halef und der Perser waren so oft allein, daß es ein leichtes gewesen wäre, uns abzufangen. Aber der Ghani wollte nicht, weil er uns für die Zeit aufsparen wollte, wo er selber als Großscherif uns hätte richten können.

„Und was für Beweise kannst du für die Schandtaten dieser Männer bringen?" verhörte der Großscherif weiter.

„Emir, was für Beweise verlangst du von mir? Ich bin ja der einzige, der dem Blutbad entronnen ist. Habe ich nicht die blutige Leiche meines Sohnes mit nach Hause gebracht, damit sie in heiliger Erde bestattet werde? Und ist nicht das Wort eines Scherifen Beweis genug? Dann schwöre ich bei Allah und allen heiligen Kalifen, daß es sich so verhält, wie ich gesagt habe. Bei Es Ssirat, der Brücke des Todes, und so wahr ich einmal sichern Fußes über sie gelangen will, schwöre ich, ich habe mit eigenen Augen gesehn — — —"

„Bi Khatir-i Khuda — um Gottes willen!" wurde er da vom Perser unterbrochen, der schreckensbleich, mit angstvoll weit aufgerissenen Augen den Vermessenen anstarrte. „Wakkif — halt ein, Unglücklicher, und schwöre nicht! Du kennst sie nicht, die fürchterliche Es Ssirat, du hast sie nicht gesehn. Aber ich kenne sie, ich habe sie gesehn, damals, als ich am Bir Hilu im Blut meiner Asaker lag, mit der Kugel in der Brust, mit deiner Kugel, weißt du es nicht mehr, Abadilah? Damals — —"

„Hört nicht auf ihn", schrie der Ghani dazwischen. „Seine Reden sind die Reden eines Madschnûn, eines Verrückten. Er will Es Ssirat gesehn haben! Lächerlich! Und er will eine Kugel von mir in die Brust bekommen haben! Unverschämte Lüge! Er soll doch die Stelle auf seiner Brust zeigen, die Narbe, die von einer Kugel herrührt! Er soll sie zeigen, wenn er kann!"

Der Großscherif winkte abwehrend mit der Hand.

„Es ist gut, Abadilah! Ich weiß, woran ich bin." Dann wandte er sich an mich. „Was hast du auf die Anklage zu erwidern?"

„Nichts", sagte ich mit einem ruhigen Lächeln.

Diese kurze Antwort überraschte ihn.

„Nichts? Wirklich gar nichts?"

„Nein, weil du dir die Antwort selber geben kannst, sobald du willst."

„Welche Antwort meinst du?"

„Emir, glaubst du, wenn wir die Verbrechen begangen hätten, deren uns Abadilah beschuldigt, wir hätten den Mut oder vielmehr die Frechheit gehabt, nach Mekka zu kommen?"

„Allah akbar! Daran habe ich nicht gedacht. Diese Antwort hat etwas für sich. Aber halt! Konntest du dich nicht auf eure fünfzig Begleiter verlassen?"

„Emir, was sind fünfzig Mann in einer Stadt von über fünfzigtausend Einwohnern?"

„Aber wie willst du eure Unschuld beweisen?"

„Muß ich das tun? Muß nicht zuerst Abadilah unsere Schuld beweisen? Hat er das getan? Hat er auch nur einen einzigen Zeugen zum Beweis unsrer Schuld genannt? Nein, er hat Worte, nichts als Worte zum Beweis vorgebracht. Man rufe doch unsre Zeugen! Man lasse unsre fünfzig Krieger kommen und frage sie — — —"

'Aun er Rafiq machte eine abweisende Handbewegung.

„Eure Krieger sind selbst als Mitschuldige angeklagt und können darum keine Zeugenschaft ablegen."

„Dann bin ich gezwungen, einen Mann als Zeugen zu nennen, den ich lieber aus dem Spiel gelassen hätte. Abadilah, bestehst du noch immer auf der Behauptung, daß wir den Münedschi ermordet haben?"

„Frag nicht so dumm! Was ich mit meinen eigenen Augen gesehen habe, werde ich wohl behaupten können."

„Hast du es wirklich gesehn? Merkwürdig! Ich bin bisher der Meinung gewesen, daß *du*, hörst du, du selber den Münedschi im Sand östlich des Bir Hilu absichtlich zurückgelassen hast."

Meine Worte kamen über den Ghani wie ein Blitz aus heiterm Himmel. Er fuhr ein paar Schritte zurück und starrte mich mit entsetzten Blicken an. Die Farbe seines Gesichts war sehr bleich geworden.

„Wa — wa — — was — — willst — — du — — — damit — — —"

Er konnte nicht weitersprechen, denn er wurde durch Halef unterbrochen, der einen Jubelruf ausstieß und mit beiden Händen auf den Eingang deutete.

„El Hamdullilah — Allah sei Lob und Dank! Da sind sie, die Tapfern, die Unvergleichlichen, die Unbesiegten, die Helden! Herein mit euch, ihr Söhne von Löwen, und her zu uns, ihr Urenkel von Löwenvätern! Allah akbar — Gott ist groß! Wir haben gewonnen!"

Ja, sie kamen, unsre Haddedihn. Das heißt, zuerst kamen die Mekkaner. Aber wie! Es sah aus, als ob von rückwärts her ein Keil zwischen sie hineingetrieben würde, so daß sie mit unwiderstehlicher Gewalt zu beiden Seiten auseinandergeworfen wurden. Da gab es keinen Widerstand; die dem Keil Zunächststehenden wurden auf ihre Hintermänner geworfen, und wer sich hinter diesen befand, mußte den Stoß wohl oder übel weitergeben. Jetzt kam die Spitze des Keils zum Vorschein, und da er vorn keinen Widerstand mehr fand, folgte die immer breiter werdende Fortsetzung rasch nach. Seit dem Ausruf Halefs war kaum eine halbe Minute vergangen, und der Saal war gesäubert, das heißt die Mekkaner fanden sich eng an die beiden Seitenwände gedrängt, während der Eingang von einer Doppelreihe Haddedihn abgeschlossen wurde. Eine Abteilung von einem halben Dutzend besetzte die Seitenausgänge und Omar Ben Sadek mit einem weiteren Dutzend eilte auf uns zu und nahm uns in die Mitte, ohne daß die Bawârdîs, die dem ganzen Vorgang vollständig verblüfft und mit offenem Mund gefolgt waren, Widerstand geleistet hätten.

Die Haddedihn gewährten einen prächtigen Anblick. Sie hatten das Ihrâm, das Pilgergewand, abgelegt und trugen sämtlich die Tracht der Wüste. Die Beduinenflinte quer über dem Rücken und die lange, doppelschneidige Lanze in der Hand, standen sie wie aus Erz gegossen da, die blitzenden Augen mit dem Ausdruck trotziger Ehrerbietung auf den Großscherif gerichtet.

'Aun er Rafiq saß längst nicht mehr auf dem Diwan. Beim Eindringen der Haddedihn war er aufgesprungen, der Pfeifenschlauch entfiel seiner Hand, und seine Augen starrten mit dem Ausdruck unendlichen Erstaunens auf die kühnen Eindringlinge. Zuerst mochte er wohl die Bedeutung des Vorgangs nicht erkannt haben, mußte aber bald eingesehen haben, daß der Zweck ihres Kommens kein ganz friedlicher sei, denn er machte eine unwillkürliche Bewegung nach der Seitentür, durch die er eingetreten war. Es mochte ihm indes eingefallen sein, daß es mit seiner Würde als Beherrscher von Mekka nicht vereinbar sei, wenn er in seinem eignen Haus die Flucht ergreife; er hielt mitten in der Bewegung inne und wandte sich zurück, um stehend und mit erwartungsvoller Miene der Entwicklung der Dinge entgegenzusehen. Einen Augenblick später wäre der Rückzug in seine Gemächer überhaupt unmöglich gewesen, weil die Haddedihn unterdessen alle Ausgänge besetzt hatten — der Großscherif war in seinem eignen Palast ein Gefangener.

Eigentümlich war das Verhalten des Ghani. Hatten schon meine Worte in ihm Entsetzen hervorgerufen, so wurde er durch das unerwartete Erscheinen der Haddedihn, das gar nicht in seine Pläne paßte, noch mehr aus der Fassung gebracht. Vielleicht kam ihm jetzt die Erkenntnis, daß die Angelegenheit einen ganz andern Verlauf nehmen würde, als er vorausgesehen hatte, und daß er einen gewaltigen Fehler begangen hatte, als er sich vom Haß verleiten ließ, heute schon seinen Racheplan zur Ausführung bringen zu wollen. Er hielt meinen Revolver noch immer in der Hand, aber seine angeborne Feigheit ließ den Gedanken gar nicht in ihm aufkommen, ihn gegen die Eindringlinge zu gebrauchen. Angstvoll flog sein Blick durch den Saal. Wen suchte er? Vielleicht den Münedschi? Wahrscheinlich. Meine Worte mußten ja die Befürchtung in ihm wachrufen, daß wir den Blinden noch am Leben getroffen und gerettet hatten. Dann hätten wir ihn aber unbedingt nach Mekka mitgenommen, um ihn als Hauptbelastungszeugen gegen ihn zu gebrauchen. Der Ghani war sicher schlau genug, um sich zu sagen, daß wir ihn versteckt halten würden. Aber wenn der Blinde am Leben und in Mekka war, so mußte nach seiner, des Ghani Ansicht jetzt der günstigste Augenblick für den ersteren sein, wieder aufzutauchen. Darum der angstvoll suchende Blick. Auch ich ließ meine Augen durch den Saal schweifen, aber der Münedschi war nicht hier. Die Haddedihn hatten ihn also zu Haus gelassen, wohl, weil es sich um ein nicht ungefährliches Wagnis handelte, dem sie den gebrechlichen alten Mann nicht aussetzen wollten. Und es betraf ja nicht ihn, sondern unsre Befreiung.

Ich sah den Zug der Erleichterung, der über das Gesicht

des Ghani glitt, und begriff ihn wohl. Es war ja noch nichts verloren; er konnte alles ableugnen, und bei dem Ansehn, das er beim Volk genoß, durfte er hoffen, daß man ihm Glauben schenken werde. Ja, ich bemerkte jetzt sogar etwas wie versteckte Schadenfreude in dem Blick, den er auf den Großscherif richtete. Ebenso leicht, wie es für die Haddedihn gewesen war, den Fürsten zu überrumpeln, mußte es ja auch für ihn am nächsten Montag sein, den Emir „aus dem Schlaf zu holen", ja vielleicht noch leichter, da er über stärkere Hilfskräfte verfügte.

Die eben geschilderten Beobachtungen machte ich freilich viel schneller als sie sich beschreiben lassen. Die Überrumplung war so schnell und so meisterhaft erfolgt, daß nur ein vorher genau und bis ins kleinste besprochener Plan sie ermöglichen konnte. Ich erriet, wer der Urheber dieses Plans war. Auch Halef wußte es. Sein ganzes Gesicht strahlte, und seine Augen wanderten von einem Haddedihn zum andern. Er suchte seinen Sohn. Jetzt hatte er ihn gefunden, und auch ich sah ihn. Aus der Doppelreihe am Eingang des Selamlik löste sich seine Gestalt und schritt langsam und würdevoll an uns vorbei bis vor die Stufen, auf deren oberster der Großscherif erwartungsvoll stand. Er trug nur den Dolch im Gürtel, die übrigen Waffen hatte er abgelegt. Vor dem Großscherif angekommen, legte er die Rechte grüßend an Brust und Stirne und verbeugte sich tief. Das alles geschah so einfach und ungezwungen, und doch mit einem solch edlen Anstand, daß ich meine helle Freude daran hatte. Ich war gespannt, wie er sich ferner verhalten würde, und ich bin überzeugt, meine Spannung wurde von jedem im Saal Anwesenden geteilt. Wenigstens war an die Stelle der früheren lauten Erregung eine atemlose, fast unheimliche Stille getreten. Am gespanntesten aber war sein Vater. Am liebsten wäre er, das sah ich ihm an, von meiner Seite weg zu Kara hingeeilt, um ihn zu umarmen. Zum Glück fiel ihm indes ein, daß dies doch nicht am Platz sei und eher eine komische als erhebende

Wirkung hervorrufen könnte. Aber es kostete ihn keine geringe Anstrengung, seine Vaterfreude zu zügeln, und seine Augen lasen Kara jedes Wort vom Mund, als dieser jetzt begann.

„Emir, verzeih, wenn wir ohne vorherige Anmeldung vor deinem Angesicht erschienen sind. Aber wir dachten uns, wohl nicht mit Unrecht, daß wir nicht vorgelassen worden wären, selbst wenn wir uns angemeldet hätten."

Der Großscherif gab lange keine Antwort. Prüfend flog sein Blick über die vor ihm stehende jugendliche Gestalt, in der soviel Ehrerbietung, aber auch soviel Festigkeit lag. Sein ernstes, strenges Gesicht wurde milder und milder, und seine Augen blickten fast freundlich, als er endlich fragte:

„Junger Mann, was hast du mir zu sagen?"

„Emir, wir bitten dich, die drei Männer, die als Angeklagte vor dir stehen, freizugeben."

Die Züge des Großscherif verfinsterten sich sofort wieder.

„Was fällt dir ein? Was du verlangst, ist unmöglich. Diese Männer sind mehrerer sehr großer Verbrechen angeklagt, und ich befehle dir, dem Spruch des Gerichts nicht vorzugreifen."

Doch Kara Ben Halef ließ sich nicht einschüchtern. Furchtlos entgegnete er:

„Wer wagt es, die zwei Männer, die ich am meisten unter allen Menschen verehre und liebe, einer unehrenhaften Handlung zu beschuldigen?"

„Welche Männer meinst du?"

Kara deutete auf Halef und mich, während er erwiderte

„Diese beiden hier. Der eine ist Hadschi Akil Schâtir Effendi, mein väterlicher Freund und Lehrer, und der Mann, der rechts von ihm steht, ist mein Vater."

Kara sprach diese Worte mit soviel Stolz und Liebe aus, daß sie ihren Eindruck auf den Großscherif nicht verfehlten. Dann fuhr er fort:

„Und nun frage ich zum zweitenmal: wer wagt es, meinen

Vater und meinen Lehrer eines Verbrechens zu beschuldigen?"

„Ich wage es, ich, vorlauter Junge", fiel da der Ghani mit überschnappender Stimme ein. „Ich, der Scherif Abadilah, wage es. Hast du etwas dagegen einzuwenden, so sage es!"

Kara Ben Halef wandte nicht einmal den Kopf nach der Richtung, wo der Ghani stand. Ruhig fragte er:

„Emir, darf ich wissen, welche Beweise dieser Mann, der sich einen Scherif nennt, für diese unerhörte Behauptung vorgebracht hat? Die Haddedihn sind keine Verbrecher, und der Scheik der Haddedihn, mein Vater, erst recht nicht. Ich fordere Beweise!"

Der Großscherif horchte auf. Mit ungewöhnlicher Spannung im Ton entgegnete er:

„Haddedihn? Haddedihn, sagst du, seid ihr? Und dein Vater ist der Scheik der Haddedihn? Wie ist sein Name?"

„Maschallah! Emir, ich bin erstaunt! Hat dir denn der Mann, der uns angeklagt hat, nicht gesagt, daß wir Haddedihn sind? Und mein Vater ist Hadschi Halef Omar, der Scheik der Haddedihn vom Stamm des Schammar."

„Allah kerîm! Ist das wahr? Kannst du das beweisen?"

Aus der Antwort, die Kara gab, klang ehrliche Verwunderung:

„Beweisen? Emir, welche Beweise verlangst du? Wie soll der Löwe der Wüste beweisen, daß er ein Löwe und kein Schakal ist? Frage Abadilah, so wird er dir sagen, wer wir sind!"

Der Großscherif verlor zum erstenmal die bisherige Sicherheit. Sein Blick flog zu uns herüber und blieb auf Halef haften.

„Der Scheik der Haddedihn soll von sehr kleiner Gestalt sein, wurde mir gesagt. Das stimmt. Sollte wirklich — —?"

Nun war mein Halef nicht mehr zu halten. Jubelnd rief er aus:

„Ja, er ist klein von Gestalt, aber groß an Tapferkeit und

Ruhm. Die reißenden Tiere der Wüste verkriechen sich vor seinem Grimm, und seine Feinde erzittern, wenn sie seinen Namen hören, dessen Klang in allen Steppen und Wüsten ertönt, den Namen Hadschi Halef Omar Ben Hadschi Abul Abbas Ibn Hadschi Dawud al Gossarah."

So war er. Kaum fühlte er ein wenig Luft, so war er auch schon wieder der Alte. Er konnte eben das Aufschneiden nicht lassen.

Der Blick des Großscherifs schweifte von Halef zu Abadilah hinüber, dem es anzusehen war, wie ungelegen es ihm kam, daß der Emir die Haddedihn kannte. Jetzt fragte es sich nur, ob diese Kenntnis eine für uns günstige oder ungünstige Wirkung hatte.

„Scherif Abadilah, wie kommt es, daß du mir nicht die Namen derer nanntest, mit denen du in der Wüste zusammen-trafst? Du sprachst nur von räuberischem Gesindel aus der Dschesireh, von Schurken und Mördern. Wenn diese Männer wirklich Haddedihn sind, und es scheint so, so werde ich zum erstenmal irre. Oder du mußt dich täuschen. Die Haddedihn sind, soviel ich über sie gehört habe, keine Räuber und Mör-der."

Der Ghani nagte an seiner Unterlippe. Seine Stellung begann zu wanken. Wenn der Großscherif selber für die Haddedihn eintrat, so hatte er verspielt. Das mußte er sich sagen. Aber es fiel ihm gar nicht ein, seine Stellung als ver-loren aufzugeben. Die gekränkte Unschuld hätte nicht belei-digter tun können als der Ghani, indem er zur Antwort gab:

„Ja Allah, ia nabi — o Allah, o Prophet! Was muß ich hören! Du setzest in meine Worte Zweifel, Emir! Wenn die Haddedihn bis jetzt keine Räuber und Mörder waren, ist da-mit vielleicht gesagt, daß sie es nicht werden konnten? Du wunderst dich, daß ich ihren Namen nicht nannte? Hat denn ihr Name mit ihren Schandtaten etwas zu tun? Ich habe sie nicht als ehrliche Haddedihn, sondern als verworfene Mörder kennengelernt — —"

„Ja maschara, ia chatâjâ — o Spott, o Sünden!" fiel ihm der hitzige Halef in die Rede. „Glaube ihm nicht, o Emir, du Gesegneter Allahs und Lieblingssohn des Propheten! Sein Mund trieft von Unwahrheit und die Spitzen seines Bartes sind in Heimtücke getaucht. Nicht wir sind die Mörder, sondern er hat die Taten begangen, die er uns jetzt in die Schuhe schiebt. Er ist der Mörder — — —"

Auch Halef wurde unterbrochen. Die Menge, die bisher schweigend zugehört hatte, wurde unruhig. Daß Halef es wagte, einen Scherif, der beinahe im Ruf der Heiligkeit stand, des Mordes zu bezichtigen, beleidigte ihr religiöses Empfinden und erregte ihre Empörung derart, daß sich von allen Seiten Rufe des Zornes hören ließen. Mit einer Handbewegung gebot der Großscherif Ruhe. Seine Miene war sehr ernst geworden.

„Dein Mund hat Worte des Wahnwitzes gesprochen. Wage es nicht, sie zu wiederholen, sonst bin ich gezwungen, dich wie einen Verrückten zu behandeln. Wer ist der Angeklagte? Seid ihr es, oder ist es Abadilah? Und wer hat sich von der Anklage zu reinigen? Doch wohl ihr! Ich habe vom Scheik der Haddedihn viel Rühmliches gehört. Soll ich glauben, daß dies alles erlogen ist? Oder daß du der Scheik der Haddedihn gar nicht bist? Fast zwingst du mich dazu."

„Emir, ich bin wirklich der Scheik der Haddedihn, und was man dir von mir erzählt hat, beruht auf Wahrheit."

„Wirklich? Wie kannst du dies — — —" Der Großscherif unterbrach sich wie unter einem plötzlichen Gedanken. Er dachte eine kleine Weile nach, dann fuhr er fort: „Ich werde bald wissen, woran ich mit euch bin. Vor einigen Jahren wurde mir in Taif ein Erlebnis erzählt, in dem der Scheik der Haddedihn eine große Rolle spielte. Der es mir erzählte, war der Scheik der Lazafah-Schammar, der sich gerade auf der Hadsch nach Mekka befand. Weißt du, welches Erlebnis ich meine?"

„Der Scheik der Lazafah-Schammar hat es dir erzählt?

Dann kann es nur die Besiegung der Scherarat[1] gewesen sein."

„An welchem Brunnen geschah der Zusammenstoß?" fuhr der Großscherif in seiner Prüfung fort.

„Am Bir Bârid[2]."

„Weißt du auch, wer noch dabei war?"

„Natürlich weiß ich es. Mein Sohn Kara Ben Halef, der damals fast noch ein Knabe war."

„Das stimmt. Das Hauptverdienst an der Besiegung der Scherarat trug indes ein andrer, ein Fremder."

„Du meinst meinen Freund Kara Ben Nemsi? Ja, er war damals auch dabei, und nach seinem Plan wurden die Feinde in die Falle gelockt. Das war aber nicht die einzige Heldentat, die wir damals vollbracht haben. Schon vorher, am Bir Nadahfa, haben wir Abu el Ghadab, den Sohn des ‚Zauberers‘ gefangengenommen und ihm unsre Peitsche zu schmecken gegeben, und hernach, in Wadi Achdar[3], haben wir den ‚Herrn des Donners‘[4] und seine Frau erlegt, nachdem sie Gadub, den Zauberer, und seinen Sohn gefressen hatten."

Der Emir hatte öfters zustimmende Gebärden gemacht, als seien ihm diese Dinge nicht unbekannt. Jetzt sagte er:

„Der Scheik der Lazafah-Schammar hat mir noch mehrere Taten dieses Mannes erzählt, die ans Wunderbare grenzen. Er muß ein ganz außergewöhnlicher Mensch sein, und ich hatte damals den Wunsch, ihm irgendwo einmal zu begegnen. Weißt du, wo er sich jetzt befindet?"

„Du willst wissen, wo er sich befindet? Und du hast den Wunsch gehabt, ihn zu sehen? Dieser Wunsch kann dir erfüllt werden. Kara Ben Nemsi ist — — —"

„Kutub, Kutub!" warnte ich leise, aber eindringlich. Der Unvorsichtige hatte in der Genugtuung, dem Emir über unsre Heldentaten berichten zu dürfen, ganz vergessen, an welchem für mich höchst gefährlichen Ort wir uns befanden.

---

[1] Siehe Karl May „Im Reiche des silbernen Löwen", Band I   [2] Kühler Brunnen   [3] Grünes Tal   [4] Beinamen des Löwen

In seinem Eifer hatte er die Antworten immer rascher gegeben, und als mich der Großscherif gar einen außergewöhnlichen Mann nannte, verließ ihn die Bedachtsamkeit völlig, so daß er im Begriff war, das sorgfältig gehütete Geheimnis preiszugeben. Mein Warnungsruf brachte ihn aber sofort wieder zur Besinnung. Nur einen Augenblick zögerte er, dann beendete er den angefangenen Satz:

„— — — Kara Ben Nemsi ist gegenwärtig in seiner Heimat. Er hat mir aber geschrieben, er werde mich in der nächsten Zeit besuchen, und dann ist es gar nicht so schwer, es so einzurichten, daß du ihn zu sehen bekommst."

Die Wendung, die Halef der Sache gab, war die beste, die möglich war, aber sie genügte nicht; das sollte ich sofort erfahren. Nicht bloß ich, sondern auch Kara Ben Halef und die Haddedihn hatten es bemerkt, daß Halef daran war, sich rettungslos zu vergaloppieren, und manch ein erschrockner Blick war zu dem Unvorsichtigen hinübergeflogen. Diese und das Stocken Halefs waren zwar dem Großscherif entgangen, aber nicht dem Ghani. Ein unendlich höhnisches Lächeln glitt über seine Züge, und als Halef geendet hatte, rief er aus:

„Lüge, nichts als Lüge! Emir, jetzt werde ich dir den Beweis erbringen, daß diese Hunde Schurken und Betrüger sind. Eben jetzt hat dieser Scheik der Haddedihn, den du beinah mit deiner Hochachtung beehrt hast, dich schändlich belogen. Diese Leute sind nicht nur Räuber und Mörder, sondern, was fast noch schlimmer ist, Schänder des Heiligtums. Ich habe es lange gewußt, wollte aber diesen Punkt erst vorbringen, wenn du dich von der Schuld der Angeklagten überzeugt hättest. Nachdem sich aber dieser Betrüger soeben so schön verplaudert hat, was du gar nicht bemerktest, will ich nicht länger warten, um dir endlich die Augen zu öffnen über die Schlechtigkeit dieser Menschen. Zu diesem Zweck muß ich aber weiter zurückgreifen. Während meines Aufenthalts in Meschhed Ali, wohin mich deine Gnade entsendet hatte, wurde mir erzählt von einem Abenteuer, das dieser Mann, der Scheik der Haddedihn, im Birs Nimrud, bestanden haben wollte. Dabei wurde auch sein Begleiter erwähnt, eben der Kara Ben Nemsi, nach dem du vorhin fragtest. Er soll der Haupthheld gewesen sein, und ihm sollen überhaupt die Haddedihn ihre jetzige Machtstellung zu verdanken haben. Auf dem Rückweg nach Mekka traf ich mit den Haddedihn zusammen, die vorgaben, auf der Hadsch nach Mekka zu sein. Unter ihnen befand sich ein Gelehrter aus dem Wadi Draa im fernen Maghreb, dem alle Haddedihn größte Ehrerbietung zollten. Ich bemerkte es wohl, daß dieser Mann der eigentliche Anführer war, obgleich er dies nicht zu erkennen gab und wenn es möglich war, seine Person im Hintergrund hielt. Aber im Grund geschah doch alles genauso, wie dieser fremde Gelehrte es wollte. Damals schon kam mir der Gedanke, daß dieser Hadschi Akil Schâtir Effendi und der berühmte Kara Ben Nemsi eine und dieselbe Person seien. Und dieser Alaman ist ein Christ, wie du ja selbst wissen wirst, o Emir! Ich ließ mir indes nichts merken, sondern beobachtete weiter. Es wurde sehr viel verrücktes Zeug gesprochen, das Verrückteste leistete aber dieser fremde Effendi, der jetzt vor dir steht, und dessen zweites Wort jedesmal das Wort ‚Liebe' war, obgleich er selber zu den Teufeln der Dschehenna gehört. Du weißt, o Emir, wo diese sogenannte Liebe eine große Rolle spielt — im Christentum, das verdient, daß es vollständig von der Erde ausgerottet werde, und mit dem Mohammed, der Prophet, noch viel zu sanft umgesprungen ist. Mein Verdacht, daß dieser Scheitan in Wirklichkeit Kara Ben Nemsi, der Christ ist, wurde dadurch zur Gewißheit. Der letzte Zweifel wurde aber behoben, als ich hier in Mekka meine Späher, ohne daß er es bemerkte, hinter ihm herschickte. Er ist nun bereits über zwei Wochen hier, aber diese ganze Zeit über haben sie nicht gesehen, daß er nur ein einziges Mal sich am gemeinsamen Asr, Maßa und 'Aschije[1] in der Moschee beteiligt hätte, wie

[1] Gebete am Nachmittag, beim und nach dem Sonnenuntergang

es doch sonst kein frommer Pilger versäumt, oder daß er ein einziges Rak'a[1] oder Takbîr[2] verrichtet hätte. Es wurde mir in Meschhed Ali erzählt, daß dieser Mann, obgleich er ein Christ ist, den ganzen Koran auswendig kann, und daß ihm alle seine Auslegungen besser bekannt sind als selbst mohammedanischen Gelehrten. Ich wollte es zuerst nicht recht glauben, aber ich muß jetzt sagen, dieser Mann weiß sich so geschickt und unauffällig als Muslim zu geben, ohne daß er dabei etwas tut, was gegen seinen Glauben wäre, daß selbst ich nichts Auffälliges hier in Mekka an ihm bemerkt hätte, wenn ich ihn nicht schon vorher durchschaut hätte. Nun steht er hier vor dir, Emir, der Giaur, der räudige Hund, der Schänder des Heiligtums, und mit ihm die andern alle, die ihm zu dieser Schändung verholfen haben. Frage ihn doch, ob er dieser Christ ist! Es wurde mir gesagt, daß dieser Mann nie und unter keinen Umständen sein Christentum verleugne, selbst wenn sein Leben davon abhinge. Frage ihn, und wir wollen sehen, ob er auch jetzt, in diesem Augenblick, den Mut besitzt, der ihm nachgerühmt wird."

Nach dieser langen Rede des Ghani trat eine unheimliche Stille ein; nichts war zu hören. Es war, als ob ich allein im weiten Saal weilte, oder als ob ich lauter bewegungslose Puppen um mich hätte. Desto beredter und ausdrucksvoller waren die Blicke, die auf mich gerichtet waren. Die Mekkaner betrachteten mich mit den Augen von Wölfen, wenn sie eine Beute wittern, die ihnen nicht entgehn kann: die Haddedihn blickten mich ängstlich erwartungsvoll an, wie ich mich aus der Schlinge ziehn werde. Der Basch Nâsir, der bis jetzt fast teilnahmslos dagestanden hatte, hob den Kopf und sah mir mit einem ruhigen, vertrauensvollen Lächeln ins Gesicht, als wisse er meine Antwort schon im voraus, und der Großscherif hielt seinen Körper weit vorgebeugt, wie wenn er meine Entgegnung nicht erwarten könne.

Ich war über die Antwort, die ich geben mußte, keinen

[1] Niederwerfung [2] Pilgergebet

Augenblick im Zweifel, obgleich ich wußte, daß sie einen Sturm entfesseln würde. Ein Giaur in der heiligsten Stadt des Islam — das war eine todeswürdige Schändung des Heiligtums, ein fluchwürdiges Verbrechen, das um tausendfache Strafe zu Allah schrie. Indem ich in hundert erregte Gesichter blickte, fand ich kein einziges, in dem Erbarmen zu lesen war, und wenn es den Haddedihn nicht gelang, den zu erwartenden Sturm zu fesseln, so war mein Geschick in den nächsten Minuten besiegelt. Aber diese Erwägung durfte mich nicht abhalten, die Antwort zu geben, die mein Gewissen von mir forderte. Deshalb blickte ich dem Ghani fest in die siegesgewiß glänzenden Augen und entgegnete ruhig:

„Mut? Glaubst du, daß ich diesen Mut nicht aufbringe, Abadilah? Du freilich bist so feig, daß ich es dir gar nicht verüble, wenn du auch andern eine ähnliche Feigheit zutraust. Du hast viele Worte gemacht, um zu beweisen, daß ich ein Christ sei, vielleicht deswegen, weil du fürchtest, ich könnte dir durch ein Hintertürchen entschlüpfen. Armer Mann, der du bist! Weniger Worte hätten auch genügt, um zu erfahren, was du wissen willst. Der Emir möge seine Frage sparen! Sie ist nicht nötig, ich gebe die Antwort ungefragt. Ja, ich bin der, von dem der Abadilah spricht — ich bin Kara Ben Nemsi, der Christ."

Die Mekkaner hatten diese Antwort erwartet, und nun, da sie eingetroffen war, waren sie doch einige Augenblicke wie gebannt vor Überraschung. Aber dann brach ein unbeschreiblicher Tumult los. Ich bin nicht imstande, die Einzelheiten der nächsten zwei Minuten zu schildern, die Eindrücke folgten zu rasch aufeinander. Ich sah nur noch, wie die an die Wände gedrängten Mekkaner an verschiedenen Stellen das Spalier der Haddedihn trotz des heftigsten Widerstands der letzteren durchbrachen und mit geballten Fäusten und geschwungenen Messern auf mich losstürzten, und wie die bei uns zurückgebliebenen Haddedihn den Kreis enger um uns schlossen. Auch die Bawârdîs eilten auf einen raschen Wink des

Großscherifs zu meinem Schutz herbei. Dann war es, als hielte ein wüster Traum mich umfangen. Zwischen kämpfenden und zuckenden Gliedmaßen hindurch, die manchmal in der Luft zu schweben schienen, glaubte ich eine Anzahl geschäftiger Hände zu sehen, die eifrig Streiche abwehrten, die ich nicht bemerken konnte, die aber wohl auf mich gerichtet sein mußten. Ein- oder zweimal erschien durch eine sich öffnende Lücke der Kämpfenden eine Teufelsfratze, das in Hohn und Schadenfreude verzerrte Gesicht des Ghani oder das dunkelbärtige des Großscherifs, der, unfähig, dem Kampf Einhalt zu tun, ergeben das Ende abwartete. Dazu ein entsetzliches Wutgeheul wie von hundert dem Käfig entwichenen Wölfen, und dazwischen eine jugendlich helle Kommandostimme, die Stimme Kara Ben Halefs. Es mußte wohl ein Traum sein, denn einmal glaubte ich wie aus weiter Ferne einen Schrei zu vernehmen, der fast nichts Menschliches mehr an sich hatte. Ich kannte diesen Schrei, den der Münedschi damals in der Wüste nach dem Erwachen aus dem Zustand der Bewußtlosigkeit ausgestoßen hatte, diesen Schrei der höchsten Angst und des schaurigsten Entsetzens. Aber wir befanden uns doch nicht in der Wüste, sondern im Selamlik des Großscherifs, und der Münedschi war doch nicht hier, sondern zu Haus in der Sukak el Hadschar, wo er zugleich mit Hanneh auf unsre Rückkehr wartete. Folglich mußte es ein Traum sein, der mich narrte. Aber jetzt hörte ich den gleichen Schrei wieder, und zwar viel näher und deutlicher als zuvor. Oder war dies nur Täuschung, weil der Lärm um mich vielleicht abgenommen hatte? Ich brauchte mir nicht lange den Kopf zerbrechen, die Antwort auf diese Frage kam von selber. Der Lärm hatte wirklich nachgelassen und verstummte nach einer kleinen Weile vollständig wie auf einen Befehl. Die Umklammerung, in der ich mich mit den Haddedihn befand, lockerte sich, ich bekam wieder Luft. Aber was ich jetzt erblickte, erfüllte mich mit Verwunderung. Die Augen der Mekkaner, auch des Ghani, waren nicht mehr mit dem Ausdruck des Hasses auf mich gerichtet, sondern es war lähmendes Entsetzen, das in ihnen lag. Aller Augen blickten nach einem Punkt am Eingang, und als ich mich nach dieser Richtung wandte, sah ich, was ihre Erstarrung hervorrief.

Inmitten der vordersten Reihe der Haddedihn, die jetzt etwas in Unordnung geraten war, stand eine weißgekleidete Gestalt — der Münedschi. Die Augen, die durch die blaue Brille geschützt waren, hielt er starr auf die Gruppe gerichtet, in deren Mitte ich stand. Überhaupt lag in der ganzen Erscheinung etwas Leichenhaftes, hervorgerufen durch ihre Bewegungslosigkeit und die Blässe des Antlitzes, aus dem jeder Tropfen Blutes gewichen war. Er war nicht allein. Zu seiner Linken stand eine Frau, in der ich, obgleich sie den Kopfschleier trug, sogleich Hanneh erkannte. Sie hatte die Linke des Greises in ihrer Rechten und sprach beruhigend auf ihn ein.

Wie waren die beiden hierhergekommen? Ich konnte mir den Zusammenhang leicht erklären. Als Kara Ben Halef nach Hause kam und unsre Gefangenschaft meldete, rief er die größte Aufregung unter den Haddedihn hervor. Diese hatten sich beraten und waren dann fortgeeilt, ohne sich in der Aufregung um den Münedschi zu kümmern. Dieser mußte natürlich erkennen, daß sich etwas Außerordentliches ereignet habe, und ging zu Hanneh, um sich zu erkundigen. Von ihr erfuhr er die Wahrheit, die auch ihn in die größte Aufregung versetzte und in ihm den Wunsch hervorrief, uns zu Hilfe zu kommen und den Ghani vor der ganzen Mahkame[1] zu entlarven. Hanneh mochte es versucht haben, ihn von seinem Vorsatz abzubringen. Aber umsonst; der Münedschi hatte darauf bestanden, zu gehen, und da Hanneh ihn nicht allein fortlassen wollte, war sie mitgekommen. Sie mußten gerade während der Rede des Ghani den Saal betreten haben, so daß der Münedschi den letzten Teil und das, was darauf folgte, miterlebte. Von den Mekkanern hatte ihn keiner bemerkt, da ihre ganze Aufmerksamkeit auf den Ghani und mich gerichtet

[1] Gerichtsversammlung

war, und die Haddedihn hatten die beiden ungehindert eintreten lassen. Als die Mekkaner in fanatischer Raserei wie wilde Tiere auf mich losstürzten, hatte ihm die Angst um mein Leben jene zwei Entsetzensschreie entlockt, die ich vernommen hatte, und die tatsächlich die Aufmerksamkeit der Rotte Korah, Dathan und Abiron von mir ab und auf ihn lenkten. Zuerst hatten ihn nur die nächststehenden Mekkaner bemerkt, aber das plötzliche Auftauchen des angeblich Ermordeten, der in Mekka eine wohlbekannte Erscheinung gewesen war, rief solches mit Entsetzen gemischtes Staunen hervor, daß es sich im Nu den übrigen mitteilte und auch jenen, die am Kampf beteiligt waren.

So reimte ich mir die Geschichte zusammen, und ich erfuhr später, daß sie sich genau so zugetragen hatte.

Der Münedschi war grad zur rechten Zeit gekommen; ich bezweifle sehr, ob sonst der Kampf zu unsern Gunsten ausgegangen wäre. So aber waren wir gut weggekommen. Außer einigen Beulen, die ich aber mehr den Ellenbogenstößen der Haddedihn zuzuschreiben hatte, befanden sich nur meine Kleider in Unordnung. Die Haddedihn hatten einige Messerstiche erhalten, die jedoch nicht gefährlich waren, da es ja nicht auf meine Freunde, sondern auf mich abgesehen war, und die Mekkaner hatten eigentliche Verwundungen überhaupt nicht davongetragen, da sich die Haddedihn nur mit den Fäusten zur Wehr setzten. Aber ich hoffe, die Püffe, die sie ausgeteilt haben, waren noch nach acht Tagen zu spüren; wenigstens bemerkte ich mit heimlicher Genugtuung, daß einige der Kämpfer für Allahs Ehre verschiedne Stellen ihres Körpers unter schmerzlicher Verzerrung ihrer Gesichtszüge einer eingehenden Untersuchung unterwarfen.

Der Münedschi sah, daß ich mich nicht mehr in Gefahr befand, und nun kam Bewegung in ihn. Seine Wangen röteten sich, und Hanneh an der Hand nach sich ziehend, eilte er in gerader Linie auf mich zu. Aber auch in die im Weg stehenden Mekkaner kam Bewegung. Laut schreiend stoben sie links und rechts auseinander und suchten bei ihren Gefährten Zuflucht, die noch längs der Seitenwände standen. Im Nu war der Saal gesäubert und die Aufstellung war die gleiche wie vor dem Kampf, mit dem einen Unterschied, daß die Bawârdîs sich ebenfalls vor Angst in den äußersten Winkel zurückgezogen hatten. Die verschiedensten Ausrufe des Schreckens flogen durch den Saal, die zum Lachen gereizt hätten, wenn die ganze Lage nicht so ernst gewesen wäre.

„Ein Chajal, ein Chajal! Ein Gespenst, ein Gespenst! Allah beschütze uns vor dem neunmal geschwänzten Teufel! Der Geist des Ermordeten geht um! Er kommt, um an seinem Mörder Rache zu nehmen. Allah in'al el kelb — Allah verderbe den Hund! Schaut, jetzt hat er ihn schon gepackt, jetzt wird er ihn gleich zerreißen. Allah, Allah! Aschhadu an la ilâha illa-'llâh! — Ich bezeuge, daß es keinen Gott gibt außer Allah!"

Der vermeintliche Geist hatte sich wirklich mit ausgebreiteten Armen auf mich geworfen, freilich nicht, um mich zu zerreißen, wie die abergläubischen Mekkaner wähnten. Bei mir angekommen, verließ ihn indes die Kraft. Die Arme fest um mich schlingend, sank er langsam auf die Knie nieder, und aus seinem Mund kamen, von Schluchzen unterbrochen, aber trotzdem in der plötzlich eingetretenen Stille bis in den äußersten Winkel deutlich vernehmbar, die Worte:

„O Allah, Allah! — — Du lebst — — du bist nicht tot — —! Und du — — — — — du — — — bist ein Christ! — — — O Allah, ich danke dir dafür tausendmal! — — — Nun ist alles — — — — — alles gut!"

Ich verstand nur zu gut, was der Münedschi damit sagen wollte. Wie ich schon angedeutet habe, kämpfte der bisherige Blinde einen schweren Kampf in seinem Innern. Mit allen Fasern zog es ihn hin zum Christentum, das er verleugnet und verraten hatte. Er hätte sich wohl schon längst entschieden, den letzten Schritt zurückzutun, wenn nicht mein vermeintliches islamitisches Glaubensbekenntnis, das einzige

Hemmnis gewesen wäre, das ihn noch hinderte, seiner Überzeugung zu folgen. Nun war auch dieses entfernt, und das machte ihn so glücklich.

Der Großscherif hatte wie die übrigen Mekkaner den Vorgang halb mit Staunen, halb mit Entsetzen verfolgt. Er war zwar aufgeklärter als die andern, aber das plötzliche Auftreten des nach der Behauptung des Ghani Ermordeten hatte ihn doch im Augenblick erschreckt. Doch jetzt gewann die Neugierde die Herrschaft über den Schrecken, er sprang die Stufen herunter und rief erregt:

„Maschallah! Es geschehen Zeichen und Wunder! Effendi, sag mir, ob ich wache oder träume! Ist dieser Mann, der in deinen Armen liegt, der Münedschi oder sieht er ihm nur ähnlich? Ich kann es fast nicht glauben, daß er's ist. Er ist doch tot, er muß tot sein!"

„Emir, frage doch den Münedschi selber! Oder noch besser, frage Abadilah! Er hat es doch mit eignen Augen gesehen, daß wir den Münedschi ermordet haben, er hat es sogar bei Allah und dem Propheten beschworen."

„Allah, Allah! Ja, das hat er getan! Effendi, ich werde ganz irre, ich weiß nicht mehr, was ich denken und sagen soll. Wo ist Abadilah? Er soll mir die Sache erklären!"

Die Frage des Großscherifs nach Abadilah war begründet; dieser stand nämlich nicht mehr auf seinem bisherigen Platz. Als er den Totgeglaubten erblickte, hatte Leichenblässe sein Gesicht überzogen, und der Revolver war seiner Hand entfallen. Halef, der Schlaue, hatte dies bemerkt und die Waffe aufgehoben, die er jedoch nicht mehr auf das Tischchen zu den übrigen legte, sondern vorsorglich in seinen eignen Gürtel steckte. Mit jedem Schritt, den der Münedschi uns näherkam, war der Ghani mehr und mehr zurückgewichen, und jetzt stand er in der Ecke bei den Bewârdîs und blickte wie entgeistert zu uns herüber. Der Großscherif suchte ihn mit den Augen und rief ihm, als er ihn bemerkt hatte, zu:

„Abadilah, komm her, und erkläre mir, wie es möglich

ist, daß der Ermordete noch lebt, und dem Anschein nach wohlauf ist!"

„Waihi Allah — um Gottes willen! Ich soll ḥinkommen? Bei Allah und dem Propheten und allen heiligen Kalifen! Das tu ich nicht, das kannst du nicht von mir verlangen! Er ist es nicht, der Münedschi. Er ist tot, er muß tot sein. Es ist sein Geist — — sein Geist — — —"

Um das Folgende zu verstehen, möge der Leser bedenken, daß der Ghani überzeugt war, sein „Schützling" sei tot, verschmachtet im glühenden Sand der Wüste. Dazu kam der Aberglaube, von dem auch der Ghanı, trotz seiner höheren Bildung, ein reichliches Maß besaß, wie aus den Vorkommnissen am Bir Hilu ersichtlich ist. So wunderte ich mich denn auch nicht darüber, daß Abadilah, dieser hartgesottene Sünder, seit dem Erscheinen des Münedschi seine ganze Frechheit verloren zu haben schien und in den Händen des Münedschi wie weiches Wachs war, das dieser nach Belieben formen konnte.

Das „Gespenst" hatte sich bei den letzten Worten des Ghani vom Boden erhoben und ging jetzt langsamen Schrittes auf ihn zu, der bei seinem Nahen entsetzt zurückwich und sich hinter den Bawârdîs versteckte. Aber diese zeigten nicht mehr Mut als er, sondern stoben, als das „Gespenst" nur mehr fünf Schritte entfernt war, schreiend zu beiden Seiten auseinander, so daß der Ghani wieder ohne Deckung war. Vor Angst zitternd und alle zehn Finger ausspreizend, ergriff er abermals die Flucht die Wand entlang, dem Münedschi immer das Gesicht zuwendend. Der folgte ihm jedoch ziemlich rasch und ließ ihn keinen Augenblick aus den Augen. Dieser letztere Umstand vermehrte noch die Angst des Ghani, der den Münedschi ja für vollständig blind halten mußte. Wie konnte ihm dieser auf Schritt und Tritt folgen, da er ihn doch nicht sah? Das war ihm unerklärlich, das war gespensterhaft, das war einfach übernatürlich.

Der Ghani hätte seinen Rückzug wohl um das ganze

Selamlik herum fortgesetzt, wenn er nicht plötzlich gewaltsam zum Stillstand gebracht worden wäre. Eben flüchtete er an der Tür vorbei, durch die der Großscherif eingetreten war und an der zwei Haddedihn Posten standen, da wurde er von diesen von rückwärts gepackt und festgehalten. Alles Jammern und Sträuben half dem Feigen nichts, die Arme der Haddedihn waren wie Eisen. Und da war auch schon der Münedschi vor ihm. Vor Entsetzen fiel der Ghani auf die Knie und zeterte:

„Allah kerîm — Gott ist gnädig! Da ist es schon wieder, das Gespenst. Laßt mich los, ich bitte euch um der Barmherzigkeit Allahs willen, laßt mich los! Seht ihr denn nicht, daß es ein Chajal, ein Gespenst ist? Der Münedschi war blind, vollständig blind, dieses Gespenst aber sieht mich an und läßt mich nicht aus den Augen. O Allah, Allah, laßt mich los, laßt mich los!"

Die Haddedihn taten ihm allerdings nicht den Willen, sondern hielten ihn nur um so fester gepackt. Der Großscherif und die Mekkaner folgten dem Vorgang mit größter Spannung. Sie alle kannten das Verhältnis der Abhängigkeit, in dem der Münedschi zum Ghani gestanden hatte, desto unerklärlicher mußte ihnen jetzt das Schauspiel sein, dessen Zeugen sie wurden. Was mußte sich während der Reise Seltsames ereignet haben, daß der reiche, mächtige und stolze Abadilah vor seinem Schützling zitterte!

Der Münedschi sprach jetzt das erste Wort zum Ghani:

„Abadilah, höre mich an! Ich rede zu dir heute zum letztenmal! Und ich verlange von dir die volle Wahrheit, hörst du, die volle Wahrheit! Wirst du sie sagen?"

„Ja, ich will sie sagen. Aber schau mich nicht an! Ich kann sie nicht ertragen, deine Augen. Tu sie weg!"

„Ich werde meine Augen nicht von dir abwenden, bis ich mit dir fertig bin. Abadilah, sag mir, wer hat den Kans el A'dhâ von Meschhed Ali gestohlen?"

„Ich habe ihn gestohlen, ich selber."

„Warum?"

„Weil ich dadurch zum reichsten Mann von Mekka geworden wäre."

„Wer hat die zwanzig Asaker, die Begleiter dieses Persers, der Khutab Aga heißt, erschossen?"

„Die Beni Khalid."

„Und wer noch? Sag es schnell!" Der Münedschi trat einen Schritt näher und erhob die Hand. Das sah so aus, als wolle er schlagen. Der Ghani duckte sich noch mehr zusammen und gab schnell zur Antwort:

„Ich sage es ja schon. Ich habe mitgeholfen, und mein Sohn Ben Abadilah auch, und meine drei Begleiter."

„Abadilah, wer hat deinen Sohn und die drei Mekkaner getötet? War es dieser fremde Effendi oder war es einer dieser Haddedihn?"

Der Ghani wollte nicht mit der Antwort heraus. Das war ihm deutlich anzusehn. Aber der Münedschi brauchte nur so zu tun, als wolle er ihm auf den Leib rücken, so trieb ihn die Todesangst zum Geständnis.

„Nein, sie waren es nicht; die Beni Lam taten es."

„Warum taten sie es?"

„Weil sie eine Blutrache an ihnen hatten. Meine Begleiter hatten an einem Ben Lam einen Raubmord begangen."

„Hörst du es, o Emir? Hört ihr es, ihr Einwohner der heiligen Stadt? Kara Ben Nemsi und die Haddedihn sind unschuldig an dem Tod seines Sohnes. Und nun noch eine letzte Frage an dich, dann bist du frei und ich überlasse dich der Strafe Allahs. Wer hat mich in der Wüste zurückgelassen, allein, an Händen und Füßen gebunden, damit ich elend verschmachten und eine Beute der Schakale der Wüste werden solle?"

Der Ghani hatte seine Antworten nicht so rasch und glatt gegeben, wie sie auf dem Papier zu lesen sind, sondern widerstrebend und stockend. Sein Aussehen glich fast nicht mehr dem eines Menschen. Seine Augen waren von Blut unterlaufen und ein dicker, kalter Schweiß lag auf seinem aschfahlen Gesicht. Er wand und krümmte sich wie ein Aal unter den Fäusten der Haddedihn, aber er kam nicht los, und der Blick des Münedschi hielt ihn unerbittlich in seinem Bann. So mußte er auch die letzte Frage beantworten, er konnte nicht anders, obgleich ihn der Grimm fast ersticken wollte. In unbeschreiblicher Wut brüllte er die Antwort heraus:

„Ich habe es getan, damit du mich nicht in Mekka verraten könntest."

„Hast du es gehört, o Emir? Habt ihr es gehört, ihr Einwohner von Mekka?" wiederholte der Münedschi seine früheren Worte. „Abadilah hat die Anklage gegen Kara Ben Nemsi und gegen die Haddedihn erhoben — Abadilah hat soeben durch sein Geständnis die Anklage wieder zurückgenommen. Nun komme ich an die Reihe mit dem, was ich diesem Mann und seinen Haddedihn Gutes zu verdanken habe. Ich wäre längst nicht mehr am Leben, hätte er mich nicht gerettet. Zweimal hat er mich vor einem gräßlichen Tod in der Wüste bewahrt, dem ich rettungslos verfallen gewesen wäre, hätte ihn Allah nicht auf meinen Weg geführt. Und um seinem Werk die Krone aufzusetzen: ihr alle kennt mich seit einer Reihe von Jahren und wißt, daß Allah mich mit völliger Blindheit geschlagen hat. Da kam dieser Mann und gab mir das Licht meiner Augen wieder zurück, er machte mich wieder sehend. Ja, ich sehe deutlich dich vor mir, o Emir, ich sehe und unterscheide jeden einzelnen dieser Männer, die dieser Mahkame beigewohnt haben. Und das verdanke ich diesem Mann, den ihr beinah getötet hättet auf die Worte dieses Unwürdigen hin, den ich selbst einst als meinen Wohltäter verehrt und geliebt habe. Ja, ich verdanke ihm nicht nur mein Leben und das Licht meiner Augen, sondern noch mehr, unendlich mehr. Doch das kann ich euch nicht erklären, und ihr würdet es auch nicht verstehen. Er, den ihr hassen und verdammen zu dürfen glaubtet wie einen Scheitan, er war mein Engel, und dieser Schändliche, den ich einst geliebt habe wie einen gütigen Dschinn, den Allah zu meiner Rettung vom

Himmel gesandt hat, hat in Wirklichkeit an mir als Teufel gehandelt. Das ist die lautere Wahrheit, und ich beschwöre sie beim Licht meiner Augen, das mir so unverdient wiedergegeben wurde, und bei jenem andern Licht, das ich hoffe einst sehen zu dürfen — — beim Licht der Seligkeit im Paradies."

Auf einen Wink des Münedschi taten die Haddedihn, die den Ghani festgehalten hatten, ihre Hände von ihm. Mit einem Seufzer unbeschreiblicher Erleichterung erhob sich dieser und schlich wie gebrochen in einen Winkel, wo er sich niederkauerte. Er achtete nicht darauf, daß die Umstehenden vor ihm wie vor einem von der Pest Befallenen zurückwichen. Das Entsetzen der letzten Viertelstunde hatte ihn erschöpft; er schlug die Hände vors Gesicht und verharrte unbeweglich in dieser Stellung.

Das unerhörte Geständnis des allgemein geachteten, angesehenen Ghani und die Worte des Münedschi hatten einen ungeheuren Eindruck auf die Mekkaner gemacht. Die Schranke abergläubischer Zurückhaltung, die die Furcht vor dem „Gespenst" aufgerichtet hatte, war gefallen, und der Münedschi war im Nu der Mittelpunkt eines schreienden und sich vor Staunen wie toll gebärdenden Haufens. Die Haddedihn ließen es ruhig geschehen, daß die Mekkaner das Spalier durchbrachen und sich zum Münedschi begaben; sie sorgten nur dafür, daß niemand heimlich den Saal verlassen konnte. An mich dachte niemand mehr, ebensowenig wie an den Perser, und wenn wir gewollt hätten, hätten wir uns jetzt entfernen können, ohne daß uns jemand daran gehindert hätte. Keinem kam es in den Sinn, an den Worten des Münedschi zu zweifeln, wie auch wohl jeder von der Schuld des Ghani überzeugt war. Wenigstens hörte ich überall Worte des Abscheus, die an Kraft und Deutlichkeit nichts zu wünschen übrigließen.

Die Wendung der Dinge mußte den Großscherif am peinlichsten berühren. Wenn ich auch von Anfang an das öfters wiederholte „ich bin der Liebling des Großscherifs" als eine bloße Prahlerei betrachtet hatte, so konnte ich mir trotzdem denken, daß der Ghani in engen persönlichen Beziehungen zum Höchstgebietenden von Mekka stand. Da die Enthüllungen einen Scherif bloßstellten, der hohes Ansehen genoß und obendrein noch einer edlen Familie entstammte, mußten sie dem Großscherif doppelt unangenehm sein, weil sie einen Schatten auf das Scherifat und auf die ganze Familie warfen, mit der er durch enge verwandtschaftliche Bande verknüpft war. Ich hielt zwar 'Aun er Rafiq für so gerecht, daß er, wenn es sich um eine wirkliche Untat handelte, keine Rücksichten gelten ließ, konnte mir aber anderseits auch nicht verhehlen, daß er denen, die ihm diese peinliche Pflicht auf den Hals geladen hatten, nicht gerade Gefühle der Zuneigung widmen konnte. Er mußte über uns eine gelinde Wut empfinden, und wünschte uns wahrscheinlich dahin, wo der Pfeffer wächst. Das konnte mich freilich nicht beunruhigen, ich hoffte vielmehr ein Mittel zu besitzen, das seinen Unwillen in Dankbarkeit verwandeln würde, und ich war fest entschlossen, dieses Mittel noch heute anzuwenden, natürlich so, daß der Ghani nichts davon erfahren konnte. Dieser machte gegenwärtig zwar den Eindruck eines vollständig gebrochenen Menschen, aber ich war überzeugt, daß der Teufel in ihm sich bald wieder bemerkbar machen werde. Jedenfalls würden die heutigen Vorkommnisse ihn nicht abhalten, seine hochfahrenden Pläne dennoch zur Ausführung zu bringen, und zwar jetzt mit einer noch größeren Hartnäckigkeit als vorher. Abadilah war in Mekka unmöglich geworden, sein Ruf war dahin; er konnte gleich die Stadt verlassen, kein Hahn würde nach ihm krähen. Nur ein Mittel gab es, die verlorene Ehre zurückzuerobern, ein gewaltsames, und ich zweifelte nicht im geringsten, daß der Ghani jetzt mehr als je zum äußersten entschlossen war. War er einmal zur Macht gelangt, so würde kein Mensch mehr nach der Vergangenheit fragen, und wenn — er besaß dann die Mittel, um sich in seiner Stellung zu behaupten und geschwätzige Mäuler zum Schweigen zu bringen.

'Aun er Rafiq stand noch immer bei uns, von wo er die aufregende Szene zwischen dem Ghani und dem Münedschi mit atemloser Spannung verfolgt hatte. Er war über alle Maßen verblüfft, und er hatte sich nicht so in der Gewalt, daß ihm die Überraschung nicht anzusehen gewesen wäre. Denn daß er den Ghani nach dem Vorhergegangenen für schuldig hielt, zweifelte ich nicht, dafür war er doch genügend Menschenkenner. Anderseits wollte er gegen den entlarvten Lügner begreiflicherweise nicht vorgehen, ohne daß eine förmliche Anklage erhoben war, und das war doch nicht seine, sondern unsre Sache. So tat er denn das Beste, was er unter den gegenwärtigen Umständen tun konnte, nämlich — — — nichts, sondern erging sich wie die übrigen in Ausrufen des Staunens und der Verwunderung.

„Allah akbar — Gott ist groß! Wer hätte das gedacht? Effendi, warum hast du dies alles nicht gleich gesagt?"

Da er diese Frage an mich richtete, gab ich zur Antwort:

„Emir, du hättest mir kein Wort davon geglaubt, ja du hättest mich gar nicht zu Wort kommen lassen! Hast du nicht meinen Freund, den Scheik der Haddedihn, einen Deli, einen Verrückten, genannt, bloß weil er die Anklage herumdrehte und Abadilah einen Mörder nannte?"

„Beim Propheten, du hast recht! Mir kommt noch jetzt alles wie ein Traum vor. Aber bedenke, daß ich eigentlich noch gar nicht weiß, wie alles geschehen ist. Willst du mir nicht den Hergang erzählen?"

Beim Wort „erzählen" war Halef, der mit seiner Hanneh sprach, freudig herumgefahren und warf mir einen bittenden Blick zu. Erzählen! Das war ja seine Lieblingsbeschäftigung! Und erst gar noch vor dem Großscherif! Ich konnte nicht so grausam sein, ihm seine stumme Bitte abzuschlagen, und sagte darum zum Großscherif:

„Emir, ich verstehe, daß du den Wunsch hast, alles zu erfahren. Erlaube jedoch, daß ich mit der Aufgabe des Erzählens den Scheik der Haddedihn beauftrage. Er ist ein viel besserer Erzähler als ich und wird sich seiner Aufgabe zu deiner Zufriedenheit entledigen."

Der Emir winkte mir Gewährung zu und befahl einem Diener, Kissen für uns zu bringen. Er betrachtete uns also offenbar bereits nicht mehr als Angeklagte, sonst hätte er uns wohl kaum diese Bequemlichkeit gewährt. Während er selber auf seinem Diwan Platz nahm, ließen wir uns auf unsre Kissen nieder. Wenn ich sage „wir", so meine ich damit den Münedschi, den Perser, Hanneh und mich. Kara Ben Halef blieb stehen, da er sich für verantwortlich für die Aufrechterhaltung der Ordnung im Saal hielt, und auch Halef setzte sich nicht nieder, damit er von allen gesehen werden könne. Bei den Mekkanern sprach es sich schnell herum, daß über die Ereignisse in der Wüste berichtet werden solle, und bald herrschte völlige Ruhe. Das alles machte nicht mehr den Eindruck einer Mahkame, einer Gerichtsverhandlung, sondern eines Istikbâls, eines feierlichen Empfangs, den ein Fürst seinen Untertanen gibt. Den Ghani, der noch immer zusammengekauert in seiner Ecke saß, beachtete niemand.

Nun begann Halef mit wichtiger Miene seine Rede. Es bedarf wohl keiner Versicherung, daß das, was wir jetzt zu hören bekamen, ein Meisterstück der Erzählungskunst war. Die Ehre, vor dem Großscherif sein Licht leuchten lassen zu dürfen, und noch dazu vor seiner Hanneh, erfüllte ihn mit solcher Genugtuung und Freude, daß er am liebsten unsre sämtlichen Taten zum besten gegeben hätte, angefangen von der Zeit, wo ich ihn, den armen Bedawi, als Diener angenommen hatte. Aber er beherrschte sich; er redete ausnahmsweise nur sachlich, freilich in der blumigen Weise des Orients. Und er tat etwas, was er bisher noch nicht fertiggebracht hatte, er stellte sich möglichst in den Schatten und ließ alle Lichter auf meine Person fallen. Er machte aus mir ein ganz unbegreifliches, mit wunderbaren Kräften und Fähigkeiten ausgestattetes Wesen, das den Gesetzen, die für einen gewöhnlichen Sterbenden gelten, nicht unterworfen ist, ein Wesen, dem gegenüber keine Krankheit, ja auch der Tod nicht, ihre Beute behaupten könnten, wenn sie ihnen von diesem über alle Begriffe erhabnen Wesen streitig gemacht würde. Daß dieses auch mit den schönsten und idealsten Eigenschaften des Herzens ausgestattet war, versteht sich von selbst. Ich begriff sehr wohl, was Halef damit bezweckte. Er war ein Diplomat und wollte den Mekkanern durch die Blume begreiflich machen, welch unverzeihliches Verbrechen und welche himmel- schreiende Sünde sie begehen würden, wollten sie mir auch ferner noch Schwierigkeiten in den Weg legen. Und ich glaube, er erreichte seinen Zweck recht gut. Wenigstens sah ich die Augen keines Mekkaners mehr feindlich auf mich gerichtet.

Daß es den Hadschi gewaltige Überwindung kostete, den ganzen Weihrauch, den er sonst sich selber zu streuen pflegte, vor meinem Bild anzuzünden, konnte keiner so gut beurteilen wie ich. Jedenfalls gewährte ihm der Gedanke einigen Trost, daß, je heller er meine Sonne zum Strahlen bringe, um so leuchtender auch der Abglanz sei, der auf ihn und seine Haddedihn dabei fallen müsse. Und er hatte sich auch nicht getäuscht. Der Stundenzeiger der Uhr rückte immer weiter voran, aber keiner der atemlos Lauschenden wurde dessen gewahr, keinem kam die späte Abendstunde zum Bewußtsein, so gut erzählte der Hadschi. Als er bei dem Punkt angekommen war, wo wir von den Beni Khalid den Kans el A'dhâ wieder zurückverlangten, wurde er vom Groß- scherif unterbrochen:

„Erlaube, daß ich eine Frage stelle, Scheik Hadschi Halef. Wo befindet sich jetzt der Kans el A'dhâ?"

„Er liegt in unsrer Wohnung wohlverwahrt und bewacht."

Da wandte sich 'Aun er Rafiq mit einem feinen Lächeln an den Perser: „Was würdest du beginnen, Khutab Aga, wenn ich den Schatz für mich beanspruchen und durch meine Bawârdîs holen ließe?"

Der Basch Nâsir sah dem Fragenden ruhig ins lächelnde Gesicht und sagte:

„Das wirst du nicht tun, Emir! Aber wenn du es tätest, so würde es mich nicht unglücklich machen. Ich könnte mich zwar nie mehr in meiner Heimat sehen lassen. Doch ich würde mich trösten; denn ich habe etwas gefunden, was mir die Heimat hundert-, ja tausendfach ersetzt. Daran würde ich festhalten, und ich weiß, dies könnte mir nicht entrissen werden."

Bei diesen Worten flog ein leuchtender Blick zu mir herüber. Ich verstand wohl, was er sagen wollte, und ich glaube, auch der Großscherif verstand ihn. Das Lächeln war aus seinen Zügen gewichen, und er blickte einige Zeit in tiefem Ernst vor sich hin, als ob er genau diese Antwort vom Perser erwartet habe.

Halef erzählte weiter und weiter. Als er bei der Ermordung der Asaker angelangt war, an der sich die Mekkaner beteiligt hatten, und noch mehr, als er schilderte, wie grausam der Mörder an dem Blinden gehandelt hatte, den man gefesselt und dem Wahnsinn nahe im Wüstensand gefunden habe, ließ sich die Empörung der Zuhörer nicht mehr zügeln. „Schu haida — pfui! Allah jil 'an el Abrass — Allah verdamme den Aussätzigen! Allah in 'al el Kelb — Allah verderbe den Hund!" hagelte es auf den Ghani nieder, der jedoch nichts von allem zu hören schien. Erst als Halef in anschaulichen Bildern erzählte, wie der Münedschi zum Bewußtsein zurückkehrte, und wie es mir, dem „berühmtesten Hekim des Abendlands" gelungen sei, ihm Schritt für Schritt das Gesicht wieder zurückzugeben, erwachte jener aus der Betäubung, die ihn scheinbar bis jetzt in Fesseln gehalten hatte. Er ließ die Hände, mit denen er sein Gesicht bedeckt hielt, sinken und verlor kein Wort von der Erzählung. Das merkte ich wohl, obgleich er die Augen geschlossen hielt; aber aus dem Spiel der Gesichtsmuskeln war zu erkennen, wie sehr er bei der Sache war. Was er da hörte, mußte ihn auch mit Staunen erfüllen. Wenn es sich so verhielt, wie der Hadschi erzählte, dann war ja alles auf natürliche Weise zugegangen, dann steckte ja gar nichts Überirdisches hinter dem plötzlichen Erscheinen des Münedschi und er hatte sich unnötig von ihm ins Bockshorn jagen lassen. Wenn der Alte kein Geist, sondern ein Mensch von Fleisch und Blut war, dann war aber auch noch nichts verloren. Gegen Gespenster war nichts auszurichten, dafür aber gegen Menschen um so mehr. Diese Gedanken mochten dem Ghani durch den Kopf gehen. Er suchte sie zwar zu verbergen, aber man brauchte kein besonders guter Menschenkenner zu sein, um zu erraten, was in ihm vorging.

Als Halef geendet hatte, ließ er seine Augen mit dem Ausdruck unendlichen Selbstbewußtseins über den Saal hinschweifen. Er war offenbar des Eindrucks seiner Rede sicher und erwartete eine laute Äußerung des Beifalls, der aus den ihm zugewandten Gesichtern seiner Zuhörer zu lesen war. Aber es kam nicht dazu. Der Ghani war bei dem letzten Wort des Hadschi aufgesprungen und rief jetzt, bevor ein andrer das Wort ergreifen konnte, in den Saal hinein:

„Ja, killet el Akl — welch ein Unsinn! Ja Kisb, ia Nemîme — o Lüge, o Verleumdung! Glaubt es nicht, ihr Männer, es ist alles vom ersten bis zum letzten Wort erlogen. Diese Hunde haben es darauf abgesehen, mich zu verderben. Auch der Münedschi, der es von Anfang an mit diesen Lügnern und gegen mich, seinen Wohltäter, gehalten hat! Wollt ihr einem Giaur, einem Schänder der Heiligtümer, und diesen räudigen Hunden mehr Glauben schenken, als mir, einem Liebling Allahs und seines Propheten, einem Scherif — — —“

„Uskut, ia Maskîn — schweig, Unglücklicher!" Der Großscherif war aufgesprungen und sah ihn flammenden Auges an. „Hältst du uns für Hohlköpfe, in deren Innern Sand anstatt des Gehirns ist, daß du uns zumutest, wir sollten dir glauben? Deine Worte sind für unsre Ohren wie die Spur eines Vogels im Sand, die vom Wüstenwind verweht wird. Allah weiß es, ich hätte eher den Einsturz des Beit Allah für möglich gehalten, als daß die Dinge geschehn könnten, die ich heute vernehmen mußte, und daß ein Scherif — — —“

„Allah, Allah", unterbrach ihn der Ghani kreischend. „Emir, ich schwöre bei Allah und allen heiligen Kalifen, ich schwöre beim Bart des Propheten und bei allem, was mir heilig ist, ich habe die Wahrheit gesprochen, diese Hundesöhne haben aber alles so verdreht — — —"

„Wakkif — halt ein! Sprich kein Wort weiter, Abadilah! Weißt du, was du getan hast? — — Du hast soeben einen Meineid geschworen! — 'Aib alêk — Schande über dich! Istaghfir Allah — Allah möge ihn dir vergeben, ich kann es nicht. Du hast aber auch meine Erwartungen schmählich getäuscht, indem du die Würde des Scherifen mit Kot besudelt hast. Und das verdient die schärfste Strafe. Geh aus meinen Augen! Ich werde veranlassen, daß dein Name aus dem Buch der Scherife gestrichen wird. Geh!"

Der Großscherif hatte sich in eine wirkliche Erregung hineingesprochen und war deshalb vielleicht schärfer gegen den Ghani aufgetreten, als er vorher beabsichtigt hatte. Das mochte sein Begleiter, der Scherif, der zugleich mit ihm eingetreten war, aber bis jetzt die sehr untätige Rolle des Zuschauers gespielt hatte, auch empfinden, denn er legte sich für den Ghani ins Mittel:

„Allah lâ jugadda — das verhüte Gott! Emir, willst du einen Mann, der dir treu gedient hat, verstoßen um eines andern willen, der, selbst wenn alles wahr sein sollte, was heut über ihn gesprochen wurde, doch nur ein Christ ist?"

„Du irrst. Ich habe Abadilah nicht wegen dieses Christen von mir gewiesen, sondern weil er Allah und seinen Propheten geschändet hat. Kannst du dich noch erinnern, was er in der Anklage gegen diese Männer behauptet hat? Er sagte, er habe mit eignen Augen gesehn, wie der Münedschi von ihnen ermordet wurde. Und diese unwahre Behauptung hat er bei Allah und beim Bart des Propheten beschworen. Ich frage dich, wann ist je von einem Scherif eine so verdammenswerte Lästerung gehört worden? Oder bist du vielleicht der Anschauung, daß ein Eid nicht gültig sei und darum nicht zum Meineid werden könne, wenn ein Christ dabei in Frage kommt? Diese Auffassung teile ich allerdings nicht. Und deshalb, weil Abadilah Allah gelästert hat, nicht des Christen wegen, will ich nichts mehr von ihm wissen. Er soll gehen! Oder willst du, Effendi, wegen seines Verhaltens gegen euch und gegen den Münedschi Klage gegen ihn erheben?"

Da diese letzten Worte an mich gerichtet waren, gab ich abwehrend zur Antwort:

„Nein, Emir! Dieser Mensch hat uns, den Perser ausgenommen, einen wirklichen Schaden nicht zufügen können. Wir verzichten deshalb auf eine Bestrafung. Der einzige, der eine solche wegen des an den Asakern verübten Mords verlangen könnte, Khutab Aga, hat die Strafe schon in der Wüste einer höhern Macht übergeben. Sie wird ihn richten!"

Ich sah es dem Großscherif an, wie sehr diese Antwort nach seinem Wunsch war. Es wäre ihm sicher äußerst peinlich gewesen, den Prozeß gegen einen Scherif führen zu müssen. So aber konnte er sich denken: Wo kein Kläger, da auch kein Richter, und konnte die Sache, wenigstens was die richterliche Seite betraf, auf sich beruhen lassen.

Nicht so der Ghani. Er sah, daß seine Rolle hier und beim Großscherif ausgespielt war, und dies versetzte ihn so in Wut, daß er alle Zurückhaltung fallenließ; seine eigentliche Natur kam zum Vorschein. War er zuletzt die Unterwürfigkeit selber gewesen, so strotzte seine Rede jetzt von Gemeinheiten und Beleidigungen.

„Kelb chamir — betrunkener Hund! Ihr habt meine Bestrafung also einer höheren Macht übergeben. Welcher dann? Etwa eurer von Salbung triefenden Liebe, an die ich nicht glaube, und über die ich lache? Haltet nur fest an eurer Liebe, wie auch ich nicht von meinem Haß weiche! Wir werden ja sehen, welche von beiden die höhere Macht ist, und wer von uns schließlich zum Sieg kommt, ihr mit eurer närrischen Liebe, oder ich mit meinem Haß!"

Diese Frechheit brachte mich denn doch in Harnisch.

„Lästere die Liebe nicht! Ich sagte dir schon einmal in der Wüste, daß dein Gelächter sehr bald enden und sich ins Gegenteil verkehren werde. Du glaubtest damals meinem Worte nicht. Wie rasch, wie furchtbar rasch hat sichs erfüllt! Heut warn' ich dich zum zweitenmal — vielleicht zum letztenmal. Jage nicht die Liebe fort aus deinem Herzen! Sie könnte, fortgejagt, den Namen wechseln und sich dir dann als Strafe Gottes zeigen. — Du hast in deinem ganzen Leben zwei Dinge deiner Liebe wert gehalten, das eine war dein Sohn — das andre war das Geld, der Reichtum. Und du hast sie nicht nur geliebt, nein, du hast sie angebetet, für alles andre hattest du kein Herz, o nein, Verachtung nur und Haß. Da kam die Strafe Gottes. Der eine Götzentempel ward zertrümmert, dein Sohn, dein Abgott wurde dir genommen. O laß den Tod des Sohnes dir als Warnung dienen! Und fordere die Strafe Gottes nicht noch mehr heraus! Denn wenn dein zweiter Götzentempel stürzt, den du dem Gold, dem Mammon aufgerichtet — und er wird stürzen, bald, verlasse dich darauf —, so wird er dich in seinen Trümmern jäh, erbarmungslos begraben."

Hätte mich jemand gefragt, warum ich grad diese Worte gebrauchte, ich hätte ihm keine Antwort geben können. Es war mir, als wären sie mir auf die Zunge gelegt worden. Nicht ich sprach sie, sondern sie wurden aus mir herausgesprochen. Ich ahnte damals nicht, daß der Schluß meiner Worte, die ich mehr als Bild gemeint hatte, eine Wahrsagung enthielt, die später buchstäblich in Erfüllung gehen sollte.

Wenn ich wirklich gehofft hätte, daß meine Worte auf den Ghani Eindruck machen würden, ich wäre sofort vom Gegenteil überzeugt worden. Abadilah schlug eine höhnische Lache auf und erwiderte:

„Jil'an daknak — verflucht sei dein Bart! Schön hast du gesprochen, fast so schön wie ein Chatîb[1]. Nur schade, daß deine Worte für mich verloren sind. Im Gegenteil, jetzt

[1] Prediger

ekelt mich deine Liebe noch mehr an als zuvor. Allah bewahre mich vor einem solchen Jammerbild, wie deine Liebe ist! Also, wenn diese deine unvergleichliche Liebe nicht zum Sieg kommt, so zeigt sie ihre Kehrseite und wird zur Strafe Gottes. Warum nennst du sie denn nicht gleich mit dem richtigen Namen? Eine Liebe, die straft, ist keine Liebe mehr, sondern Haß, nichts andres. Geh mir mit deiner Liebe! Da lobe ich mir doch meinen Haß. Er zeigt von Anfang an die Zähne. Und jeder weiß sofort, was er von ihm halten soll. Deine scheinheilige Liebe aber ist — — —"

Die Lästerung, die jetzt folgte, kann ich unmöglich wiedergeben. Es war entsetzlich! Da war nichts zu machen und auch nichts zu erwidern. Als der Ghani geendet hatte, sah er mich herausfordernd an, als ob er auf eine Antwort warte. Da diese nicht erfolgte, spuckte er in nicht mißzuverstehender Weise aus, warf die rechte Hand zum Zeichen der Verachtung in die Luft und schritt nach einer mehr spöttischen als ehrerbietigen Verbeugung vor dem Großscherif stolz und hocherhobenen Hauptes dem Ausgang zu. Die dort stehenden Haddedihn machten ihm bereitwillig Platz.

Ich sah ihm mit gemischten Gefühlen nach. Er tat mir trotz allem leid. Was hätte aus diesem hochgebildeten Mann werden können, hätte er gelernt, seine Leidenschaften zu zügeln! Wie nachsichtig war ich in der Wüste gegen ihn gewesen, um ihn zur Einkehr und Umkehr zu bringen, fast zu nachsichtig! Alles umsonst! Alles unnütz aufgewendete Liebesmüh! Ich mußte ihn zu den Verlornen rechnen. Oder sollte doch noch eine Rettung möglich sein? Zwar wußte ich keine, aber vielleicht — vielleicht — — —

Die Mekkaner hatten sich während der letzten Szene ziemlich ruhig verhalten. Die meisten unter ihnen hatten den Ghani wohl für einen halben Heiligen gehalten, und es mußte auf sie einen niederschmetternden Eindruck gemacht haben, als vorhin das Altärchen zusammenstürzte, das sie ihm errichtet hatten. Mir konnte das nur lieb sein. Je größer die Beschämung und die Wut war, die sie des Ghani wegen erfüllte, desto eher mochten sie sich dann mit dem Gedanken aussöhnen, daß ein Christ es gewagt hatte, die heiligste Stätte des Islam zu betreten. Wenn diese versöhnliche Stimmung zuletzt mehr und mehr Platz ergriffen hatte, so wurde sie sicher noch vermehrt durch die Worte, mit denen jetzt der Großscherif die Mahkame schloß:

„Allah akbar — Gott ist groß! Er hat uns heute wunderbare Dinge erleben lassen, von denen keiner von uns sich etwas träumen ließ. Ein Christ hat es gewagt, nicht nur das heilige Gebiet, sondern die heilige Stadt selbst zu betreten — eine unerhörte Tat! Ich möchte ihm deswegen zürnen und ihn dafür streng bestrafen, sollte es wohl auch, kann es aber nicht. Denn diesem Christen müssen wir es verdanken, daß heut einem unwürdigen Heuchler die Larve vom Gesicht gerissen wurde, und obendrein sind einem Mann, den wir alle lieben und verehren, von diesem Naßrâni große Wohltaten widerfahren. Dazu kommt, daß auch ich Kara Ben Nemsi persönlich großen Dank schulde. — Du staunst, Effendi? Du kannst dir nicht denken, wofür? Und doch habe ich es dir zu verdanken, daß ich vor Jahren von großer Sorge befreit wurde. Du weißt, daß ich dein Erlebnis mit den Scherarat-Beduinen kenne. Weißt du aber auch, daß die Scherarat viele Jahre hindurch die gefährlichsten Wüstenräuber waren? Seit Sa'ad, dem Räuber, haben die Pilgerkarawanen aus Damaskus von keinem Stamm so zu leiden gehabt wie von den Scherarat. Die Namen ‚Abu el Ghadab' und ‚Abu ed Dem' waren die Schrecken der Wüste. Mein Arm reicht weit, Effendi, aber das Gebiet der Scherarat ist zu weit abgelegen und entzieht sich meiner Macht fast vollständig. Da kamst du, Effendi, und die Scherarat wurden derart aufs Haupt geschlagen, daß sie sich bis jetzt nicht von dieser Niederlage erholen konnten. Dadurch ist eine große Sorge von mir genommen. Kann ich dir da noch ein Leid zufügen? Nein, Effendi, bleibe in Mekka, solang es dir ge-

fällt! Betrachte dich und deine Begleiter als meine Gäste!
Wehe dem, der euch beleidigt! Ich würde dies als einen Schimpf
ansehn, der mir, dem Fürsten, persönlich zugefügt wurde.
Ich wünsche, daß ihr diesen Urteilsspruch unter die Leute
bringt, damit ihm auch von den andern Bürgern Achtung
widerfahre. Leletkum sa'ide — eure Nacht sei gesegnet!
La ilâha illa 'llah, we Mohammed rasûlu 'llah — es gibt
keinen Gott außer Allah, und Mohammed ist sein Prophet."

„La ilâha illa 'llah, we Mohammed rasûlu 'llah", erscholl
die Antwort aus hundert Kehlen, dann strömten die Mekkaner laut lärmend dem Ausgang zu. Das heute Gehörte und
Gesehene gab wieder Gesprächsstoff für lange, und morgen
würde, das wußte ich, auf allen Straßen und in allen Basars
von der heutigen Mahkame und dem kühnen Naßrâni aus
Almanja die Rede sein. Eigentlich war mir das gar nicht lieb,
weil es mit dem Ungestörtsein von jetzt an vorbei war. Anderseits hegte ich aber auch so viel Vertrauen zu den Worten des
Großscherifs, daß ich vor wirklichen Belästigungen geschützt
zu sein hoffte. Und das verdankte ich zum Teil einem frühern
Erlebnis. Ich habe oft in meinem ereignisreichen Leben die
Erfahrung gemacht, daß Dinge, die mir von wenig oder gar
keiner Bedeutung zu sein schienen, ihre Wirkung erst nach
Jahren zeigten. So auch heute. Ich hätte mir damals, als ich
mit den Scherarat zusammentraf, nicht träumen lassen, daß
diese Begegnung, von der ich recht unbefriedigt war, weil sie
fast zweihundert Menschen das Leben kostete, mir noch einmal von Nutzen sein werde. Und die Eröffnung des Emir,
daß dadurch die Sicherheit des Karawanenweges wiederher-
gestellt wurde, söhnte mich so halb mit dem damaligen Blutbad aus, das ich leider nicht hatte verhindern können, worüber
mir aber trotzdem mein Gewissen noch lange Vorwürfe
machte, weil ich mich für den mittelbaren Urheber halten
mußte.

Der Emir stieg jetzt die Stufen zu uns herunter, um uns
die Hand zum Abschied zu geben, Jetzt hielt ich den richtigen

Augenblick gekommen für meine Mitteilung. Ich fragte ihn, ob er noch eine Viertelstunde für mich übrig habe, es handle sich um eine streng vertrauliche Sache. Der Emir sah mich zuerst erstaunt an, wiegte aber dann zustimmend das Haupt. Vorher sorgte ich aber dafür, daß Hanneh, der Münedschi und der Perser unter genügender Begleitung nach Hause gebracht wurden; die Haddedihn sollten unter dem Befehl Omar Ben Sadeks im Palasthof auf unsre Rückkehr warten. Dann erst folgte ich mit Halef und seinem Sohn, der alles Lob verdient hatte, dem Großscherif in seine Gemächer. Pfeifen und köstlich duftender Mokka wurden gebracht, und dann vergewisserte ich mich, daß wir wirklich allein und unbelauscht seien. Diese Vorsichtsmaßregel war notwendig, weil ein einziger unberufener Zeuge alles verderben konnte. Worüber verhandelt wurde, und was das schließliche Ergebnis war, darüber kann ich hinweggehen, weil es ohnehin aus dem Folgenden unschwer zu erraten ist. Aber aus der geplanten Viertelstunde war, als wir endlich die Pfeifen weglegten und uns erhoben, eine volle Stunde geworden, und als wir das Selamlik durchschritten, zeigte die Uhr auf Mitternacht.

Der Großscherif begleitete uns in höchsteigner Person bis in den Hof. Sein Antlitz war sehr bleich geworden, aber ein Zug eiserner Entschlossenheit lag um seine Mundwinkel. Er nahm freundlich, fast herzlich von uns Abschied, und drückte jedem von uns dreien die Hand. dann winkte er den Haddedihn, die ihm große Achtung eingeflößt hatten, ein freundliches „Ma'a Allah — mit Gott" zu und begab sich in seine Gemächer zurück.

Wir bestiegen unsre Tiere, die unterdessen durch einen Diener des Großscherifs gebracht worden waren und setzten uns in Bewegung. Während wir an der Spitze unsrer Haddedihn, die uns zu Fuß folgten, langsam durch die menschenleeren Straßen nach Hause ritten, schwamm der Hadschi in Wonne und erging sich in den überschwenglichsten Äußerungen der Freude.

„Sihdi, der heutige Tag verdient im Kitâb el Iftichâr[1] der Haddedihn mit goldnen Buchstaben verzeichnet zu werden. Hast du bemerkt, wie tapfer sich meine Krieger hielten? Und wie tadellos die Überrumplung klappte? Und wie das alles dem Großscherif gewaltige Achtung vor uns einflößte? Inschallah — so Gott will, werden wir den vielen Blättern des Ruhms und der Ehre, die sich in diesem Buch befinden, bald das herrlichste beizufügen haben, auf dem mit der Farbe der Unvergänglichkeit verzeichnet sein wird die Ruhmestat von der Rettung des Großscherifs. El Hamdulillah — wie schön ist doch das Leben! Sihdi, ich freue mich von Tag zu Tag mehr darüber, daß ich auf der Welt bin und Scheik so tapferer Männer sein darf, ganz abgesehen von Hanneh, die die immer wiederkehrende Morgenröte am Himmel meines täglichen Glücks ist."

Kara Ben Halef freute sich ebenso über die heutigen Erfolge, aber seine Freude war stiller. Als wir zu Hause angekommen waren, zeigte es sich, daß sich Hanneh bereits zur Ruhe begeben hatte. Der Münedschi und der Perser waren indes noch wach; die außerordentlichen Ereignisse des Tages ließen bei ihnen noch keinen Schlaf aufkommen. Bei unserm Eintritt sprangen beide auf und eilten freudestrahlend auf uns zu.

„O Effendi", sagte der Greis, „was war doch heute für ein Tag! Wie habe ich für dich gezittert, als ich dein Leben be-

[1] Buch der Ruhmestaten

droht sah, und wie selig war ich, als ich erkannte, daß meine Befürchtungen übertrieben waren."

Der Perser sagte nichts, aber seine Augen leuchteten.

„Deine Befürchtungen waren keineswegs übertrieben. Ich bezweifle, ob ich jetzt noch am Leben wäre, wärst du nicht grad im gefährlichsten Augenblick gekommen. Ich habe dir also vielleicht mein Leben zu verdanken."

„Effendi, sprich nicht von Dank zu mir! Du tust mir damit weh! Ich stehe so unendlich tief in deiner Schuld, daß ich fürchte, ich werde sie nie abtragen können. Und wem hast du es denn zu verdanken, daß ich heute zur rechten Zeit gekommen bin? Doch nur dir! Hättest du mich nicht zweimal in der Wüste vor dem sichern Tod gerettet, so stünde ich heute nicht hier und hätte dir also nicht helfen können."

„Nun gut! Streiten wir nicht um Worte, sondern einigen wir uns: ich habe dich, und du hast mich gerettet. — Übrigens, was hast du heute gemeint, als du sagtest: Nun ist alles, alles gut?"

„Errätst du das nicht? Muß ich es dir wirklich erst erklären? O Effendi, du hast mich zu einem glücklichen Menschen gemacht: du hast mir ja die Hoffnung ins Herz gelegt, als ich fast verzweifelt wäre, und deine Worte haben mir Klarheit gebracht über mein bisheriges Leben. Ich erkannte, daß mein Lebensweg verfehlt gewesen sei, durch meine Schuld, und daß ich zum Glauben meiner Kindheit zurückkehren müsse, dem ich in sündhaftem Hochmut den Rücken gekehrt hatte. Diese Erkenntnis machte mich aber auch unglücklich, weil ich wähnte daß ich durch die Rückkehr von Mohammed zu Christus dir, meinem Wohltäter, den ich · für einen eifrigen Muslim hielt, Schmerz bereiten würde. Nicht, daß ich geglaubt hätte, du würdest mir zürnen; du hättest meine Beweggründe sicher verstanden. Aber es hätte sich unfehlbar zwischen deinem und meinem Herzen eine Kluft gebildet, denn wir wären in Dingen der Religion, die das heiligste im Menschenleben ist, nicht mehr einig gewesen. Und das hätte dir und mir wehgetan.

Und doch kam ich allmählich zur Überzeugung, daß ich uns beiden diesen Schmerz nicht ersparen könne, nicht ersparen dürfe. Da kam heute dein mutiges Bekenntnis, daß du ein Christ seiest. Es kam wie eine Offenbarung über mich, wie eine Befreiung von einem schweren, schweren Alpdruck. Alle Bedenken, die letzten Zweifel zerstoben wie die Regenwolken vor der siegreichen Kraft der Sonne — Effendi, ich bin ein Christ, wie du — und gebe Gott, ein besserer als ich vordem gewesen bin. Und du, du bist es, dem ich dieses Glück verdanke. Hätte ich dich nicht gefunden auf meinem Lebensweg, so wäre ich geblieben, was ich war, ein armer, betörter Blinder, das Spielzeug eines gewissenlosen Schurken, und obendrein ein gebildeter Narr, der sich vermaß, ein Führer sein zu wollen, ein blinder Führer von Blinden! Wie danke ich Gott, daß er mich von diesem schrecklichen Dünkel befreit hat, und das durch dich — durch dich — — —!"

Bei diesen Worten hatte er meine beiden Hände ergriffen und sie so rasch, daß ich es nicht verhindern konnte, an seine Lippen gezogen. Muß ich noch sagen, daß auch ich in diesem Augenblick glücklich war? Ich war so froh — so froh — — wie man eben nur sein kann, wenn einem das Gewissen sagt, daß man eine gute Tat vollbracht hat. Als Antwort nahm ich die Hände des Münedschi zwischen die meinen und sagte:

„Münedschi — oder laß mich dich lieber Graf Werniloff nennen —, es sieht anmaßend aus, wenn ein um zwanzig Jahre jüngerer einem Greis Worte sagt, die wie Belehrung klingen. Laß mich darum kurz sein! Daß ich dir die Richtung zeigen durfte, in der für dich die Rettung aus der Hölle lag, in die du gestürzt warst, wie du wähntest, das macht mich glücklich. Daß du aber diesen Weg wirklich eingeschlagen hast, das ist deine Tat und dein Verdienst. Und dieses dein Verdienst wollte Gott in seiner Güte sogleich belohnen — — Kara Ben Halef, hole das Päckchen, das ich dir heute morgen übergab!"

Kara entfernte sich und kam nach einigen Augenblicken mit dem Gewünschten zurück.

„Ich habe dir damals in der Wüste versprochen, ich wolle selbst mein Leben einsetzen, um dir den Beweis zu erbringen, daß der Ghani als Schurke an dir gehandelt hat. Ich habe mein Wort gehalten. Sieh, was ich im Haus des Ghani gefunden habe!"

Ich nahm Kara die Papiere ab und gab sie dem Russen. Zögernd streckte er die Hand aus, fast als ob er sich vor den Enthüllungen der nächsten Minuten fürchte. Sein erster Blick fiel auf die Schlußnote der Bank von Teheran.

„Maschallah! Die Bankquittung, die mir zugleich mit meinem Geld gestohlen wurde! Woher hast du sie, Effendi? Und hier — das — das ist — — das ist ja mein Vermögen, mein ganzes Vermögen bis auf den letzten Tuman. Allmächtiger Gott! Soll ich das, kann ich das wirklich glauben?"

Die Aufregung fuhr ihm derart in die Glieder, daß er sich setzen mußte. Mit zitternden Fingern nahm er einen „Geldzettel" nach dem andern und legte ihn vor sich auf den Boden. Zuletzt kamen die Zeitungsausschnitte daran.

„Effendi, was ist das? Gehen diese Papiere mich auch an? Ich habe sie noch nie gesehn."

„Das glaube ich gern", entgegnete ich lächelnd. „Der Ghani hat sich wohl gehütet, sie dir zu zeigen. Diese Zeitungsausschnitte enthalten alle den Bericht über dein geheimnisvolles Verschwinden aus Teheran und die Aufforderung des Schah-in-Schah an dich, zurückzukehren. Zugleich sind sie der unanfechtbare Beweis dafür, daß dich Abadilah durch schändliche Lügen in sein Garn gelockt hat."

Der Russe sah mich eine Zeitlang starr, mit weit geöffneten Augen an, als seien ihm meine Worte unverständlich. Alles Blut war aus seinen Wangen gewichen.

„Was — sagst — du —? Die Aufforderung — des Schah-in-Schah — an mich — —? Er hat mich — also wirklich — wirklich — nicht verstoßen — — —?"

Er brachte die Worte vor Aufregung nur stoßweise hervor. Dann kam auf einmal Leben in ihn. Seine Wangen röteten sich, und seine Augen leuchteten in fieberhaftem Glanz.

„Das muß ich lesen — sofort lesen —! Effendi, ich bitte dich, sag nicht, daß dies meinen Augen schaden könne! Sag es nur dies eine Mal nicht! Dann will ich dir wieder gern gehorchen. Aber was mir mein Gebieter, mein geliebter Herr zu sagen hat, das muß ich lesen — mit meinen eignen Augen! Fort auch mit der Brille! Sie würde mich nur stören, und ich könnte am Ende glauben, die Brille habe mich genarrt und es sei alles, alles gar nicht wahr — — —"

Die letzten Worte gingen in ein unverständliches Gemurmel über, und dann — war der Russe für uns nicht mehr zu sprechen. Uns und alles um sich her vergessend, vertiefte er sich in die erste Zeitungsnummer. Ich gab den andern einen Wink, und wir entfernten uns leise. — Der eifrige Leser bemerkte es nicht.

Wir begaben uns auf mein Zimmer. Dort machten wir Licht; ich stopfte die Pfeifen, und Halef bereitete den Kaffee Dann saßen wir beisammen und sprachen — wovon? Nun, die Ereignisse des heutigen Tages lieferten Gesprächsstoff in Hülle und Fülle. Es versteht sich von selbst, daß Halef dabei das große Wort führte und die Hauptkosten der Unterhaltung bestritt. Der Perser hörte schweigsam zu. Aber auf seinem Gesicht lag der Widerschein einer stillen Freude, eines tiefinnern Glücks. Ich wußte, woher dieses Glück kam — das Christentum hatte in ihm einen neuen, begeisterten Bekenner gefunden.

Ich ahnte übrigens, daß uns Werniloff bald aufsuchen werde, um uns zu Zeugen seines Glücks zu machen. Und wirklich — Halef war gerade daran, in begeisterten Worten das Entzücken zu schildern, das er empfand, als seine Haddedihn das Selamlik des Großscherifs stürmten — da klopfte es, und herein trat — — der Münedschi? War das wirklich unser alter, gebrechlicher Freund?

Nein, es schien nicht der Münedschi, sondern ein ganz andrer zu sein, der jetzt strahlenden Antlitzes vor uns stand. Er sah aus, als sei er um viele Jahre jünger geworden. Er trug die Brille nicht mehr; die Augen glänzten in fast jugendlichem Feuer, und seine Stimme klang im Vergleich zu früher viel heller, als er uns jetzt, noch im Stehen, zurief:

„O Allah, was für ein unhöflicher Mensch bin ich doch gewesen! Ich hoffe, ihr werdet es mir verzeihen, daß ich euch gar nicht mehr beachtete. Aber ich konnte nicht anders. O Effendi, heute ist der glücklichste Tag meines Lebens, und mir ist, als wäre ich heute erst zum Leben erwacht. Ich finde keinen Ausdruck für die Freude, die ich empfinde. So selig, wie heute, habe ich mich noch nie, nie in meinem Leben gefühlt. Ja Dschennet, ia Ssurûr — o Himmel, o Freude! Können die Seligen des Paradieses größere Wonne genießen? Fast kann ich es nicht glauben! Und doch — wenn Allah seinen Kindern schon hier auf Erden solche Freuden schenkt, was muß ihrer erst im Jenseits warten!"

Und dann ging es ans Erzählen. Der Münedschi, den ich aber von jetzt an mit seinem eigentlichen Namen, Graf Werniloff, nennen will, wollte natürlich vor allem wissen, wie ich in den Besitz der Papiere gelangt sei. Wie staunte er, als ich ihm sagte, daß er selber durch jene geheimnisvolle Andeutung in der Wüste, von der er indes nichts wußte, mir den Schlüssel in die Hand gegeben hatte. Seine Erzählung von dem „Haus des Gebets", das sich der Ghani in seinem Garten hatte bauen lassen, und das meinen Argwohn erregte, hatte dann den Stein ins Rollen gebracht. Das übrige hatte sich wie von selbst ergeben. Der Lauf der Geschehnisse lag klar vor uns. Um so rätselhafter war jedoch die Quelle, aus der heraus sie sich entwickelten. Um in dieser Beziehung ganz sicher zu gehen, fragte ich den Grafen:

„Sag mir doch, bist du wirklich nie im ‚Haus des Gebets' gewesen?"

„Nein, niemals. Ich sagte dir schon, der Ghani hat das Betreten des Beit es Ssalâ jedem Bewohner des Hauses streng verboten."

„Und der Ghani hat dir auch nie erzählt, wie es darin aussieht?"

„Ebensowenig. Er war in seinen Mitteilungen sehr kurz und sprach mit jedem, auch mit mir, nur das Notwendigste."

„Hast du auch sonst — ich meine, bevor du das Augenlicht verlorst — im Haus des Ghani nie einen blauen Teppich mit goldnen Koransprüchen bemerkt, der dir aufgefallen wäre!"

„Nein. Ich weiß, was du mit deinen Fragen beabsichtigst. Du glaubst, ich hätte einmal eine Beobachtung gemacht, die ich vielleicht später vergessen habe, und dann in der Wüste aus dem Unterbewußtsein heraus gesprochen. Aber ich versichere dir, ich habe nie eine derartige Beobachtung gemacht, und ich verfüge über ein frisches Gedächtnis."

Dabei blieb es, und ich mußte mich damit zufrieden geben, wenn ich auch der Lösung des Rätsels um keinen Schritt nähergekommen war. Die andern gaben sich, den Grafen vielleicht ausgenommen, überhaupt keine Mühe, der Sache nachzuspüren. Sie waren Orientalen und standen als solche der Erscheinung des Übernatürlichen mit größerer Empfänglichkeit gegenüber als der nüchterne, sachlich veranlagte Europäer, der lieber hundert natürliche Erklärungsversuche an den Haaren herbeizieht, nur um der Notwendigkeit zu entgehn, einem Vorgang die Bezeichnung „übernatürlich" geben zu müssen. Warum aber dies? Warum diese Scheu vor dem Übernatürlichen? Warum sträubt sich denn eigentlich der Mensch so sehr gegen die Annahme von Dingen, die sich seiner äußern und innern Erfahrung entziehen? Lebt er denn nicht mitten unter lauter Rätseln und Wundern, ohne sie leugnen zu können, ja, ohne sie leugnen zu wollen, weil er sich an sie gewöhnt hat, obgleich er sie nicht erklären kann? Selbst der Gelehrte kann nur die Kräfte und Erscheinungen der Dinge erkennen, nicht aber das, was diesen Kräften zugrunde liegt; das Wesen der Dinge bleibt ihm verborgen und ein Geheimnis. Um so weniger sollte er dann erstaunt sein, wenn sich einmal etwas ereignet, was ganz aus dem Rahmen der täglichen Erfahrung herausfällt, und wofür sich eine natürliche Erklärung einfach nicht geben läßt. Er soll doch endlich aufhören, krampfhaft eine solche zu suchen und sich damit zufrieden geben, daß eine göttliche Vorsehung über uns wacht, die sogar die Zahl der Haare unsres Hauptes kennt. Und er braucht sich wahrhaftig dieses beseligenden Glaubens nicht zu schämen. Oder ist es vielleicht weniger beschämend und demütigend, mit dem großen Zweifler zu sprechen: Wir wissen es nicht und werden es nicht wissen, als mit dem Mann im Evangelium zu bekennen: Ich glaube, o Herr, hilf meinem Unglauben? Das eine ist nicht minder das Eingeständnis menschlicher Unzulänglichkeit als das andre.

Im Lauf der Unterhaltung fragte ich den Russen, was er nun zu tun gedenke. Er sah mich ein wenig verwundert an und entgegnete:

„Kannst du noch fragen, Effendi? Ich gehe nach Teheran zum Schah-in-Schah! O Allah! Was habe ich alles versäumt! Denke dir nur, zehn Jahre meines Lebens! Wieviel hätte ich in dieser langen Zeit tun, wie hätte ich arbeiten können! Mir wird fast angst bei dem Gedanken an all das Versäumte! Was meinst du wohl Effendi, wird mich der Schah-in-Schah für tot halten?"

„Darauf kann ich dir keine sichere Antwort geben. Es ist möglich, ja wahrscheinlich, daß er dich für tot hält, aber auch das Gegenteil ist gut denkbar. Beachte doch, wie viele Perser nach Mekka kommen! Wie leicht konnte einer dich erblicken, und, da du in Teheran eine stadtbekannte Persönlichkeit warst, deren Verschwinden großes Aufsehen erregte, den Herrscher von deinem Aufenthalt in Kenntnis setzen."

„Und was — was wird dann der Schah unternommen haben?"

„Nichts. Er mußte sich ja sagen, daß dein Verschwinden beabsichtigt gewesen sei, und daß du, nachdem du doch seine Aufforderung zur Rückkehr gelesen haben mußtest, nichts mehr von ihm wissen wolltest."

„Effendi!" Der Greis sah mich erschrocken an. „Für so — undankbar wird mich der Gebieter doch nicht gehalten haben! Und doch — wenn ich es recht überlege — muß ich dir beistimmen. — Der Schah muß sich dies oder ähnliches von mir gedacht haben — — — — Effendi, wann reisen wir ab? Übermorgen — — morgen — —?"

Ich mußte lachen. „So schnell, wie du meinst, werden wir freilich nicht von hier fortkommen. Es sind Dinge vorgefallen, die uns wenigstens noch für einige Tage in Mekka festhalten."

Nun erzählte ich ihm und dem Perser von dem geheimen Gang und der Absicht des Ghani, so viel als ich für gut hielt, ihm zu sagen, und dann — war es wirklich höchste Zeit für uns, die Ruhe aufzusuchen, wenn wir nicht vom Morgen überrascht werden wollten. Es kostete mich einige Mühe, bis ich meine Gäste, die ans Schlafen überhaupt nicht dachten, verabschiedet hatte. Der letzte, der sich empfahl, war Halef. Er stand schon unter der Tür, da kehrte er noch einmal um.

„Sihdi, darf ich dir noch etwas sagen?"

„Ja, wenn es nicht zu lange dauert! Ich möchte schlafen."

„Allah 'âwinak — Gott helfe dir! Wie kannst du noch ans Schlafen denken! Von mir weiß ich gewiß, daß ich heute kein Auge schließen werde; die Erlebnisse des gestrigen Tages gehn mir wie ein Schwarm kribbelnder Chanâfis[1] im Kopf herum. Aber wirst du mich nicht auslachen, wenn ich etwas Dummes sage?"

„Fällt mir nicht ein! Seit wann kennst du mich von dieser Seite?"

„Nun, ich fragte nur so", meinte er entschuldigend. „Weißt du, Sihdi, mir ist gestern mehrmals eingefallen, was Ben Nur im Angesicht von Mekka über das Jenseits gesprochen hat. Er sagte, es sei unmöglich, daß eine Seele, die wie eine Tandschara es Simm[2] bis zum Rand mit Haß und Unversöhnlichkeit angefüllt ist, sich nach dem Tod noch ändere, und anderseits wieder gebe es keinen Grund, anzunehmen, daß die Liebe, die schönste Kraft der Seele, nach dem Tod aufhöre. Habe ich das richtig behalten, Sihdi?"

[1] Mehrzahl von Chunfisse = Kellerassel   [2] Gifttopf

„Ja, nur weiter!"

„Ich habe das damals nicht recht begriffen, aber jetzt ist es mir schon verständlicher, nachdem ich im stillen den Ghani, diesen Maschwi el Dschehennem[1], an dem sich einmal sogar der Scheitan sämtliche Stockzähne ausbeißen wird, mit dem Perser oder dem Münedschi verglichen habe. Allah w'Allah! Welch ein Abstand zwischen ihnen! Sie kommen mir vor, als wenn sie, der Ghani auf der einen Seite und der Russe und der Perser auf der andern, am Rand eines Abgrunds ständen, der aber so breit ist, daß er von keiner Kantara[2] überbrückt werden kann, selbst wenn sie so lang wäre, daß sie von der Erde bis zum Mond reichte. Und da dachte ich mir: wenn es sich so verhält, daß das Jenseits nur eine Fortsetzung des Diesseits ist, bloß in einem unendlich höhern Grad, dann — dann — — dann — — —"

„Nun? Dann — — —" drängte ich.

„Dann ist es doch eigentlich falsch, zu sagen, daß erst nach dem Tod die Ewigkeit, das Jenseits anbricht; dann leben wir ja jetzt schon im Jenseits, dann sind wir jetzt schon von der Ewigkeit umgeben. Wir merken es nur nicht, so wie der Farâsch[3] nichts von der Sonne weiß und sieht, solange er in die Scharnaka[4] eingezwängt ist, und ganz erstaunt mit den Augen blinzelt, wenn er die Hülle gesprengt hat und seine Fittiche zum erstenmal im Licht strahlen läßt. Sihdi, habe ich recht oder nicht?"

„Lieber Halef, das, was du da herausgebracht hast, ist gar nicht so übel, und ich kann dir nur sagen, daß der gleiche Gedanke vor dir schon von großen christlichen Gottesgelehrten ausgesprochen worden ist, nur nicht so volkstümlich wie von dir, lieber Halef! Wenn ich es aber noch nicht gewußt hätte, so wäre ich jetzt durch dich überzeugt worden. Dein Vergleich mit der Puppe hätte mir die Augen geöffnet, und dein mit den Augen blinzelnder Schmetterling hätte mich überwältigt."

„Siehst du, nun lachst du doch über mich! Was kann ich

[1] Höllenbraten [2] Brücke [3] Schmetterling [4] Puppe

dafür, daß es außer mir noch andre kluge Menschen gibt? Aber ich sehe schon, mit einem Menschen, der schlafen will, ist nichts anzufangen; er gleicht einem in sich zusammen gerollten Kunfud[1], an dessen feindlich nach außen gerichteten Stacheln sogar der Gesang der Bülbül[2] wirkungslos abprallt. Darum gehe ich jetzt. Leletak sa'ide — deine Nacht sei gesegnet! Dem Ghani aber wünsche ich — wünsche ich — — nein, die Dschehenna wünsche ich ihm nicht, wenn er sie auch hundertmal verdient, aber dafür — Allah jebarik Leleto bi mitalf Barrhût — Allah beglücke seine Nacht mit hunderttausend Flöhen!"

Mit diesem frommen Segenswunsch ging er, und ich streckte mich zwischen den Kissen aus, um einige Stündchen der Ruhe zu pflegen. Es sollte mir indes nicht so wohl werden. Ich war eben daran, in die Arme des Traumgotts hinüberzuschlummern, da schreckte mich ein lautes Klopfen am Tor auf. Was war das? Wer kam noch zu so später Stunde, und was wollte er von uns? Ich setzte mich auf und horchte. Das Tor wurde geöffnet, und der Klang unterdrückter Stimmen drang zu mir. Dann hörte ich Schritte auf dem Tubtabpflaster der Vorhalle; vor meiner Tür hielten sie an; ein leises, fast schüchternes Klopfen mit den Fingerspitzen belehrte mich, daß der späte Besuch mir gelte. Ich stand auf und öffnete. Vor mir stand der Haddedihn, der die Wache hatte, in der Hand die Siradsch, die tönerne Lampe. Und an seiner Seite erblickte ich — ich traute meinen Augen kaum — 'Aun er Rafiq, den Großscherif in höchsteigener Person, aber in gewöhnlicher Straßenkleidung. Ich fuhr vor Erstaunen einen Schritt zurück, dachte ich doch nicht anders, als daß sich etwas sehr Wichtiges ereignet haben müsse, weil es den Emir in so später Stunde zu mir trieb. Der Ghani fiel mir ein, und ich fragte besorgt:

„Rabbena jihfasak, ia Emir — Gott erhalte dich, Emir! Was ist geschehen?"

Ein verlegnes Lächeln — der flackernde Lichtschein

[1] Igel   [2] Nachtigall

täuschte mich nicht, es war wirklich Verlegenheit — huschte über die Züge des Gefragten:

„Effendi, verzeih, daß ich deinen Schlaf störe! Es ist nichts vorgefallen. Ich konnte nur nicht einschlafen vor Aufregung über das gestern Erlebte, und da dachte ich — da dachte ich — —"

Der Emir hielt inne, als wollte er nicht recht mit der Sprache heraus. Gott sei Dank, es war also nichts Ernstes vorgefallen! Mir fiel ein Stein vom Herzen. Und jetzt kam mir auch zum Bewußtsein, daß ich den hohen Gast noch immer unter der Tür stehenließ.

„Hole den Scheik herbei und sorge für Tabak und Kaffee!" befahl ich dem Haddedihn. Dann machte ich schnell Licht und richtete einen bequemen Sitz für den Großscherif zurecht. Diesem kam es sichtlich gelegen, daß ich den Haddedihn weggeschickt hatte, denn er zögerte nicht länger mit seiner Mitteilung.

„Effendi, du hast gestern davon gesprochen, daß du morgen dem geheimen Gang einen Besuch abstatten wolltest, um zu sehen, wo der obere Ausgang mündet. Und da dachte ich — — da meinte ich — — du könntest diese Untersuchung gleich jetzt beginnen und mich dabei mitnehmen."

Es war heraus, und der Großscherif sah mich nach diesen Worten erwartungsvoll an. Es fehlte nicht viel, so wäre ich laut herausgeplatzt. Der Emir hatte also eine romantische Ader und ging auf Abenteuer aus wie weiland Sultan Harun al Raschid. Daß in seinem Ansinnen eine nicht geringe Rücksichtslosigkeit gegen mich lag, daran schien er nicht zu denken. Er konnte nicht einschlafen, und deshalb hielt er es von seinem Herrenstandpunkt aus für ausgemacht, daß ein andrer auch nicht schlafen könne. Wenn ich ihm auch deswegen nicht zürnen konnte — er war eben ein hoher Herr und mußte anders als ein gewöhnlicher Sterblicher beurteilt werden —, so kam mir doch die Sache ungelegen. Der Plan, den ich mit ihm gestern besprochen hatte, erforderte zwar eine genaue Untersuchung des unterirdischen Gangs, aber doch nicht sogleich und zu dieser Stunde. Ich wollte damit warten, bis ich den Ghani außerhalb seines Hauses wußte und folglich vor einer Überraschung sicher war. Wie nun, wenn er, der wahrscheinlich heute auch eine schlaflose Nacht verbrachte, auf den Gedanken kam, seiner Schatzkammer einen Besuch abzustatten, und uns ertappte? Dann war unser schöner Plan zunichte. Der Ghani würde Mittel und Wege finden, seinen Schwiegersohn zu benachrichtigen, und aus dem Fang wurde nichts. Bewiesen konnte dem Ghani nichts werden, ja er konnte die Tat, die durch unser Dazwischenkommen vereitelt worden war, zu einer spätern, gelegeneren Zeit zur Ausführung bringen. Ich wurde der Notwendigkeit, dem Emir sofort zu antworten, durch den Eintritt Halefs und seines Sohnes enthoben. Im Orient schläft man bekanntlich in den Kleidern, und so hatten sie nicht viele Umstände machen müssen, um sich ihrem hohen Besuch in einem geeigneten Zustand zu zeigen. Die Pfeifen wurden angezündet, und als der Kaffee in den Tassen dampfte, wiederholte der Großscherif seine Bitte.

Wenn ich geglaubt hatte, ich würde bei Halef Unterstützung finden, so hatte ich mich gründlich getäuscht. Halef faßte den Gedanken mit Feuereifer auf. Es schmeichelte seiner Eitelkeit, den hohen Gast in die „Geheimnisse des unterirdischen Mekka" einweihen zu dürfen. Ich erlaubte mir zwar schüchtern einige Bedenken vorzubringen, aber umsonst — ich wurde einfach überstimmt. Der Großscherif sagte vorwurfsvoll:

„Effendi, du wirst mir nicht zumuten wollen, die Rolle des untätigen Zuschauers zu spielen, wo es sich doch um meine Sicherheit handelt. Soll ich das ganze Verdienst dir und deinen Haddedihn überlassen und dabei die Hände in den Schoß legen? Soll man später von 'Aun er Rafiq sagen müssen, er war zu feig, um auch nur einen Finger bei dem Rettungswerk zu rühren, sondern hat andre, und noch dazu ganz Fremde für sich arbeiten lassen? Nein, diesen Vorwurf kann ich nicht auf mich laden. Es ist ohnehin für den Beherrscher von Mekka beschämend genug, daß er von allem, was vorging, keine Ahnung hatte, während du, der Christ, nur den Fuß nach Mekka zu setzen brauchtest, um das Gewebe der Schändlichkeit und Hinterlist zu durchschauen und Dinge zu erfahren, von denen kein Mensch in Mekka etwas wußte. Also erweise mir den Gefallen und nimm mich mit!"

„Was wollte ich tun? Nun, schließlich war ja nicht ich es, dessen Stellung und Leben in Frage stand, und wenn die Sache schiefging, so traf mich wenigstens keine Verantwortung. Deshalb machte ich gute Miene zum bösen Spiel und sagte ja. Ich bestimmte, daß nicht nur Halef, sondern auch Kara uns begleiten solle, der wieder den Sicherheitsposten beim Haus des Ghani übernehmen mußte. Außerdem wollten wir diesmal die nötigen Wachsfackeln selber mitnehmen, damit der Ghani nicht infolge Verringerung seines Vorrats Verdacht schöpfte.

Die wenigen Vorbereitungen waren schnell getroffen; dann machten wir uns auf den Weg. Der Mond warf sein Silberlicht auf den Gipfel des Abu Kubes und in den Tempelhof und ließ die große schwarze Masse der Kaaba, die mit ihrem oberen Teil die Moschee überragte, gespenstisch hervortreten. Die Straßen waren menschenleer bis auf wenige „Andächtige", die in den Eingängen der Moschee herumlungerten. Um nicht bemerkt zu werden, mußten wir uns in den Schatten der gegenüberliegenden Häuser drücken. Denn es hätte berechtigtes Aufsehen erregt, wenn jemand den Großscherif erkannt hätte, und daran konnte uns begreiflicherweise nichts liegen. Als wir an der Moschee vorüber waren, durchschritten wir einige stockfinstere Gassen und standen bald hinter der Gartenmauer, die das Besitztum des Ghani umschloß, an der gleichen Stelle wie gestern früh.

Bis jetzt war alles gut gegangen. Ich war begierig, wie sich der Emir beim Übersteigen der Mauer anstellen werde. Er war indes Feuer und Flamme und machte seine Sache gar nicht so übel. Nach zwei Minuten standen wir drüben im

Garten. Nun galt es äußerste Vorsicht. Im Schatten der Bäume schlichen wir auf das Beit es Ssalâ zu. In seiner Nähe angekommen, mußten die Gefährten zurückbleiben, während ich allein bis an die Außenmauer des Gebäudes vordrang. Zunächst richtete ich meine Aufmerksamkeit auf die Kuppel. Da oben war alles finster. Das gab mir die Überzeugung, daß im Innern des Häuschens kein Licht brannte, den sonst wäre der Schein durch die oben angebrachten Öffnungen wahrzunehmen gewesen. Dann drückte ich leise die Klinke der Tür nieder; sie war verschlossen, es war also niemand im Innern. Zur größern Sicherheit spähte ich noch die Rückseite des Hauses ab, bemerkte aber nirgends einen Lichtschein. Wenn der Ghani wirklich noch wach war, befand er sich jedenfalls in einem auf der Straßenseite gelegenen Zimmer. Nun begab ich mich zu meinen Gefährten zurück, die meiner in Ungeduld harrten, und gab ihnen leise die nötigen Verhaltungsmaßregeln. Kara Ben Halef entfernte sich auf seinen alten Lauscherposten, und wir drei huschten auf den Gartenbau zu, wo ich mich sofort mit der Türklinke beschäftigte, dabei aber jedes Geräusch möglichst vermied. Denn es war immerhin möglich, daß der Ghani sich weder im Haus noch in der Laube, sondern im unterirdischen Gang befand, so daß ein verräterischer Laut ihn herbeirufen konnte. Es gelang mir auch jetzt wieder nach kurzer Zeit, daß Schloß zu öffnen, und wir traten ein, schlossen jedoch sofort wieder hinter uns die Tür. Halef entzündete eine Wachsfackel, und bei ihrem Licht bemerkte ich, daß meine Besorgnis unbegründet gewesen war. Die Decken lagen an Ort und Stelle, es war alles noch so, wie wir es gestern verlassen hatten. Ein Blick auf die Fackeln in der Nähe belehrte mich, daß der Ghani seit unserm Besuch nicht hiergewesen war. Ich hatte sie gestern früh beim Gehn gezählt, und sie waren alle noch da und unberührt.

Nun entfernte ich den blauen Teppich, so daß der Marmorboden bloßgelegt wurde und hob mit Hilfe Halefs die Verschlußplatte des Schachts in die Höhe. Der Großscherif folgte

jeder unsrer Bewegungen mit gespannter Aufmerksamkeit.
Dann betrat ich, eine angezündete Fackel in der Rechten, die
erste Sprosse der abwärts führenden Leiter und winkte dem
Emir, mir zu folgen. Halef machte den Schluß. Unten wartete
ich auf die andern, worauf ich die Richtung nach dem Innern
des Bergs einschlug. Der Großscherif folgte dicht hinter
mir und ließ sich dabei von Halef ausführlich erzählen, wie
uns die Entdeckung des Gangs gelungen war. Dabei mußte
er auch naturgemäß auf den blauen Gebetsteppich zu sprechen
kommen und auf die Papiere, die wir darin gefunden hatten.
Ich hatte gestern nacht davon keine Erwähnung getan, als
ich dem Großscherif die Verschwörung des Ghani enthüllte,
weil es nicht unmittelbar zur Sache gehörte. Um so erstaunter
gebärdete sich der Emir jetzt. Ein „Maschallah" und „Allah
akbar" folgte dem andern, und als wir die Stelle erreichten, wo der Gang nach rechts abzweigte, und ich nach einer
kurzen Bemerkung Miene machte, der Hauptrichtung zu folgen, hielt er mich am Arm fest und rief mit vor Erregung ge-
rötetem Gesicht:

„Wakkif — halt ein, Effendi! Warte nur einen Augenblick!
Ich muß dir etwas sagen, was ich dir oben nicht anvertrauen
könnte, weil es niemand zu hören braucht als nur du und der
Scheik der Haddedihn. Effendi, ich schäme mich! Ja, ich
schäme mich vor euch und ganz besonders vor dir! Du, ein
Christ, ein vollständig Fremder, tust hier so bekannt und vertraut, als ob du dich in deinem Eigentum befändest, und ich,
der doch in erster Linie darum wissen sollte, bin so unwissend
wie ein Schulknabe. Nicht wahr, dieser Gang wurde von einem
meiner Vorfahren gebaut, damit er sich in Zeiten der Not und
Gefahr in Sicherheit bringen könnte? Er ist von ihm vielleicht
unter ungeheuren Mühen und Kosten angelegt worden, und
er dachte dabei nicht nur an sich, sondern auch an seine Kinder
und Kindeskinder — die Wände aus Granit, die für eine Ewigkeit berechnet zu sein scheinen, sagen es deutlich genug. Und
was wußten seine Enkel und Urenkel mit diesem Vermächtnis,

mit diesem unvergleichlich wertvollen Erbe, von dem unter Umständen ihr Leben abhängen konnte, anzufangen? Nichts, gar nichts! So wenig, daß sie es ganz und gar vergaßen! Ist es da zu verwundern, daß die Waffe, die in den Händen der Erben als vortreffliches Verteidigungsmittel gedient hätte, in andre Hände überging und schließlich von einem gewissenlosen Schurken gegen den Urenkel desjenigen gerichtet wurde, der damit seinen Nachkommen und in ihnen der heiligen Stadt eine Wohltat zu erweisen gedachte? Da kamst du, der Fremde, der Christ, und als solcher der erklärte Feind des Islam, der jetzt und hier in meiner Person verkörpert ist, und öffnest mir die Augen. Du zeigtest mir die ungeheure Gefahr, in der mein Leben schwebte, und nicht nur meines, sondern auch das Leben vieler, deren Schicksal unzertrennlich mit dem meinigen verknüpft ist. Und indem du meine Rettung bewirktest, hast du vielen, vielen anderen, hast du der ganzen Stadt eine Wohltat erwiesen, von deren Größe nicht einmal du selbst eine Ahnung hast. Ich mag es gar nicht ausdenken, welches Unheil entstanden wäre, wenn es diesem Scheusal gelungen wäre, an meiner Stelle den geheiligten Thron der Scherifen zu besteigen. Und du, Effendi, hast dieses Unheil, dieses drohende Gespenst, diese Ausgeburt der Dschehenna, beschworen und unschädlich gemacht! Was bist du doch für ein Mensch! Du bist ein Tausendkünstler, ein Hexenmeister!"

„Das bin ich nicht", lachte ich. „Ganz und gar nicht! Ich bin ein schlichter Mensch, nicht besser und nicht schlechter als tausend andre!"

„Aber du weißt doch alles, alles!"

„Sage doch das nicht, Emir! Nur einer weiß alles — Allah, der Allwissende. Es geht mir auch hier nicht besser als jedem andern Menschen: ich kann nur das wissen, was ich von andern gehört, oder was ich sonstwie erfahren habe. Es ist jetzt nicht die Zeit und Gelegenheit, dir alle Zusammenhänge zu erklären, ich muß dies für später aufheben. Aber wenn du alles wissen wirst, Emir, dann wirst du auch erkennen, daß ich in der ganzen Angelegenheit am wenigsten zu bestimmen hatte. Doch jetzt wollen wir weitergehen! Wir haben keine Zeit zu verlieren. Du weißt, ich traue dem Ghani nicht."

Wir setzten den unterbrochenen Weg fort und stiegen an der Mündung des uns von gestern her bekannten Seitengangs vorbei die Treppe weiter empor. Ich hatte von da an, wo wir halten geblieben waren, wenigstens fünfhundert Stufen gezählt, da hörte endlich der Gang auf. Das heißt, die Stufen führten freilich noch weiter, um schließlich in die Decke des Gangs überzugehen, aber ich selber konnte nicht weiter, wenn ich meinen Kopf nicht in unsanfte Berührung mit der Decke bringen wollte. Da oben also war der Ausgang zu finden? Aber wie? Ich leuchtete mit der Fackel die Decke ab, und siehe da, ich brauchte nicht lange zu suchen. Gerade über mir, in dem Granitquader, der wie eine Falltür den Gang abschloß, war ein schwerer, eiserner, jetzt allerdings verrosteter Ring angebracht. Während meiner Reisen waren mir schon die verschiedensten Verschlüsse vorgekommen, von denen mir keiner auf die Dauer widerstanden hatte, und so hoffte ich, auch diesmal hinter das Geheimnis zu kommen. Ich zog mit aller Kraft am Ring — nichts! Ich suchte ihn zu drehen — wieder nichts; der Stein rührte sich nicht. Ich probierte es mit Drücken — der Stein bewegte sich nicht. Aber vielleicht lag die Schuld daran, daß ich zu wenig Kraft anwandte. Ich stemmte also die Schultern gegen die Decke — el Hamdulillah, es ging! Der Stein hob sich, und es bildete sich eine schmale Lücke, durch die eine Wolke von Staub auf mich eindrang. Indem ich die Füße langsam nachsetzte, erweiterte sich die Spalte immer mehr, bis zu meiner Verwunderung die Last plötzlich von selber von meinen Schultern wich. Es war, als hätte eine Riesenfaust den Stein gepackt und in die Höhe gehoben. Ich hörte seitwärts ein dumpfes Geräusch wie von einem schweren Fall und blickte dann über mir in ein einen Meter im Geviert messendes, finster gähnendes Loch. Halef, der das Geräusch auch gehört hatte, aber von seinem Standpunkt aus nicht sehen konnte, was geschehen war, fragte besorgt:

„Sihdi, wie steht die Sache? Ist dir etwas zugestoßen?"

„Nein, sei unbesorgt! Ich habe soeben die Tür aufgesperrt."

„Die Tür aufgesperrt? El Hamdulillah — Allah sei Dank, daß wir endlich aus diesem Maulwurfsgang herauskommen! Nun aber schnell hinauf und hinaus!"

Ich befand mich bei diesen Worten schon nicht mehr im Gang, sondern in einem großen, hohen, vollständig leeren, kellerartigen Raum. Im Hintergrund führte eine schmale, steile Treppe hinan, von wo aus man durch eine Tür ins Freie gelangte. Fenster im eigentlichen Sinn waren nicht vorhanden, sondern nur einige kleine Luftlöcher, die hoch oben an der einen Längswand unmittelbar unter der Decke angebracht waren. Diese Beobachtungen machte ich allerdings nicht sofort, weil der Fackelschein nicht so weit reichte, sondern erst später, als ich den Raum einer eingehenden Untersuchung unterwarf. Zunächst wandte ich meine Aufmerksamkeit dem Verschluß des Loches zu, dem soeben der Emir und Halef entstiegen. Ein kurzer Blick belehrte mich, daß es sich um eine ebenso einfache wie sinnreiche Einrichtung handelte. Halef blickte wie suchend am Boden umher und fragte dann verblüfft:

„Maschallah, Sihdi! Wohin ist denn der Verschlußstein des Gangs gekommen? Ich sehe ihn ja gar nicht. Er ist doch nicht von einem Dschinn durch die Luft davongetragen worden?"

„Nein", lachte ich, „das allerdings nichts. Strenge nur deine Augen und deinen Verstand ein wenig an, dann wirst du das Richtige von selbst herausfinden."

„Meine Augen? Nun, ich verstehe sie doch zu gebrauchen; diesmal sehen sie aber wirklich nichts. Und was meinen Verstand betrifft, so weißt du ja, Sihdi, daß die Länge des deinigen der Breite des meinigen überlegen ist. Habe also die Güte und gib mir keine Rätsel auf! Du kennst mich doch und weißt, daß ich es vorziehe, den bockbeinigsten Klepper zu reiten, als mich mit der Lösung von Rätseln abzuschinden."

Auch der Emir zweifelte, er konnte sich die Sache nicht erklären.

„Halef, siehst du den Ring an der Wand und den viereckigen Stein, in den er eingelassen ist? Das ist der Verschlußstein."

„Unmöglich, Sihdi! Dieser Stein gehört zur Mauer. Das sieht man doch ganz deutlich."

„Du irrst, das scheint nur so. Ich will dir die Sache erklären. Die Wände und der Boden dieses Raum bestehen, wie du siehst, aus Granitplatten. Hier nun bildet die waagrechte Bodenplatte, zugleich der Verschlußstein des geheimen Gangs, und das angrenzende senkrechte Wandstück nicht wie sonst zwei verschiedene, sondern ein einziges, zusammenhängendes, aus einem Granitblock herausgearbeitetes Stück, das da, wo die beiden Flächen rechtwinklig aufeinanderstoßen, mit Hilfe einer Achse in einem festen Lager liegt, so daß das Ganze wie eine Doppeltür in Angeln hin und her bewegt werden kann. Und ich habe das Öffnen einfach dadurch bewerkstelligt, daß ich den Schwerpunkt verlegte."

Halef sah mich mit offenem Mund an; sein Gesicht bildete ein einziges großes Fragezeichen, ging aber im nächsten Augenblick in ein zorniges Ausrufzeichen über.

„Du hast —— den —— Schwerpunkt ——— verlegt — ——? Sihdi, habe doch die Gewogenheit und rede so, daß man dich verstehen kann! Was soll das heißen? Was willst du damit sagen, daß du den Schwerpunkt verlegt hast? Soll das vielleicht heißen, daß du jetzt selbst nicht mehr weißt, wohin du ihn gelegt hast? Dann mute mir aber ja nicht zu, daß ich ihn suchen soll! Ich habe ihn nicht verlegt. ich werde ihn auch nicht suchen, selbst den Fall angenommen, daß er zu finden wäre. Denn wer soll es fertigbringen, einen Punkt zu finden, den du, der kluge, weise Sihdi, verlegt hast! Und nun gar einen Punkt, der doch, wie ich aus der ʻIlm el Kitâbe, aus der Kunst des Schreibens, weiß, nicht einmal so groß ist wie der Kopf einer Dabbûse[1]! Wenn dieser Nukta et Tikl[2] so notwendig ist, daß ohne ihn das Öffnen nicht möglich ist, so hättest du eben besser darauf achtgeben sollen. Allah bewahre deinen Verstand, damit ihm nicht die so notwendige Länge abhanden komme, so daß die Breite des meinen in die entstandne Lücke einspringen müßte. Ich muß dir aufrichtig gestehen, ich würde mich mit sämtlichen Händen und Füßen gegen die Zumutung wehren, etwas finden zu müssen, was du selber verlegt und also verloren hast."

„Beruhige dich, Halef! Wir wollen den verlegten Schwerpunkt gleich wieder zur Stelle haben. Begib dich nur auf die andre Seite und hilf mir am Ring ziehen!"

Mit vereinten Kräften gelang es uns leicht, den Stein in Bewegung zu setzen. Langsam löste er sich aus der Mauer und legte sich auf die Mündung des Gangs. Zugleich erschien von rückwärts in der Wand ein andrer dem ersten vollständig gleicher Stein und füllte die neu entstandene Mauerlücke aus. Die beiden Verschlußsteine fügten sich so genau und lückenlos an ihre Nachbarn an, daß jetzt nur ein scharfes Auge etwas bemerkt hätte, und zwar auch nur dann, wenn die Aufmerksamkeit des Betreffenden auf diese Stelle gerichtet worden wäre. Der Emir und Halef stießen Rufe der Verwunderung aus, ich aber fuhr in der unterbrochenen Erklärung fort:

„Will jemand vom Gang her in diesen Raum eindringen, so genügt ein starker Druck von unten auf den Verschlußstein. Dieser wird gehoben, zugleich senkt sich aber auch das Wandstück nach innen, bis es das Übergewicht bekommt und im Fall das Stück der Bodenbedeckung ganz in die Höhe zieht. Das gleiche ist der Fall, wenn man von oben aus in den Gang eindringen will. Natürlich muß dann der Druck auf den Wandstein ausgeübt werden. Das meinte ich, als ich sagte, ich hätte den Schwerpunkt verlegt."

„Allah kerîm — Gott ist gnädig, und ich bin dumm ge-

[1] Stecknadel   [2] Punkt der Schwere

205

wesen! So also ist die Sache, so! Allerdings klug, wirklich klug ausgedacht! So klug, daß ich zweifle, ob ich auf diesen Gedanken gekommen wäre. Du aber, Sihdi, bist noch klüger, weil du der ganzen Heimlichkeit auf den Grund gekommen bist. Was ist jetzt zu tun: Wir wissen jetzt, wo der Gang mündet und können unsre Maßregeln danach treffen. Kehren wir wieder durch dieses Tor der Pfiffigkeit zurück oder suchen wir einen andern Ausweg?"

„Wir müssen zur Rückkehr den Gang wählen, schon deshalb, weil uns Kara durch ihn zurückerwartet, und weil wir im Beit es Ssalâ wieder alles in Ordnung bringen müssen — des Ghani wegen. — Emir, kennst du den Raum, in dem wir uns befinden?"

Der Großscherif sah sich prüfend um und erwiderte nach einer Weile der Überlegung:

„Dieser Keller gehört zum hintersten Teil der Festung, der am meisten der Stadt abgewandt ist."

„Weißt du das bestimmt, oder ist es nur eine Vermutung?"

„Ich vermute es. Dieser Keller ist unbenützt, und die unbenützten Räume, deren es nicht wenige gibt, liegen zumeist hinten."

„Und glaubst du, daß du dich morgen nacht hierherfinden wirst, ohne lange suchen zu müssen?"

„Ich hoffe es. Die Kasematten sehen sich zwar alle sehr ähnlich, indes — —" Er blickte nachdenklich zu Boden und fuhr dann lebhaft fort: „Ich werde sofort wissen, woran ich bin. Warte einen Augenblick, Effendi!"

Damit wandte er sich in der Richtung der emporführenden Treppe.

„Halt, Emir! Wohin willst du?"

„Ich will mir diesen Raum von außen ansehen."

„Was fällt dir ein! Wenn du nun von einem Posten gesehen würdest!"

„Sei ohne Sorge! In diesem Teil der Festung stehen keine Wachen, aus dem einfachen Grund, weil es hier, wie du ja selbst siehst, nichts zu bewachen gibt. Die Kasematten auf dieser Seite sind alle leer."

„Emir, willst du nicht lieber mir — — —"

Der Großscherif unterbrach mich lächelnd. „Effendi, hast du nicht zuvor gesagt, daß du in der ganzen Angelegenheit am wenigsten zu bestimmen hattest? Soll ich glauben, daß du damit nicht die Wahrheit gesprochen hast? Laß mir doch auch ein wenig freie Hand! Du wirst sehen, ich bin gleich wieder da. Und wenn ich auch wirklich entdeckt werden sollte, was liegt daran? Ich bin der Großscherif und habe das Recht, die Festung zu betreten, wann es mir gefällt."

Das war allerdings richtig, und so gab ich denn meine Zustimmung, schärfte ihm aber ein, daß im Fall der Entdeckung der geheime Gang nicht zur Sprache kommen dürfe. Er müsse unter allen Umständen Geheimnis bleiben, und es sei seine Sache, wie er seine Anwesenheit auf der Burg zu dieser Stunde begründen wolle. Ich bestimmte als äußerste Frist zehn Minuten, die zur Erkundung genügen mußten, und erklärte kurz und bündig, wir würden, wenn er nach Ablauf dieser Frist nicht wieder an Ort und Stelle sei, annehmen, er sei gesehen und angehalten worden, und die Rückkehr ohne ihn durch den Gang antreten.

Der Emir setzte sein sorglosestes Lächeln auf, als er sich entfernte. Er stieg rasch die enge Steintreppe empor und war im nächsten Augenblick verschwunden. Ich hatte eigentlich erwartet, daß die Tür verschlossen sein werde, und die Erfahrung des Gegenteils erfüllte mich nicht gerade mit Hochachtung vor dem militärischen Geist der Besatzung. Aber ich blieb dennoch nicht ohne Besorgnis zurück und zählte die Minuten bis zum Wiedererscheinen des Emir.

Zum Glück erwiesen sich meine Bedenken diesmal als unbegründet. Es fehlten nämlich von den vereinbarten zehn Minuten noch vier, da kehrte der Großscherif zurück. Er war guter Dinge und erklärte, daß er sich jetzt über die Lage des Raums, in dem wir uns gegenwärtig befanden, eine genügende Kenntnis verschafft habe, um morgen nacht nicht irrezugehen. Ich hatte keinen Grund, an dieser Behauptung zu zweifeln, weil er jedenfalls zu wiederholten Malen auf der Zitadelle gewesen war und deshalb die Örtlichkeit kannte.

Der Zweck der nächtlichen Erkundung konnte demnach als erreicht gelten, und ein längeres Verbleiben an diesem Ort war überflüssig, ja gefährlich. Deshalb zündeten wir neue Fackeln an und verließen den Ort, sorgten aber vorher dafür, daß weder außerhalb noch innerhalb des „Tors der Pfiffigkeit" Spuren unsrer Anwesenheit zurückblieben. Das übrige war nur eine Wiederholung von gestern früh und deshalb nicht schwer, aber ich stieß doch einen Seufzer der Erleichterung aus, als nach Schließung der Tür des Beit es Ssalâ Kara Ben Halef uns mitteilte, es habe sich keine Seele im Garten sehen lassen. Während des ganzen von meiner Seite aus unfreiwilligen Ausflugs war mir nicht ganz wohl zumute gewesen, und öfters war es mir, als müsse hinter der nächsten Ecke das Gesicht des Ghani auftauchen. Als wir die Mauer überstiegen hatten, trabten wir in eiligen aber nicht auffälligen Schritten der Sukak el Hadschar zu. Vor unserm Haus angekommen, wollte ich weitergehen, der Großscherif blieb jedoch stehen und sagte:

„Effendi, ich danke dir! Aber die wenigen Schritte nach Haus kann ich ohne Begleitung machen. Und was den Scherif Abadilah betrifft, so sehe ich erst jetzt, nachdem ich mich von der Wahrheit deiner Worte selbst überzeugt habe, die Gefahr in ihrem vollen Umfang, in der ich schwebte. Ich weiß augenblicklich noch nicht, wie ich dir und euch allen danken soll, aber — —"

„Sprich nicht von Dank, Emir", unterbrach ich ihn, „sondern sorge dafür, daß alles genau so ausgeführt wird, wie wir gestern miteinander besprochen haben. Es bleibt doch dabei, daß meine Haddedihn den Schlag gegen den Ghani ausführen sollen?"

„Selbstverständlich! Du hast mir ja die Augen darüber ge-

öffnet, daß es gefährlich ist, mich meinen eignen Leuten anzu-
vertraun."

„Und du wirst auch dem Pascha auf die Seele binden, daß er
seine Anordnungen so trifft, daß keiner seiner Leute erraten
kann, worum es sich handelt?"

„Ich werde mein möglichstes tun, vorausgesetzt, daß
Szafwet Pascha wirklich an der ganzen Sache unschuldig ist."

„Darüber darfst du vollkommen beruhigt sein, der Pascha
weiß wirklich nichts davon. Stünde er mit dem Ghani im Einvernehmen, so hätte dieser seinem Plan eine ganz andre Gestalt
gegeben."

„Taijib — nun gut! Ich will es glauben und dem Pascha
vertraun, obgleich ich dir auch jetzt wieder gestehen muß,
daß ich die ganze Sache am liebsten ohne ihn gemacht hätte.
Aber ich kann mich deinen Gründen nicht verschließen, daß
es besser sei, ihn ins Vertrauen zu ziehen. — Hast du mir noch
etwas zu sagen, Effendi?"

„Nein."

„Dann kann ich für heute Abschied nehmen. Sollte sich
etwas Unvorhergesehnes ereignen, was unsern Plan gefährden
könnte, so werde ich einen Weg finden, dir geheime Botschaft
zugehenzulassen. Allah jebârik fik — Allah segne dich,
Effendi!"

Der Emir gab einem jeden von uns die Hand, dann ging er.
Wir sahen ihm nach, bis seine Umrisse im Dunkel verschwanden, worauf auch wir uns zur Ruhe begaben, diesmal jedoch,
ohne ein zweites Mal gestört zu werden. Ich legte mich mit
einem Gefühl großer Erleichterung nieder. Die Falle, die der
Ghani dem Großscherif bereitet hatte, war geöffnet — für den
Ghani! Würde er hineingehen und darin hängenbleiben? Die
übernächste Nacht würde es offenbaren. Jedenfalls, und mit
diesem Gedanken schlief ich ein, war von unsrer Seite nichts
versäumt worden, was zum Gelingen unsres Plans beitragen
konnte. Allah jakûd kull il nihâje taijibe — Gott möge alles
zu einem guten Ausgang führen!

7. Gespenster der Nacht

Wer sich um die Mitternachtszeit des folgenden Jôm es Hadd[1] in der Nähe des Hauses des Ghani aufgehalten hätte, der hätte Dinge bemerken können, die in ihm, falls er Neigung zum Aberglauben besaß, die Überzeugung erwecken konnten, daß die Geister des in der Nähe befindlichen Friedhofs Es Schebêka ihre Gräber verlassen hatten, um sich hier ein Stelldichein zu geben, und er hätte wahrscheinlich die Kapuze seines Haik schaudernd über sein Haupt gezogen und mit einem entsetzten „Allah bewahre mich vor dem gesteinigten Teufel" die Flucht ergriffen.

Tatsächlich lag auch in den Vorgängen, die sich in den nächsten Stunden in der Nähe und im Innern des Dschebel Abu Kubes abspielten, etwas Geisterhaftes, welcher Eindruck durch die späte Stunde und durch das tiefe, lautlose Schweigen, in dem fast alles geschah, noch erhöht wurde.

Der Mueddin auf dem größten Minarett der Moschee Haram hatte soeben die Gebetbretter zum Ula, dem ersten Gebet nach Mitternacht geläutet, da lösten sich aus dem Schatten der Gartenmauer hinter dem Haus des Ghani zehn dunkle Gestalten, die sich lautlos, wie Schlangen, über die Mauer schwangen und mit einem leisen, kaum hörbaren Rascheln unter den Bäumen in der Nähe des Beit es Ssalâ verschwanden. Dann war von ihnen eine Stunde lang nichts mehr zu hören und zu sehen. Nach dieser Zeit bewegte sich vom Haus her eine in einen weißen Burnus gekleidete Gestalt, deren Haupt von einem Haik von gleicher Farbe verhüllt war. An der Tür des Gartenhauses machte sie sich kurze Zeit zu schaffen, dann verschwand sie in seinem Innern. Für einige Minuten fiel durch die Kuppelöffnungen ein matter Lichtschein nach außen, dann war auch dieser weg, und alles war wieder ruhig und still wie zuvor. Doch halt! Schlich da nicht ein dunkler Schatten bis an die Tür und blieb dort lauschend eine Weile stehen? Dann hob er die Hand,

[1] Sonntag

und auf dieses Zeichen huschten die neun andern Gespenster herbei und folgten dem ersten durch die Tür, die nur eingeklinkt war, ins Innere des Häuschens. Dann umfing wieder die ursprüngliche friedliche Stille den Garten und das geheimnisvolle Gebäude in seiner Mitte.

Vielleicht tausend Schritte weiter oben am Abhang des Dschebel Abu Kubes „spukte" es ebenfalls. Am obern Rand des Ruinenfelds hinter Steintrümmern und Mauerresten hervor glühten zehn Paar Augen und musterten scharf das unter ihnen liegende Gelände. Bis Mitternacht regte sich nichts. Aber dann kam es herbeigehuscht, einzeln und in kleineren Gruppen, in kürzern und in längern Zwischenpausen, bis die unsichtbaren Beobachter an die vierhundert zählten, die, hell beleuchtet von der über dem Dschebel Abu Kubes stehenden Mondscheibe, an einer bestimmten Stelle eng zusammengedrängt kauerten. Diese letztern benahmen sich übrigens ziemlich unbesorgt. Nicht daß sie laut geworden wären, aber es war ihnen anzumerken, daß sie sich für vollständig sicher hielten. Wer sollte auch um diese Stunde in der Nähe sein, so daß er Zeuge ihres das Licht des Tags scheuenden Treibens hätte werden können? Manchmal drang sogar der Laut eines geflüsterten Worts hinauf zu den unbeweglich Lauschenden, die sich im Gegensatz zu den unten befindlichen ängstlich bemühten, ihre Anwesenheit zu verbergen und besonders von unten aus nicht gesehen zu werden. Ihre Geduld wurde auf eine harte Probe gestellt. Die Geisterstunde war längst vorüber, und auch die zweite Morgenstunde war fast vergangen, als endlich unten eine größere Bewegung entstand; alles drängte zu einem bestimmten Punkt, wo eine Öffnung vorhanden sein mußte, denn nach fünf Minuten war von der ganzen Geisterversammlung keiner mehr zu sehen, sie hatte es nicht einmal für gut befunden, eine Wache zurückzulassen.

Da erhob sich oben hinter einem Stein ein kleines Gespenst und eilte in flinken Sprüngen zwischen den Mauerresten den Abhang hinunter auf die Stelle zu, wo soeben die vierhundert verschwunden waren. Neun andre Gespenster folgten ihm ebenso behend auf dem Fuß nach. An der betreffenden Stelle angekommen, entwickelten sie eine fieberhafte Tätigkeit. Schwere Balken, die sie mitgeschleppt hatten, wurden zwischen den Boden und ein bestimmtes Mauerstück fest eingekeilt. In einigen Minuten war diese Arbeit geschehen, und dann vollführte das obenerwähnte kleine Gespenst einen Luftsprung, den man ihm bei seiner winzigen Gestalt gar nicht zugetraut hatte, und der auch nicht recht passen wollte zu dem würdevollen Benehmen, das man von einem nachtwandelnden Gespenst erwarten sollte. Dann brach es in einem ebenfalls wenig geisterhaft klingenden Jubelruf aus, aus dem zu schließen war, daß es zu Lebzeiten wohl arabischer Abstammung gewesen war, und fügte dann in lautem, frohen Ton hinzu:

„El Hamdulillah — Allah sei Dank! Die Falle ist zugeklappt, und wir haben sie gefangen, die Maulwürfe, die Söhne und Enkel von Mäusen und Mäuseahnen und die Urenkelsnachkommen von armseligen Regenwurmgroßvätern! Laßt sie nicht mehr heraus, ihre Söhne von Helden und ihr Enkel von Heldenvätern! Laßt sie nicht heraus, bis ihre vor Angst schwitzenden Seelen aus den Leibern fahren und an der Decke und den Wänden dieser unbezahlbaren Fachch el Chuldat[1] herumkrabbeln, um Löcher zu suchen, in denen sie sich verkriechen können." — —

Und noch anderswo „spukte" es, nämlich in und vor dem unterirdischen Keller der Qal'at Dschijâd, nur mit dem Unterschied, daß es diesmal sehr ruhebedürftige Gespenster zu sein schienen, denn sie hatten Decken mitgebracht, die sie auf dem Hof vor dem Keller ausbreiteten und auf denen sie sich niederließen, während zwei besonders unternehmungslustige Geister die Kellertreppe hinunterstiegen und es sich in einem Winkel so bequem als möglich machten. Dann löschten sie die Fackel aus, die ihnen beim Herabsteigen geleuchtet hatte, und harrten in Ruhe der Dinge, die da kommen sollten. — —

[1] Maulwurfsfalle

Ich hoffe, der aufmerksame Leser wird sich durch diese Spukgeschichte nicht in seiner Behaglichkeit stören lassen, sondern längst erraten haben, wer die verschiednen Gespenstergruppen waren, die da nächtlicherweile ihr Wesen trieben. Bevor ich aber in der Erzählung fortfahre, will ich kurz nachholen, was sich in den letzten beiden Tagen ereignet hatte.

Der Jôm es Sabt[1] und Jôm el Hadd[2] waren ziemlich ruhig verlaufen. Der Grund hierfür war allerdings mehr bei uns zu suchen, weil wir uns meist zu Haus hielten. Die Kunde von dem Geschehenen hatte sich, wie ich erwartet, mit Windeseile in der ganzen Stadt verbreitet, und die Folge davon war, daß unser Haus von früh bis spät von einer neugierigen, orientalisch zudringlichen Masse von Menschen belagert wurde. Es schien, als ob das halbe Mekka sich in der „Steingasse" ein Stelldichein gegeben habe, um, wenn nicht mehr, so doch wenigstens das Haus in Augenschein zu nehmen, wo die merkwürdigen Menschen hausten, über die so Seltsames berichtet wurde. Die meisten hofften wohl auch im stillen, daß es ihnen gelingen werde, den kühnen Naßrâni vor Augen zu bekommen, der das offenbare Wohlwollen des Großscherifs erworben hatte, während die Frechsten und Zudringlichsten es sich in den Kopf gesetzt zu haben schienen, nicht eher vom Platz zu weichen, bis sie sich mit eignen Augen vom größten Wunder des Tags, dem blinden und plötzlich wieder sehend gewordenen Münedschi überzeugt hätten. Mir konnte es freilich nicht einfallen, mich andern zur Zielscheibe ihrer Neugier herzugeben. Der Graf war jedoch andrer Meinung. Er sagte:

„Warum soll ich mich nicht sehen lassen, Effendi? Mir schadet es nichts, und euch, besonders dir, kann es nur nützen, wenn die Mekkaner aus meinem Mund die Wahrheit hören. Laß sie also nur kommen!"

Und sie kamen! Zuerst bat ein Dutzend schon bejahrter Männer, den Greis sehen zu dürfen. Sie gaben an, sie hätten ihn schon gekannt, als er noch sehend war, und er müsse sich

[1] Sonnabend   [2] Sonntag

213

ihrer noch erinnern können. Sie wurden vorgelassen und erhielten reichlich Zeit, ihre Neugierde zu befriedigen. Durch ihren Erfolg ermutigt, folgten dem einen Dutzend zehn andre. Es war fabelhaft, welche Ausreden ersonnen wurden, um das gewünschte Ziel zu erreichen. Armer Graf! Er hatte wohl die Stelle in Goethes „Zauberlehrling" niemals gelesen:

> „Die ich rief, die Geister,
> Werd' ich nun nicht los!"

Sonst hätte er nicht so gelassen zu mir gesagt: „Laß sie nur kommen!" Jedenfalls folgte auch diesmal die Strafe auf dem Fuß nach. Der Graf kam den ganzen Samstag vormittag kaum zu Atem, und gegen Mittag mußte er, um den Andrang einigermaßen bewältigen zu können, förmliche Massenempfänge veranstalten. Ich sah lange ruhig zu, obgleich ich merkte, wie sehr es den alten Mann ermüdete. Aber als mir ein halbwüchsiger Bengel, der gar nichts bei uns zu suchen hatte, und den ich deshalb zurückwies, einfach zwischen den Beinen durchschlüpfte und ins Zimmer des Grafen entwich, riß mir der Geduldfaden. Ich eilte ihm nach und erwischte ihn gerade noch zur rechten Zeit, bevor er ein Unheil anrichten konnte. Er hatte sich hinter den ahnungslosen Grafen gekauert, der auf ihn nicht achtgab, weil er mit seinen Gästen genug zu tun hatte, und wollte ihm eben mit einem Messer ein Stück aus seinem Kamîs[1] herausschneiden, als ihm meine Faust ins Genick fuhr. Offenbar hätte er, findig wie die Mekkaner alle sind, wenn es sich um ein Geschäft handelt, mit der Beute einen schwunghaften Handel in Amuletten eröffnet, wenn es ihm gelungen wäre, sein Ziel zu erreichen. Leider brachte ich einem derartigen „Reliquienhandel" einen so bedauerlichen Mangel an Verständnis entgegen, daß ich das gewinnsüchtige Bürschchen trotz seines heftigen Einspruchs an die Luft setzte, nachdem ich ihm einen ordentlichen Denkzettel hinter die Ohren versetzt hatte. Und ich gab die Weisung, von jetzt an

[1] Hemdartige Bekleidung

alle zurückzuweisen, die kamen, um „den heiligen Fakîr zu besuchen". Diese Maßregel verschaffte uns zwar im Innern des Hauses Luft, hatte aber keineswegs zur Folge, daß die „Volksversammlung" vor dem Haus aufgelöst wurde. Mit der dem Orientalen eigentümlichen Zähigkeit oder besser gesagt Sorglosigkeit, die von dem Wert der Zeit keinen Begriff hat, setzten sie die Belagerung fort, die aber jetzt unsre Ruhe nicht mehr zu stören vermochte, freilich nur solang, als wir brav zu Hause blieben. Trat indes einer der Haddedihn aus irgendeinem Grund vors Haus, so war es mit der Ruhe für ihn vorbei. Sofort bildete er den Mittelpunkt einer lärmenden, neugierigen Menschenmenge, aus der ein solcher Hagel von Fragen und Erkundigungen auf ihn niederschwirrte, daß er sich vor ihm nur durch einen sichern Sprung hinter das schützende Tor retten konnte. Unter diesen Umständen hätte es ich vorgezogen, mich draußen nicht blicken zu lassen, selbst wenn ich nicht noch eine andre Beobachtung gemacht hätte. Das Ergebnis der gestrigen Mahkame und der Wille des Großscherif hatten zwar die Stimmung der Mekkaner im großen und ganzen in einer für uns günstigen Weise beeinflußt. Und die Aufklärung durch den Münedschi, die sich von Mund zu Mund weitersprach, tat wohl auch das ihrige. Aber das konnte mich nicht darüber hinwegtäuschen, daß wohl mehr als bloß ein fanatisches Gemüt von all dem unberührt blieb. Die meisten Blicke, die auf unserm Haus ruhten, verrieten keineswegs eine feindliche Gesinnung, aber ich schaute doch auch in manches finstere Auge, das sich keine Mühe gab, den Grimm über den „verdammten Giaur" zu verbergen, dessen Anwesenheit trotz allem die heilige Stadt schändete. Und ich hegte keinen Augenblick einen Zweifel darüber, daß unsre Stellung in Mekka keineswegs so gesichert war, als sie uns gegenwärtig erschien. Wehe uns, wenn es mir nicht gelungen wäre, die Verschwörung des Ghani zu entdecken, so daß er in meine Hände gegeben war! Und dreimal wehe mir, wenn meinem Todfeind sein Vorhaben geglückt wäre! Die ganze gestrige Mahkame mit ihren ihn bloßstellenden Enthüllungen wäre nicht hinreichend gewesen, mich vor dem Grimm dieser fanatischen Muslimin zu schützen. Was schadete es dem Ghani in ihren Augen, daß er bei Allah und seinem Propheten falsch geschworen hatte? Nichts! Diese Gotteslästerung galt ihnen nicht mehr als ein Habbet er Raml, ein einzelnes Sandkörnchen, das vom Wüstenwind erfaßt und fortgeweht wird — niemand kann sagen, wohin. Und hatte der Ghani sich sonst noch verschiedenes zuschulden kommen lassen, so war er eben doch ein Muslim und obendrein ein Scherif und der Nachkomme des berühmten Quatadah, dem von vornherein alle sieben Himmel Mohammeds offen standen. Was war dagegen ich? Ein verfluchter Giaur, der von Glück sagen konnte, wenn sich ihm einst nur die zweite der sieben Abteilungen der Dschehennem öffnete, die für die Aufnahme der Christen bestimmt ist.

Im übrigen ließen mich diese Beobachtungen ziemlich kalt. Ich konnte zufrieden sein. Hatte ich doch mein Ziel, durch einen längern Aufenthalt meine Studien über den Islam zum Abschluß zu bringen, erreicht, so daß ich heute schon gehen konnte, ohne daß mich jemand daran hätte hindern können. Was mich noch hier zurückhielt, war eigentlich nicht meine, sondern eine fremde Angelegenheit. Und auch diese strebte allem Anschein nach einer günstigen Lösung entgegen. Ich wußte, daß der Ghani den Samstag und Sonntag dazu benutzte, die letzten Vorbereitungen für den Schlag zu treffen, der ihn zum ersten Mann im Hedschas erheben sollte. Ich wußte aber auch, daß er keinen einzigen Schritt tun konnte, der dem Großscherif verborgen blieb, und daß sich ihm ein unsichtbarer Späher auf die Fersen heftete, der sich die Häuser einprägte, in denen der Ghani ab und zu verschwand. Ich hatte das mit dem Großscherif verabredet, ihm aber ans Herz gelegt, der betreffenden Vertrauensperson, der er den Auftrag erteilte, ja nicht den eigentlichen Grund mitzuteilen. Und ich wußte endlich, daß 'Aun er Rafiq am Samstag vormittag eine

Besprechung mit dem Pascha hatte. Zwar hatte er zuerst von meinem Vorschlag, den Pascha ins Vertrauen zu ziehn, nichts wissen wollen, weil er ihm nicht traute, hatte sich aber schließlich doch überzeugen lassen, daß dies nicht zu umgehen sei. Erstens wäre es uns ohne Genehmigung des Paschas nicht leicht geworden, Zutritt zur Dschijâd zu erlangen, und dann lag es im Vorteil des Großscherifs selber, daß der Pascha von den Ränken erfuhr. Als Stellvertreter des Padischah, dem die Sicherheit der heiligen Stadt anvertraut war, konnte er nicht gut seine Mithilfe versagen, während er, wenn er von dem Anschlag des Ghani nichts erfahren und der Großscherif auf eigne Faust gehandelt hätte, den Beleidigten spielen und im Fall des Mißlingens unsres Plans die Verantwortung für alles Kommende von sich ab und auf den Emir wälzen konnte. Das eigentümliche Verhältnis, in dem die beiden Beherrscher der heiligen Stadt zueinander stehen, zwingt sie beständig, voreinander auf der Hut zu sein und den Fehler, den der andre begeht, sofort zum eignen Vorteil auszunutzen. Darum hielt ich es für besser, wenn der Großscherif so handelte, daß sich keine Reibungsfläche bot, die doch nur vom Ghani, falls sein Plan mißlang, geschickt zu seinem Vorteil ausgebeutet worden wäre.

Damit, daß ich den Großscherif zu einem gemeinsamen Zusammenwirken mit dem Pascha veranlaßte, tat ich einen erfolgreichen Schachzug, wie sich noch am Samstag nachmittag zeigte, indem ein Bote ein an mich gerichtetes und mit einem Siegel versehenes Schreiben brachte. Es enthielt die außerordentlich höfliche Einladung zum 'Ascha[1] beim Pascha noch für denselben Abend, und zwar für Halef und mich. Der Einladung war die Bemerkung beigefügt, ich möchte entschuldigen, aber die Umstände ließen es ratsam erscheinen, daß wir das Regierungsgebäude nicht durch das Haupttor, sondern durch den Garten und die Hintertür betraten. Den Grund brauche er uns nicht anzugeben, wir würden ihn un-

[1] Abendessen, Hauptmahlzeit im Orient

schwer selbst erraten. Ein Diener würde uns zu der angegebenen Zeit erwarten.

Unter andern Umständen hätte ich das Schreiben für bedenklich gehalten und eine List des Ghani dahinter gewittert, der uns eine Falle stellen wollte. Aber so, wie die Verhältnisse jetzt lagen, konnte ich damit rechnen, daß er vor dem Jôm el Itnên[1] nichts gegen uns unternehmen würde, und deshalb befanden wir uns pünktlich nach Einbruch der Dämmerung hinter dem Regierungspalast, allerdings erst, nachdem wir uns vergewissert hatten, daß uns kein Mensch heimlich folgte. Das Regierungsgebäude stößt mit der rückwärtigen Gartenmauer, in der eine kleine Pforte angebracht ist, an eine schmale Gasse. Als wir uns dieser Pforte näherten, bemerkten wir, daß sie offen war und daß unter ihr ein Mann stand, der auf jemand zu warten schien. Er trat, als wir fast bei ihm angekommen waren, schnell auf uns zu und sprach uns an:

„Ssallâm! Seid ihr die beiden Fremden, die vom Pascha erwartet werden?"

Auf unsre bejahende Antwort machte er uns eine tiefe Verbeugung und bedeutete uns, ihm zu folgen. Schweigend verschloß er die Pforte hinter uns und führte uns durch einen wohlgepflegten Garten und durch mehrere Gänge und Zimmer in ein prächtig ausgestattetes, hell erleuchtetes Gemach. Mit einer einladenden Handbewegung bat er uns Platz zu nehmen, deutete auf die auf einem kostbaren Tischchen liegenden, schon gestopften Tschibuks und entfernte sich dann durch eine hinter einem Teppich versteckte Tür.

Die ganze Einrichtung des Gemachs ließ erraten, daß wir uns in der Privatwohnung des Paschas befanden, und daß es sich, wie ich von Anfang an vermutete, nicht um einen Istikbâl, einen feierlichen Empfang, sondern um eine gemütliche, vertrauliche Einladung handelte, von der nichts in die Öffentlichkeit dringen sollte. Halef blickte sich prüfend um und meinte dann lächelnd:

[1] Montag

„Sihdi, kannst du dich noch erinnern an unsre letzte Einladung beim Pascha von Bagdad vor einigen Jahren, als wir siegreich aus dem Abenteuer im Birs Nimrud hervorgegangen waren?"

„Gewiß. Warum erinnerst du mich daran?"

„Weil ich gespannt bin, ob der hiesige Pascha auch so gemütlich ist wie damals der andre. Sihdi, was meinst du?"

„Wie soll ich das wissen? Ich kenne Szafwet Pascha nur aus der Schilderung andrer, und du weißt, daß ich bei der Beurteilung der Menschen meinen eignen Weg gehe. Die nächste Stunde wird es lehren, wie wir ihn einzuschätzen haben."

Ich hatte eben ausgesprochen, da wurde der Teppich, hinter dem der Diener verschwunden war, auf die Seite geschoben, und der Pascha trat ein. Er war von kleiner Gestalt, und dieser Umstand ließ eine Eigenschaft seines Körpers besonders stark hervortreten. Er war nämlich dick, sogar sehr dick. Sein schwarzer, mit goldenen Tressen reich besetzter Rock legte sich so prall um seinen Leib, daß ich jeden Augenblick erwartete, die Nähte platzen zu sehen. Das bartlose Gesicht mit den Hängebacken erweckte den Eindruck der Gutmütigkeit, und das runde Näslein zeigte jene Färbung, die man eigentlich bei Bekennern des Islam am wenigsten erwarten sollte. Huldigte vielleicht der Pascha einer mit dem Koran und allen seinen Auslegungen in Widerspruch stehenden Gewohnheit, die mit dem Erzeugnis des gegorenen Traubensaftes in engster Beziehung stand? Oder litt er etwa wie einst der biedere Mütesselim von Amadije[1] ebenfalls an „gewissen Krankheiten des Blut- und Nervensystems", gegen die die europäischen Ärzte das berühmte Getränk Noahs, lateinisch „vinum" genannt, als Arznei verschreiben? Fast schien es mir so. Im ganzen machte der Pascha den Eindruck eines Mannes, der scheinbar kein Wässerlein trüben konnte. Allerdings nur für einen oberflächlichen Beobachter. Ich bemerkte gar wohl

[1] Siehe Karl May, „Durchs wilde Kurdistan"

einen Zug von List und Verschlagenheit, der die Gutmütigkeit, auf die man gewöhnlich bei dicken Menschen zu schließen pflegt, Lügen strafte. Es war ja auch selbstverständlich, daß der Padischah einen so schwierigen Posten, wie die Verwaltung des Hedschas ist, nur einem Mann anvertraute, der nicht geringe diplomatische Fähigkeiten besaß. Jedenfalls hätte ich ihn, das war sicher, nicht zum Feind haben mögen, falls ich ein Bewohner der heiligen Stadt gewesen wäre.

Gegen uns zeigte sich der Pascha allerdings von der vorteilhaftesten Seite. Wir hatten uns bei seinem Eintritt erhoben, er nötigte uns indes sofort wieder, Platz zu nehmen. Nachdem wir die üblichen Höflichkeitsformeln ausgetauscht hatten, klatschte er in die Hände, und der Diener trug den ersten Gang des 'Ascha auf. Ich unterlasse es, dessen verschiedene Gänge aufzuzählen, es genügt, wenn ich sage, es war eines Paschas würdig. Und es wurde ihm denn auch alle Ehre angetan — — vom Pascha. Ich bin nie ein großer Esser gewesen und auch der genügsame Halef gehörte nicht zu jenen Menschen, die bei einer billigen Gelegenheit so zugreifen, als wollten sie für Tage und Wochen künftigen Fastens vorausessen. Aber der Pascha! Das Kismet hat mich auf meinen Reisen mit vielen Dicken jeder Nationalität zusammengeführt, und ich hatte schon mehr als einmal Anlaß, zu schildern, was diese Leute im Essen zu leisten vermögen. Ich würde mich deshalb nur wiederholen, wollte ich im einzelnen beschreiben, wie der Inhalt einer Platte nach der andern seiner Bestimmung zugeführt wurde. Als sich der Pascha nach dem letzten Gang hoch aufatmend den Mund mit dem Mundtuch abwischte, waren die Platten leer — bom bosch.

Jetzt klatschte er abermals in die Hände, und der Diener brachte — — — drei Flaschen Wein und ebenso viele Gläser. Also doch! Halef blinzelte mir vergnügt zu, der Pascha glaubte uns aber eine Erklärung schuldig zu sein.

„Effendi, ich bin ein gläubiger Sohn des Propheten und halte mich streng an die Satzungen des Koran. Aber als ich noch als Mir Alai in Stambul lebte, entwickelte sich ein Leiden, für das ich bei vielen Hukama[1] Linderung suchte, jedoch vergebens, bis ich auf den klugen Gedanken kam, einen abendländischen Hekim zu Rate zu ziehn. Dieser erkannte auf den ersten Blick die heimtückische Wurzel meiner Krankheit und verordnete mir als Arznei nach jeder Mahlzeit eine Flasche Wein, den ich mit gutem Gewissen genießen kann, weil der Prophet die Arzneien nicht verboten hat. Außer den Mahlzeiten genieße ich jedoch keinen Tropfen, denn ich bin ein strenggläubiger Anhänger des Propheten. Du glaubst mir doch, Effendi?"

Ja lutf — du meine Güte! hätte ich bald ausgerufen. Nach jeder Mahlzeit eine ganze Flasche Wein! Darum also die Purpurfarbe auf dem Riechorgan des Paschas! O Mohammed, wenn du wüßtest, wie schändlich du bisweilen hintergangen wirst! Laut erwiderte ich indes:

„Hasretin, ich bin davon überzeugt."

„Du als Christ", fuhr der Pascha fort, „brauchst dir zwar diesen Genuß nicht zu versagen, den Mohammed leider seinen Gläubigen verwehrt hat. Aber ich weiß nicht, ob der Scheik der Haddedihn — —"

„Hoheit, sei deswegen unbesorgt!" wurde er von Halef, schnell unterbrochen. „Kara Ben Nemsi, mein Freund, der selber ein berühmter Hekim ist, hat mir den zeitweisen Genuß des Safts der Trauben gestattet."

„So bist du ebenfalls krank? Leidest vielleicht gar an Verdauungsstörungen wie ich?" fragte der Pascha in seinem unschuldigsten Ton. „Ja, die fränkischen Hukama sind klug, viel klüger als die unsrigen. Und du, Effendi, mußt einer der klügsten sein, weil du, wie ich gehört habe, dem blinden Münedschi das Licht seiner Augen wiedergegeben hast. Wie hast du das nur fertiggebracht?"

„Hasretin, verzeih, aber du wirst begreifen, daß ein Hekim nicht gern seine Geheimnisse ausplaudert."

[1] Mehrzahl von Hekim = Arzt

„So ist ein Geheimnis dabei? Dann will ich allerdings nicht weiter in dich dringen." Eine Weile blickte er nachdenklich zu Boden. Dann gab er plötzlich dem Gespräch eine andre Wendung. Indem er die Augenbrauen warnend in die Höhe zog und einen bezeichnenden Blick nach der Tür warf, fuhr er fort:

„Effendi, ich habe gehört, du willst morgen abend mit einigen deiner Haddedihn die Qal'at Dschijâd besichtigen?"

Er legte auf das Wort „besichtigen" eine eigentümliche Betonung, wollte also wahrscheinlich damit andeuten, daß der Gegenstand mit Vorsicht zu behandeln sei, wohl mit Rücksicht auf etwaige Lauscher. Ich ging auf seine Absicht ein und entgegnete:

„Das ist allerdings mein Wunsch, mit deiner gütigen Erlaubnis."

„Diese ist dir gern gewährt. Ich werde selber um diese Zeit auf der Burg anwesend sein und euch empfangen. Ich weiß, was ich so vornehmen Gästen schuldig bin."

Ich verstand ihn wohl. Er wußte, daß sich auch der Großscherif mit an dem Abenteuer beteiligen werde, und wollte offenbar die Lorbeeren, die es vielleicht zu verdienen gab, nicht uns allein überlassen, damit er später sagen konnte, daß der glückliche Ausgang seiner tätigen Umsicht mit zu verdanken sei. Dennoch gab ich zur Antwort:

„Hoheit, ich will dich aber wirklich nicht belästigen und deine Zeit — —"

„Du belästigst mich nicht", versicherte er eifrig. „Ich will sogar, wenn du damit einverstanden bist, die Besatzung der Burg — —"

Ich ließ ihn nicht ausreden.

„Verzeih, Hoheit, aber gerade das wünsche ich nicht. Ich will mit meinen Leuten nicht das geringste Aufsehn machen, und wenn du mir einen Gefallen erweisen willst, so sorge dafür, daß alles auf der Burg seinen gewöhnlichen Gang geht."

Der Pascha blickte verständnisvoll auf. „Du sollst deinen

Willen haben. Dafür erwarte ich aber, daß du mir einen Wunsch erfüllst."

„Wenn ich kann, gern."

„Du kannst. Ich wünsche, daß ihr, wenn ihr euren Zweck erreicht habt, das übrige mir überlaßt."

„Mit Vergnügen. Ich weiß, daß die Angelegenheit dann in guten Händen ruht, und ich denke, daß auch der Großscherif damit einverstanden sein wird."

„Er ist es. Hast du sonst noch einen Wunsch?"

„Nein, Hasretin, ich bin vollständig befriedigt — doch halt!"

Mir war ein Gedanke gekommen.

Wenn ich die Falle für die zu erwartenden Sebîd so schließen wollte, daß ein Entkommen für sie unmöglich war, so brauchte ich für die Tür, die zum Ruinenfeld führte, einige schwere Balken, um sie von außen so zu verschließen, daß sie nicht geöffnet werden konnte. Es wäre nun umständlich gewesen und hätte leicht Verdacht erregen können, wenn ich solche in der Stadt gesucht hätte, abgesehen davon, daß die Beförderung in die Höhe hinauf beobachtet werden und Aufsehen erregen konnte. Der Pascha konnte mir dagegen leicht aus der Verlegenheit helfen. Deshalb sagte ich:

„Ich benötige fünf bis sechs starke Balken von Manneslänge. Kannst du mir solche verschaffen?"

Der Pascha zwinkerte listig mit den Augen. Du brauchst sie wohl zur Verstärkung eures Tors, um euch gegen die Bevölkerung zu sichern, der du vielleicht nicht traust? Ich habe solche, wie du brauchst, auf der Burg. Soll ich sie dir durch einige Asaker ins Haus schicken?"

„Nein, ich werde, wenn du gestattest, einige meiner Leute senden, um sie zu holen."

Damit war die Angelegenheit erledigt; die Unterhaltung lenkte in andre Bahnen, und die Gemütlichkeit kam zu ihrem Recht. Halef erzählte mit der ihm eigentümlichen Anschaulichkeit einige unsrer Erlebnisse, was zur Folge hatte, daß der

Pascha der ersten Auflage der „Arznei" eine zweite folgen ließ. Die Wahrheit zwingt mich indes, selbst auf die Gefahr hin, daß jemand gegen mich den Vorwurf der Undankbarkeit gegen unsern Gastgeber erhebt, zu berichten, daß der Löwenanteil der „Medizin" nicht von uns, sondern vom Pascha eingenommen wurde, wohl aus dem Grund, weil er sich für den kränksten von uns dreien hielt. Und als er sich endlich zum Abschied erhob, da wies der Zeiger meiner Taschenuhr auf eine sehr späte Stunde, aber auch der Fes auf dem geröteten Haupt des Paschas hatte eine so bedenklich schiefe Haltung angenommen, daß auch ohne Zuhilfenahme der Uhr zu erkennen war, daß es für ihn höchste Zeit sei, die Ruhe aufzusuchen. —

Am nächsten Tag zeigte die Sukak el Hadschar das gleiche Bild, das heißt, wir befanden uns wieder im Belagerungszustand, an den wir uns aber unterdessen so gewöhnt hatten, daß wir uns gar nichts daraus machten. Ich verbrachte den Vormittag beim Russen und beim Basch Nâsir, zwischen denen sich eine innige Freundschaft angebahnt hatte. Als aber der Mittag vorüber war, wurde es Zeit, an die Vorbereitungen zu denken, die für den Abend zu treffen waren. Halef versammelte seine Haddedihn in der Dihlîs, der Vorhalle, und hielt ihnen eine fast einstündige Rede, in der er sie in die Verschwörung des Ghani und in das Geheimnis des unterirdischen Gangs einweihte. Da sie bis jetzt absichtlich über diese Dinge in Unkenntnis gehalten worden waren, hatten die Mitteilungen Halefs begreiflicherweise eine gewaltige Aufregung zur Folge. Was ihre besondre Genugtuung erweckte, war, daß sie allein es sein sollten, die den gegen den Großscherif gerichteten Schlag des Ghani vereiteln sollten. Wenn auch der Verkehr mit mir, dem Christen, zur Folge gehabt hatte, daß sie ihm keineswegs jene überschwengliche Verehrung widmeten, wie sie ihm gewöhnlich von der auf die Spitze getriebenen religiösen Schwärmerei der Pilger entgegengebracht wurde, und wenn sie sogar vor kurzem gezwungen gewesen waren, gegen ihn eine fast feindliche Stellung einzunehmen, so besaß er trotzdem noch immer in ihren Augen den Strahlenkranz einer unverletzlichen, geheiligten Persönlichkeit. Es erfüllte sie mit gerechtem Stolz, daß der Emir seine Sicherheit und sein Leben nicht seinen Bawârdîs und den Asakern des Paschas, sondern ihnen, den Angehörigen eines fremden, fernen Stammes, anvertrauen wollte.

Nun entwickelte Halef unsern Feldzugplan. Zehn Haddedihn sollten zum Schutz des Hauses zurückbleiben, weitere zehn hatten die Aufgabe, unter Führung Kara Ben Halefs, der die Örtlichkeit kannte, das Beit es Ssalâ zu besetzen, sobald der Ghani es betreten hatte, und dafür zu sorgen, daß keiner der Eingeschlossenen durch den Schacht entkommen konnte. Halef wollte sich mit zehn andern am obern Rand des Ruinenfeldes verstecken und den Feinden auf dieser Seite den Ausweg verstopfen, während ich mit Omar Ben Sadek und noch zwanzig andern auf der Burg den Ghani in Empfang nehmen wollte, der jedenfalls als erster das „Tor der Pfiffigkeit" durchschreiten würde. Bei meiner Abteilung wollte auch der Großscherif sein, der durch keine Einwendungen sich hatte abhalten lassen, am Abenteuer teilzunehmen.

Jetzt handelte es sich darum, wer sich beteiligen sollte und bei welcher Gruppe. Selbstverständlich wollte keiner den weniger rühmlichen Posten übernehmen, der mit dem Schutz des Hauses verbunden war, und es entspann sich ein hartnäckiger Wettstreit, dem Halef nur dadurch ein Ende bereiten konnte, daß er die Entscheidung durchs Los treffen ließ. Von jetzt an ging es ein paar Stunden bei uns zu wie in einem Bienenstock. Das, was jeder einzelne zu tun hatte, wurde nach allen Seiten hin durchgesprochen, damit jeder Fehler vermieden werde, der den Erfolg des Unternehmens hätte vereiteln können. Zu erwähnen ist auch, daß ich am späten Nachmittag Halef mit einigen Haddedihn auf die Festung schickte. Sie sollten die Balken holen und in solcher Nähe des aufgelassenen Festungswerks verstecken, daß sie in der Nacht sofort bei der Hand waren, sobald sie benötigt wurden. Nach einer Stunde kehrte er zurück und berichtete, daß ihnen ihre Absicht gelungen sei, ohne daß sie dabei von einem Menschen gesehen worden wären. Sie hatten die Festung gar nicht zu betreten brauchen. Als sie bis zum ersten Posten gekommen waren und ihm ihr Anliegen vorbrachten, deutete er einfach neben sich, wo die gewünschten Balken hinter einem Strauch lagen. Das übrige war nicht schwierig gewesen. Da es den Bewohnern der Stadt streng verboten ist, sich in der Nähe der Festung herumzutreiben, waren sie keinem Menschen begegnet und hatten ihren Auftrag ungestört ausführen können.

Allmählich ging die laute Begeisterung der Leute in eine ruhige, stille Freude über, und ein etwaiger Besucher hätte aus keinem Anzeichen schließen können, daß wir uns am Vorabend wichtiger Entscheidungen befanden.

Die kurze Dämmerung brach herein, und die Straße vor unserm Haus wurde menschenleer. Um zehn Uhr kam, wie verabredet, der Großscherif, und dann war es für die erste Abteilung, also für mich, Zeit zum Aufbruch. Um elf sollte die Abteilung Halefs folgen. Die Beni Sebîd wollten zwar erst nach Mitternacht eintreffen, aber es war doch möglich, daß sie früher kamen, und dann mußte er bereits auf seinem Posten sein. Kurz vor Mitternacht sollte dann Kara Ben Halef mit seinen Leuten aufbrechen. Ich gab noch einige mir nötig erscheinende Verhaltungsmaßregeln und schärfte allen äußerste Vorsicht ein, dann gingen wir. Der nächste Weg auf die Qal'at Dschijât hätte über die Mas'a geführt, aber wir vermieden ihn, weil wir nicht mit Menschen zusammentreffen wollten. Die Mas'a wird nämlich, wie die Moschee, auch bei Nacht von Pilgern besucht, die den Sa'i, den Gang von es Ssafâ nach Merwa, verrichten wollen. Durch enge Straßen und schmale Gäßchen erreichten wir das Freie. Der Weg zur Qal'at Dschijât führt zuerst zwischen Gemüsegärten, dann über öde Sandflächen nach aufwärts. Solange wir noch im Weichbild der Stadt waren, gingen wir in kleinen Gruppen gesondert, um nicht aufzufallen, als wir aber die letzten Häuser hinter uns hatten, hielten wir uns zusammen. Wir hatten den Abu Kubes vielleicht zur Hälfte erstiegen, da tönte uns ein lautes „Wakkif! Min Haida — Halt! Wer da?" entgegen, und ein Posten mit angeschlagnem Gewehr löste sich aus dem Dunkel, ließ uns aber ohne weiteres durch, als der Großscherif ihm die Losung gab, die er mit dem Pascha vereinbart hatte. Noch zweimal wurden wir auf unserm Wege angehalten, dann hatten wir aber unser Ziel erreicht, und die Wache am Tor, die aus einem Doppelposten bestand, führte uns in den Festungshof, wo sich, soviel ich beim Schein der Fackeln wahrnehmen konnte, kein Mensch befand. Hier trennte sich der eine Posten von uns, während wir haltengeblieben waren, und kam nach fünf Minuten in Begleitung eines Mannes zurück, in dem ich den Pascha erkannte. Die Wache mußte abtreten, und der Neuangekommene begrüßte den Emir in kurzen, aber herzlichen Worten, worauf er mir die Hand reichte und meinen Haddedihn ein freundliches „Marhaba — Willkommen!" zurief. Dann wandte er sich wieder an den Großscherif:

„Emir, ich bitte dich, jetzt an meiner Stelle die Führung zu übernehmen, denn ich weiß nicht, wo die Stelle liegt, die das Geheimnis enthält."

Der Emir ging stumm voraus. Es ist nicht meine Absicht, die Festung zu beschreiben. Ich beschränke mich auf die Angabe, daß die Befestigungswerke nicht mehr in dem vortrefflichen Zustand waren, in dem sie noch vor ein paar Jahren gewesen sein mußten. Szafwet Pascha war eben kein Othman, der den Vorteil des Padischah vor allen andern im Auge gehabt hatte. Wir gingen durch einige Tore und über ebenso viele Höfe; die Anzeichen der Vernachlässigung mehrten sich, wir näherten uns also wohl dem hintern, unbenutzten Teil der Zitadelle. Auf dem ganzen Weg begegnete uns kein einziger Askari, der Pascha hatte es so eingerichtet. Vor einem niedrigen Bau, der den Eindruck eines Gewölbes erweckte, blieb unser Führer stehen.

„Hasretin, wir sind an Ort und Stelle. Dort unten befindet sich die Mündung des geheimen Gangs."

Der Pascha war überrascht. „Maschallah, dort unten soll der Gang sein? Irrst du dich nicht, Emir?"

„Ich täusche mich nicht."

„Allah akbar — Gott ist groß, und ich möchte es kaum für möglich halten. Aber du sagst es, und so muß ich es glauben. Was soll jetzt geschehn?"

Ich nahm für den Großscherif das Wort:

„Es kann uns nicht einfallen, die Feinde in den Keller zu lassen, sondern es handelt sich darum, den Ghani abzufassen, alle andern aber im Gang einzuschließen. Wenn die wenigen Fackeln, die ihnen zur Verfügung stehen, verbraucht sind, befinden sie sich in vollständiger Finsternis und müssen sich auf Gnade und Ungnade ergeben. Um aber diesen Zweck zu erreichen, genügen zwanzig Mann, und auch diese dürfen vorderhand nicht in den Keller hinunter, sondern müssen hier oben warten, bis ich ihnen das Zeichen gebe, denn unten könnten sie vor der Zeit entdeckt werden. Der Ghani könnte mir entwischen, und das könnte verhängnisvoll für den ganzen Ausgang des Unternehmens werden. Denn Abadilah kennt den Gang jedenfalls viel besser als ich. Wie leicht ist es möglich, daß ihm ein Ausgang bekannt ist, von dem nur er etwas weiß, und dann dürfte es sehr schwer, wenn nicht unmöglich sein, ihn wieder in die Hände zu bekommen."

„Aber wie willst du den Ghani fangen und die andern im Gang einschließen, wenn ihr euch hier oben befindet?"

„Wir werden nicht alle hier oben bleiben. Der Emir und ich werden uns hinunterbegeben und auf den Ghani warten Zwei Mann bleiben leichter verborgen als zwanzig."

Der Pascha fuhr vor Erstaunen einen Schritt zurück und rief mit drolligem Entsetzen in der Stimme:

„Rabbena jihfasak — Gott erhalte dich! Emir du willst — willst — — willst in dieses Loch hinuntersteigen und dort die Nacht zubringen? Ist das dein Ernst?"

„Warum nicht, Hoheit?" gab der Großscherif lächelnd zur Antwort. „Bedenke, worum es sich handelt! Wenn dem

Verräter sein Anschlag geglückt wäre, so befände ich mich morgen an einem Ort, wo mir jedenfalls nicht so wohl wäre wie dort unten, vorausgesetzt, daß ich überhaupt noch am Leben wäre."

„Allah, Allah! Er hat es sich wahrhaftig in den Kopf gesetzt! Was soll man da noch sagen! Ich bin ganz still, aber ich versichere dir bei Mohammed und allen heiligen Kalifen, daß mich alle Schätze der Erde nicht veranlassen könnten, freiwillig um die Mitternachtsstunde in dieses Buchsch esch Scheitân, in dieses Teufelsloch zu steigen."

Das glaubte ich ihm gern. Der Großscherif besaß jedenfalls weit mehr persönlichen Mut als der dicke Liebhaber des gegorenen Traubensaftes. Deshalb nahm ich es ihm keineswegs übel, als er uns erklärte, er wolle das Ergebnis unsres Abenteuers nicht hier bei uns, sondern in seinem Schlafzimmer abwarten, und wir sollten ihn rufen lassen, wenn wir es an der Zeit fänden. Ich bat ihn noch, für eine genügende Anzahl von Riemen und Stricken sorgen zu wollen und sie Omar Ben Sadek und noch zwei Haddedihn einzuhändigen, die ich zu diesem Zweck mit ihm gehen ließ. Dann entfernte er sich, nachdem er uns allen ein gut gemeintes „Allah jekun ma'akum — Allah sei mit euch!" gewünscht hatte, und wir blieben allein zurück.

Nach kurzer Zeit brachten Omar und die beiden andern Haddedihn so viel Riemen und Stricke, als gelte es ein ganzes Heer gefangenzunehmen und zu binden, und jetzt war es für uns, nämlich den Großscherif und mich, Zeit, ans Werk zu gehen. Da es sich wahrscheinlich um eine lange Geduldprobe handelte, hatten wir unsre Decken mitgebracht. Auch für den Emir war eine solche mitgenommen worden. Ich schärfte nochmals den Zurückbleibenden ein, ja nicht laut zu werden und keinesfalls eher in den Keller zu kommen, als bis sie mein Zeichen, einen Schuß aus meinem Revolver, gehört hätten. Dann zündete ich eine Fackel an und stieß die Tür zum Gewölbe auf. Mit der Fackel in der Hand ging ich dem Emir voran die Stufen hinunter. Zunächst richtete ich die Schritte zum Verschlußstein und untersuchte den Boden. Ich fand keine Spuren, aus denen zu schließen gewesen wäre, daß er seit unserm letzten Hiersein geöffnet worden war. Dann suchten wir den am weitesten entlegnen Winkel auf und entfernten notdürftig den Staub, der sich die Jahre hindurch angesammelt hatte. Nachdem wir unsre Decken ausgebreitet hatten, ließen wir uns nieder und löschten die Fackel aus. Wir brauchten sie nicht mehr. Denn wenn ich ja von Zeit zu Zeit auf die Uhr sehen wollte, so hatte ich ja mein Fläschchen, das mit Öl und Phosphor gefüllt war, und das ich auf meinen Reisen ständig bei mir trug[1].

Ich kann nicht behaupten, daß ich mich behaglich fühlte, als uns jetzt pechschwarzes Dunkel umgab. Wie nun, wenn die Erwarteten überhaupt nicht kamen? Wenn der Ghani das ganze Unternehmen abgesagt und auf eine spätere Zeit verschoben hätte? Dann war ich vor dem Großscherif und dem Pascha der Beschämte und konnte mit Schimpf und Spott abziehen. Wir konnten das ganze Verfahren doch nicht aufs Geratewohl jede Nacht wiederholen! Das hätte uns nur noch mehr der Lächerlichkeit preisgegeben, vorausgesetzt, daß es uns jedesmal so leicht geworden wäre wie heut. Und wie sollte ich sonst den Beweis führen, daß der Ghani ein Verräter war? Aber ich rechnete mit dem rachsüchtigen Charakter des Ghanis und damit, daß er jedenfalls von dem Wunsch brannte, die Scharte von neulich sobald als möglich auszuwetzen. Für mich war es sicher, daß er heut schon kam. Aber auch dann stand ein Mißlingen nicht außer Frage. Es brauchte nur von einer Abteilung ein kleiner Fehler gemacht zu werden, und die ganze Mühe war vergebens ausgewandt. Es war diesmal nicht so wie sonst, wo die Ausführung eines Plans ganz in meinen Händen gelegen hatte. Die Umstände hatten es mit sich gebracht, daß ich einen großen Teil der Verantwortung auf andre Schultern legen mußte. Aber ich

[1] Siehe Karl May, „Der Schut"

hoffte, daß die Schule, die die Haddedihn und ganz besonders Halef und sein Sohn all die Jahre her unter meiner Leitung durchgemacht hatten, nicht umsonst gewesen war, und daß sie sich alle Mühe gaben, keine Fehler zu machen.

Wenn ich die ganze Angelegenheit überdachte, so mußte ich mich eigentlich über den Pascha wundern. Er wußte, daß ein ganzer Beduinenstamm ausgezogen war, um heut nacht die Zitadelle zu stürmen, und war doch ohne besondres Widerstreben damit einverstanden gewesen, daß der Gegenschachzug von Fremden, und obendrein von einer verschwindend kleinen Anzahl, geführt würde. Der Großscherif mußte offenbar alle Register zu userm Ruhm gezogen haben, daß es ihm gelungen war, die Bedenken des Paschas zu besiegen und sein Verantwortlichkeitsgefühl zu beschwichtigen. Ich hätte dem Emir für das Vertrauen, das er in uns setzte, die Hand drücken mögen.

Welche Gedanken mochten es sein, die ihn gegenwärtig beschäftigten? Er war aufgeregt, ich hörte es an seinem lauten und raschen Atemholen. Aber es fiel mir nicht ein, ihn deswegen geringer einzuschätzen. Er besaß Mut, aber es war wahrscheinlich das erste ernsthafte Abenteuer seines Lebens, das er jetzt bestehen sollte. An und für sich hätte er es ganz gut wie der Pascha machen und in der ruhigen Behaglichkeit seines Palastes das Ergebnis abwarten können. Aber er wollte das nicht. Es widerstrebte ihm, andre in Nacht und Gefahr für sich tätig zu wissen und dabei ruhig zuzusehen, und das gefiel mir an ihm, wenn ich auch offen gestehen muß, daß ich mich viel lieber auf mich allein verlassen hätte.

Die Zeit verging in bleierner Langsamkeit. Die Minuten schienen sich zu Stunden dehnen zu wollen. Der Emir konnte seine Ungeduld fast nicht mehr bemeistern und fragte mich zum zwanzigstenmal, wie lang wir voraussichtlich noch warten müßten, und ich öffnete geduldig zum zwanzigstenmal den Stöpsel des Fläschchens, um den Sauerstoff der Luft eintreten zu lassen. Die Uhr zeigte einige Minuten nach eins.

Also noch eine ganze Stunde! Um des Emir willen, der immer unruhiger auf seiner Decke hin und her rückte, wünschte ich fast, der Ghani möchte sich nicht an die verabredete Zeit halten und eher kommen. Ich steckte eben das Fläschchen zu mir, da — was war das? Sollte mein Wunsch in Erfüllung gehen? Ich bemerkte in der Gegend der Verschlußplatte einen Lichtschein, nicht breiter als ein Messerrücken. Auch der Emir hatte ihn gesehen, denn er drückte meinen Arm so fest, daß ich hätte schreien können. Der Lichtschein verbreiterte sich rasch. Dann hörte ich den bekannten dumpfen Schlag, der mich belehrte, daß der Stein in die Wand zurückgefallen war, und aus dem Loch stieg eine weißgekleidete Gestalt empor, die die Kapuze des Haik tief über das Haupt gezogen hatte und eine Fackel in der Hand trug. Wer war das? War es der Ghani? War er allein oder brachte er seine Verbündeten mit sich? Im letzten Fall war es für uns Zeit zum Handeln, denn wir durften nicht warten, bis einer oder gar mehrere dem Stollen entstiegen waren. Ich raunte dem Emir zu, sich ja nicht von seinem Platz zu rühren, und wollte eben aufspringen, hielt aber wieder inne, denn ich sah, daß die Gestalt flüchtig mit der Fackel herumleuchtete, als wollte sie sich überzeugen, daß sich niemand hier befand, und sich dann langsamen, lautlosen Schritts in der Richtung auf die Treppe entfernte. Wir konnten glücklicherweise nicht gesehen werden, denn das Licht der Fackel reichte nicht bis in unsern Winkel. Dem Gang und der Haltung nach zu schließen war es der Ghani. Was wollte er aber hier? Und was suchte er an der Treppe? Wollte er vielleicht das Gewölbe verlassen, um zu erkunden, wie die Sachen draußen standen? Dann hätte er aber die dort aufgestellten Haddedihn und die letzteren hätten ihn gesehen, und das mußte ich verhindern, denn es konnte dabei leicht etwas geschehen, was ich nicht gutheißen konnte.

Die Gestalt hatte nur noch einige Schritte bis zur Treppe zurückzulegen, da erhob ich mich. Ich flüsterte dem Emir zu, er solle schnell die Fackel anbrennen, und eilte dann hinter der weißen Gestalt her. Sie setzte eben den Fuß auf die erste Stufe, da hatte ich sie erreicht und legte ihr die Hand fest auf die Schulter. `

„Abadilah!"

Wäre ein Blitz vor dem Schleicher niedergefahren, so hätte er nicht jäher zusammenfahren können. Entsetzt fuhr er herum und sah mich aus weit geöffneten Augen an. Ja, es war der Ghani, wie ich jetzt erkannte. Und auch er erkannte mich. Aber es schien eine völlige Erstarrung über ihn gekommen zu sein. Die Rechte öffnete sich, und die Fackel fiel zu Boden. Ich bückte mich schnell und hob sie auf, um sie am Verlöschen zu hindern.

„Abadilah, was suchst du hier?"

Der Ghani bot ein solches Bild des Entsetzens, daß es mir gar nicht einfiel, zur Vorsicht eine Waffe in die Hand zu nehmen. Er war ein Feigling, und jetzt, im Augenblick, einer Gegenwehr erst recht nicht fähig. Diesen Umstand benutzte ich schnell. Er hatte eine Pistole und ein Messer im Gürtel stecken. Ich zog ihm beide heraus und warf sie hinter mich auf den Boden. Er ließ sich das ruhig gefallen, ohne die geringste Bewegung zu machen. Dann wiederholte ich meine Frage:

„Abadilah, was suchst du hier?"

Der Emir hatte unterdes seine Fackel angezündet und war herangekommen, aber der Ghani bemerkte ihn nicht, weil er seitwärts hinter ihn getreten war. Er hätte ihn wohl auch nicht bemerkt, selbst wenn er unmittelbar neben mir gestanden hätte, so starr waren seine Augen auf mich gerichtet. Jetzt kam ein wenig Leben in seine Züge. Seine Lippen begannen zu zittern, und mechanisch, verständnislos kamen die Worte meiner Frage aus seinem Mund:

„Abadilah — — — was — — — suchst — — — du — — — hier — — —?"

Es war fast zum Lachen. Dieser erbärmliche Feigling benahm sich hilfloser als ein Kind. Ich rüttelte ihn an der Schulter und fuhr ihn an:

„Abadilah! Feigling! Komm doch zu dir! Kennst du mich?"

Jetzt endlich wich die Erstarrung von ihm. Seine Wangen röteten sich, und in seine Augen kam ein Zug unsäglichen Hasses. Eine gräßliche Verwünschung ausstoßend, hob er die Hände, als wollte er mich packen, wagte es aber doch nicht, wohl, weil ihm der Ausdruck meiner Augen Furcht einflößte. Dafür zischte er mich an:

„Hund von einem Giaur, ich kenne dich. Welcher Scheitan hat dich hierhergeführt?"

„Gut, du kennst mich also. Kennst du aber auch diesen da?"

Ich deutete auf den Emir, der jetzt schnell hinter ihm hervortrat, und ihn kalt, verächtlich ansah. Bei seinem Anblick war der Ghani dem Zusammenbrechen nahe. Seine Augen traten aus den Höhlen, und mit vor Entsetzen heiserer Stimme rief er:

„Elwailli — wehe mir! Der Emir! Allah! Dann bin ich verloren!"

Es war ein Blick unsäglicher Verachtung, mit dem der Emir den Elenden maß. Dann sagte er langsam, fast feierlich:

„Ja, Abadilah! Du hast recht! Du bist verloren!"

Dieses Wort brachte dem Ghani die Besinnung zurück. Einen heisern Wutschrei ausstoßend, sprang er auf die offne Gangmündung zu. Ich hatte etwas derartiges vorausgesehen und stellte ihm, als er an mir vorüberwollte, ein Bein, so daß er niederstürzte. Dann warf ich die Fackel, die mir hinderlich war, weg, und packte ihn mit so festem Griff am Hals, daß er allen Widerstand aufgab. Mit der einen Hand ihn niederhaltend, zog ich mit der andern einige Riemen aus der Tasche. Dann stemmte ich ihm beide Knie auf die Brust und band ihm Hände und Füße so fest zusammen, daß er sich ohne fremde Hilfe unmöglich freimachen konnte.

„So, Abadilah! Ich bitte dich, noch ein wenig bei uns zu bleiben, wir haben noch einiges mit dir zu reden. Und nun stelle ich zum drittenmal an dich die Frage: Was suchst du hier?"

Der Blick des Ghanis flog zur Mündung des Stollens hinüber und blieb dann forschend auf mir haften. Was wußte ich von der Angelegenheit, die ihn hergeführt hatte? Unsre Anwesenheit an diesem Ort und zu dieser Stunde war für ihn ein unlösbares Rätsel, wollte er nicht annehmen, daß wir von seinem Verrat Kenntnis erhalten hatten. Diese Schlußfolgerung mußte ihm indes erst recht als unmöglich erscheinen, wenn er überlegte, wie geheim die Angelegenheit gehalten worden war: er wußte offenbar nicht, wie er sich verhalten sollte, und gab deshalb auf meine Frage zur Antwort:

„Das geht dich nichts an!"

„Du befleißigst dich sehr wenig der Sprache der Höflichkeit, Abadilah! Aber du wirst bald höflicher werden. Wohin führt das Loch, aus dem du gestiegen bist?"

Der Ghani schlug ein höhnisches, aber etwas gezwungen klingendes Lachen an:

„Warum fragst du mich denn? Du gibst dir doch sonst immer den Anschein, als ob du allwissend seist! Strenge doch deinen Verstand ein wenig an, dann wird er es dir von selber sagen."

„Nun gut, Abadilah, ich will deinen Rat befolgen und lasse also meinen Verstand ein wenig spazierengehen. Wollen sehen, wohin er mich führt. Zunächst geht es sehr viele Stufen abwärts, dann kommt man an eine Stelle, wo ein Gang von der geraden Richtung abzweigt. Wenn man ihm folgt, gelangt man nach kurzer Zeit an eine Tür aus Holz, die ins Freie führt. Habe ich bis jetzt richtig gesehen, Abadilah?"

„Allah jihrakik — Gott verbrenne dich!"

„Jenseits dieser Tür sehe ich — ja wen sehe ich denn da? Das ist ja ein ganzes Heer von Beduinen, die da auf irgend jemand zu warten scheinen. Kannst du mir wohl sagen, auf wen?"

Der Ghani war sehr bleich geworden. Er mußte sich ja jetzt sagen, daß ich um sein Geheimnis wußte, und daß alles verraten sei. Trotzdem nahm er seine Zuflucht zum Leugnen.

„Kull Schejatîn — alle Teufel! Ich verstehe dich nicht. Was habe ich mit diesen zu tun?"

„Das fragst du noch? Hast du nicht deinen Sichr, den Scheik der Beni Sebîd, mit seinen vierhundert Kriegern auf die zweite Stunde nach Mitternacht dorthin bestellt?"

Jetzt war es mit der Fassung des Ghani zu Ende. Wenn er noch einen Zweifel gehegt hätte, so hätte ihn die Tatsache, daß ich sogar sein sorgfältig geheimgehaltenes verwandtschaftliches Verhältnis zum Scheik der Beni Sebîd kannte, davon überzeugen müssen, daß ich alles wußte. Mit überschnappender Stimme brüllte er mich an:

„Dib el Kelb — Hund von einem Schakal, du mußt mit allen Teufeln im Bund stehn! Wer hat dir das alles verraten, wer?"

„Wer mir alles verraten hat? Wer denn sonst als du?"

Das war ihm denn doch zu viel. Er brach in ein krampfhaftes Gelächter aus.

„Ich soll es dir verraten haben, ich, dein Todfeind, der dich mit dem grimmigsten Haß haßt, dessen nur ein Mensch fähig ist! Sag mir doch, wann und wo ich das getan haben soll!"

„Denk an den vergangenen Jôm el Dschum'a! Und denk an die Höhle Atafrah und an das, was dort gesprochen wurde! Ich lag mit dem Scheik der Haddedihn hinter einem Stein und hörte jedes Wort."

Da war es eine Zeitlang still. Dann aber brach er in eine Flut von so haarsträubenden Verwünschungen aus, daß sich die Feder sträubt, sie wiederzugeben. Ich ließ ihn eine Weile toben, unterbrach ihn aber schließlich:

„Schweig, Elender! Deine Verwünschungen können uns nicht treffen, sondern müssen sämtlich auf dein Haupt zurückfallen. Deine Verbrecherlaufbahn ist mit dem heutigen Tag zu Ende, und du wirst den Lohn für deine Schandtaten erhalten, die du in Gemeinschaft mit deinem Schwiegersohn an den Pilgern und schon früher am Grafen Werniloff verübt hast."

Der Ghani zuckte zusammen, faßte sich aber schnell.

„Am Grafen Werniloff? Ach so, du meinst den alten Münedschi. Nun ja, ich kann mir denken, daß dir der alte Narr, der Schwachkopf, seinen eigentlichen Namen genannt hat. Was kannst du mir aber in bezug auf ihn vorwerfen?"

„Mehr als du glaubst. Zunächst frage ich dich: Wer war schuld, daß der vertrauensselige Mann seine zweite Heimat verließ, die ihm Eltern und Gattin und Vaterland ersetzte?"

Ein Ausdruck höhnischer Schadenfreude glitt über die Züge des Gefragten, als er frohlockend ausrief:

„Ich war daran schuld, ich, und ich sage dir, es war mein bestes Werk, auf das ich heut noch stolz bin, wie ich ihn von dem Glauben seiner Väter abspenstig machte und für den Islam gewann."

„Auf diese niederträchtige Gemeinheit brauchst du dir nichts einzubilden", erwiderte ich kalt. „Und der Graf hat längst sein Unrecht eingesehn und bereut, und ist zum Glauben seiner Kindheit zurückgekehrt."

„So? Ist er das?" höhnte der Ghani. „Nun, meinetwegen! Ich vergönne dem Christentum diese neueste, zweifelhafte Errungenschaft, denn ich habe den Zweck, den ich mit ihm verfolgte, vollkommen erreicht."

„Stimmt! Du bist durch Werniloff zum Ghani, und er ist durch dich zum Bettler geworden."

Der Gefangene wandte mir mit einem Ruck sein Gesicht voll zu. „Wie meinst du das?"

„Ich meine, daß der Graf seine Vertrauensseligkeit mit dem Verlust seines ganzen Vermögens bezahlt hat."

„Bist du von Sinnen? Was hat sein Vermögen mit seiner Leichtgläubigkeit zu tun? Hat er dir nicht erzählt, daß es ihm von Pilgern gestohlen wurde?"

„Das hat er wohl, aber ich bin nicht so unbefangen, wie er, und habe es nicht geglaubt."

„Das kannst du halten, wie du willst. Glaub es, oder glaub es nicht, mir ist es gleich. Aber laß mich in Ruhe! Was geht mich das Vermögen des Grafen an?"

„Sehr viel sogar. Ich bin nämlich der Ansicht, daß du selber den besten Aufschluß darüber geben könntest, auf welche Weise und wohin sein Geld verschwunden ist."

„Wie soll ich das wissen? Und wenn es mir bekannt wäre, glaubst du, ich würde es dir, gerade dir sagen?"

„Nein, das glaube ich nicht. Du brauchst es mir auch gar nicht zu sagen, weil ich es schon weiß."

„Du — — weißt — — es — — schon?" fragte er, indem er in unendlichem Hohn diese Worte dehnte. „Wie klug, wie außerordentlich klug du doch bist! Du siehst und hörst Dinge, von denen sich niemand, außer dir, auch nur etwas träumen läßt. Ich bewundre deinen Scharfsinn. Nur schade, daß er sich diesmal auf falscher Fährte befindet."

„Weißt du das gewiß? Bist du wirklich so felsenfest überzeugt, daß niemand hinter das Geheimnis deines ‚Hauses des Gebets' und des darin befindlichen blauen Gebetsteppichs kommen könne?"

Das wirkte. Eine jähe Röte übergoß seine Züge. Er wollte etwas sagen, brachte es aber nur zu einer zitternden Bewegung seiner Lippen, sosehr hatten ihn meine Worte getroffen. Er schluckte und schluckte und brachte endlich mühsam hervor:

„Ich — verstehe — — dich nicht. Was — willst du — — damit sagen?"

„Ich will damit sagen, daß ich in deinem ‚Haus des Gebets' war und in dem blauen Teppich mit den goldnen Koransprüchen das ganze Vermögen des Grafen gefunden habe. Kannst du mir vielleicht sagen, wie es da hineingekommen ist? Ja, ich verspreche dir sogar, daß ich heute auch noch die beiden roten Teppiche einer eingehenden Untersuchung unterwerfen werde."

Hatte der Ghani bisher nur mit äußerster Anstrengung seine Fassung bewahrt, so war jetzt seine Kraft zu Ende. Meine Behauptung, daß ich in sein Allerheiligstes eingedrungen sei und es beraubt habe, brachte ihn fast zur Raserei. Er brach in ein Gebrüll aus, das nicht mehr menschlich zu nennen war und suchte sich von seinen Fesseln zu befreien, indem er die Knie fest auf den Boden stemmte und dann mit aller Kraft auseinanderschnellte. Seine Bemühungen hatten aber keinen Erfolg. Als er das Nutzlose seines Beginnens einsah, erging er sich in einer solchen Flut der gräßlichsten Verwünschungen, daß es mich Überwindung kostete, ruhig zu bleiben.

Es war ein widerwärtiger Vorgang. Auch der Großscherif hatte diese Empfindung, denn er sagte, als das Toben des Ghani endlich vor Erschöpfung in ein ohnmächtiges Stöhnen überging:

„Effendi, mach doch nicht so viele Worte mit diesem Scheusal! Seine Schuld ist erwiesen, und er wird die Strafe der Verräter erleiden."

„Wagt es nicht, mich anzurühren!" rief der Ghani dagegen. „Ich bin nicht so wehrlos, wie ihr denkt. Weh euch, wenn ihr mir nur ein Haar krümmt! Mein Fluch wird euch — —"

„Mach dich nicht lächerlich!" konnte ich mich nicht enthalten, ihm zu entgegnen. „Deinen Fluch fürchten wir nicht. Ich sagte dir schon vorhin, daß er uns nicht schaden, sondern auf dein Haupt zurückfallen wird. Und wer sollte uns sonst bange machen? Deine Helfershelfer in der Stadt? Ihre Namen sind uns bekannt vom ersten bis zum letzten, und sie werden ihrer Bestrafung nicht entgehen. Oder die vierhundert Beni Sebîd draußen in den Ruinen? Sie werden bald selber gefesselt in dem gleichen Raum liegen, in dem du dich jetzt befindest, und die Stunde verfluchen, in der sie sich mit dir verbanden, um die Gehilfen deiner Schandtaten abzugeben."

„Allah jesallim aklak — Allah erhalte deinen Verstand!" höhnte der Ghani. „Die Beni Sebîd werden sich hüten zu kommen, sondern sich entfernen. Weil ich nicht komme, um sie einzulassen, müssen sie doch denken, daß etwas Wichtiges vorgefallen ist, und sich aus dem Staub machen."

„Du irrst", behauptete ich dagegen, „sie werden kommen, denn ich werde sie holen."

„Ja, hole sie nur!" spottete der Ghani. „Ich bin begierig, wie du das anstellen wirst. Ich sehe dich schon im Geist, wie du nur mit dem Finger winkst, und wie sie dann einer nach dem andern dir, dem Fremden, den sie heut zum erstenmal sehn, in die Falle nachlaufen, wie eine Karawane von Kamelen, die mit dem Schwanzriemen aneinandergebunden sind und ihrem voranschreitenden Führer geduldig folgen."

„Spotte nicht, sondern warte es ab! Sie werden mir sogar recht willig und gern folgen, denn sie werden mich für dich, für den Scherif Abadilah halten."

Meine Worte hatten zur Folge, daß der Gefangene in ein schallendes Gelächter ausbrach. Ich achtete indes nicht darauf, sondern zog den Emir auf die Seite und entwickelte ihm meinen Plan. Zuerst war er, wie ich erwartet hatte, dagegen. Er hielt ihn für zu gefährlich. Ich überzeugte ihn aber schließlich von der Notwendigkeit, wenigstens den Versuch zu machen, mit dem Hinweis darauf, daß es für ihn und für mich eine große Demütigung wäre, wenn wir dem Pascha als Ergebnis des nächtlichen Feldzugs nur einen einzigen Gefangenen, den Ghani, ablieferten, während die vierhundert Beni Sebîd entkamen.

„Übrigens", schloß ich meine Bemühungen, den Emir für meinen Plan zu gewinnen, „ist die Sache bei weitem nicht so gefährlich, wie sie aussieht. Bedenke doch, daß die Beni Sebîd mich für ihren Verbündeten halten müssen! Stelle dir die Lage vor, in der sie sich befinden! Sie wissen, daß der Ghani den unterirdischen Gang streng geheimhält. Nun öffnet sich genau zu der verabredeten Zeit die Tür, und sie erblicken einen Mann von der gleichen Größe und in der nämlichen Kleidung, in der sie den Ghani zu sehen gewohnt waren. Er winkt ihnen, ihm zu folgen. Müssen sie ihn nicht für den Erwarteten halten? Warum sollten sie Verdacht hegen? Das letztere könnte doch bloß dann der Fall sein, wenn sie schon vorher durch einen Fehler Halefs und seiner Leute scheu gemacht worden wären. Ich weiß nun allerdings nicht, wie die Sachen draußen stehen, aber es muß gewagt werden."

„Effendi, wenn dir dein Plan gelingt, so werde ich Allah danken. Wie nun, wenn dich jemand anspricht? Dann werden sie an deiner Stimme erkennen, daß du ein andrer bist."

„Soweit darf ich es eben nicht kommen lassen. Und wenn, dann werde ich nur flüsternd antworten, und da klingen alle Stimmen gleich."

„Effendi, du bist ein merkwürdiger Mann. Fast glaube ich, daß es keine Lage gibt, der du nicht gewachsen bist. Ich fühle mich ganz klein vor dir."

„Das hast du nicht notwendig", lachte ich vergnügt. „Die Wahrheit ist, daß ich schon in schlimmeren Lagen gewesen bin als die jetzige ist, aber immer glücklich daraus hervorgegangen bin. Das verleiht einem eben eine gewisse Sicherheit und ein Gefühl, das ich nicht gut beschreiben kann, das mich aber noch nie getäuscht hat. Ich möchte es am ehesten mit dem bezeichnen, was man Vorahnung zu nennen pflegt. Aber wollen wir nicht jetzt ans Werk gehen? Ich darf die Beni Sebîd nicht warten lassen."

Der veränderte Plan brachte es mit sich, daß die Haddedihn nicht mehr nötig hatten, draußen zu bleiben. Ich holte sie also herbei und klärte sie kurz über das Geschehene auf. Sie hatten die Wutausbrüche des Ghanis gehört und daraus geschlossen, daß etwas Wichtiges geschehen war, hatten sich aber ruhig verhalten und auf mein Zeichen, den Revolverschuß, gewartet. Ich ordnete an, daß sie zu beiden Seiten der Stollenmündung sich aufstellen, im übrigen aber vollkommene Lautlosigkeit bewahren sollten. Zu verstecken brauchten sie sich jetzt nicht mehr, weil ja nicht mehr der Ghani, sondern ich es war, der die Erwarteten bringen sollte. Dann mußten sie den Ghani in einen Winkel ziehen und ihn dort seines Burnus und Haik entkleiden, die ich anlegen wollte. Wahrscheinlich ging ihm jetzt ein Licht auf, was ich beabsichtigte, denn er stieß mit den Händen und Füßen um sich, konnte jedoch meine Maßnahmen nicht verhindern. Damit er später nicht laut werden und durch Schreien die Herannahenden warnen konnte, erhielt er einen Knebel in den Mund und einen Haddedihn zur Wache, der ihn nicht aus den Augen lassen durfte. Dann legte ich den Burnus des Ghani an und zog die Kapuze des Haik so tief in die Stirn, daß der obere Teil des Gesichts, namentlich die Augen, nicht zu sehen waren. Ich ließ mir noch eine ungebrauchte Fackel reichen, die ich anzündete, dann stieg ich in das Loch und hörte nach einigen Augenblicken die Platte über mir mit dumpfem Schlag in die ursprüngliche Lage zurückfallen — ich war allein.

8. In der Falle

Das Unternehmen, zu dem ich jetzt auszog, war in Wirklichkeit nicht so unbedenklich, wie ich dem Emir glauben machen wollte. Es konnte sich mehr als ein ungünstiger Umstand ereignen, der mein Leben in Gefahr brachte oder wenigstens den Erfolg vereitelte. Selbst wenn es mir glückte, sämtliche Beni Sebîd in die Falle zu locken, so brauchte nur der hinter mir Schreitende, wahrscheinlich der Scheik selber, Verdacht zu schöpfen, und alles war mißglückt. Zwar war ich in der Wüste lange genug mit dem Ghani beisammen gewesen, daß ich glaubte, seinen Gang und seine Haltung ziemlich getreu nachahmen zu können, aber der Scheik kannte jedenfalls seinen Schwiegervater viel besser als ich und konnte an einem geringfügigen Zeichen erkennen, daß nicht Abadilah, sondern ein andrer vor ihm herschritt. In diesem Fall, der immerhin im Bereich der Möglichkeit lag, wußte ich zwar, was ich zu tun hatte, aber ich hätte mich dann jedenfalls in keiner beneidenswerten Lage befunden.

Unter diesen Erwägungen war ich abwärts bis zur Abzweigung des Stollens gekommen, die zu der Balkentür führte, und bog in die Richtung auf diese ein. Nun noch fünfhundert Schritte, dann stand ich hinter der Tür, jenseits der ich die Feinde vermutete. Einige Augenblicke blieb ich stehn und horchte. Nichts regte sich. Oder doch? Klang es nicht wie leises, halbunterdrücktes Flüstern zu mir herein? Nun, der nächste Augenblick würde zeigen, wie die Sachen standen. Ich schob den Riegel zurück und stieß die Tür auf. Ja, da saßen und standen sie eng nebeneinander zwischen den Mauertrümmern eingezwängt und vom Licht des Mondes hell beleuchtet. In meiner nächsten Nähe stand ein Mann, den ich sofort als denjenigen erkannte, der bei der Höhle Atafrah das große Wort geführt hatte, also der Scheik.

Ich war nicht wenig gespannt, wie sie sich gegen mich verhalten würden. Als sich die Tür öffnete, verstummte das Flüstern. Jene, die am Boden saßen, erhoben sich, und die weiter rückwärts standen, drängten nach vorn, so daß eine allgemeine Bewegung zu der Stelle entstand, wo ich mich befand. Ich war wohlweislich nicht aus dem Schatten des Gangs herausgetreten und hielt die Fackel mit der Linken so, daß der Schein nicht auf mein Gesicht fiel. Da zum Glück die Tür nicht im Bereich des Mondlichts lag, waren von meiner Gestalt nur die Umrisse zu sehn, und an mir lag es nun, zu verhindern, daß mir die Beni Sebîd, die offenbar durch das lange Warten ein wenig ungeduldig geworden waren, zu nah auf den Leib rückten. Deshalb machte ich eine gebieterische Handbewegung, die, wie ich mit Genugtuung bemerkte, einen sofortigen Stillstand der Vorwärtsbewegung zur Folge hatte. Dann streckte ich die rechte Hand warnend in die Höhe und legte die Hand mit einer bedeutsamen Gebärde an den Mund, was nach der Zeichensprache aller Völker eine Mahnung zur Vorsicht und zum Schweigen bedeutet. Hierauf wandte ich mich in den Gang zurück. Der Scheik machte zwar Miene, mich anzureden, aber ich wies ihn mit einer ungeduldigen Handbewegung zurück, die ihm sagte, daß jetzt keine Zeit zu unnötigem Plaudern sei, und entfernte mich gegen das Innere des Gangs. Nach ungefähr dreißig Schritten blieb ich stehen und wartete. Was würden sie tun? Würden sie kommen oder hatten sie Verdacht geschöpft?

Meine Sorge zeigte sich als unbegründet. Sie kamen. Zuerst der Scheik. Und dann drangen sich dicht hintereinander herein. Dabei zeigte es sich, daß ich es nicht mit Indianern zu tun hatte, sondern mit leicht erregbaren Beduinen. Sie stießen und drängten sich, jeder wollte der erste sein. Daß es dabei nicht ohne Geräusch abging, versteht sich von selber. Mir konnte dieses Drängen nur recht sein, denn je mehr sie sich beeilten, desto eher waren sie in der Falle, und desto schneller konnte diese von Halef und seiner Abteilung hinter ihnen zugemacht werden.

Ich ließ den Scheik freilich nicht bis zu mir herankommen. Als er nur noch fünf Schritte entfernt war, drehte ich mich um und ging voran, wobei ich immer darauf bedacht war, daß der Abstand zwischen mir und ihm nicht verringert wurde. Dabei hielt ich die Fackel so, daß ihr Licht mehr hinter mich fiel, scheinbar damit die mir Folgenden den Weg besser sehen konnten, in Wirklichkeit aber, damit meine Gestalt sich nicht so scharf gegen das Licht abhob. So ging es unaufhaltsam vorwärts, zweihundert, dreihundert Schritte. Nicht lang mehr, so durfte ich annehmen, daß auch der letzte der Beni Sebîd den Gang betreten habe. Da wurde ich vom Scheik angerufen:

„Abadilah!"

Ich tat, als hätte ich nichts gehört, und ging ruhig weiter. Nun waren es bereits vierhundert Schritte, und die Stelle war nicht mehr fern, wo der ebene Gang in die aufwärts führenden Stufen überging.

„Abadilah, so höre doch!"

Aber der vermeintliche Abadilah wollte nicht hören, er winkte nur ärgerlich und abwehrend mit der Hand und eilte weiter. Da kam endlich die Wegbiegung in den Lichtschein meiner Fackel. Gott sei Dank! Mir fiel ein zentnerschwerer

Stein vom Herzen — der schwierigste Teil des Wagnisses war geglückt. Nach meiner Berechnung mußten die Beni Sebîd, die sich wie Bienen in den Bienenkorb gezwängt hatten, jetzt alle in der Falle sein, obwohl bis jetzt kaum fünf Minuten vergangen waren, seit der Scheik als erster den Gang betreten hatte. Wenn Halef aufgepaßt hatte, so befand er sich wahrscheinlich schon in ihrem Rücken. Und selbst wenn sich noch einige draußen befanden, so durfte ich das Unternehmen trotzdem als geglückt bezeichnen. Denn wenn sich jetzt hier vorne bei uns etwas ereignet hatte, so hätte es lange gedauert, bis sich die Kunde von dem Geschehenen durch die ganze Kette bis zum letzten Glied fortpflanzte, und bis dahin war sicher keiner mehr draußen.

Mit einem Gefühl großer Erleichterung bog ich daher um die Ecke und betrat die aufwärts führenden Stufen. Vorher warf ich indes einen flüchtigen Blick zurück. Die ersten sechs Beni Sebîd, die dem Scheik hart auf dem Fuß folgten, waren noch zu erkennen, die folgenden verschwanden im Dunkel. Nur weit hinten sah ich ein Licht schimmern. Das war die erste der Fackeln, die nach der Vereinbarung zwischen dem Ghani und dem Scheik im Abstand von je hundert Mann brennen sollten. Die Folge dieser Anordnung war für die Sebîd gerade nicht günstig. Denn wenn ich, der die Fackel trug, um die Ecke verschwunden war, befanden sich die folgenden Hundert im Dunkeln. Dies mochte wohl auch dem Scheik zu denken geben, denn er rief mir, als ich kaum die ersten Stufen bestiegen hatte, in höchster Ungeduld nach:

„Abadilah, so warte doch! Ich muß dich etwas fragen. Wenn du nicht hörst, so werden wir keinen Schritt weitergehen, das schwöre ich dir zu bei Mohammed und allen heiligen Kalifen."

Nun, mit dieser Drohung konnte er mich, da ich ja nicht Abadilah war, nicht bange machen. Wenn er gern zurückblieb, so gab es für mich keinen zwingenden Grund, ihn daran zu hindern. Übrigens hatte er sich bereits so weit in das Abenteuer eingelassen, daß er, wenn ich nicht auf seine Worte achtete und weiterging, nicht gut anders konnte als mir zu folgen.

Deshalb stieg ich, als wäre ich mit Taubheit geschlagen, unbeirrt von Stufe zu Stufe weiter. Da kam der Scheik, der offenbar ganz erpicht darauf war, mit mir zu reden, mir mit einem halb unterdrückten Fluch nachgesprungen und packte, als er mich erreicht hatte, meine hocherhobene Hand, mit der ich die Fackel trug. Das kam mir gerade recht. An ein Weiterspielen meiner Rolle als Ghani war nun nicht mehr zu denken, denn bei der Auseinandersetzung, die der Scheik erzwingen wollte, wäre meine Entlarvung unvermeidlich gewesen. Ich stand also vor einer Entscheidung und ließ rasch entschlossen, wie erschrocken über das Tun des Scheiks, die Fackel fallen.

„Allah, Allah", tat ich bestürzt und bückte mich, wie um die Fackel aufzuheben. In Wirklichkeit dachte ich nicht daran, sondern setzte meinen Fuß auf sie und trat sie aus, so daß wir im nächsten Augenblick von undurchdringlichem Dunkel umgeben waren.

„Ja Musibe — o Unglück! Was tust du denn? So paß doch auf und — — —"

Weiter kam der Scheik nicht. Er hatte meine Hand losgelassen und sich gleich mir zu der Fackel gebückt. Dadurch erhielt sein Körper für meine Fäuste die richtige Lage. Indem ich mit der Linken seine Kehle zusammenpreßte, daß er nicht schreien konnte, schlug ich ihm die geballte Rechte an die Schläfe, daß er mit einem ersterbenden Röcheln zusammenknickte und die Stufen hinuntergekollert wäre, wenn ich ihn nicht gehalten hätte. Ihn emporreißen und mir über die Schulter werfen war das Werk eines Augenblicks. Dann eilte ich, mich mit den beiden Händen an den Wänden emportastend, mit meiner Last in lautlosen Schritten die Stufen empor.

Der ganze Vorgang hatte sich in wenigen Sekunden und so geräuschlos abgespielt, daß die Beni Sebîd nichts davon gemerkt haben konnten und wohl jetzt der Meinung waren, wir seien damit beschäftigt, die Fackel von neuem zu entzünden. Zunächst war hinter mir alles still, und ich benützte die Zeit, um rasch emporzukommen. Zwar war es keine kleine Arbeit, mit dem schweren Mann auf dem Rücken im Finstern die schmalen Treppenstufen zu ersteigen, und ich geriet vor Anstrengung in Schweiß, dafür war ich aber auch ziemlich weit in die Höhe gekommen, als ich von unten die Namen Achmed Ghalib und Abadilah rufen hörte. Aber ich kümmerte mich nicht darum, sondern stieg immer weiter. Jetzt verstrich eine längere Pause, nach meiner Schätzung wohl fünf Minuten, da sah ich, als ich wieder zurückblickte, unten ein Licht aufblitzen; entweder hatten die Beni Sebîd die heruntergefallene Fackel gefunden oder eine frische angezündet. Jetzt suchten sie wohl mich und ihren Scheik, und ich dachte mit Vergnügen an ihre verdutzten Gesichter, wenn sie uns nicht mehr fanden. Zu fürchten brauchte ich sie nicht mehr. Als ich das Licht zum erstenmal sah, erschien es infolge der Entfernung so klein wie ein Leuchtkäfer, und bis sich die Genasführten endlich darüber klar wurden, was geschehen war, und an eine Verfolgung denken konnten, verstrich jedenfalls so viel Zeit, daß ich inzwischen längst in Sicherheit war. Ich mäßigte darum meine Eile, ohne mich weiter um das zu bekümmern, was hinter mir geschah. Wie aus weiter Entfernung klang noch verworrnes Rufen und Stimmengewirr an mein Ohr, dann hatte ich mein Ziel glücklich erreicht.

Ich ließ den Scheik auf die Stufen gleiten und stemmte den Rücken gegen den Verschluß. Diesmal brauchte ich indes nur die halbe Kraft aufzuwenden, weil die auf der Lauer stehenden Haddedihn die Bewegung des Steins bemerkt hatten und sofort nachhalfen, lautlos und im Dunkeln, gemäß der Verabredung, weil sie ja nicht wissen konnten, ob ich allein kam oder die Feinde mitbrachte. Über diesen letzten Umstand klärte ich sie sofort auf, indem ich durch das Loch hinaufrief:

„Es ist alles in Ordnung. Zündet eine Fackel an, aber nur eine! Schnell!"

Dann faßte ich den bewußtlosen Scheik am Kragen und zog ihn hinter mir her die wenigen Stufen hinauf, wo ich vom Großscherif und von den Haddedihn mit stiller Freude in Empfang genommen wurde. Der Emir trat sofort auf mich zu und erfaßte meine beiden Hände.

„El Hamdulillah — Allah sei Dank, daß du wieder da bist, Effendi! Ich habe um dich gebangt. Ist dir dein Vorhaben geglückt?"

„Besser als ich dachte."

„Wer ist dieser Mann, den du gebracht hast?"

„Es ist der Scheik Achmed Ghalib."

„Maschallah, ist es wahr? Wie hast du das nur angefangen? Und wie steht es mit den Beni Sebîd?"

„Die stecken hoffnungslos in der Falle, vorausgesetzt, daß die beiden andern Abteilungen, woran ich übrigens nicht zweifle, ihre Pflicht getan haben. Aber du mußt entschuldigen, wenn ich dir für den Augenblick nicht mehr sagen kann. Wir haben an andres zu denken, denn ich glaube, es wird nicht lange dauern, so haben wir die Feinde hier."

Dann wandte ich mich an die Heddedihn, die sogleich, nachdem ich dem Loch entstiegen war, die Klappe wieder zugeworfen hatten.

„Fesselt den Scheik und gebt ihm einen Knebel, damit er beim Erwachen nicht laut werden kann."

Diesem Befehl wurde schnell gehorcht. Dann belehrte ich sie, wie sie sich verhalten sollten. Wenn ich gesagt hatte, daß die Sebîd bald hier sein würden, so hatte ich damit gerechnet, daß sie über die Art, wie ihr Scheik und ich verschwunden waren, völlig verblüfft sein mußten. Es mußte für sie ein schwer zu lösendes Rätsel sein, und ich zweifelte, ob sie auf den Gedanken kamen, daß er von mir entführt worden sei, und daß der Führer, dem sie so blindlings gefolgt waren, gar nicht der war, für den sie ihn gehalten hatte. Demgemäß blieb ihnen wohl nichts andres übrig, als ihren verschwundenen Scheik zu suchen, und das war natürlich nur in der Richtung möglich, in der wir uns entfernt hatten. Den andern Fall, daß sie ihren Scheik im Stich ließen und den Gang auf dem gleichen Weg, auf dem sie gekommen waren, zu verlassen suchen würden, hielt ich für ausgeschlossen.

Eigentlich hätte mir die Frage, ob die Feinde an diese Stelle kommen würden, gleichgültig sein können. Der Scheik befand sich in unsrer Gewalt, und wir besaßen die Mittel, sie zu zwingen, daß sie sich ergaben. Aber dieser Zweck konnte viel rascher erreicht werden, wenn sie hierherkamen und wenn es mir gelang, noch einen Gefangenen zu machen, dessen wir uns als Boten zwischen dem Scheik und seinen Sebîd bedienen konnten. Es galt dann nur noch, Achmed Ghalib davon zu überzeugen, daß sie sich vollständig in unsrer Gewalt befanden, und daß eine Gegenwehr nutzlos sei. Dabei und bei der dann folgenden Übergabe konnte uns der zu erwartende Gefangene gute Dienste tun.

Nachdem ich die notwendigen Anordnungen getroffen hatte, löschten wir die Fackel aus und legten uns rund um den Verschlußstein flach auf den Boden, damit wir, wenn die Sebîd kamen, nicht sofort bemerkt werden konnten. Der gefesselte und geknebelte Scheik war auf die Seite geschafft worden.

Es sollte sich bald zeigen, daß meine Berechnung richtig gewesen war. Wir hatten ungefähr zehn Minuten auf der Lauer gelegen, da hörte ich unter mir ein leises Geräusch; die Feinde waren da. Dann war es eine Weile still. Offenbar untersuchten sie den Verschluß und berieten sich über die Art und Weise, wie er wohl zu öffnen sei. Sie mußten bald darüber ins reine gekommen sein, denn ich bemerkte wieder den länglichen, schmalen Lichtschein, der mir vor einer Stunde das Kommen des Ghani verraten hatte. Der Lichtstreifen wurde breiter und breiter, und dann erschien ein Kopf, der vorsichtig über den Rand hervorlugte. Wir konnten nicht gesehen werden, weil wir uns im Finstern befanden, während uns keine Bewegung des andern, der sich gegen den Lichtschein deutlich abhob, entging. Dem Kopf folgten die Schultern, und dann —

schnellte ich mit einem Satz in die Höhe und packte ihn beim Hals.

„Den Stein halten, rasch, damit der Mann nicht zu Schaden kommt!"

Im Nu waren die Haddedihn zur Stelle und griffen zu. Gerade noch zur rechten Zeit, denn der Stein begann sich wieder zu senken, da der Mann unter dem Druck meiner Hand zusammenknickte und deshalb die Last nicht mehr stützen konnte. Ein kräftiger Schwung, und der Sebîd lag, krampfhaft mit den Armen und Beinen zappelnd, zu meinen Füßen.

„Nieder mit dem Stein! Zündet die Fackeln an!" befahl ich.

Im Augenblick flammte ein Licht auf, und ich blickte in zwei vor Angst weit aufgerissene Augen. Dem Mann war unter meinem Griff beinahe die Besinnung geschwunden, so daß er jetzt in langen, pfeifenden Atemstößen nach Luft schnappte. Ich zog ihm das Messer und die Pistole aus dem Gürtel und warnte ihn:

„Mach keine unerlaubte Bewegung, sonst bist du ein Kind des Todes! Aber wenn du dich ruhig verhältst, soll dir nichts geschehen."

Es hätte meiner Warnung gar nicht bedurft. Der Mann war so verdutzt, daß er wahrscheinlich an alles eher dachte, als sich zur Wehr zu setzen. Ich kümmerte mich nicht weiter um ihn, sondern ergriff eine Fackel und begab mich zum Scheik, der unterdessen die Besinnung wiedererlangt hatte und mich mit glühenden Augen ansah, als ich zu ihm trat. Ich nahm ihm den Knebel aus dem Mund, so daß er sprechen konnte. Er hielt es jedoch für besser, sich in Schweigen zu hüllen, aber er sah mich mit Augen an, vor denen mir hätte angst werden können. Ich hatte noch keine Zeit gehabt, mich des Gewands zu entledigen, das ich dem Ghani abgenommen hatte, und daraus mußte er natürlich schließen, daß ich es war, der ihn in diese Lage gebracht hatte. Das versetzte ihn begreiflicherweise in eine Wut, die größer war als das Verlangen, zu erfahren, wer ich sei, und wie es mir gelungen war, seine Pläne zu durchkreuzen.

Da ich bis zum Jüngsten Tag warten konnte, bis sich der Scheik herbeiließ, seinen Mund zu öffnen und mich einer Ansprache zu würdigen, sagte ich:

„Nun, Achmed Ghalib, bist du noch der Ansicht, daß es so leicht ist, eine feste, wohlbewachte Burg zu überrumpeln?"

„Ruh lil Dschehennem — geh in die Hölle!"

„Diesen frommen Wunsch werde ich dir nun allerdings nicht erfüllen. Es ist aber leicht möglich, daß ich dafür sorge, daß er an dir in Erfüllung geht."

„Das wirst du nicht wagen. Meine Leute würden mich furchtbar rächen."

„Deine Leute? Pah! Wo sind sie denn? Sie befinden sich in der gleichen hilflosen Lage wie du."

„Das lügst du! Meine Krieger werden kommen und mich befreien."

„Mach dich nicht lächerlich! Deine Krieger sind schon da, nämlich in der Falle, in die ihr so schön gegangen seid."

„Welche Falle meinst du? Ich verstehe dich nicht."

„Du verstehst mich nur zu gut. Oder glaubst du wirklich, daß ich nicht weiß, was ihr, nämlich du und Abadilah, den man El Ghani nennt, im Schild führtet?"

„Woher solltest du das wissen?"

„Ich weiß es, das mag dir genügen. Ich habe es schon seit dem letzten Jôm el Dschum'a gewußt und die Vorkehrungen zu eurem Empfang getroffen."

„Allah jihrakik — Allah verbrenne dich! Sagst du die Wahrheit?"

„Ich sage sie. Auch der Großscherif, den ihr verderben wolltet, ist in alle eure sauberen Pläne eingeweiht. Und es ist dafür gesorgt, daß Abadilah ihn heut morgen nicht aus dem Schlaf holen kann, wie er zu dir vor der Höhle Atafrah sagte."

„Vor — der — Höhle — Atafrah? Allah, Allah, er weiß alles!"

„Ja, ich weiß alles. Und auch der Großscherif, wie ich dir

soeben sagte. Blicke doch einmal da hinüber! Wen siehst du da?"

Ich schob den gefesselten Scheik in eine Lage, daß er bequem dorthin sehen konnte, wo zwischen den Haddedihn, die neben und auf dem Verschlußstein saßen, der Großscherif, hell von den Fackeln beleuchtet, mit verschränkten Armen stand und zu uns herüberblickte. Da ging es doch wie ein gewaltiger Schreck über die Züge des Gefangenen, und stammelnd rief er aus:

„Maschallah, der Großscherif! Er ist es wirklich!"

„Ja, er ist es, und du siehst daraus, daß ich die Wahrheit gesprochen habe. Was, glaubst du wohl, wird er mit euch Verrätern anfangen?"

Auf diese Frage gab er keine Antwort, sondern blickte lang vor sich hin. Dann hob er mit einem schnellen Ruck den Kopf und richtete an mich die Gegenfrage:

„Wo ist Abadilah?"

„Das möchtest du wohl gern wissen? Aber beruhige dich! Es wird nicht lang dauern, so wirst du mit ihm vereinigt sein. Er befindet sich gar nicht weit von dir in sicherm Gewahrsam."

„Das ist nicht wahr! Das sagst du nur, um mich deinen Wünschen gefügiger zu machen. Aber ich bin nicht so dumm, es zu glauben."

„Ob du es glaubst oder nicht, ist mir gleichgültig und ändert nichts an der Tatsache, daß ihr verloren seid. Meinst du vielleicht, daß wir die Falle so wenig klug gestellt haben, daß wir euch alle darin fingen, den Hauptschuldigen aber, Abadilah el Waraka, entkommen ließen?"

„Ich bin noch lang nicht so überzeugt, daß wir in deiner Gewalt sind. Wer bist du denn überhaupt? Und was geht dich die ganze Sache an? Ich will mit dem Großscherif reden, nicht mit dir."

„Der Großscherif hat mich beauftragt, an seiner Stelle die Verhandlung mit dir zu führen. Er selber gibt sich mit Verrätern nicht ab."

„Und ich gebe mich nicht mit dir ab. Laß mich in Ruhe!"

„Nun gut, du sollst deinen Willen haben, ich gehe. Aber ich sage dir, ihr alle werdet den Aufgang der Sonne nicht erleben."

Ich tat, als ob ich mich entfernen wollte, da rief er schnell:

„Halt, warte noch ein wenig! Was willst du damit sagen?"

„Daß ich jetzt den Befehl geben werde, da, wo ihr in den Gang eingedrungen seid, ein großes Feuer anzuzünden. Der Rauch wird den Gang in seiner ganzen Ausdehnung erfüllen, und ihr müßt elend ersticken."

„Allah, Allah! Das darfst du nicht tun! Das wäre ein himmelschreiender Mord!"

„Sprich doch nicht von Mord! Was wolltet denn ihr tun? Hattet ihr nicht die Absicht, den Großscherif und seine ganze Familie zu ermorden, wenn euch euer Vorhaben gelungen wäre?"

„Allah!" tat er erstaunt. „Du redest irr. Beweise mir doch diese ungeheuerliche Behauptung!"

„Gib dir keine Mühe! Ich weiß, woran ich mit dir bin. Also sag schnell, willst du dich ergeben oder nicht?"

„Und was geschieht mit uns, wenn wir uns ergeben?"

„Das weiß ich nicht."

„Maschallah! Du weißt es nicht? Willst du dich über mich lustig machen?"

„Fällt mir nicht ein! Bedenke, daß nicht ich über euch zu bestimmen habe, sondern der Großscherif und der Pascha. Aber ich verspreche dir, daß ich tun werde, was ich kann, um den Urteilsspruch zu mildern, aber nur dann, wenn du deinen Leuten sofort den Befehl erteilst, sich zu ergeben."

Etwas wie Hoffnung blitzte in den finstern Zügen des Gefangenen auf.

„Wie kann ich meinen Leuten einen Befehl geben, wenn ich gebunden und dein Gefangener bin?"

„Hast du nicht bemerkt, daß ich noch einen deiner Krieger gefangengenommen habe? Sag ihm deinen Befehl, und er wird ihn deinen Leuten überbringen."

„Sie werden ihm nicht gehorchen", widersprach er mir, „wenn nicht ich selbst es ihnen sage."

„Hast du dich bei deinen Untergebenen so wenig in Achtung gesetzt, daß sie dir nur gehorchen, wenn du bei ihnen bist? Ich weiß wohl, woran du denkst. Du glaubst, wenn ich dich zu ihnen gehen ließe, ein Mittel ausfindig zu machen, wodurch du uns entwischen könntest. Laß diesen Gedanken fallen! Es gibt kein Loch, durch das ihr entschlüpfen könnt. Und du wirst noch früh genug zu deinen Leuten kommen, wenn sie gebunden in diesem Raum liegen werden."

„Allah verderbe dich! Du bist unerbittlicher als der Wolf der Wüste, der seine Beute im Rachen fortträgt."

„Scheik, ich warne dich, nochmals ein Schimpfwort auszusprechen. Ich nehme sonst mein voriges Versprechen zurück. Dann magst du sehen, was mit euch geschieht. Übrigens sollst du den Beweis dafür haben, daß an ein Entkommen nicht zu denken ist. Der gefangene Sebîd mag zu seinen Stammesgenossen zurückkehren und sich überzeugen, daß alle Ausgänge besetzt sind. Ich gebe ihm eine halbe Stunde Zeit dazu. Ist er dann noch nicht zurückgekehrt, so mache ich meine Drohung wahr und lasse das Feuer anzünden. Also entscheide dich schnell!"

Der Scheik war endlich mürbe geworden. Wenn er ja noch eine Hoffnung gehabt hatte, uns zu entkommen, so mußte sie jetzt in sich zusammenbrechen. Denn er mußte sich sagen, daß ich meiner Sache vollständig sicher war, sonst hätte ich ihm nicht so bereitwillig eine Frist zugesagt. Er stieß einen tiefen Seufzer aus und meinte:

„Ich bin einverstanden. Laß den Gefangenen zu mir bringen und wiederhole ihm in meiner Gegenwart, was er tun soll, damit er sieht, daß es auch mein Wille ist, daß er dir gehorcht!"

Ich ging zu den Haddedihn und löste dem Gefangenen die Fesseln. Dann führte ich ihn zum Scheik und erklärte ihm, was er zu tun habe. Als ich fertig war, warf der Sebîd einen fragenden Blick auf seinen Vorgesetzten, der ein Zeichen des Einverständnisses gab. Hierauf ging ich mit ihm an das Gangloch und befahl den Haddedihn, den Stein vorsichtig zu heben. Sie taten es, und ich blickte hinunter. Es herrschte vollständiges Dunkel dort. Die Feinde hatten wohl eingesehen, daß es hier oben bei uns nicht ganz geheuer sei und sich zurückgezogen, um an einer andern Stelle das Durchkommen zu versuchen. Ich gab dem Sebîd eine brennende Fackel in die Hand und bedeutete ihm nochmals, daß er pünktlich zur angegebnen Zeit wieder hier sein müsse, wenn er nicht den Tod seiner Gefährten und seinen eignen heraufbeschwören wolle. Dann stieg er hinab und ich folgte ihm mit den Augen, bis der Lichtschein kleiner und kleiner wurde und schließlich als Punkt verschwand, worauf wir die Öffnung schlossen und uns zum Warten anschickten.

Es war keineswegs unsre Absicht, die Feinde auszuräuchern, falls der Scheik sich weigern sollte, sich zu ergeben. Um unsern Zweck zu erreichen, gab es noch andre Mittel. Aber es schadete nichts, wenn ihnen ein wenig Angst eingejagt wurde. Ihre Bereitwilligkeit, unsrer Forderung zu willfahren, wurde dadurch nur gesteigert, und namentlich — wir gewannen Zeit. Dieser letztere Umstand war mir besonders deshalb wichtig, weil ich gern vor Anbruch des Morgens fertig sein und vor den Pascha mit einer vollendeten Tatsache hintreten wollte.

Während ich so wartend dasaß, kam es mir erst richtig zum Bewußtsein, wie gewagt das ganze Unternehmen unserseits gewesen war. Es hätte nur ein geringfügiger, unvorhergesehener Umstand einzutreten brauchen, so wäre es im vorhinein gescheitert gewesen, ja ich hätte zufrieden sein müssen, wenn es nicht zu unserm Verderben und zum Verderben dessen, den ich schützen wollte, ausschlug. Ich war auch so nicht ohne Sorge. Wie nun, wenn es den Feinden, während wir hier untätig saßen, gelang, an einem der beiden Ausgänge, die nur durch wenige Haddedihn gesichert waren,

durchzubrechen? Es konnten zwar nur immer zwei der Eingeschlossenen wegen der Enge des Gangs zum Angriff schrei-
ten, und ich hoffte auf die Wachsamkeit der Haddedihn, aber
man konnte nicht wissen!

Glücklicherweise war meine Besorgnis unbegründet. Es
fehlten noch fünf an den vereinbarten dreißig Minuten, da
wurde von unten an den Verschlußstein geklopft. Ich nahm
den Revolver zur Hand und gab die Weisung, nur soweit zu
öffnen, daß, im Fall der Erwartete mit noch mehreren zurück-
kam, nur ein Mann durchschlüpfen konnte. Es entstieg indes
nur einer der Mündung, und zwar der, den ich fortgeschickt
hatte. Sonst war niemand zu bemerken. Er verlangte sofort
zum Scheik geführt zu werden, welchem Wunsch ich ent-
sprach. Ich brauchte nur einen Blick auf seine niedergeschla-
gene Miene zu werfen, um zu wissen, woran ich war — die
Eingeschlossenen mußten sich ergeben. Der Scheik richtete
sich bei seinem Kommen in sitzende Stellung auf und fragte
ungeduldig:

„Nun?"

„Scheik, die Ausgänge sind verrammelt. Wir müssen uns
ergeben."

„Das wollen wir erst noch sehen! Auch habe darüber ich
zu entscheiden, nicht du. Welche Ausgänge meinst du?"

„Die Tür, durch die wir eingetreten sind, und dann noch
ein enger Schacht, der nach oben führt."

„Wohin?"

„Das weiß ich nicht. Es sind einige eiserne Klammern
in die Wand eingelassen, mit deren Hilfe schon vor meinem
Kommen unsre Leute versucht hatten, emporzusteigen. In
einer gewissen Höhe stießen sie aber gerade so wie hier auf
eine schwere Steinplatte, die allen Versuchen, sie zu heben,
widerstand. Sie wurden nur ausgelacht."

„Allah, Allah! Von wem?"

„Von Leuten, die auf und neben dem Stein saßen, wie
aus dem Schall der Stimmen zu schließen war. Der Versuch,

hier durchzudringen, hatte bald aufgegeben werden müssen, schon deswegen, weil die Klammern so schmal sind, daß nur ein einziger Mann auf ihnen Platz hat."

„Und die Tür?"

„Diese muß von außen mit schweren Balken verrammelt worden sein, weil sie trotz aller Anstrengungen, die gemacht wurden, nicht um die Breite eines Daumens zu öffnen war. Auch sie ist von außen bewacht, denn als wir versuchten, sie mit unsern Flintenkolben einzustoßen, drang zu uns ein höhnisches Gelächter. Einer rief uns sogar zu, es sei schade um die guten Flintenkolben, wir sollten lieber unsre Köpfe gebrauchen, die ohnehin bald am Strick baumeln würden."

Ich erriet, wer das gesagt hatte. Das konnte nur Halef gewesen sein.

„Allah verfluche den Spötter!" knirschte der Scheik ingrimmig. „Ihr hättet mit euern Fackeln Feuer an die Tür legen sollen!"

„Allah akbar — Gott ist groß! Feuer an die Tür! Weißt du nicht, daß sie ganz aus Eichenbalken besteht, die nicht so leicht in Brand zu stecken sind? Und selbst wenn es möglich wäre, wären wir nicht dazu imstand gewesen, weil die wenigen Fackeln, die wir besaßen, längst verbrannt sind."

„Allah kerîm — Gott ist gnädig! Es ist keine gute Nachricht, die du bringst. Wenn ich nur nicht gefesselt, sondern bei euch gewesen wäre! Ich hätte euch schon durchgebracht."

Da richtete sich der Sebîd stolz auf und entgegnete:

„Beleidige uns nicht, o Scheik! Wir haben alles getan, was möglich war. Bedenke doch, daß nur immer zwei oder höchstens drei an unsrer Rettung arbeiten konnten, und noch dazu im Dunkeln! Du hättest ebensowenig vermocht wie wir."

Der Scheik sah ein, daß er dem andern recht geben mußte. Deshalb erwiderte er besänftigend:

„Du hast recht. Ich wollte dich nicht beleidigen und gebe zu, daß nicht mehr geschehen konnte als versucht worden ist.

Dann blickte er lang in düsterm Schweigen vor sich nieder und wandte sich schließlich an mich.

„Wirst du dein Wort halten, daß du beim Großscherif und beim Pascha für uns sprechen willst?"

„Ich halte es."

„So sei es denn! Allah hat uns verlassen und in eure Hände geliefert. Wir ergeben uns."

„Laß Allah aus dem Spiel! Er hat euch schon längst verlassen, schon damals, als ihr den gottlosen Plan faßtet, den Großscherif zu beseitigen. Jetzt trifft euch nur die verdiente Strafe."

Achmed Ghalib gab mir keine Antwort mehr, sondern drehte sich auf die Seite und schloß die Augen. Ich bedeutete dem Sebîd, mir zu folgen, und eilte zu den andern zurück. Dann wurden die notwendigen Vorbereitungen zum Empfang der Eingeschlossenen getroffen. Ich befahl dem Sebîd, zu den andern zurückzukehren und ihnen zu sagen, daß ein jeder alle seine Waffen da niederzulegen habe, wo er sich befand. Würde bei einem auch nur eine einzige Waffe gefunden, so würde er unnachsichtlich erschossen. Der Sebîd bejahte schweigend, daß er mich verstanden habe, und wurde dann zum zweitenmal in den Stollen gelassen, den wir aber diesmal nicht wieder verschlossen, weil die Gefangenen jedenfalls bald zu erwarten waren. Zwei Haddedihn mußten mit geladenem Gewehr zu beiden Seiten der Treppenmündung Aufstellung nehmen und erhielten den Auftrag, jeden zu erschießen, der Miene machen würde, sich zu wehren. Die übrigen sollten sich in die Arbeit der Untersuchung und Fesselung der Gefangenen teilen.

Wir hatten nicht lang zu warten, so kamen sie herauf, einer nach dem andern. Es war ihnen wohl mit der Zeit unheimlich in dem finstern Stollen geworden, und sie mußten von der Hoffnungslosigkeit ihrer Lage offenbar überzeugt sein, denn sie ergaben sich schweigend und ohne Widerstand in ihr Schicksal. Der erste, der kam, war der Sebîd, den ich als Boten benutzt hatte. Er wurde von zwei Haddedihn nach etwa verborgnen Waffen untersucht und dann auf die Seite geschoben, wo zwei andre warteten, die ihm die Hände auf den Rücken banden, worauf er in den Hintergrund geführt wurde. Dort mußte er sich hinlegen, um sich auch die Füße fesseln zu lassen.

Genauso erging es auch den übrigen. Die Haddedihn zeigten bald eine solche Fertigkeit, daß das „Geschäft" rasch vonstatten ging. Kaum hatte ein Sebîd die oberste Stufe erstiegen, so lag er auch schon gebunden bei seinen Leidensgefährten. Es bot einen fast ergötzlichen Anblick, wie einer nach dem andern aus dem Loch wie aus einer unerschöpflichen Zauberbüchse auftauchte und dann wie eine Ware von Hand zu Hand ging, bis er am Ort seiner Bestimmung anlangte. Die Haddedihn faßten jetzt, nach dem glücklichen Ausgang, die Angelegenheit von der fröhlichen Seite auf. Scherzworte und Witze flogen hin und her, und es gab keinen größern Gegensatz als die lachenden Gesichter der Sieger und die bedrückten Mienen der Gefangenen zu beobachten. Damit es auch an der nötigen Beleuchtung nicht fehle, wurden an den Mauerringen Fackeln angebracht, von denen ein großer Haufen vorhanden war.

Der einzige, der sich auf unsrer Seite an der allgemeinen Fröhlichkeit nicht beteiligte, war der Großscherif. Ernst, die Arme über der Brust gekreuzt, stand er seitwärts neben der Stollenmündung und beobachtete das geschäftige Hin und Her. Vielleicht ging ihm jetzt erst das volle Verständnis auf für die Gefahr, in der er und seine Familie geschwebt hatten, als er die langen Reihen der Gefangenen übersah, die nach und nach das Gewölbe füllten.

Zu meinem Bedauern machte ich die Wahrnehmung, daß der verfügbare Raum bei weitem nicht für die Aufnahme aller Gefangenen ausreichte. Einerseits durften wir sie nicht zu eng nebeneinanderlegen, weil es die Bewachung außerordentlich erschwert hätte, anderseits hatte es seine Bedenken, sie anderswo, beispielsweise auf dem Hof, unterzubringen, weil ich dann meine Haddedihn hätte teilen müssen. Außerdem wollte ich ihnen die Last nicht gern aufbürden, die mit der Beförderung der einzelnen Gefangenen die steile, schmale Gewölbetreppe hinauf verbunden gewesen wäre. Das konnten die Asaker des Pascha ebensogut besorgen. Deshalb schickte ich Omar Ben Sadek zum Pascha mit der Bitte, zu kommen und dabei auch ein Dutzend Besatzungssoldaten mitzubringen.

Nach zehn Minuten erschien er denn auch in Begleitung des Festungskommandanten. Hinter ihnen strömte aber nicht ein Dutzend, sondern die ganze Besatzungsmannschaft die Treppe herunter. Der Befehlshaber hatte sie auf Befehl des Pascha aufbieten müssen. Wie staunte dieser, als er sich das Werk der Nacht besah, und was machten die Asaker für Augen, als sie erfuhren, worum es sich handelte! Der Pascha hatte Wort gehalten und keine Silbe seinen Leuten gegenüber von dem verlauten lassen, was während der Nacht geschehen sollte. Um so erstaunter waren diese jetzt, und um so größer war ihre Begeisterung, mit der sie sich an die Aufgabe machten, die ihnen zugewiesen wurde. Zwar durfte keiner von ihnen an die Stollenmündung heran, das ließen die Haddedihn nicht zu. Sie wurden nur für die Wegschaffung der Gefangenen verwendet. Aber die Sache wickelte sich doch von jetzt an noch einmal so rasch und glatt ab wie bisher. Ich brauchte jetzt meine Leute nicht mehr zu teilen, da sie sich nun sämtlich mit der Entgegennahme und Fesselung der Gefangenen beschäftigen konnten, während für die Asaker das Wegschaffen und die Bewachung der Gefesselten übrigblieb.

Einen spaßhaften Anblick bot der dicke Pascha, der sich gebärdete, als ob er der Sieger sei und jeden Sebîd einzeln überwunden und gefesselt habe. Er schritt zwischen den Reihen der Gefangenen hindurch, da und dort kräftige Fußtritte austeilend und den Missetätern die fürchterlichsten Strafen androhend. Hätte Sultan Mahmud II. nicht die Roßschweife abgeschafft, so würde ich sagen, er benahm sich wie ein Pascha von mindestens fünf Roßschweifen[1]. Ich ließ ihn lächelnd gewähren. Mich gingen ja die Gefangenen, nachdem ich ihr Los in seine Hände gelegt hatte, nichts mehr an, und ferner

[1] Dem Sultan standen sechs zu

würde er aber wohl mit sich reden lassen, so daß seine Drohungen nicht so ernst zu nehmen waren.

Seit dem Eintreffen der Asaker war schwerlich mehr als eine Viertelstunde vergangen, als der letzte Sebîd die Stufen heraufkam, um den Weg der übrigen zu gehen. Nun brach sich aber der Jubel meiner Haddedihn stürmisch Bahn. Ihr Frohlocken war so groß, daß es sogar die Asaker ansteckte, die doch bei der ganzen Sache am wenigsten zu tun gehabt hatten. Ruhiger verhielt sich der Großscherif. Aber sein Auge glänzte feucht, als er auf mich zuging und meine Hand ergriff.

„Effendi, ich danke dir."

Er sagte nur dies eine Wort, aber ich hörte so manches unausgesprochne aus dem Ton heraus, in dem er es sprach. Darum gab ich zur Antwort:

„Emir, danke nicht mir, sondern Allah, der mich zu deiner Rettung geschickt hat! Und wenn du mir eine Freude machen willst, so biete deinen Einfluß auf, damit der Pascha mit den Gefangenen nicht allzu streng ins Gericht geht. Du weißt, ich bin ein Christ, und denke darum nicht so schlimm von den Beni Sebîd, die nur die Verführten sind."

„Effendi", erwiderte der Emir gerührt, „ich verstehe dich, und du sollst mit mir zufrieden sein."

Nun bei uns alles in bester Ordnung war, fand ich es an der Zeit, an andre Dinge zu denken, die noch zu besorgen waren. Ich wählte fünf Haddedihn aus und begab mich, nachdem ich mich vom Großscherif verabschiedet hatte, in den Gang, um Halef aufzusuchen. Eine endlose lange Linie von Flinten, Pistolen und Messern, die am Boden lagen, bezeichnete den Weg. Als wir vor der Balkentür angekommen waren, gestattete ich mir den Spaß, Halef ein wenig zu necken. Ich befahl meinen Begleitern, mit den Kolben ihrer Flinten auf die Tür zu trommeln. Die Antwort war ein höhnisches Gelächter von draußen. Dann erklang die Stimme meines Halef:

„Seid ihr schon wieder da, ihr Ratten und Nachkommensenkel von Rattenvätern? Was sucht ihr denn an dieser Stelle? Wenn es euch nicht in eurem Bau gefällt, warum seid ihr dann eigentlich hineingekrochen? Oder habt ihr vielleicht Hunger? Dann gebe ich euch den Rat, freßt euch doch gegenseitig auf, immer einer den andern, und der andre den einen, aber schön langsam von unten angefangen, damit — — —"

Er hätte vielleicht noch lange weitergeschwatzt, aber ich fiel ihm ins Wort:

„Lieber Halef, ich kann doch deine Haddedihn nicht anbeißen. Ich fürchte, du würdest es mir wenig Dank wissen. Behalte also deinen guten Rat für dich, und — — —"

„Hamdulillah, das ist ja die Stimme meines Sihdi! Er ist selber da, folglich muß alles gutgegangen sein. Schnell weg mit den Balken, damit er heraus kann und wir uns gegenseitig unsre Heldentaten erzählen können!"

Ich hörte schwere Balken rücken, und dann ging die Tür auf. Draußen standen die zehn Haddedihn, die uns mit Jubel empfingen. Bevor ich aber die Fragen beantwortete, mit denen Halef auf mich einstürmte, ließ ich mir von ihm Bericht erstatten. Als er mir erzählte, wie sie beinah drei Stunden hinter den Steintrümmern gelegen und vor Ungeduld fast vergangen seien, bis sich endlich, endlich die geheime Tür öffnete, unterbrach ich ihn:

„Entschuldige, Halef, daß ich euch so lang warten ließ, aber ich konnte mit dem besten Willen nicht eher kommen, um die Beni Sebîd einzulassen."

„Wie — wa — wa — — was? Du — — du hast ihnen geöffnet? Willst du mich foppen?"

„Fällt mir nicht ein."

„Aber wo ist denn der Ghani geblieben?"

„Der war verhindert, zu kommen, weil er von einer plötzlichen Fâlûdsch el A'dhâ[1] befallen wurde. Deshalb ersuchte er mich, an seiner Stelle seinen Verbündeten die Tür zu öffnen."

„Allah, Allah! Ich verstehe dich jetzt. Du bist es wohl ge-

[1] Lähmung der Glieder

wesen, der dem Ghani diese Lähmung der Glieder verursacht hat. Aber das andre begreife ich um so weniger. Die Beni Sebîd müssen doch sofort bemerkt haben, daß du nicht ihr Verbündeter bist, den sie mit Sicherheit zu sehn glaubten, und dich auf der Stelle umgebracht haben."

„Nicht ganz! Wie du siehst, bin ich noch ein wenig lebendig. Sie haben mich eben für den Ghani gehalten."

„Maschallah! Wie ist das möglich? Und wie konnten sie die Frechheit haben, dich, den berühmten Kara Ben Nemsi Effendi mit diesem Schurken zu verwechseln? Dafür verdienten sie eigentlich gewaltige Hiebe, und ich habe nicht übel Lust, ihnen vom ersten bis zum letzten mit Hilfe meiner Kurbâdsch zu zeigen, welch großer Unterschied zwischen dir und dem falschen Ghani oder vielmehr zwischen dem echten Ghani und dem wirklichen Kara Ben Nemsi ist. Was hat denn der Scheik, der doch sein Schwiegersohn ist, für Augen gemacht, als er bemerkte, welch lächerliche Verwechslung von gar nicht zu verwechselnden Persönlichkeiten ihm unterlaufen ist?"

„Fast so große, wie du vorhin gemacht hast, lieber Halef, als ich dir sagte, daß ich die Beni Sebîd empfangen habe."

„Chesâre — schade, jammerschade, daß ich nicht dabei gewesen bin! Warum hast du es auch so eingerichtet, daß mir der weniger abwechslungsreiche Teil der Aufgabe zugefallen ist?"

„Tröste dich, lieber Halef, dafür war dein Teil der wichtigste. Denn es wäre mir unmöglich gewesen, die Feinde gefangenzunehmen, wenn ihr, nämlich du und Kara Ben Halef mit euren Abteilungen, nicht so pünktlich an Ort und Stelle gewesen wäret."

Da hellte sich das Gesicht des ehrgeizigen Hadschi, das sich zuletzt verdüstert hatte, mit einem Schlag wieder auf, und er rief sichtlich erleichtert:

„Ist das dein Ernst, dein wahrer, wirklicher Ernst? Wenn du es sagst, so muß ich es glauben, aber ich gestehe dir daß ich mir all die Stunden her vorgekommen bin wie ein lahmer 'Asfûr[1] vor einem großen Haufen Hubûb[2], der geduldig zusehen muß, wie seine Genossen ein Korn nach dem andern verschlucken, ohne ihm auch nur ein einziges übrigzulassen."

„Was fällt dir ein? Wie kannst du dich, den berühmten Scheik der Haddedihn, mit einem Sperling vergleichen? Und wer sind denn die andern, die dir die Körner weggenommen haben? Sind es nicht deine Haddedihn? Und fällt nicht der ganze Ruhm des heutigen Erfolgs auf sie und darum auch auf dich, ihren Scheik?"

„Na'am, hakadsa — ja, so ist es!" rief er aus, nunmehr ganz zufriedengestellt. „Deine Rede duftet wie Balsam, und deine Worte träufeln wie Honig in die Seele deines Freundes. Wir sind die Sieger, wir ganz allein, die Haddedihn vom berühmten Stamm der Schammar! Unsre Kinder werden unsre Heldentaten besingen, und unsre Kindeskinder werden bis ins hundertste Glied von der Erinnerung an unsre unvergleichlichen Ruhmestaten und ruhmvollen Unvergleichlichkeiten zehren. Ich werde — — —"

„Du wirst dich jetzt auf die Festung begeben", unterbrach ich ihn, sonst wäre er, das wußte ich aus Erfahrung, noch lange in diesem Ton fortgefahren. „Als Scheik gehörst du zu deinen Haddedihn und zu den Gefangenen, um nach dem Rechten zu sehen. Ich selber habe jetzt keine Zeit dazu, ich muß zum Dschebel Omar, um die Reittiere der Beni Sebid zu holen. Oder meinst du, wir sollen diese Angelegenheit lieber den Asakern des Pascha überlassen?"

„Allah la jukaddir — das verhüte Allah! Sihdi, was fällt dir ein?"

„Nun, so sorge dafür, daß wir keine Zeit mehr verlieren! Fünf deiner Haddedihn habe ich mitgebracht, fünf nehme ich von deiner Abteilung, und weitere fünf holst du mir von den Leuten deines Sohns, die im Beit es Ssalâ liegen. Fünfzehn werden genügen, um die Wachen zu überwältigen und die

[1] Sperling   [2] Körner

Beförderung der Tiere zu besorgen. Alles andre, namentlich wie es uns gelungen ist, die Feinde gefangenzunehmen, können dir dann deine Haddedihn ebensogut erzählen wie ich. Halt, noch eins, bevor ihr geht! Vergiß nicht, dafür zu sorgen, daß im Beit es Ssalâ ein paar Wachen zurückzubleiben haben! Es ist zwar nicht wahrscheinlich, aber es könnte doch sein, daß jemand von den Dienern des Ghani versuchen wird, ins Haus einzudringen, namentlich wenn er am Morgen nicht zurückkehrt. Und schicke uns noch einen sechsten, den ich brauche, weil die Tür hinter uns nicht offen bleiben darf! Er muß sie verriegeln und kann dann zu euch zurückkehren. Also beeile dich und laß uns nicht lang warten!"

„Ich eile ja schon, Sihdi, ich fliege! Ja, Allah, ia Nabi, ia Ssurûr — o Allah, o Prophet, o Freude!"

Er wählte schnell fünf seiner Leute, die mit mir gehen mußten, dann verschwand er mit den übrigen in der Öffnung des Stollens. Ich brauchte wirklich nicht lange zu warten, so kamen die sechs bestellten Haddedihn von der Abteilung Kara Ben Halefs. Ich ließ mir von ihnen rasch Bericht erstatten. Es hatte auch bei ihnen alles bis aufs kleinste geklappt. Da ich schon im Anfang dieses Kapitels darüber berichtete, kann ich, um mich nicht zu wiederholen, darüber hinweggehen. Wir schafften die Balken in den Gang, dann verriegelte der dafür bestimmte Haddedihn hinter uns die Tür, während wir durch die Ruinen den Abstieg begannen.

Nach einer Viertelstunde waren wir auf der nach Jemen führenden Straße angelangt, auf der wir rüstig nach Süden weiterschritten. Die in diesem Kapitel geschilderten Ereignisse hatten viel Zeit beansprucht, und der Morgen war nicht fern. Da wir den Ort, an dem die Tiere verborgen waren, nicht kannten, mag unser Vorhaben vielleicht als schwer, wenn nicht gar als unausführbar erscheinen. Aber es scheint nur so. Ich hatte sogar die Hoffnung, daß ich nicht lange werde suchen müssen. Erstens wußte ich die Richtung, in der das Versteck zu finden war, der östliche Abhang des Dschebel

Omar, und zweitens mußten die vielen Tiere eine Menge Spuren hinterlassen haben, die mir nicht entgehen konnten.

Darum verließ ich jetzt die Straße, auf der es mir, da es auf ihr von Spuren wimmelte, unmöglich gewesen wäre, die richtigen herauszufinden, und schritt in einiger Entfernung, jedoch gleichlaufend mit ihr, weiter. Die Gegend hatte schon längst Wüstencharakter angenommen, und wir mußten stellenweise in tiefem Sand waten. Da machte ich bald eine Entdeckung. Der Morgen war zwar noch nicht ganz angebrochen, und es herrschte ein unsicheres Zwielicht, aber ich bemerkte doch, daß wir eine Menge Spuren kreuzten, die von der Straße aus gegen den Berg zu verliefen. Es waren Pferde- und Kamelspuren, die in der Richtung auf den Dschebel Omar wiesen, und Fußstapfen, die von dort herführten, aber einige Stunden jünger waren.

Ich wußte sofort, woran ich war. Die erstern stammten von den berittenen Beni Sebîd, und die letztern von den gleichen, nachdem sie sich ihrer Tiere entledigt hatten; wenn wir also das Versteck finden wollten, so war es nur notwendig, einer der vielen Spuren zu folgen. Und das war gar nicht schwer, weil sich keiner Mühe gegeben hatte, seine Fährte zu verbergen, offenbar weil es ihm nicht eingefallen war, daß jemand auf den Gedanken kommen könne, ihm nachzuspüren. Wir kamen schnell vorwärts. Die eingehaltene Richtung führte nach kurzer Zeit in eine Schlucht.

Nach ungefähr fünf Minuten zweigte eine Seitenschlucht nach Süden ab. Waren die Beni Sebîd dort eingebogen oder waren sie weiter geradeaus gegangen? Ich zog mein Phosphorfläschchen zu Rat. Sein Schein war hell genug, um erkennen zu lassen, daß der Ausgang der Seitenschlucht mit Spuren förmlich übersät war. Die Gesuchten befanden sich also jedenfalls seitwärts. Von jetzt an befleißigten wir uns einer doppelten Vorsicht, weil wir damit rechnen mußten, jeden Augenblick auf einen Posten zu stoßen. An und für sich hätte ein solcher unbedingt an die Abzweigung der neuen Schlucht gestellt werden müssen. Daß dies unterlassen worden war, wunderte mich sehr und überzeugte mich davon, daß sich die zurückgelassenen Wachen sehr sicher fühlen mußten. Auch jetzt ließ sich nichts Verdächtiges sehen, obgleich wir sorgfältig Ausschau hielten. Wir schritten fort, bis sich hinter einer Biegung die Schlucht plötzlich erweiterte. Sie bildete einen großen Kessel, wie im Morgenlicht, das sich hier stärker geltend machte, zu sehen war. Bis in den Hintergrund, wo die Tiere wahrscheinlich standen, reichte das Auge freilich nicht. Dafür sahen wir aber etwas andres. An der Talseite, gar nicht weit von uns, brannte ein mit Kamelmist unterhaltnes Feuer, um das fünf Gestalten hockten. Sie hatten uns nicht kommen sehen, weil wir uns vorsichtig im Schatten der Schlucht hielten. Ihre Gewehre befanden sich, in Form einer Pyramide zusammengestellt, seitwärts zwischen uns und ihnen, so daß sie für den Augenblick nicht zu befürchten waren.

Das alles sah so harmlos und so wenig gefährlich aus, daß ich beschloß, nicht lang mit dem Anschleichen Zeit zu verlieren. Ich schritt gradwegs auf die Wächter zu; meine Haddedihn folgten mir geistesgegenwärtig.

Als die Beni Sebîd unsre Schritte hörten, sprangen sie auf und blickten uns erwartungsvoll entgegen. Offenbar hielten sie uns für einige ihrer Stammesgenossen, die abgeschickt worden seien, um sie und die Tiere zu holen. Diese irrige Meinung kam uns sehr zugute, denn sie erlaubte uns, ihnen so nahe zu kommen, daß, als sie endlich ihren Irrtum merkten, es für sie zu spät war, sich zur Wehr zu setzen. Einige rasche Sprünge brachten mich zwischen sie und die Gewehre. Dann zog ich den Revolver, den ich ihnen drohend entgegenhielt.

„Keine Bewegung! Wer zum Messer oder zur Pistole greift, erhält augenblicklich meine Kugel. Euer Scheik und all eure Krieger sind gefangen auf der Burg. Gegenwehr ist also nutzlos."

Meine Worte klangen den verdutzten Wächtern so ungeheuerlich, daß sie eine größere Wirkung als der gespannte

Revolver hervorriefen. Sie standen wie gelähmt da, so daß es für meine Haddedihn ein Leichtes war, sie zu überwältigen. Es dauerte keine fünf Minuten, so lagen sie gefesselt am Boden, und wir waren die Herrn der Lage. Ich kümmerte mich nicht weiter um die Gefangenen, sondern schritt dem Hintergrund des Talkessels zu, wo die Tiere der Beni Sebîd dicht zusammengedrängt standen oder lagen. Ich zählte ungefähr dreihundert Kamele, die übrigen waren Pferde. Eins davon erregte meine besondre Aufmerksamkeit; es war ein prachtvoller Schimmel, ein feuriger Nedschijhengst mit roten Nüstern. Ich irrte mich wohl kaum, wenn ich annahm, daß er dem Scheik gehörte und führte ihn abseits, weil ich ihn auf dem Heimweg reiten wollte. Dann gab ich den Befehl zum Aufbruch. Die Pferde wurden aneinandergebunden, um ihr Ausbrechen zu verhindern. Bei den Kamelen war diese Maßregel nicht notwendig. Nachdem wir noch die Gefangenen so auf ihre Pferde gefesselt hatten, daß ihnen ein Auskneifen unmöglich gemacht wurde, bestieg ich den Nedschijhengst, der zwar anfänglich nicht übel Lust zeigte, mich abzuwerfen, aber doch bald in mir seinen Meister erkannte und sich meinem Schenkeldruck willig fügte. Ich setzte mich an die Spitze des langen Zugs. Hinter mir ritt ein Haddedihn auf einem Dschamal, dann kamen die Reitkamele und schließlich folgten die Pferde. Anfänglich ging es nur langsam im Schritt durch die Schlucht, aber als wir die freie Wüste erreichten, fielen die Tiere, denen nach der langen Ruhe die Bewegung offenbar wohltat, von selber in einen leichten Trab, so daß wir schnell vorwärtskamen.

Unterdessen war die Dämmerung gewichen, und über den Bergen von Taif rötete sich der Himmel: wir begegneten auf dem ganzen Weg keinem Menschen, bis wir in die Straßen der untern Stadt einritten. Auch sie waren fast menschenleer, einige wenige Frühaufsteher ausgenommen, die bei unserm Kommen auf die Seite wichen und sich erstaunt die verschlafnen Augen rieben. Da sich der Zugang zur Zitadelle auf der der Stadt zugewandten Seite befindet, mußten wir durch das Stadtviertel El Mesfalah hindurch. Dabei kamen wir auch an Abadilahs Haus vorüber. Die Mauerpforte war geöffnet und unter ihr stand ein Mann, der auf jemandem zu warten schien. Als er uns bemerkte, trat er vollends auf die Straße heraus und sah uns mit einem Ausdruck der Spannung entgegen, der mir verriet, daß er in die Pläne seines Gebieters eingeweiht war. Wahrscheinlich wartete er schon lange auf eine Nachricht von seinem Herrn und schloß aus der Tatsache, daß wir die ledigen Tiere brachten, daß wir zu den Sebîd gehörten, und daß der Anschlag auf die Dschijad gelungen sei. Die Gefangenen konnte er nicht sehen, weil sie hinten bei den Pferden waren.

Mir kam ein Gedanke. Ich ritt auf den Mann zu und grüßte ihn:

„Ssabâh el chêr — guten Morgen! Bist du ein Diener Abadilahs, den man el Ghani nennt?"

„Iß'id ßabâhak — dein Morgen möge glücklich sein! Ich bin es."

„So habe ich für dich einen Auftrag. Dein Gebieter wünscht, daß du und die andern männlichen Diener sich zu ihm auf die Burg begeben, und zwar gleich jetzt. Er benötigt eure Dienste."

„Allah akbar — Gott ist groß! So ist ihm also sein Vorhaben gelungen?"

„Frage nicht erst, sondern gehorche!" fuhr ich ihn an, „und hole sofort die andern herbei! Oder soll ich deinen Beinen nachhelfen?"

„Allah, Allah!" rief er erschrocken und war im nächsten Augenblick durch die Pforte verschwunden. Ich sah den Haddedihn an, der hinter mir auf dem Dschamal ritt, und er mich, dann brachen wir beide in ein herrliches Lachen aus. Der einfache Trick war gelungen, mit dem ich die Diener entfernen wollte, die später bei einer zu erwartenden Durchsuchung des Hauses uns hätten hinderlich in den Weg treten können.

Der Ghani mußte seine Dienerschaft an sofortigem Gehorsam gewöhnt haben, denn es währte keine fünf Minuten, so war sie, sieben Mann hoch, zur Stelle. Ich bedeutete ihnen, daß sie hinter meinem Pferd gehen müßten, und gab dem Haddedihn einen heimlichen Wink, auf sie ein wachsames Auge zu haben, dann setzten wir uns wieder in Bewegung und bogen, an der Ecke von Abadilahs Haus angekommen, in die auf die Zitadelle führende Straße ein. Nach ungefähr fünfhundert Schritt mündete diese in den Weg, der in einem bequemen Zickzack auf die Burg führte. Der erste Posten machte große Augen, als er die lange Tierreihe herankommen sah, ließ uns aber, da ich ihm die Losung gab, vorüber. Aber auch die Diener des Ghani machten große Augen. Jedenfalls wunderten sie sich nicht wenig, daß ein Asaker in türkischer Uniform, und nicht, wie sie wohl erwartet hatten, ein Beduine Wache stand. Ich merkte es wohl, daß sie mich gern um etwas gefragt hätten, aber sie getrauten sich offenbar nicht. Ihre Unruhe wuchs, als wir am zweiten und dritten Posten vorüberkamen, und verwandelte sich in ein starres Entsetzen, als wir den großen Festungshof erreicht hatten, der von Asakern wimmelte, die geschäftig hin und her eilten. Ich ließ ihnen jedoch keine Zeit, sich von ihrem Entsetzen zu erholen, sondern gab den Asakern, die uns dienstbeflissen entgegeneilten, den Befehl, sie in Gewahrsam zu nehmen.

Nun entwickelte sich auf dem Festungshof ein lebhaftes Treiben; die Tiere, die lange kein Wasser bekommen hatten, mußten getränkt werden. Es läßt sich denken, daß dies bei der großen Anzahl eine schwere Aufgabe war. Aber ich muß sagen, daß die Asaker, die durch den zu erwartenden Anteil an der Beute in Begeisterung geraten waren, arbeiteten, wie wohl selten in ihrem Leben. Ich wußte die Sache in guten Händen und ritt daher langsam durch die verschiedenen Festungshöfe, in den hintersten Teil, um zu sehen, wie dort die Sachen standen. Der erste, der mir begegnete, war der Pascha.

„Maschallah, Effendi, da bist du ja wieder! Und — Allah akbar! — was für ein prachtvolles Pferd reitest du da! Das muß ich mir genau ansehen!"

Bewundernd und mit den Augen eines Kenners ging er langsam um das Tier herum. Und seine Augen funkelten vor Begierde, als er mich fragte:

„Woher hast du den Hengst?"

Es war klar, daß ihm der Hengst in die Augen stach, und daß er ihn gern für seinen Stall gehabt hätte. Aber ich tat, als bemerkte ich dies nicht. Mochte den Hengst bekommen wer immer, jedenfalls nicht der Pascha, der bei dem ganzen Drama den unbeteiligten Zuschauer gespielt hatte. Deshalb gab ich zur Antwort:

„Hasretin, ich habe ihn von den Sebîd erbeutet, zugleich mit dreihundert Kamelen und hundert Pferden, die im vordern Festungshof stehen."

„Allah kerîm, dreihundert Kamele, sagst du, und hundert Pferde? Da muß ich augenblicklich hin! Entschuldige mich, Effendi!

Und er entfernte sich mit einer Behendigkeit, die ich ihm bei seiner Beleibtheit gar nicht zugetraut hätte.

Auch im hinteren Teil der Festung ging es lebendig zu, wo die Beni Sebîd von den Asakern in die für die Unterbringung von Gefangenen bestimmten Kasematten geschafft wurden. Es läßt sich denken, mit welchen Gefühlen die an die freie Wüstenluft gewöhnten Beduinen, die im günstigsten Fall mit einer längern Haft in einem engen dunklen Gefängnis rechnen mußten, den Verlust ihrer Freiheit hinnahmen, und daß die Überführung nicht so ruhig und lautlos vonstatten ging wie ihre unter dem Eindruck lähmenden Entsetzens erfolgte Gefangennahme. Manch eine zwischen zusammengebissenen Zähnen hervorgestoßene schwere Verwünschung klang an meine Ohren.

Als ich mein Ziel erreicht hatte, das Gewölbe, in dem die Gefangennahme geschehn war, kam ich gerade recht, um zu sehen, wie die letzten Sebîd aus dem Keller geschafft wurden. Hier befehligte Halef. Ich ließ mir von ihm Bericht erstatten. Es hatte sich unterdessen nichts von Bedeutung ereignet; die Gefangenen hatten sich im großen und ganzen gefügig gezeigt, und der Großscherif war, da es für ihn hier oben nichts mehr zu tun gab, nach Hause gegangen. Als der Hadschi fertig war, teilte ich ihm kurz mit, wie es uns am Dschebel Omar ergangen war. Er war über den Nedschijhengst ebenso entzückt wie ich und sagte, als ich geendet hatte:

„Sihdi, dieser Hengst ist unsern Rassepferden ebenbürtig! Allah, es wäre herrlich, wenn wir ihn als Anerkennung für unsre beispiellosen Verdienste behalten dürften. Er ist Radschi pak, reinstes Blut, und die Haddedihn könnten mit ihm und ihren eigenen edlen Stuten eine Kreuzung erzielen, durch die sie noch mehr als bisher allen andern Stämmen der Dschesireh überlegen wären. Glaubst du, daß — —"

Er mußte seine Rede unterbrechen. Soeben wurden nämlich die letzten Gefangenen aus dem Keller ans Tageslicht gebracht, unter denen sich auch Achmed Ghalib und der Ghani befanden. Dabei war der Blick des Scheiks auf den Schimmelhengst gefallen. Ich bemerkte, wie sich sein Gesicht mit einer dunklen Röte überzog; er zerrte und zog an seinen Fesseln, und die Augen schienen ihm aus den Höhlen zu treten wollen, als er mit überschnappender Stimme brüllte:

„Sohn eines Hundes! Du reitest meinen Hengst, meinen Asrak[1], der mir lieber ist als mein Leben. Woher hast du ihn, verdammter Dieb?"

Ich blickte ihm lächelnd in das vor Grimm verzerrte Gesicht und gab ihm ruhig zur Antwort:

„Scheik, mäßige dich! Hältst du uns vielleicht für so dumm, daß du glaubtest, wir würden eure Tiere nicht zu finden wissen? Oder wir würden sie in der Schlucht des Dschebel Omar stehen lassen?"

Meine Ruhe versetzte ihn in noch größere Aufregung. Seine

[1] Schimmel

272

Stimme klang heiser vor Wut, als er, seiner kaum mehr mächtig, losbrach:

„Allah jihrakik — Gott verbrenne dich! Du mußt dem Scheitan deine Seele verschrieben haben, daß er dir alle Geheimnisse offenbart. Wo sind die Tiere? Sag es schnell, wenn du nicht willst, daß ich dich verfluche!"

„Warum liegt dir denn so viel daran, das zu wissen? Es kann euch doch nichts nützen, denn ihr werdet eure Tiere nie mehr zu sehen bekommen."

„Wir — werden — unsre — — Tiere — — nie mehr — — zu sehen — — bekommen? Wie — — wie meinst du das?"

„Nun, du kannst dir doch denken, daß wir sie als Beute betrachten. Oder glaubst du, daß wir sie euch zurückgeben werden, damit ihr eure Räubereien fortsetzen könnt?"

Meine Worte klangen so ungeheuerlich, und Scheik Achmed wurde durch mein Lächeln und durch die Ruhe meiner Ausdrucksweise in solche Aufregung versetzt, daß er in ein krampfhaftes Gelächter verfiel, und nur pausenweise die Worte hervorbrachte:

„Ja — ja — ja — — —, das würde euch wohl recht sein —, das kann ich mir denken — — —, vierhundert Reittiere — — so auf einmal in eure Hände zu bekommen! O wie klug, wie außerordentlich klug du bist! Jetzt weiß ich auch, daß du nur deswegen behauptest, daß du die Tiere erbeutet hast, weil du glaubst, mich damit foppen zu können. Aber es soll dir nicht gelingen! Ich glaube dir nicht."

„Ob du mir glaubst oder nicht, ist mir gleichgültig, aber ich habe die Wahrheit gesagt. Hab' ich nicht deinen Hengst? Das allein schon sollte dich davon überzeugen, daß ich nicht gelogen habe. Und willst du eure Tiere sehen, so laß dich in den vordern Festungshof führen, und sag mir dann, ob auch nur ein einziges fehlt!"

Der Scheik blickte mich lange zweifelnd an. Ich merkte ihm an, daß er allmählich meinen Worten Glauben zu schenken begann. Der Ausdruck von Hohn verschwand aus seinen

Zügen und machte einer versteckten Angst Platz. Schließlich sagte er in einem Ton, der viel weniger zuversichtlich klang als zuvor:

„Effendi, und wenn es wahr ist, daß du unsre Tiere erbeutet hast, so hast du kein Recht, sie uns zu nehmen. Das wäre ein Raub, ein entsetzlicher vierhundertfacher Raub, der dir die Strafe Allahs bringen müßte."

„Laß dich nicht auslachen, o Scheik! Wie kannst du, der du selbst ein hundertfacher Räuber bist, noch von Raub sprechen? Das klingt lächerlich in deinem Mund, der der Mund eines mit Allah und seinen Geboten zerfallenen Menschen ist. Deine Schandtaten, die du in Gemeinschaft mit El Ghani vollbracht hast, zählen nach Hunderten. Da ist es die heiligste Pflicht eines jeden rechtlich denkenden Menschen, euch zu strafen, falls es in seiner Macht steht. Wenn ich dir trotz allem versprach, meinen Einfluß aufbieten zu wollen, damit eure Bestrafung nicht zu hart ausfällt, so ist das eine Güte und Milde, die ihr nicht verdient habt, und für die ihr uns auf den Knien danken solltet, anstatt von Raub und Allahs Zorn zu reden, der doch nur euch, nicht aber uns treffen kann."

Das waren Worte wie Hammerschläge. Hatte der Scheik bisher auf eine günstige Wendung der Angelegenheit gehofft — und das hatte er ganz gewiß —, so mußte er jetzt diese Hoffnung aufgeben. Er versuchte aber doch noch ein Mittel, die verlorene Stellung zu retten, indem er, eine jammervolle Miene annehmend, klagte:

„Effendi, wenn ihr uns unsre Tiere nehmt, so sind wir verloren, denn ohne sie können wir nicht leben."

„Mache mir keine Märchen weis! Ihr könnt ohne eure Tiere bestehen. Die einzige Folge, und das ist nicht gerade eine schlimme, wird die sein, daß ihr in Zukunft nicht mehr wie bisher auf Räubereien ausgehen könnt und gezwungen seid, ein seßhaftes, friedliches Leben zu führen. Und das ist nur zu begrüßen."

Jetzt, da er sah, daß alle seine Bemühungen vergeblich seien, drehte er seine wahre Natur heraus. Einen wirren Wutschrei ausstoßend, schrie er:

„Alla jilbißak bornêta — Allah setze dir einen Hut auf! Du bist so grausam wie ein Vampir, der den letzten Tropfen Blut haben muß. Sei dafür verflucht in den tiefsten Abgrund der Dschehenna! Mein Fluch soll dich begleiten auf allen deinen Wegen und du sollst sein wie eine Hyäne in der Wüste, die verfolgt wird und Aas fressen muß, bis sie vor Hunger zusammenbricht!"

Der Ghani hatte während der ganzen Szene stumm und wie teilnahmslos danebengestanden, als ginge ihn die ganze Sache gar nichts an Aber wie sah er aus! Er war fast nicht wiederzuerkennen. Seine Wangen waren in den wenigen Stunden eingefallen und die Augen lagen tief in den Höhlen. Er schien um zehn Jahre gealtert zu sein. Aber jetzt kam Leben in die scheinbar teilnahmslose Gestalt. Er wandte mir sein Gesicht zu, aus dem mir eine ganze Hölle von Haß entgegenfunkelte, und zischte mich in jenem heiseren, halb unterdrückten Ton an, der das Zeichen höchster Erregung zu sein pflegt:

„Hundesohn, tausendmal verfluchter! Mein Schwiegersohn hat noch viel zu wenig gesagt, und auch ich bin nicht imstand, auszudrücken, was ich für dich empfinde. Ich hasse dich mit einem Haß, wie ihn noch nie ein Mensch empfunden hat, dich, hörst du, dich, verdammter Scheitân, der du bist! Ich weiß, daß meine Rolle ausgespielt ist, aber ich gäbe meine Seligkeit und alle Wonnen des Paradieses her und würde mit lachendem Mund in die Dschehennem steigen, wenn mir jemand die Möglichkeit verschaffen könnte, mich an dir zu rächen, an dir, du räudigster unter allen Hunden. Allah verdamme und verfluche dich!"

„Und dich segne er mit seiner Barmherzigkeit und seiner Gnade!" antwortete ich ruhig. „Du hast ganz recht, wenn du sagst, daß deine Rolle ausgespielt ist, übrigens die kläglichste, die sich denken läßt. Du zeigtest das Gesicht eines Heiligen, ließest die Gebete eines Ehrwürdigen ertönen und gabst dich hier in Mekka als einen Scherif, der die höchste Verehrung zu beanspruchen hat, und dabei übtest du die Werke eines Verbrechers und Räubers aus. Du wirst El Ghani, der Reiche, genannt, und bist doch ärmer als der ärmste Bettler. Ich habe viele beklagenswerte Menschen kennengelernt, der beklagenswerteste und ärmste von allen bist indes du! Du ahnst gar nicht, wie unbeschreiblich groß das Mitleid ist, das du erwecken mußt. Möge Gott dereinst nur einen kleinen Teil des Mitleids und des Erbarmens für dich haben, das ich jetzt für dich empfinde! Das ist die Antwort, die ich dir auf deinen Fluch erteile. Nun bin ich mit dir fertig. Rachmet Allah alêk — das Erbarmen Gottes sei über dir!" —

9. Der große Pilgerzug

Die Kunde von den Geschehnissen der Nacht durcheilte am Morgen wie ein Lauffeuer die Stadt und erregte ungeheures Aufsehen. Die Freunde des Großscherifs jubelten, und gewisse hochstehende Persönlichkeiten, die kein reines Gewissen besaßen, rüsteten zur Abreise. Aber sie kamen nicht dazu, sondern verschwanden eine nach der andern in den unterirdischen Kerkern der Zitadelle. Dies vermehrte natürlich das Entsetzen jener, die sich schuldbewußt fühlten, und sie beeilten sich, den Großscherif ihrer unwandelbaren Ergebenheit zu versichern. Übrigens zeigte sich dieser als kluger Staatsmann, um so mehr, als ich ihm geraten hatte, mit möglichster Milde vorzugehn. Nach einigen Tagen wurden die Verhafteten wieder in Freiheit gesetzt. Die Angst, die sie unterdessen ausgestanden hatten und die unerhoffte Milde des Großscherifs, von dessen Seite sie sich viel Schlimmeres, zum mindesten den Verlust ihres Vermögens, erwartet hatten, trugen dazu bei, daß sie schnell aus Feinden zu Freunden wurden, auf deren Ergebenheit er sich in Zukunft verlassen konnte.

Nicht so leichten Kaufs freilich kamen die Beni Sebîd weg. Ich hatte, wie schon erwähnt, meinen Einfluß beim Großscherif aufgeboten, daß ihre Strafe erträglich würde. Der Pascha zeigte sich zwar weniger meinen Vorschlägen zugänglich, als ich gehofft hatte, aber auf die Vorstellungen des Emir hin erreichte ich doch, daß die Beni Sebîd ziemlich glimpflich behandelt wurden. Sie sollten einen Monat lang gefangengehalten werden und dann, ohne ihre Tiere wiederzubekommen, in ihre Zelte zurückkehren dürfen. Ich hatte für sie getan, was ich tun könnte, zweifelte jedoch nicht im geringsten daran, daß sie mich als ihren Todfeind betrachten würden. Weh mir, wenn ich jemals in ihre Hände fiel! Zu fürchten hatte ich sie jedoch nicht, weil ich jedenfalls schon viele Meilen von Mekka entfernt war, wenn sie aus der Haft entlassen wurden.

Der Ghani wurde zu lebenslänglichem Gefängnis und zur Einziehung seines gesamten Vermögens verurteilt. Ich hatte mich noch am Morgen nach der Gefangennahme in das Gebetshäuschen begeben und die roten Teppiche einer eingehenden Untersuchung unterworfen. Wirklich fand ich, was ich erwartet hatte: die Teppiche bestanden genauso wie der blaue je aus zwei Decken, zwischen denen eine Menge Banknoten eingenäht war, die ein beträchtliches Vermögen ergaben. Während ich die Scheine noch in der Hand hielt und dabei überlegte, was ich mit ihnen anfangen sollte, kam mir ein Gedanke. Durch die Schuld des Ghani hatten die zwanzig Asaker des Persers den Tod gefunden, und ihre Familien hatten den Ernährer verloren. Ich beging also wohl kein Unrecht, wenn ich die Banknoten dem Perser aushändigte, der das Geld unter ihre Angehörigen verteilen konnte. Jedenfalls war die Summe viel besser angewendet, als wenn sie in die unergründlichen Taschen des Paschas geflossen wäre. Ich war jedoch so vorsichtig, den Fund dem Großscherif mitzuteilen und ihn um die Genehmigung meines Plans zu ersuchen, für den Fall, daß durch irgendeinen Umstand etwas von dem Vorhandensein des Geldes ruchbar werden sollte und ich am Großscherif gegen die Forderungen des Paschas einen Rückhalt brauchte. Als ich dann dem Emir meine Bitte vorbrachte, gab er lächelnd Gewährung, und ich händigte die Summe dem Perser aus, der sie hocherfreut in Empfang nahm. Hoffentlich hat das Geld Segen gestiftet.

Aus der geplanten Abreise wurde es einstweilen nichts, obwohl Werniloff dazu drängte. Es folgte Einladung auf Einladung, die wir nicht gut abschlagen konnten. Ich hätte es auch nicht getan, selbst wenn es mein Wunsch gewesen wäre, schon Halefs und seiner braven Haddedihn wegen, denen die Ehrungen wohl zu gönnen waren, die es jetzt förmlich auf sie regnete. Der Großscherif konnte sich gar nicht genug tun in Einladungen und Geschenken. Er ging wohl dabei von dem Gedanken aus, der auch richtig war, daß er nicht mehr am Leben wäre, wenn Allah uns nicht zu seiner Rettung geschickt hätte. Ganz besonders hatte es ihm unser Kara Ben Halef angetan, dessen jugendfrische und doch zielbewußte Kraft sein Gefallen erregt hatte. Am liebsten hätte er ihn bei sich in Mekka behalten. Ich brauche wohl nicht zu sagen, daß er sich durch die offenbare Auszeichnung, die er Kara zuteil werden ließ, die ganz besondere Zuneigung Halefs erwarb, dessen Freude auf dem Antlitz der „Lieblichsten unter allen Lieblichkeiten der Frauenzelte" ihren sonnigen Widerschein fand.

So vergingen beinah vierzehn Tage, in denen sich die Pilgerzüge in immer größerer Zahl einstellten. Jetzt schon, obgleich der eigentliche Pilgermonat, der Dhu'l Hadschdsch, noch nicht angebrochen war, ging es in der Stadt wie in einem Bienenkorb zu. Ich benutzte die Tage der mir aufgezwungenen Muße gründlich, um meine Studien des Islam zu vertiefen.

Unter den Pilgern der verschiedensten Volksarten, die täglich in die Stadt strömten, erregten die aus Java am meisten meine Beachtung. Sie gleichen in Aussehen und Benehmen viel den Japanern. Sie haben den gleichen Erwerbs- und Anpassungssinn und zeigen sich rasch im Erfassen eines neuen Gedankens, der als eine Verbesserung erscheinen kann. In dieser Beziehung stehen sie mit den meisten Völkern des Islam in Widerspruch, deren zähes Festhalten am Altbeständigen das eigentliche Hindernis ihres Fortschritts ist. Aber während der Japaner sich den Engländer zum Vorbild genommen hat, bemüht sich der Javanese, sich zu einem Araber umzugestalten. Das erste, was er bei seiner Ankunft in Mekka tut, ist, daß er sich in die ortsübliche Tracht kleidet, die ihm, nebenbei gesagt, nicht im mindesten steht. Und ich ließ mir sagen, daß es auf Java so viele arabische Kleidung tragende Leute gibt, das sich ein Fremder in den Hedschas versetzt fühlen könnte.

Den meisten von ihnen scheint es in Mekka sehr gut zu gefallen, und sie lassen mehr Geld zurück als alle andern Pilger. Für die Miete eines Hauses in Mina während der ersten drei Tage der Hadsch sollen sie oft 2000 Mark und mehr bezahlen. Sie sind sehr strenge Mohammedaner, ausgezeichnete Sprachkenner und über die Zeitverhältnisse besser unterrichtet als die Araber und selbst die Türken. Der Großscherif machte mir einmal über sie eine vertrauliche Bemerkung, die zu denken gibt: „Auf diesem Volk, nicht auf den Türken, beruht unsre Hoffnung für die Zukunft. Sie besitzen all die Eigenschaften, die wir Araber lieben, und sie werden den Europäern ihre Erfindungen ablauschen, und sie gegen unsre Feinde in Anwendung bringen." Ich weiß nicht, ob er mit dieser Vermutung recht hat, aber Tatsache ist, daß es in China, auf Java und im Malaiischen Archipel jetzt einige Millionen Mohammedaner gibt, und daß ihre Zahl noch immer reißend im Wachsen begriffen ist. Möglich, daß seine Ansicht sich bewahrheitet, und daß dieser neue Zweig aus dem Fernen Osten für den Islam eine Kraftquelle der Zukunft bedeutet.

Die große Anzahl der Pilger — bis jetzt mußten wohl an die hunderttausend eingetroffen sein — verleitete mich einmal, mir das Freitagsgebet in der Moschee anzusehen, das während der Zeit der großen Hadsch zweifelsohne ein ein-drucksvolles Schauspiel darstellt. Kaum ein Geviertmeter des Riesenplatzes bleibt unbesetzt. Die gleichförmigen Be-wegungen der ungeheuren Zahl der Betenden und die dabei herrschende Stille erinnern den Zuschauer fast an eine abend-ländische Turnerübung, nur daß natürlich der Maßstab, der zum Vergleich anzulegen ist, ein gewaltiger ist. Während der Segheda, das ist jener Teil des Gebets, bei dem die Stirn auf den Boden gelegt wird, unterbricht kein Laut die Stille. Wenn dann die Tausende und aber Tausende der Andächtigen sich erheben, fegt das Rascheln der Kleider und das Klingen der Waffen wie eine plötzliche Sturmbö über den weiten Platz. Den eigenartigsten Anblick bringt indes der Augenblick, da das Gebet beendet ist; dann entsteht ein Laufen und Stür-zen ein Eilen und Drängen, ein Schieben und Drücken in der Richtung zur Kaaba. Es möchte einem um die gesunden Gliedmaßen derer bange werden, die sich an diesem Wirbel-sturm beteiligen, um den Towaf, den Umlauf, zu verrichten. Der Lärm, den dieses Gedränge verursacht, ist auf eine be-trächtliche Entfernung von der Haram zu vernehmen.

Am ersten Tag des Dhu'l Hadschdsch wird der Ihrâm, ein weißes Leinenband, rings um die schwarze Umhüllung der Kaaba, den Kisua, gelegt. Und er wird erst am Vorabend des Hauptfesttags wieder abgenommen, wenn auch der Kisua gewechselt wird. Dieser, der in Konstantinopel gewebt wird und über 60 000 Mark kosten soll, ist aus Seide und Baumwolle angefertigt, und auf jedem Geviertfuß des schwarzen, matt glänzenden Gewebes prangt der Name Allahs. Der alte wird zerschnitten, und die einzelnen Stücke werden zu hohen Preisen an die Pilger verkauft. Der Erlös dient zur Erhaltung der Kaaba und zu andern wohltätigen Zwecken. Der Kisua wird zugleich mit dem ägyptischen Mahmal[1] und unter

---

[1] Der Mahmal ist eine mit kostbaren Stickereien versehene Kamelsänfte, die alljährlich mit dem Kisua und anderen Geschenken nach Mekka geschickt wird. Das Dschamal, das gewürdigt wird, das Mahmal und die Geschenke zu tragen, muß den reinsten Stammbaum besitzen. Ein ähnliches Mahmal wird von den syrischen Pilgern von Damaskus mitgebracht.

einer zahlreichen und glänzenden militärischen Bedeckung nach Mekka gebracht.

Die Harammoschee ist die einzige, die keine Kiblah oder Gebetsnische besitzt. Da die Kaaba selber den Gegenstand der Verehrung bildet, stellen sich die Betenden im Kreis rings um sie auf, während sonst beim Gebet die genaue Richtung gen Mekka vorgeschrieben ist.

Die große Hadsch, an der sich alle Erwachsenen zu beteiligen haben, die sich gesundheitlich in guter Verfassung befinden, währt fünf Tage. Während dieser Zeit ist die heilige Stadt, da sich die Einwohner ebenfalls beteiligen müssen, wie ausgestorben, was bei einer Stadt von 70 000 Einwohnern viel besagt. Die Basars und Kaffeehäuser sind geschlossen, und die Wohnhäuser sind verriegelt. Trotzdem aber die ganze Stadt verlassen ist, kommen eigentlich wenig Diebstähle vor; denn die Gerechtigkeitspflege ist während der Hadsch unerbittlich, und ein auf einem Diebstahl Ertappter wird unnachsichtlich mit dem Tod oder wenigstens mit dem Verlust einer Hand bestraft.

Am Achten des Monats Dhu'l Hadschdsch ist der Churûdsch, der Auszug der Pilger aus der Stadt. Sie müssen noch vor Anbruch der Nacht Mekka verlassen und sich nach Mina begeben, das ungefähr fünf Meilen[1] nördlich liegt. Die Straße steigt langsam zwischen niedrigen Hügeln bergan und ist an einigen Stellen gepflastert, der größte Teil des Wegs befindet sich indes in einem sehr ungepflegten Zustand, was nicht gerade dazu beiträgt, dem Pilger die Anstrengungen der Hadsch erträglicher zu machen. Wer über die nötigen Mittel verfügt, um sich einen Esel und ein Zelt zu mieten und die nötigen Lebensmittel einzukaufen, kann noch von Glück sagen, obgleich die Hadsch auch an seine Kräfte die größten Anforderungen stellt. Aber wehe dem armen Teufel, der ohne die erforderlichen Mittel zu besitzen, gezwungen ist, im glühenden Sonnenbrand zu pilgern und ohne ein schützendes

[1] Gemeint sind englische Meilen

Dach über sich unter freiem Himmel und unter den ungünstigsten Bedingungen zu lagern. Er darf von Glück sagen, wenn er gesund nach Hause kommt, und der Ehrentitel eines Hadschi, den er sich in Mekka erworben hat, ist eine Belohnung, die er sich unter unsäglichen Mühen und Entbehrungen redlich verdient hat.

Wenn der müde Pilger in Mina angekommen ist, ist es meist so finster geworden, daß er die Moschee zum Escheh, dem Abendgebet, nicht mehr besuchen kann, wie es eigentlich die strenge Pilgervorschrift verlangt. Er liefe sonst Gefahr, in der riesigen Zeltstadt, die wie durch ein Wunder aus dem Boden herausgewachsen ist, sich zu verirren und sein eignes Zelt, das ihm für die Nacht eine Unterkunft bieten soll, zu verfehlen.

Am nächsten Morgen bei Sonnenaufgang wird die Zeltstadt abgebrochen, und die Masse der Pilger setzt sich nach dem Berg Arafah zu in Bewegung. Man kann sich von dem „Tag von Arafah" nur schwer eine Vorstellung machen. Man stelle sich vor, daß zwischen Sonnenaufgang und 9 Uhr vormittag mindestens eine halbe Million Menschen die neun Meilen lange Straße von Mina nach Arafah pilgern soll und daß ungefähr die Hälfte beritten ist, abgesehen von den Packtieren, die viele besitzen. Der Lärm dieser riesigen Menschensäule klingt wie die Brandung der See, und der Staub bedeckt meilenweit die Umgebung. Wenn der Pilger den Berg zu Gesicht bekommt, wird der Lärm überwältigend. Der Berg Arafah erscheint tatsächlich schwarz von den zahllosen Menschen, die seine Flächen bedecken, und um den Fuß des Hügels breitet sich, viele Quadratmeilen breit, und so weit das Auge zu sehn vermag, die Zeltstadt aus. Und das dumpfe Gemurmel, das schon aus weiter Entfernung zu hören war und von den Sprechwerkzeugen der Tausenden von Pilgern verursacht wird, die ihr „Labbêk, Allah, labbêk!" rufen, schwillt zu einem Getöse an, das jeden andern Ton verschlingt, und sich aus der Entfernung fast wie das Dröhnen eines Erdbebens anhört.

Der Berg Arafah ist ein ungefähr einhundertfünfzig Meter hoher, pyramidisch geformter und mit großen Rollsteinen gepflasterter Hügel. An seinem Fuß entspringen die Quellen, von denen die nach Mekka führende Wasserleitung gespeist wird. Den Gipfel bildet eine mit Steinen belegte Plattform. Die Umgebung ist wild und bergig, aber der Hügel selbst erhebt sich inmitten einer glatten, mit Gestrüpp bestandenen Ebene.

Die Obliegenheiten der Pilger am Berg Arafah bestehen in der gemeinsamen Verrichtung der täglichen Gebete, zu denen durch Flintenschüsse das Zeichen gegeben wird, und in der Ersteigung des Hügels, auf dessen Gipfel die vorgeschriebnen zwei Rikats zu beten sind.

Die Nacht wird nicht am Berg, sondern in Nimrah zugebracht, das auf halbem Weg zwischen Arafah und Mina gelegen ist. Kurz nach Sonnenuntergang gibt der Großscherif das Zeichen, eine Gewehrsalve ertönt, und ein paar Minuten später setzt sich die Menschenwoge in Bewegung. Solange man sich noch auf der freien Ebene befindet, ist der Marsch noch erträglich. Anders indes bei den beiden Stellen, an denen sich die Straße zwischen Höhen, die nahe aneinander herantreten, durchwinden muß. Ein fürchterliches Gedränge ist die Folge, und es geht in der Regel nicht ohne ein Unglück ab. Hat der Pilger dann glücklich und mit heilen Gliedern Nimrah erreicht und sich in der Hoffnung auf einen erqickenden Schlaf an irgendeiner freien Stelle zur Ruhe hingelgt, so kann er die Nacht über kein Auge zutun, denn der Lärm der ankommenden Pilgermassen dauert bis nach Mitternacht und verscheucht jeden Schlaf von den müden Lidern.

Der dritte Tag ist der anstrengendste der ganzen Hadsch. Schon vor Sonnenaufgang setzen sich die ersten Pilgertrupps in der Richtung nach Mina in Bewegung. Die erste Obliegenheit nach der Ankunft besteht in der „Steinigung der drei Teufel". Die ersten beiden, genannt der „große und der kleine Teufel", stehen in der Hauptstraße von Mina, während der dritte, der mittlere Teufel, sich weiter unten etwas abseits der nach Mekka führenden Straße befindet. Die drei armen Teufel, die heute und morgen ihre unglücklichsten Tage haben, sind nichts andres als roh aus Stein gehauene Säulen und stehen inmitten einer Vertiefung, die einem Wasserbecken nicht unähnlich ist, an der Stelle, wo sich die vorislamitischen Götzenbilder befunden hatten, die durch den Propheten zerstört worden waren. Der feierliche Vorgang der Steinigung ist bildlich zu nehmen und soll die Verachtung für alle derartigen heidnischen Götter zum Ausdruck bringen. Ich vermute, daß sie ihren Ursprung in der Schwierigkeit hat, die der Prophet in der völligen Ausrottung des alten Aberglaubens fand, denn obgleich das Volk den alten Göttern entsagt hatte, so fürchtete es sich doch noch vor ihnen und wagte es für den Anfang nicht, sie zu beleidigen. Deshalb veranlaßte er seine Anhänger, Steine auf die alten Götzenbilder zu werfen, um sie von der Gegenstandslosigkeit ihrer Furcht zu überzeugen.

Die drei Teufel sind den ganzen Tag und auch den nächsten von einer sich gegenseitig drängenden und schiebenden Menschenmenge umgeben, die indes fast verschwindet unter einem Meer von geschwungnen Armen und unter einer wahren Wolke von Steinen, von denen die Teufel überschüttet werden. Es ist nicht gerade notwendig, daß das Ziel getroffen wird, aber jeder Fehlwurf bringt einen aus der Menge in Gefahr. Solchen, die sich in ihrem Eifer zu nah ans Ziel wagen, geht es in der Regel schlecht; aufgeritzte Wangen, verletzte Ohren und faustgroße Beulen sind die Strafe für ihre Kühnheit.

Jeder Pilger muß an diesem Tag irgendein Tier opfern, in der Regel ein Schaf oder eine Ziege. Das Fleisch wird gegessen oder noch besser den Armen geschenkt. Als diese Vorschrift vom Propheten gegeben wurde, ahnte er wahrscheinlich nicht im entferntesten die ungeheuren Formen, die die Hadsch in der Folgezeit annehmen sollte, denn heutzutage werden die Hunderttausende von Opfertieren ganz zwecklos getötet. Früher wurden die Tierleichen einfach liegengelassen, mit dem Ergebnis, daß Mina für eine geraume Zeit nachher tatsächlich unbewohnbar war. In den letzten Jahren werden indes große Gruben angelegt, die am Abend bis an den Rand gefüllt sind. Infolge der verheerenden Seuchen der letzten Jahre mußten deswegen besondere Maßnahmen getroffen werden. Jedes geopferte Tier muß sofort entfernt oder in eine der Gruben geworfen werden, und kein Pilger darf ein lebendiges Tier mitnehmen. Diese Maßnahme soll das Schlachten im Lager verhindern, um die Seuchengefahr hintanzuhalten, und zahlreiche Wachen sind ausgestellt, um dieser weisen Anordnung unter Umständen mit Gewalt Nachdruck zu geben.

Die Schafe kosten nach unserm Geldwert ungefähr 4 Mark und werden von den benachbarten Beduinen verkauft, die dabei ein glänzendes Geschäft machen. Wenigstens eine halbe Million Tiere finden jedes Jahr an diesem Tag den Tod.

Mit der Schlachtung des Opfertiers ist die Obliegenheit des Pilgers in Mina erfüllt, und er hat jetzt nach Mekka zurückzukehren. Erhitzt und mit Staub bedeckt erreicht er die Haram, mietet sich einen Metawwi und vollbringt dreimal den Tawâf um die Kaaba, die jetzt in ihrer neuen Umhüllung prangt. Ist es ihm mit Mühe und Not und mit Hilfe seiner Ellbogen endlich geglückt, den heiligen Stein zu küssen, so muß er die Moschee verlassen und den Sa'i, den Lauf zwischen Szafa und Merua siebenmal verrichten. Obgleich es nur eine Wiederholung dessen ist, was er bereits bei seiner Ankunft getan hat, nimmt es doch wegen des Gedränges eine beträchtliche Zeit in Anspruch. Die Gebetsworte, die von den Metawwis in der höchsten Stimmlage geschrien werden, die Bemühungen der Pilger, sie ebenso laut und ebenso genau nachzubeten, die Klagen der Frauen, die im Gewühl hin und her gestoßen werden, und die Verwünschungen der Männer geben zusammen eine merkwürdige Melodie, die fast belustigend wirkt: „O Allah, du weißt was uns ver borgen ist — Langsam da! Verdammt sei dein Vater und der Vater deines Vaters! — führe uns auf den rechten Pfad — o Allah, bewahre mich vor diesen Verrückten! Mach dich auf die Seite, du Hund und Sohn eines Schweins!" — Und in diesem Ton geht es weiter.

Nach dem siebenten Lauf wird der Pilger von seinem Führer vor einen mit einem Rasiermesser bewaffneten Scheik geschoben, der ihm an der rechten Schläfe das Haar zollbreit wegrasiert, wobei er ein Gebet murmelt, das ihm der Pilger nachzusprechen hat. Mit dem Gefühl unsäglicher Erleichte- rung legt er jetzt das Pilgerkleid, den Ihrâm ab, der ihm für- derhin vielleicht als Badetuch dienen mag. Andere ziehen es jedoch vor, ihn, nachdem sie ihn mit Wasser vom Sem- Sem gereinigt haben, in der Erinnerung an die vollbrachte Hadsch unter ihren größten Schätzen aufzubewahren. Jeden- falls ist er ein sehr unbequemes Kleidungsstück, und insofern er zur Buße für die Sünden getragen werden soll, erfüllt er vollkommen seinen Zweck, denn der Rücken des armen Pilgers ist, weil solange Zeit ungeschützt den Sonnenstrahlen ausgesetzt, für Wochen wund und mit Blasen bedeckt.

Hat der Pilger den Ihrâm abgelegt und sein bestes Gewand angezogen, so ist der neue Hadschi fertig, und all seine frühern Sünden und Irrtümer sind ihm vergeben. Jetzt ist auch der geeignete Augenblick, um neue gute Vorsätze zu fassen, mit den alten Gewohnheiten zu brechen und ein frommes, Allah wohlgefälliges Leben zu beginnen. Alles, was ihm jetzt noch die Hadsch auferlegt, ist leicht im Vergleich mit den Entbehrungen der letzten Tage.

Zunächst muß er unverweilt nach Mina zurückkehren, wo er die Nacht zubringt. Der nächste Tag, der vierte der Pilgerschaft, ist der große Fasttag. Jeder Pilger hat sein bestes Gewand an, und das ganze Lager bietet einen äußerst malerischen Anblick. Am Morgen werden dem Großscherif die Geschenke überreicht. Eine nach der andern kommen sie heran, die verschiednen Hoheiten, mit ihrer prunkvollen Begleitung und werden vom Großscherif empfangen, der inmitten seines Prunkzelts auf einem Thron Platz genommen hat. Gesandte aus allen Ländern des Islam machen dem Emir ihre Aufwartung, indische Fürsten und andre hohe und höchste Persönlichkeiten, in erster Linie der türkische Gesandte, der das Geschenk des Padischah überbringt, das in der Regel aus einigen tausend Goldstücken besteht. — Wenn der Vertreter des Sultans sein Geschenk überreicht hat und abgezogen ist, werden die vornehmsten Mekkaner vorgelassen, und nach ihnen kommen die fremden Pilger an die Reihe, die den Emir zu begrüßen wünschen. Überhaupt ist heute der Tag, an dem jeder, der ein Anliegen hat, es wagen darf, vor dem Angesicht des Fürsten zu erscheinen. Und dieser wird gut daran tun, sich heute von der leutseligsten Seite zu geben, denn er weiß nur zu gut, daß jedes seiner heutigen Worte aufgenommen und auf den Flügeln des Windes bis in die fernsten Teile des Orients getragen wird, wo noch ein Muselman wohnt und am heutigen Tag seine Blicke und seine Gebete sehnsüchtig zum heiligen Mekka richtet.

Neben der genauen Einhaltung der Gebetszeiten ist heute eine abermalige „Steinigung der Teufel" vorgeschrieben, worauf ein Besuch der Moschee von Mina folgt. Diese letztere bietet indes nichts Sehenswertes. Der Moscheehof ist sehr schmutzig und angefüllt von armen Pilgern, die hier ihr Lager aufgeschlagen haben. In den Jahren, in denen anläßlich der Hadsch ansteckende Krankheiten ausbrachen, die Tausende dahinrafften, bildete die Moschee von Mina einen Hauptansteckungsherd, es geschieht indes nichts, um ähnlichen Gefahren, die sich in jedem Jahr erneuern können, vorzubeugen. Wozu auch? Es ist doch alles durch das Kismet vorherbestimmt!

Der Tag schließt mit einem Feuerwerk, das sich jedoch mehr durch Umfang als durch Pracht auszeichnet, und mit musikalischen Veranstaltungen, die bis spät in die Nacht hinein währen.

Der folgende Tag ist der Tag des Rudschû, der Rückkehr nach Mekka. Der allgemeine Aufbruch geschieht aber erst nach dem Mittagsgebet. Dann läßt sich niemand mehr halten, und die Rückkehr gleicht einer förmlichen Hetzjagd. Die engen Straßen von Mina sind im Nu fast unpassierbar geworden und viele erleiden im Gedränge Verletzungen. Der Grund zu dieser Hetze liegt in einer alten Pilgerregel, daß man Mina zwischen Mittag und Nachmittag verlassen müsse. Das mag nun ganz am Platz gewesen sein, als die Pilger nur nach wenigen Tausenden zählten, aber heute bedeutet die Befolgung dieser Regel einen baren Unsinn, denn alljährlich kommen bei dieser Gelegenheit viele Menschen zu Schaden, und zwar ohne vernünftigen Grund. Das gleiche ist von manch andrer Pilgervorschrift zu sagen, wie beispielsweise von der verschwenderischen Schlachtung der Opfertiere am dritten Tag. Würde das Geld, das bei dieser Gelegenheit so sinnlos hinausgeworfen wird, für mildtätige Zwecke verwendet, so wäre es entschieden besser; oder wenn schon die Tiere getötet werden müssen, so könnte ihre Schlachtung aufs ganze Jahr verteilt werden, und sämtlichen Armen in Arabien wäre geholfen. Dem Propheten lag sicherlich der Gedanke einer solchen nutzlosen Verschwendung fern. Viel wahrscheinlicher war es seine Absicht, durch diese Vorschrift die Möglichkeit zu schaffen, daß kein Pilger am Tag des Festes über Mangel an Lebensmitteln klagen soll.

Mit der Ankunft in Mekka ist die Hadsch zu Ende. Trotzdem steht es dem Pilger nicht frei, die Stadt zu verlassen. Der Grund liegt daran, daß die Truppen, die die Befestigungen zwischen Dschidda und Mekka innehaben, für die Woche der Hadsch in Mekka zusammengezogen sind, so daß die Straße sehr unsicher ist. Und es besteht der gemessene Befehl, niemand dürfe die Stadt verlassen, bevor nicht die förmliche Erlaubnis dazu gegeben werde. Diese Maßregel ist auch sehr einleuchtend, denn die

Gefahr für Leben und Eigentum der Pilger steht nicht nur auf dem Papier. Die Regierung tut gut daran, wenn sie für die Sicherheit der Pilger besorgt ist, von deren Wohl ihr eigner Vorteil abhängt. Es ist nur zu bedauern, daß diese Maßregeln, die für die Gesundheit der Pilger getroffen werden, nicht annähernd so streng sind. Die Seuchengefahr steht tatsächlich alljährlich als drohendes Gespenst vor den Toren von Mekka. Im vorigen Jahr herrschte die Cholera und forderte zahllose Opfer. Einzelne Fälle dieser Krankheit waren bereits einen Monat vor dem „Churûdsch" zum Ausbruch gekommen, aber erst nach dem Tag von Arafah begann sie die erschrecklichen Formen anzunehmen, die diese Hadsch zu einer der unglücklichsten machte. Nach der geringsten Schätzung kostete die Seuche an jedem Tag der folgenden Woche tausend Pilgern das Leben. Und doch könnte die beständig drohende Gefahr und der dadurch bedingte ungeheure Verlust von Menschenleben durch geeignete Maßregeln leicht hintangehalten werden, besonders wenn es Leuten, die über wenig oder gar keine Mittel verfügen, verboten würde, sich auf die Hadsch zu begeben. Auch die gesundheitlichen Maßnahmen an Ort und Stelle, die gegenwärtig völlig im argen liegen, könnten leicht verbessert werden.

In diesem Jahr waren die Bedingungen ausnehmend günstig; die Hitze war nicht so groß wie sonst, und die Zahl der Pilger schien nicht die Höhe erreichen zu wollen wie in frühern Jahren. Außerdem sah ich verhältnismäßig wenig arme Leute, deren durch die erlittenen Entbehrungen geschwächter Körper für einen Krankheitserreger besonders empfänglich ist. Und so bestand die begründete Hoffnung, daß die heurige Hadsch ohne besondere Opfer an Gesundheit und Leben ablaufen werde.

Ich glaubte diese kurze Schilderung der Pilgerbräuche geben zu müssen, weil sie manches für den Leser Wissenswerte enthalten, wenngleich ich selber nicht die Absicht hatte, bis zur großen Pilgerwoche zu bleiben. Ich hatte ja den Zweck, den ich mit meinem Besuch Mekkas im Auge hatte, erreicht, ja noch mehr, es war mir vergönnt gewesen, bestimmend in das Schicksal dreier edler Menschen einzugreifen, in deren Freundschaft ich mich glücklich fühlte, und so konnte ich vollkommen befriedigt abziehen. Ich war lange genug „Gast Allahs" gewesen, wenn mir auch manchmal dabei nicht ganz wohl zumute gewesen war, denn es war mir oft, als schwebte ich über einem Pulverfaß, das im nächsten Augenblick mit mir in die Luft gehen müsse. So sehnte ich heimlich die Stunde herbei, da ich den Staub Mekkas von meinen Schuhen würde schütteln dürfen.

10. *Die Posaune des Gerichts*

„Sihdi, wenn ich über die Ereignisse der letzten Wochen nachdenke, so erscheinen sie mir fast wie ein Traum. Und ich weiß nicht, soll ich mich mehr wundern über die beispiellose Klugheit, Umsicht und Tapferkeit, die wir bei allem an den Tag legten, und denen wir es zu verdanken haben, daß wir alle Fährlichkeiten glücklich überstanden, oder über die Natur der Menschen und Dinge, mit denen wir es zu tun hatten, und die mir jetzt noch, nachdem alles vorüber ist, beinah unbegreiflich erscheinen. Allah, Allah, was gibt es doch für Menschen! Ich weiß nicht, wie es kommt, aber ich muß in den letzten Tagen oft an den Ghani denken, obgleich wir längst mit ihm fertig sind und mit der Vergangenheit vollständig abgeschlossen haben. Und ich neige oft in Gedanken das Haupt darüber, wie es möglich ist, daß ein Scherif, ein Abkömmling des Propheten, eine so verwerfliche Rolle spielen kann, wie es der Ghani getan hat."

„Wundert dich das? Mich nicht! Du bist eben mit der Geschichte und den Verhältnissen dieses Landes nicht vertraut, sonst würdest du wissen, daß der Ghani in dieser Beziehung nicht vereinzelt dasteht. Hast du von Ali Ibn Saad es Serûri nichts gehört? Dieser Scherif bekleidete unter dem Großscherif Abd el Muttalib sogar die Stelle des Kaimakam von Mekka. Das hinderte ihn aber keineswegs, seit der Absetzung des Emir und dem Regierungsantritt 'Aun er Rafiqs der Hauptführer aller Räuberstämme zu sein, die die Wege von Mekka nach Lith und stellenweise auch nach Dschidda unsicher machen. Du siehst also, daß in diesem gesegneten Land der Sprung vom Heiligen zum Verbrecher gar nichts Unerhörtes ist."

Als diese Worte gesprochen wurden, befanden wir uns längst nicht mehr in Mekka, sondern mitten in der Wüste, und zwar auf dem Weg von den Weideplätzen der Beni Lam zum Bir Hilu. Und das war so gekommen:

Der Großscherif hatte uns zwar eingeladen, für die Dauer der Pilgerwoche seine Gäste zu sein. Aber obgleich mich Halef für diesen Gedanken zu begeistern suchte, glaubte ich doch ablehnen zu müssen. Die Sache war zu gefährlich. Nicht nur für mich, dem es als Christ gar nicht lieb sein konnte, die Aufmerksamkeit von Leuten, die in der Zeit der Hadsch vom größten Fanatismus erfüllt sind, auf sich zu ziehen, sondern auch für den Großscherif, der in seiner vornehmen Gesinnung wohl nicht daran dachte, daß mein Aufenthalt auch für ihn zu einer Gefahr werden könnte. Um so mehr war es meine Pflicht, daran zu denken. Ich galt eben doch den meisten als ein „Giaur", als ein frecher Eindringling in die höchsten Heiligtümer der Religion, und nur die Rücksicht auf den Großscherif hielt die fanatischen Muslimin davon ab, ihre feindliche Gesinnung gegen mich offen an den Tag zu legen. Der Emir war soeben mit heiler Haut aus einer großen Gefahr hervorgegangen. Wäre ich indes noch länger in Mekka geblieben, so hätte ich dadurch vielleicht eine noch gefährlichere heraufbeschwören können.

Es war der dreißigste Tag unsres Aufenthalts in der heiligen Stadt, als wir, nämlich Halef, sein Sohn und ich, zum letztenmal die Hauptstraße hinunterschritten, um uns vom Großscherif zu verabschieden. Dieser war von unserm Kommen benachrichtigt worden und erwartete uns. Der Abschied war kurz und herzlich. Der Emir mußte sich Gewalt antun, um seine Bewegung zu verbergen, und auch ich kämpfte mit der Rührung, als er uns der Reihe nach die Hand reichte. Die meine hielt er eine Weile fest und sagte mit einer Stimme, der ein leises Zittern anzumerken war:

„Effendi, laß mich nicht viel Worte machen! Zwischen Freunden sind diese nicht notwendig. Und laß es dir genug sein, wenn ich dir sage: ich liebe dich, und ich liebe deine Gefährten. Ja, ich liebe dich, obgleich du eines andern Glaubens bist."

Dann geleitete er uns auf den Hof, wo unser eine frohe Überraschung wartete. Im Schatten der Mauer stand, von einem Reitknecht gehalten, ein Pferd, bei dessen Anblick mein Herz höher schlagen wollte. Es war eine Bakarrastute reinsten Blutes, wie ich auf den ersten Blick sah. Der kurze, feine, aber sehnige Bau, der kleine, schöne Kopf mit den großen Augen, die zierlichen Glieder, der schlanke Hals, der hoch angesetzte Schweif, die weiten, rötlichen Nüstern und eine dichte Mähne mit den bekannten zwei Wirbeln, die bei den Beduinen als Zeichen des Muts und der Ausdauer gelten — — es war für den Kenner ein Anblick, der das Verlangen erregte, sofort aufzusteigen und in die weite, unendliche Wüste hinauszujagen.

Der Großscherif weidete sich an unserm Entzücken. Er hatte unsre Tiere gesehn und wußte also, daß wir Kenner waren. Mit einer leichten Handbewegung, der es niemand angemerkt hätte, welches Opfer der Emir zu bringen gedachte, wies er auf das Tier und sagte:

„Meine Lieblingsstute! Ich mache sie dem Sohn des Scheiks der Haddedihn zum Geschenk. Der Großscherif will nicht hinter dem Pascha zurückstehen. Möge sie der neue Herr lieben, so wie ich sie geliebt habe! Sie wird ihn niemals im Stich lassen. Und möge er, wenn er auf ihrem Rücken sitzt, bisweilen dessen gedenken, der sie ihm geschenkt und der ihn in sein Herz geschlossen hatein. Allah jesallimkum — Allah erhalte euch!"

Mit einer fast gewaltsamen Bewegung und ohne noch ein Wort von uns abzuwarten, wandte sich der Emir um und war im nächsten Augenblick im Innern seines Palasts verschwunden.

Wir blickten ihm verdutzt nach. Dieses königliche Geschenk hatten wir nicht erwartet. Zur Erklärung der Worte des Emir muß ich bemerken, daß wir uns bereits im Besitz des Nedschijhengstes befanden, der ursprünglich dem Scheik der Beni Sebîd gehört hatte. Der Pascha hatte ihn den Haddedihn geschenkt, allerdings erst auf die Vorstellung des Emirs hin, dem es nicht verborgen geblieben war, daß ich ihn gern für die Zucht Halefs gehabt hätte. Nun war zu dem Hengst eine Stute hinzugekommen, deren Wert den des Hengstes freilich bedeutend überstieg.

Der erste, der sich vom Erstaunen erholte und sich in die Gunst der Lage hineinfand, war der Hadschi. Er strömte von Maschallahs und von Lobeserhebungen auf die „Fülle der Einsicht und den anerkennenswerten Umfang des gerechten Verständnisses" des Emirs förmlich über. Ich gönnte dem wackern Kleinen diese Freude von Herzen, erlangte doch der Stamm der Haddedihn durch dieses doppelte kostbare Geschenk ein bedeutendes Übergewicht über die benachbarten Stämme.

Am gleichen Tag noch verließen wir die Stadt, nachdem die Haddedihn das 'Asr in der Moschee gebetet und Allahs Schutz für die Heimreise sich erfleht hatten. Ich ging leichten Herzens fort. Das gefährliche Wagnis war zwar geglückt, und keiner von uns hatte irgendwelchen Schaden genommen, aber nichtsdestoweniger wurde mir der Abschied von der Stätte, wo ich eine ereignisvolle Zeit meines Lebens verbracht hatte, nicht schwer. Gab es doch nur einen einzigen Menschen, an den ich mit einem wärmern Gefühl zurückdenken konnte, und das war der Großscherif. Alle übrigen hatten sich, als sie erfahren hatten, daß ich ein Christ sei, so gegen mich benommen, daß sie zwar keine Abneigung, aber auch kein Gefühl der Freundschaft in mir aufkommen ließen. Mit einem Wort, sie waren mir gleichgültig, und von gleichgültigen Menschen geht man nicht ungern fort.

Auch Khutab Aga empfand ähnlich wie ich. Als wir die Vorstadt Maabideh hinter uns hatten, lenkte er sein Dschemmel neben das meinige und sagte:

„Effendi, ich bin froh, daß wir Mekka hinter uns haben. Diese sogenannten ‚Nachbarn Allahs' sind doch recht ungemütliche Nachbarn für ihre Mitmenschen. Und ich habe das Gefühl, daß, wenn du dem Großscherif nicht einen so großen Dienst geleistet hättest, sie uns alle am liebsten mit Haut und Haar verschlungen hätten. Allah sei Dank, daß wir nicht mehr die dumpfe Luft ihrer Straßen zu atmen brauchen, sondern wieder unter Gottes freiem Himmel weilen dürfen. Ich sage dir, die unwirtlichste Wüste ist mir lieber als die auserlesensten Genüsse dieser Stadt, die dem gepriesenen Wasser des Brunnens Sem-Sem gleichen, das im Mund selbst des Durstigsten bitter schmeckt."

Ich wollte darauf eine Antwort geben, kam aber nicht dazu, denn in der Ferne, in der Gegend der Zitadelle, ertönte, zwar nicht laut, aber doch gut vernehmbar, ein mehrfaches Dröhnen. Ich hielt unwillkürlich mein Tier an und blickte zurück. Auch die Haddedihn waren halten geblieben.

„Allah kerîm, was war das?" fragte der Perser.

Der Hadschi war gleich mit einer Erklärung bei der Hand.

„Sihdi, soll das vielleicht der Abschiedsgruß des Pascha sein? Du hast mir doch einmal erzählt, daß die Ankunft und die Abreise fürstlicher Persönlichkeiten bei euch im Abendland durch Kanonenschüsse gefeiert wird. Vielleicht weiß der Pascha um diesen Gebrauch und will uns damit ehren."

Ich mußte über diese kindliche Auffassung Halefs herzlich lachen.

„Hältst du dich und uns wirklich für so bedeutende Personen, die einer solchen Pulververschwendung für wert gehalten werden? Übrigens würden Kanonenschüsse in dieser geringen Entfernung ganz anders und viel lauter zu vernehmen sein. Nein, da weiß ich schon eine bessere Begründung, die mit unsern Personen nichts zu tun hat. Der Pascha wird den Befehl gegeben haben, den unterirdischen Zugang zu der Festung durch Sprengungen unzugänglich zu machen."

„Jâ chesâre — schade!" meinte Halef enttäuscht. „Aber meinst du nicht, daß du dich irrst? Warum sollte der Pascha diesen schönen, gediegenen Gang zerstören wollen?"

„Muß ich dir das wirklich erst erklären? Weil er eine beständige Gefahr für die Sicherheit der Festung und der Stadt bildet. Was sollte der Pascha auch mit dem Gang sonst anfangen? Aber lassen wir die Vergangenheit auf sich beruhen! Unsre Gedanken gehören der Zukunft."

Unser nächstes Ziel waren die Weideplätze der Ateïbeh, die Heimat Hannehs. Die Nachricht von den Vorgängen in Mekka war uns längst vorausgeeilt, und es wurde uns dementsprechend ein glänzender Empfang. Wir blieben jedoch nicht lange. Die Ateïbeh taten zwar ihr möglichstes, um die berühmten Verwandten zu ehren, und an Festessen und Pulverspielen war kein Mangel. Aber trotzdem wollte kein wirklich herzliches Verhältnis zwischen den beiden befreundeten Ferkahs aufkommen. Und ich begriff gar wohl, warum. Die Haddedihn hatten durch den langjährigen Verkehr mit mir, dem Christen, unbewußt so viel Christliches in sich aufgenommen, und ihre ganze Anschauungsweise war dadurch so sehr beeinflußt worden, daß sie sich nicht mehr an die Art und Weise hineinfinden konnten, wie die Ateïbeh dachten und fühlten. Man weiß ja aus der Geschichte des Landes zur Genüge, daß dieser Araberstamm bis in die jüngste Zeit herein zu den unbotmäßigsten gehörte, und daß der Großscherif ebenso wie der Pascha sich nur durch eine ununterbrochne Reihe von Geschenken eine verhältnismäßige Ruhe und Sicherheit von ihren Räubereien erkaufen konnten. Unter diesen Umständen war Hanneh die erste, die sich nicht recht wohl unter ihren Verwandten fühlte und auf einen baldigen Aufbruch drängte, obgleich wir eigentlich nur ihretwegen den Ausflug zu den Ateïbeh unternommen hatten. So kam es, daß wir bereits am vierten Tag von unsern Gastfreunden Abschied nahmen, nachdem wir, was man wohl auch von uns erwartet hatte, die Kosten der Gastfreundschaft mit Gegengeschenken von dreifachem Wert bezahlt hatten.

Um so aufrichtiger war die Freude, die wir durch unsern Besuch bei den Beni Lam anrichteten. Wie bereits erwähnt, hatten wir, als wir von Abd el Darak, dem Scheik der Beni Lam Abschied nahmen, diesem versprechen müssen, den Rückweg über das Duar der Beni Lam zu nehmen. Ich erfüllte dieses Versprechen um so lieber, weil der Scheik in den wenigen Tagen unsers Zusammenseins meine Achtung und meine Liebe erworben hatte. Er war eine edel veranlagte Seele, die mit allem Ernst und aller Aufrichtigkeit nach der Wahrheit suchte. Demgemäß waren auch die Tage des jetzigen Aufenthalts bei den Beni Lam tiefernsten Gesprächen gewidmet, in denen es mir eine wahre Freude war, dem noch unbestimmten Tasten und Suchen des Scheiks einen festen Zielpunkt zu geben.

Dies wurde mir gar nicht schwer. Ich bemerkte zu meiner Freude, daß mir der Scheik in diesem meinem Bestreben auf halbem Weg entgegengekommen war — ohne jegliches Zutun meinerseits. Mit der Kunde von den Geschehnissen in Mekka war uns nämlich auch die meine Person betreffende Neuigkeit vorausgeeilt, daß Hadschi Akil Schatir Effendi eigentlich der Christ Kara Ben Nemsi sei. Man kann sich denken, daß diese Kunde auf den Scheik den größten Eindruck machte, und als wir nun zu den Beni Lam kamen, fand ich einen Boden, wie ich ihn nicht besser für meinen Zweck hätte wünschen können.

Ich möchte die in den Zelten der Beni Lam verlebten Tage

und Stunden am besten „Bethaniastunden" nennen, in denen ich nicht nur einen, sondern viele Schüler hatte. Ich bitte, das Wort „Bethaniastunden" nicht als Großsprecherei meinerseits auffassen zu wollen, als wolle ich mich gewissermaßen auf eine Stufe mit dem Heiland stellen. Das fällt mir nicht im Traum ein. Aber der Heiland hat gesagt: „Wo zwei oder drei in meinem Namen versammelt sind, da bin ich mitten unter ihnen." Und deswegen bin ich überzeugt, daß meine Bemühungen nicht vergebens waren, und daß das Samenkorn, das ich in so manches dürstende Herz legen durfte, nicht auf unfruchtbaren Ackerboden fiel.

Daneben ging mir schon mehrere Tage ein Gedanke im Kopf herum. Wir befanden uns in der Nähe des Bir Hilu und der Stelle, wo wir den blinden Münedschi gebunden aufgefunden hatten, nur einen guten Tagesritt davon entfernt. Der Leser wird sich erinnern, daß er damals beim Verlassen des Orts mit der Stimme Ben Nurs gesagt hatte:

„Schaut noch einmal zurück und merkt euch diese Stelle, denn ihr kommt wieder her, wenn abgerechnet wird!"

Demnach wäre jetzt eigentlich der Zeitpunkt gewesen, an dem diese wie eine Wahrsagung klingende Behauptung in Erfüllung zu gehn hatte. Und ich war neugierig, wie dies zutreffen sollte. Zwar lag der Gedanke nahe, jene Orte wieder aufzusuchen, an denen wir so Außerordentliches erlebt hatten. Aber diese Dinge waren teilweise so trauriger Natur, und außerdem lag jene Gegend so weit abseits unsers Reisewegs, daß wir aus eignem Antrieb diesen Umweg jedenfalls nicht eingeschlagen hätten. Ich hatte Werniloff gegenüber nichts von seiner damaligen Äußerung erwähnt, und ich wußte von den andern, daß sie ebenfalls gegen ihn geschwiegen hatten. Um so gespannter war ich jetzt, auf welche Weise jene Worte in Erfüllung gehn würden.

Am Abend vor der Abreise von den Beni Lam kam der Russe in das Zelt, das ich mit Halef und seinem Sohn teilte, und sagte:

„Effendi, ich habe eine Bitte, von der ich hoffe, daß du sie mir nicht übelnimmst. Ich möchte um mein Leben gern die Orte sehen, die für mich von so entscheidender Bedeutung geworden sind. Damals war ich ja blind, und ich denke, du wirst meinen Wunsch verstehen."

Das war es, was ich nach all dem Vorangegangenen eigentlich erwarten mußte. Und ich erkannte wieder, daß wir all die Zeit her einer höheren Führung unterstanden, der wir uns zwar hätten entziehen können, wenn wir es beabsichtigt hätten, sicher aber nicht zu unserm Vorteil. Indes tat ich dem Grafen gegenüber, als sei ich sehr erstaunt, und gab zur Antwort:

„Ich hätte gedacht, dir sei daran gelegen, möglichst ohne Verzögerung nach Persien zu kommen? Bedenke, daß der Umweg über den Bir Hilu uns mindestens zwei volle Tage wegnehmen wird!"

Werniloff erwiderte lächelnd:

„Oh, Effendi, was liegt schließlich an einer Verzögerung von einigen Tagen? Du hast mir in der letzten Zeit die Kunst, mich in Geduld zu fassen, gründlich beigebracht. Ich bin euch willig überallhin gefolgt, wohin ihr wolltet. Ich bin solang in Mekka geblieben und habe euch zu den Ateïbeh und zu den Beni Lam begleitet, obgleich mein Herz mich nach Persien und zu meinem kaiserlichen Gebieter zog, und ich habe es getan, ohne zu murren. Und damit glaube ich das Anrecht erworben zu haben, daß du dieses einzige Mal meinen Wunsch erfüllst. Ich bitte dich, tu mir den Gefallen und willige ein!"

Nun sagte ich zu und setzte zugleich den Grafen in Kenntnis von jener merkwürdigen Äußerung, die er in der Wüste getan. Er war erstaunt und sagte zunächst nichts. Dann gab er zur Antwort:

„Effendi, was du mir da gesagt hast, setzt mich in Erstaunen. Ich kann mir nicht denken, was Ben Nur damit gemeint hat, daß abgerechnet werden solle. Diese Abrechnung könnte sich doch eigentlich nur auf Abadilah beziehn, und der befindet sich in Mekka, viele Meilen von hier. Aber, wie dem auch sei, jedenfalls, das weiß ich sicher, werden wir etwas erleben, wenn wir den von mir vorgeschlagnen Umweg machen."

Ich teilte Halef und dem Scheik der Beni Lam den abgeänderten Reiseplan mit. Ersterer hatte nichts dagegen einzuwenden, und Abd el Darak erklärte sich sogar bereit, uns mit noch zehn Beni Lam das Ehrengeleit zu geben, solange wir uns innerhalb seines Machtbereichs befänden. Es versteht sich von selbst, daß wir mit Freuden sein liebenswürdiges Anerbieten annahmen.

Am nächsten Tag nach dem 'Asr brachen wir auf, begleitet von den Segenswünschen der Zurückbleibenden.

Unser Ziel für heute war jene Bodeneinsenkung, in der wir nach dem Zusammentreffen mit dem Münedschi die Nacht zugebrach hatten. Und auf dem Weg dorthin war es, wo ich mit Halef und dem Scheik der Beni Lam voranritt und die am Anfang dieses Kapitels erwähnte Unterhaltung mit dem Hadschi hatte.

Hinter uns ritt der Perser, der mit seinem Nachbarn, dem Grafen, in ein ernstes Gespräch vertieft war. Dieser saß nicht mehr, wie früher, in einem Tachtirewân, sondern ritt frei auf einem Dschama. Seine Gesundheit hatte sich in den letzten Wochen so gekräftigt, daß er sich diese Anstrengung zutrauen konnte, ohne allzu große Ermüdung befürchten zu müssen. Er saß trotz seines Alters wie ein Junger im Sattel. Dann folgte Hanneh im Tachtirewân an der Seite ihres Sohns, der auf der Stute des Großscherifs ritt, und weiter hinten kamen die Haddedihn und Beni Lam in unregelmäßigen Gruppen. Der Graf hatte sich mit dem obwohl viele Jahre jüngern Basch Nâsir noch viel mehr angefreundet als dies in Mekka der Fall gewesen war. Sie waren beinah unzertrennlich und benutzten jede Gelegenheit, beisammen zu sein. So auch heute wieder, wo sie während des ganzen Ritts, in ihre Unterhaltung vertieft, für nichts andres Auge und Ohr zu haben schienen.

Wir waren nun schon mehrere Stunden unterwegs und konnten hoffen, die erwähnte Bodeneinsenkung in einer Stunde zu erreichen, da veranlaßte mich eine Äußerung des Persers, die sich auf die Ereignisse in Mekka bezog, mich umzusehen. Aber ich kam nicht dazu, weiter auf seine Reden zu achten. Bei der Wendung, die ich machte, war mein Blick auf etwas gefallen, was mich veranlaßte, mein Tier sofort zu zügeln. Ich bemerkte nämlich in der Richtung, aus der wir gekommen waren, ein kleines, leichtes, spinnwebartiges Gewölk auf dem sonst wolkenlosen Himmel. Ich wußte sofort, was uns drohte, denn ich kannte die Anzeichen der verschiednen Wüstenwinde ganz genau.

„Auf, ihr Männer!" rief ich laut. „Beeilt euch, an einen geschützten Ort zu kommen, denn der Samûm naht hinter uns!"

Meine Worte fielen wie eine Bombe zwischen die mir zunächst auf ihren Tieren Haltenden. Der Scheik der Beni Lam warf einen kurzen Blick auf das Wölkchen, dann rief er erschrocken:

„Allah kerîm! Effendi, du hast recht, der Samûm kommt! Weh uns, wenn er uns überrascht, bevor wir unser Nachtlager erreichen! In der offnen Wüste sind wir verloren! Allah beschütze und errette uns!"

Die Haddedihn waren unterdessen herangekommen und schauten neugierig und ungläubig auf den Gegenstand, der dem Scheik diese Schreckensworte entlockt hatte. Der Samûm ist in der Dschesireh eine unbekannte Erscheinung; der Sohn der blumigen Steppe weiß nichts von dieser furchtbarsten aller Gefahren der Sandwüste. Auch Halef war in dieser Beziehung nicht viel erfahrener als seine Haddedihn, denn er meinte sorglos:

„Allah akbar — Gott ist groß! Dieses kleine, unscheinbare Wölkchen soll den furchtbaren Samûm anzeigen? Sihdi, du mußt dich irren!"

„Ich irre mich nicht, habe ich doch mehr als einen Sandsturm erlebt. Und schau, jetzt merken auch die Tiere die drohende Gefahr. Ich schließe es aus ihrer Unruhe, und aus der Art, wie sie sich von der Richtung abwenden, aus der der Sturm zu erwarten ist. Kommt rasch und treibt eure Tiere zur höchsten Eile an! Wir haben keine Zeit zu verlieren."

Wir setzten uns wieder in Bewegung. Die Kamele brauchten zunächst gar nicht angetrieben zu werden, sie fielen von selbst in einen raschern Trab. Hatten die Haddedihn bis jetzt noch gezweifelt, so ging ihr Zweifel bald in Besorgnis über. Nach kurzer Zeit schon wurden ihre Gesichter ernster. Das Wölkchen hinter uns war größer und größer geworden, und die Kamele beeilten sich noch mehr als vorher. Die Atmosphäre nahm eine gelbliche Farbe an, die rasch ins Bleifarbige überging, und die Wolke breitete sich rasch über den ganzen Himmel hinter uns aus. Ich wandte mich auf meinem Hedschîn um und rief mahnend:

„Schneller, noch schneller! Wir kommen zu langsam vorwärts. Treibt die Tiere mit der Peitsche an, sonst holt uns der Sturm ein!"

Bei meiner Kamelstute war ein derartiges Mittel freilich nicht notwendig; sie griff so wacker aus, daß ich sie fast zügeln mußte, um den andern nicht zu weit voranzukommen. Hätte es sich nur um meine Person gehandelt, so wäre mir nicht bange gewesen. Ich hätte einfach das Geheimnis der Stute anzuwenden brauchen, so hätte ich in zehn Minuten die Gegend erreicht, wo die bewußte Bodeneinsenkung lag. Aber ich verschmähte dieses Mittel. Ich hätte es mir als Feigheit anrechnen müssen, jetzt, in der Stunde der Gefahr, die Meinen zu verlassen.

Die Karawane bewegte sich jetzt so schnell, wie die Kamele laufen konnten, und der Boden verschwand förmlich unter ihren Füßen. Wenn sie aushielten, konnten wir in einer Viertelstunde im Schutz der Bodeneinsenkung sein. Es war aber auch höchste Zeit. Die Sonne, die am westlichen Gesichtskreis stand, war nur mehr in unbestimmten Umrissen zu sehen. Sie hatte eine dunkelrote Farbe angenommen und schien nur noch mit halber Kraft. Und als ich mich umblickte, sah ich eine scheinbar von der Erde bis zum Himmel reichende dunkle Mauer, die uns bald einholen mußte. Das war der aufgewühlte Sand, der uns begraben konnte.

Halef an meiner Seite war sehr still geworden. Auch die andern vermieden ein lautes Wort, gleich als ob sie fürchteten, die Geister des Sturms dadurch auf sich zu lenken. Als aber jetzt der erste heftige Windstoß einsetzte, der uns fast aus dem Sattel warf, erschollen hinter mir Rufe des Schreckens. Khutab Aga, der offenbar noch nie einen Sandsturm erlebt hatte, rief entsetzt:

„Allah kerîm — Gott ist gnädig! Das ist ja, als ob der Jaum el âchi, der Jüngste Tag, anbrechen wolle. Allah beschütze und bewahre uns vor dem Verderben!"

Er hatte noch nicht ausgesprochen, da erklang hinter uns ein lang gezogner, brausender Tubaton und zugleich begann es auch vor uns finster zu werden.

„Ja Allah, ia Nebij — o Allah, o Prophet!" ließ sich da Halef neben mir hören. „Sihdi, was war das? Ich glaube, der Perser hat recht, und der Jüngste Tag ist angebrochen. Das klang wie die Posaune des Gerichts. Erlaube, Sihdi, daß ich mich nach meiner Hanneh umsehe! Wenn es bestimmt ist, daß der heutige Tag der letzte sein soll, so will ich wenigstens mit und neben meiner Hanneh sterben."

Ich hatte keine Zeit, darauf zu antworten oder mich darum zu bekümmern, was er tat, denn der Sturm hatte uns erreicht. Er packte mich, als wolle er mich vom Kamel stürzen. Ich hielt mich am Sattelknopf fest, sonst wäre ich aus dem Sattel geweht worden. Mein Hedschîn gehorchte dem Zügel nicht mehr; es ging mit mir durch und raste mit dem Sturm um die Wette vorwärts. Das einzige, was ich noch tun konnte, war, daß ich dem windschnellen Tier mit dem Metrek die Richtung angab; im übrigen ließ ich ihm seinen Willen.

Der Samûm hatte den höchsten und gefährlichsten Grad immer noch nicht erreicht; noch war der Sand nicht da, sondern der Sturm. Und da, da sah ich in einiger Entfernung vor mir eine Erhöhung. Ich kannte sie; es war die Bodenwelle, hinter der die gesuchte Senkung sich befinden mußte. Ich brauchte mein Tier gar nicht dorthin zu lenken; es wurde von seiner Witterung geführt. Es fegte die Höhe in fliegendem Lauf hinan und mit der gleichen Geschwindigkeit drüben hinab. Im Tal angekommen, warf es sich so schnell nieder, daß ich kaum Zeit fand, vorher aus dem Sattel zu springen. Ich drückte mich eng an den Leib des Kamels, und zwar auf der dem Sturm abgewandten Seite. Dann steckte ich den Jackenzipfel in den Mund und wickelte das Turbantuch um den Kopf. Kaum war dies geschehen, so hatte mich der Sand erreicht. Ich hörte ein Zischen und Prasseln in der Luft und hatte das Gefühl, als breche eine Wand über mir zusammen. Dann gab es keine Sinne und keine Wünsche mehr, als nur das Bedürfnis, Atem zu holen.

Ob ich etwas hörte? Ich weiß es nicht. Und ob ich etwas dachte, und was ich dachte? Ich kann es nicht sagen. Ich kann mich nur noch erinnern, daß es mir war, als ob jemand in meiner Nähe mit bebender Stimme die Fatiha bete; dann setzte jegliches Denken und Fühlen aus. Ich erwachte erst wieder aus dem Zustand der Betäubung, in den ich verfallen war, als das Hedschîn neben mir sich zu regen begann. Ich versuchte, mich aufzurichten; es ging schwer. Um mich her war es unheimlich ruhig. Als ich aufgestanden war, sah ich, welche Last von Sand auf mir gelegen hatte; wie erst bei denen, die keinen Schutz gefunden hatten! Der feine Sand steckte auch in allen Öffnungen des Körpers, in der Nase, in den Ohren und sagar im Mund. Ich hatte die Augen unter dem Tuch fest zugehabt, und doch war mir das Mehl auch unter die Lider gekommen. Ich hatte lange zu tun, wenigstens so viel von ihm zu entfernen, daß ich keine Schmerzen mehr fühlte. Dann sah ich mich im Kreis um.

Überall Sandhügel, aus denen die Rücken von Kamelen und die Gliedmaßen von Menschen hervorragten. In meiner nächsten Nähe bemerkte ich den Tachtirewân Hannehs. Ich watete durch den Sand zu ihm hin und überzeugte mich zu meiner Freude, daß sich Hanneh wohlbefand, abgesehen von dem Schrecken und dem Sand, der auch in das Innere des Tachtirewâns seinen Weg gefunden hatte. Während ich noch bei ihr stand und ihr beim Aussteigen half, wurde es um mich her lebendig. Der erste, der sich neben dem Kamel Hannehs aus dem Sand herauswühlte, war Halef. Sein Blick fiel sogleich auf den Tachtirewân, und er stieß einen Ruf des Entzückens aus, als er Hanneh sah. Ich überließ ihn seinem Jubel und seiner Gattin und wandte mich, um zu untersuchen, welchen Schaden der Samûm angerichtet hatte. Zum Glück stellte sich heraus, daß niemand eigentlich an seinem Körper zu Schaden gekommen war. Es fehlte keiner; allen war es geglückt, rechtzeitig den Schutz der Bodenwelle zu erreichen. Weh aber dem oder den Unglücklichen, die der Sturm in der offnen Wüste überrascht hatte! Sie wären bei der beispiellosen Heftigkeit, mit der er diesmal aufgetreten war, unbedingt verloren!

Diesen Abend legten wir uns mit einem unbeschreiblichen Gefühl des Dankes gegen Gott, der uns offensichtlich in seinen Schutz genommen hatte, zur Ruhe. Und ich hatte wieder einmal Gelegenheit, die Wege der Vorsehung zu bewundern. Es war ursprünglich nicht unsre Absicht gewesen, diesen Weg einzuschlagen, der so weit außerhalb der geraden Richtung lag, und nur der Wunsch des Grafen hatte uns dazu bestimmt. Hätten wir dies nicht getan, so lebten wir heute nicht mehr. Das ist meine feste Überzeugung. Der Scheik der Beni Lam erzählte uns nämlich, daß die Gegend nördlich von ihren Weideplätzen, durch die uns der Weg geführt hätte, ohne die geringste Erhebung sei. Ich wagte gar nicht auszudenken, was unser aller Los gewesen wäre, wenn wir unserer ursprünglichen Absicht gefolgt wären und nicht dem Willen des Grafen, der, wie ich jetzt einsehen mußte, zugleich auch der Wille Ben Nûrs gewesen war.

Infolgedessen war die Stimmung, als wir am nächsten Morgen weiterritten, sehr ernst. Es war der Ernst von Menschen, die die Überzeugung haben, wie durch ein Wunder dem Tod entronnen zu sein. Wir brachen frühzeitig auf, des Wassers wegen, das auf die Neige ging. Freilich hatten wir eine nach unsrer Berechnung genügend große Anzahl von Schläuchen mitgenommen, aber die fürchterliche Hitze, die eine Begleiterscheinung des Samûm ist, hatte, so kurze Zeit sie auch angehalten hatte, doch hingereicht, um den Wasservorrat in bedenklichem Grad zu vermindern, um so mehr, als die erschöpften Menschen und Tiere viel Wasser verbraucht hatten. Deshalb beeilten wir uns, um noch früh am Nachmittag den Bir Hilu zu erreichen. Ich ritt mit dem Russen und dem Perser voran. Halef hielt sich heute die meiste Zeit bei seiner Hanneh und seinem Sohn auf, und Abd el Darak befand sich bei seinen Leuten.

Unser nächstes Ziel war die Stelle, wo wir den Grafen gefunden hatten, und es versteht sich von selbst, daß sich die Unterhaltung in Bahnen bewegte, die abseits von dem gewöhnlichen Redestoff lagen. Dabei kamen wir auf die gestern überstandene Todesgefahr zu sprechen, und der Perser bemerkte bei dieser Gelegenheit:

„Effendi, mir stehen noch jetzt die Haare zu Berg, wenn ich an unser gestriges Erlebnis denke und an die Angst, die ich dabei ausgestanden habe. Mir war wirklich zumute, als sei das Ende der Welt nahe. Allah, Allah, wenn schon ein Wüstensturm solches Entsetzen hervorrufen kann, wie muß erst der Seele zumute sein, wenn der Erzengel Israfil die Posaune zum Gericht blasen wird! Noch nie ist mir das Entsetzen dieses Ereignisses so zum Bewußtsein gekommen, wie gestern, und ich bin überzeugt, daß die Erinnerung an diese schreckliche Stunde meinem Gedächtnis nie entschwinden wird. Übrigens, was meinst du? Bist du der Ansicht, daß der Koran über den Jaum el âchir, den Jüngsten Tag, recht berichtet, und daß ich, wenn ich mich zum Christentum bekenne, diesem Bericht Glauben schenken darf?"

„Warum nicht? Der Glaube an den Jüngsten Tag spielt in der Lehre des Islams eine Hauptrolle, aber auch im Christentum, von dem Mohammed gerade in diesem Punkt viel entlehnt hat. Die Ähnlichkeit zwischen beiden Überlieferungen ist auffällig, und ich halte den in ein orientalisches Gewand gekleideten Bericht des Koran in dieser Beziehung für ganz glaubwürdig, allerdings mit einer Ausnahme, wo er nämlich von der Wiederkunft Christi als eines bloßen Menschen spricht. Es wird sich bei all dem ähnlich verhalten, wie bei dem, was uns Ben Nûr gezeigt hat. Sag, hältst du El Ssirat, die Brücke des Todes und El Mîsân, die Waage der Gerechtigkeit für ein Märchen?"

„Allah lâ jukaddir — Gott verhüte es!" rief er da erschrocken. „Du weißt, daß in meiner Überzeugung nichts so fest steht wie diese Wahrheit."

„Siehst du? Und doch hast du damals gesagt, daß du nichts von einer Brücke und einer Waage bemerkt habest, obgleich ihr Dasein sich dir mit einer jeden Zweifel ausschließenden Gewißheit kundgab. Verstehst du jetzt, was ich meine? Es gibt Wahrheiten, deren Kenntnis dem Menschen nur durch sinnfällige Bilder und Vergleiche vermittelt werden kann. Diese ‚Anschauungsmittel' sind das Gewand, in das sich die übersinnliche Wahrheit kleidet, und die Farbe, in der sie für unser Auge sichtbar wird. Die Sache des Verstands, und zwar des durch den Glauben erleuchteten Verstands ist es, unter diesem Gewand und hinter dieser Farbe den eigentlichen übersinnlichen Kern zu suchen und zu finden. Er soll sich nur ein wenig Mühe geben, dann wird es ihm nicht einfallen, darüber zu lächeln oder gar die Wahrheit mitsamt ihrem Gewand ins Reich der Fabel zu verweisen."

Am späten Vormittag näherten wir uns der Gegend, in der der Graf die schrecklichsten Stunden seines Lebens zugebracht hatte. Wir waren damals, als wir der Fährte des Ghani folgten, im rechten Winkel von unserm Weg abgewichen. Heute taten wir das nicht, sondern bogen, um Zeit zu sparen, lange vorher von der bisherigen Richtung nach rechts ab, so daß wir, verglichen mit unserm damaligen Weg, jetzt genau den Querschnitt einhielten. In einer Stunde konnten wir die Stelle erreichen, die für den Grafen damals fast verhängnisvoll geworden wäre.

Die angegebene Zeit war noch nicht verstrichen, aber aus verschiedenen Zeichen erkannte ich, daß die gesuchte Stelle nicht mehr fern sein konnte. Da erhoben sich grad vor uns, ungefähr in der Entfernung von einigen tausend Schritten zwei Vögel in die Luft, aber ohne sich zu entfernen. Sie waren offenbar durch unser Kommen aufgescheucht worden und zogen jetzt weite Kreise über der Stelle, an der sie gesessen hatten. Es waren zwei Nußura[1], wie ich trotz der ziemlichen Entfernung bemerkte. Ich war unwillkürlich bei ihrem Anblick halten geblieben und ließ die andern herankommen, die sich nun in allen möglichen Vermutungen darüber ergingen, wie die Anwesenheit von Raubvögeln an dieser abgelegenen Stelle zu erklären sei. Es ist bereits früher gesagt worden, daß es in dieser Richtung mehrere Tagereisen weit keine Brunnen gab, so daß es kaum wahrscheinlich war, daß ein Mensch diese Einöde aufsuchte. Als ich Abd el Darak darüber befragte, gab er zur Antwort:

„Effendi, ich kann mir keine andre Möglichkeit denken, als daß während des gestrigen Sturms ein Reisender vom richtigen Weg abgekommen und hier zusammengebrochen ist."

Halef machte eine zweifelnde Miene.

„Ich kann diese Ansicht nicht teilen. Ein Reisender würde sicher den Karawanenweg eingeschlagen haben, und der führt viele Meilen entfernt hier vorüber. Vielleicht ist es irgendein Raubtier, das hier verendet ist, wahrscheinlich ein Schakal."

„Ein Schakal in dieser wasserlosen Wüste?" warf ich ein. „Das glaube ich nicht. Du kennst ebensogut wie ich die Gepflogenheit dieser Tiere, die sich nie allzuweit von der Gegend entfernen, wo Wasser zu finden ist. Aber warum sollen wir uns

[1] Mehrzahl von Nißr = Geier

unnötigerweise den Kopf zerbrechen? Die fragliche Stelle liegt ohnehin an unserm Weg. In einigen Minuten werden wir wissen, woran wir sind."

Wir ritten weiter und sahen sehr bald einige Punkte, die sich deutlich vom Boden abhoben. Sie bewegten sich nicht. Wenn es Menschen waren, so waren sie also wahrscheinlich tot. Ich weiß nicht, wie es kam, aber es stieg so etwas wie ein geheimes Grauen in mir auf. Ich mußte an Ben Nûr denken, der ja gesagt hatte, daß wir genau an diesen Ort wieder kommen würden. Was würden wir finden? Und würde es irgendwie zu unsern damaligen Erlebnissen in Beziehung stehen? Der nächste Augenblick mußte es zeigen. Ich trieb unwillkürlich mein Hedschîn zu schnellerem Lauf an, so daß ich den andern eine Strecke vorankam. Näherkommend, sah ich, daß es sich um einen Menschen und ein Kamel handelte, die, halb vom Wüstensand bedeckt und halb aus ihm herausragend, mitten in der schauerlichen Einsamkeit dalagen. Noch zwanzig Sätze meines Hedschîns, und ich hatte die Stelle erreicht. Ich sprang ab und watete durch den tiefen Sand, der sich um die beiden Körper angehäuft hatte, zu dem wie tot daliegenden Menschen hin. Dabei mußte ich an dem Kamel vorbei, das bei meinem Nahen eine vergebliche Anstrengung machte, sich zu erheben. Wie es schien, hatte es sich ein Bein gebrochen und hätte daher, wären wir nicht gekommen, auf eine langsame, qualvolle Weise verenden müssen. Aber es war jetzt keine Zeit, an das Tier zu denken. Der Anblick des noch lebenden, wenngleich hilflosen Geschöpfs erfüllte mich mit Hoffnung, daß auch dem Reiter noch Rettung gebracht werden könne. Ich arbeitete mich daher bis zu der Stelle hin, wo der Mann lag und beugte mich über ihn. Aber ich fuhr mit einem lauten Ruf des Entsetzens zurück. Die Geier hatten ihre grausige Mahlzeit an ihm begonnen und ihm beide Augen ausgehackt, waren aber durch unser Kommen verhindert worden, ihr Vernichtungswerk fortzusetzen.

Der schreckliche Anblick, den die blutigen Augenhöhlen

boten, war es indes nicht, der mich, der nicht so leicht aus der Fassung zu bringen ist, so erschütterte, daß ich einen Schrei ausstieß. Ich kannte dieses Gesicht, das von graugesprenkeltem Kopf- und Barthaar umrahmt war, nur zu gut. Aber ich mußte mir an den Kopf greifen, um mich zu überzeugen, daß ich nicht träumte, denn der, dem dieses Gesicht gehörte, war der — — — Ghani!

Ich habe während meines bewegten Lebens vor vielen Leichen gestanden, aber ich muß gestehen, daß ich noch nie ein solches Grauen fühlte wie jetzt. Mir war, als wäre mein Körper zu Eis erstarrt, und wahrhaftig, indem ich mir dieser Empfindung bewußt wurde, fühlte ich, daß meine Zähne wie in einem eisigen Frost aufeinanderschlugen. Der Ghani hier, gerade hier an dem Ort, den er sich für das größte Verbrechen ausgesucht hatte, das er in seinem an Schandtaten reichen Leben begangen hatte! Das gab zu denken! Zunächst wurde ich allerdings den Erwägungen, die mit aller Wucht auf mich einstürmten, entrissen. Die Gefährten waren herbeigekommen, an ihrer Spitze Halef, gefolgt vom Grafen und dem Perser. Der Hadschi rief mir, noch im Sattel sitzend, zu:

„Shidi, wen hast du gefunden? Wer ist — — —"

Das Wort blieb ihm im Mund stecken. Sein Auge war auf den Toten gefallen und ruhte mit dem Ausdruck grenzenlosen Erstaunens auf seinem Gesicht. Das gleiche mit Entsetzen vermischte Erstaunen stand auch auf der Miene der Umstehenden geschrieben. Ich beachtete sie nicht weiter, sondern wandte meine Aufmerksamkeit den zwei Personen zu, die durch den Ghani das größte Leid von uns allen erfahren hatte, Werniloff und Khutab Aga. Diese beiden waren still, ganz still. Aber ihre Augen führten eine um so beredtere Sprache, eine Sprache, die ich nur zu gut verstand. Ihre ganze Seele lag in dem Ausdruck, mit dem sie auf den Toten zu ihren Füßen niederblickten. Ich folgte einer plötzlichen Eingebung und ergriff die Hand des Russen. Dann sagte ich, und ich schäme mich nicht, zu bekennen, daß meine Stimme vor Bewegung zitterte:

„Schaut noch einmal zurück und merkt euch die Stelle, denn ihr kommt wieder her, wenn abgerechnet wird! — Graf Werniloff, du hast den Ort zu sehen verlangt, an dem du deine bittersten Stunden verlebtest. Sieh um dich! Dein Wunsch ist in Erfüllung gegangen, und zwar auf eine Weise, die weder du noch irgendeiner von uns ahnen konnte. Ihre beide, du und der Perser, habt auf eine Bestrafung dieses Toten verzichtet. Dafür ist euch jetzt eine Genugtuung geworden, wie der unerbittlichste irdische Richter sie euch nicht vollgültiger hätte geben können."

Die Augen des Grafen wandten sich, als ich geendet hatte, von der Leiche ab und richteten sich mit einem träumerischen Ausdruck in die Ferne. Lange blieb er so bewegungslos stehen. Endlich kehrte er mir sein Gesicht wieder zu und gab zur Antwort:

„Effendi, du sprichst von einer Genugtuung, die uns geworden sei. Aber Gott weiß es, ich für meine Person hätte gern darauf verzichtet. Dieser Mann hat mir ein fürchterliches Unrecht zugefügt, ich habe ihm jedoch längst vergeben. Und ich wiederhole es im Angesicht seiner entseelten Hülle nochmals: ich verzeihe ihm von ganzem Herzen. Wo Gott die Strafe in die Hand genommen hat, da darf der armselige Mensch nicht mehr an Rache denken."

Diese Antwort hatte ich erwartet. Und zu meiner Freude fiel der Perser ein:

„Auch mir liegt es fern, mich über das schreckliche Ende des Ghani zu freuen. Möge Allah ihm verzeihen, wie ich ihm vergeben habe! Und möge er glücklich über Es Ssirat, die Brücke des Todes, gelangt sein! Meinst du nicht, Effendi, daß er vor seinem Ende noch zur Einsicht der Größe seiner Schuld gekommen sein kann? Du brauchst mir nicht zu antworten, denn ich weiß im voraus, was du sagen würdest. Und ich weiß auch noch recht gut, wie du mich gelehrt hast, zwischen dem Unrecht und dem, der unrecht tut, zu unterscheiden. Du sagtest, das Unrecht müsse man hassen, den Übeltäter aber lieben. Und demgemäß will ich auch handeln, jetzt und fernerhin. Ich schlage vor, daß wir ihm ein anständiges Begräbnis geben. Seine Leiche soll den Geiern der Wüste nicht zum Fraß dienen."

Wie gern gingen wir auf diesen Vorschlag ein! Ich konnte nicht genug staunen über die Art, wie sich der Perser in der letzten Zeit gab, und eben jetzt wieder an der Leiche dessen, der einst sein Todfeind gewesen war. Er, noch vor kurzem ein eingefleischter Mohammedaner, dachte und sprach über die Liebe so treffend wie ein christlicher Priester. Ich konnte nicht anders, ich ging zu ihm hin und drückte ihm bewegt die Hand.

Nachdem dem Herzen Genüge geschehn war, konnten wir an andre Dinge denken. Und da drängte sich vor allem die Frage auf: wie kam der Ghani, den wir im tiefsten Verlies in Mekka glauben mußten, hierher mitten in die Wüste? Halef sprach die Frage, die sich wohl jeder stellte, offen aus:

„Sihdi, wie mag es dem Ghani gelungen sein, heimlich aus dem Kerker zu entkommen?"

Ich gab in bestimmtem Ton zur Antwort:

„Der Ghani ist heimlich entkommen. Ich habe zwar keine besonders hohe Meinung von der Zuverlässigkeit der türkischen Besatzungsmacht, halte aber gleichwohl den Ghani nicht für den Mann, um ohne fremde Hilfe einen Fluchtplan zur Ausführung zu bringen. Nach meiner Meinung gibt es für das Rätsel eine doppelte Erklärung."

„Gleich eine doppelte? Du machst mich neugierig."

„Ich halte zwei Fälle für möglich. Entweder hat sich das gute Einvernehmen zwischen dem Pascha und dem Großscherif nach unserer Abreise wieder gelockert, und der Pascha wollte durch die Freilassung des Hauptschuldigen dem Emir einen Hieb versetzen. Aber diese Annahme erscheint mir bei dem Charakter des Paschas nicht recht wahrscheinlich zu sein, der einen offnen Bruch mit dem Fürsten von Mekka aus Klugheitsgründen vermeiden wird."

„Das leuchtet mir ein. Und die zweite Erklärung?"

„Oder der Ghani hat seine Freiheit durch Vermittlung des Großscherifs erhalten."

„Maschallah! Das glaube ich nicht. Der Emir wird doch seinem Todfeind nicht zur Freiheit verhelfen!"

„Warum nicht? Ich habe ihn nicht als einen Mann kennengelernt, der die Unversöhnlichkeit auf die Spitze treibt, wenn es für ihn Gründe gibt, Gnade walten zu lassen."

„Du sprichst von Gründen? Ich wüßte keinen, der ihn veranlassen könnte, einem Mann die Freiheit zu geben, der seinen Untergang angestrebt hat."

„Du irrst dich. Solche Gründe gibt es wohl. Denk doch daran, daß der Ghani der berühmten Scherifen-Familie der Quatadah angehört, die mit dem Großscherif nahe verwandt ist. Wie peinlich muß es für den feinfühligen Emir sein, auf der Dschijâd einen Mann gefangen zu wissen, der auf das gesamte Scherifentum unauslöschliche Schande geladen hat, und dessen Nähe für ihn wie für jeden unmittelbaren Nachkommen Mohammeds ein beständiger Vorwurf sein muß. Unter diesen Umständen halte ich es für sehr wahrscheinlich, daß in ihm der Wunsch rege wurde, diesen Stein des Anstoßes zu entfernen. Und das war nur möglich, indem er ihm zur Flucht verhalf, selbstverständlich unter der Bedingung, daß er sich nie mehr im Gebiet der heiligen Stadt blicken ließ. Eine Gefahr für die Zukunft war dabei nicht zu fürchten, weil sich der Ghani durch die mißglückte Verschwörung so unmöglich gemacht hat, daß er nie wieder hoffen konnte, für etwaige Rachepläne den erforderlichen Anhang zu finden."

„Allah akbar — Gott ist groß! So, wie du die Sache erklärst, erscheint sie mir freilich nicht mehr so unbegreiflich, und ich glaube jetzt fas selber, daß sie sich so ähnlich zugetragen hat. Aber aus welchem Grund hat der Ghani auch diesmal wieder den Karawanenweg vermieden und die unbewohnte Wüste aufgesucht? Da steckt sicher etwas dahinter, was wir nicht wissen."

„Das halte auch ich für wahrscheinlich, wenn ich mir auch den Grund nicht denken kann. Vielleicht wollte er die Begegnung mit Leuten vermeiden, die ihn kannten und denen er Rede und Antwort hätte stehen müssen, woran ihm begreiflicherweise nichts gelegen sein konnte. Aber lassen wir jetzt alle unnützen Vermutungen, die doch zu keinem sichern Ergebnis führen können, beiseite und beeilen wir uns mit dem Begräbnis, damit wir den Bir Hilu erreichen, bevor unser Wasservorrat ganz zur Neige geht."

Um die Geier wirksam von der Leiche abzuhalten, hätte es nicht genügt, über ihr einen Sandhügel aufzubauen, den der nächste Sturm doch fortgeweht hätte. Wir höhlten also in ihrer Nähe den Boden aus. Das war zwar keine leichte Arbeit, weil uns die nötigen Werkzeuge fehlten, aber die Leute arbeiteten so fleißig, daß nach einer halben Stunde ein Loch entstanden war, groß genug, um die Leiche aufzunehmen. Dann zogen die Haddedihn den starren Körper aus dem Sand und schafften ihn vor das Loch, vor dem sie ihn niederlegten. Dabei wurde eine Entdeckung gemacht, die uns vorher entgangen war, weil die Leiche bis über die Brust vom Sand zugedeckt war. Das Gewand des Ghani war nämlich vorn an der Brust ganz durchtränkt von geronnenem Blut. Dies konnte nur von einer und zwar nicht kleinen Wunde herrühren, die sich der Ghani beim Sturz vom Kamel zugezogen hatte. Ich öffnete sein Khamîs[1] oben am Hals und — — — konnte mich eines lauten Ausrufs des Staunens nicht erwehren. Der Brustkasten des Ghani war nämlich vollständig eingedrückt und bestand aus einem einzigen, unförmlichen, blutigen Fleischklumpen. Die fürchterliche Wunde konnte nur von einem sehr schweren Gegenstand herrühren, der auf ihn im Augenblick des Sturzes gefallen war, und mußte seinen augenblicklichen Tod zur Folge gehabt haben, der also nicht, wie ich zuerst angenommen hatte, hatte, durch Ersticken eingetreten war. Welcher Art war

[1] Hemd

aber dieser Gegenstand und wo befand er sich jetzt? Wahrscheinlich oder vielmehr sicher war er in der Nähe der Stelle, wo die Leiche gesteckt hatte, im Sand vergraben. Ich gab den Haddedihn den Befehl, nachzugraben. Unterdessen ging ich zum Hedschîn des Ghani und untersuchte es. Sein rechtes Vorderbein war dicht unter dem Kniegelenk gebrochen, so daß an ein Aufkommen des Tiers unter den jetzigen Umständen nicht zu denken war. Ich holte meinen Henrystutzen und befreite es durch einen Schuß ins Auge von seinen Qualen.

Der Schuß war kaum verhallt, so erscholl von der Stelle her, wo die Haddedihn gruben, ein Ruf. Einer von ihnen hob einen Gegenstand in die Höhe, der aber so klein war, daß ich ihn von da aus, wo ich mich befand, nicht erkennen konnte. Ich wurde indes sofort darüber aufgeklärt, denn Halef rief aus:

„Maschallah, eine goldne Medschidijeh![1] Grabt weiter, denn es sollte mich wundern, wenn wir nicht noch mehr finden würden."

Tatsächlich stellten sich bald noch mehrere ein, was die Haddedihn veranlaßte, mit doppeltem Eifer weiter zu suchen. Der Sandhaufen, unter dem der Ghani verschüttet gewesen war, wurde kleiner und immer kleiner, und schließlich wurde eine zwei Fuß im Geviert messende Holzkiste bloßgelegt, die mit starken Eisenbändern beschlagen war. Sie war so schwer, daß zwei Haddedihn sie nur mit Anstrengung heben konnten. An einer Kante, wahrscheinlich an der, die auf den Boden aufgeschlagen war, war sie gesprungen und es schimmerte aus dem Inneren wie rötliches Gold. Sollte die Kiste am Ende gar — — — —? Ich mochte den Gedanken gar nicht ausdenken, denn im gleichen Augenblick tauchte in meiner Erinnerung wie ein Blitz jene denkwürdige Mahkame im Palast des Großscherifs auf, in der ich dem Ghani zugerufen hatte, er möge sich davor hüten, daß nicht der

[1] Medschidijeh = 100 Piaster

Tempel, den er dem Mammon gebaut habe, zusammenstürze und ihn unter seinen Trümmern begrabe. Wenn die Kiste wirklich nichts andres als Gold enthielt, dann war allerdings ihr Gewicht erklärlich und die schreckliche Verwundung des Ghani bildete weiter kein unlösbares Rätsel mehr. Dann mußte ich aber auch meine damaligen Worte als eine Eingebung des Himmels betrachten, die jetzt ihre furchtbare Erfüllung gefunden hatte. Mit einem unbeschreiblichen Gefühl im Herzen sah ich den Haddedihn zu, wie sie den Deckel zu öffnen versuchten. Eine Zeitlang widerstand er ihren Bemühungen, dann gab aber der Verschluß nach, der Deckel flog auf, und — — — —

„Maschallah!" riefen die Umstehenden bestürzt und blickten mit weit geöffneten Augen auf den Inhalt der Kiste, der ihnen gleißend entgegenschimmerte — sie war bis an den Rand mit Goldstücken angefüllt.

Ein plötzliche Stille trat ein. Die Haddedihn, die damals in der Mahkame die Worte gehört hatten, die ich an den Ghani richtete, verstanden nur zu wohl das Erschütternde, das im gegenwärtigen Augenblick lag, und ihre Augen wanderten überrascht und staunend von dem goldnen Schatz zu mir und wieder zurück. Auch der Perser stand starr; und zitternd kam es über seine Lippen, als er nach einer Weile die Stille unterbrach:

„Effendi, deine Wahrsagung, deine Vorhersage! Weißt du noch? Der Ghani hat das Ende gefunden, das du ihm vorhersagtest. Allah sei seiner Seele gnädig und barmherzig!"

Wie war der Ghani zu dem Schatz gekommen, und wo hatte er ihn verborgen gehabt? Der Pascha hatte damals sein Haus genau durchsuchen lassen, aber es war nicht viel an Bargeld gefunden worden. Auch ich war der Meinung gewesen, daß sein ganzes Vermögen im Beit es Ssalâ versteckt gewesen sei. Und nun stellte es sich heraus, daß er doch so klug gewesen war, sein Geld an verschiedenen Plätzen zu verbergen. Und wer hatte ihm geholfen, die schwere Kiste in Sicherheit zu bringen? Das waren Fragen, auf die wir wohl niemals eine Antwort bekommen würden. Jedenfalls hatten wir jetzt die Erklärung, warum der Ghani auch diesmal von dem üblichen Weg abgewichen war. Er wollte allen unliebsamen Begegnungen, die seinem Schatz und dadurch auch ihm gefährlich werden konnten, aus dem Weg gehen.

Zur Ehre der Haddedihn und der Beni Lam kann ich sagen, daß sie beim Anblick des Goldes ihre Fassung bewahrten. Nichts von der wütenden Gier, die ich so oft bei den Goldgräbern im Wilden Westen zu beobachten Gelegenheit gehabt hatte, war an ihnen zu bemerken. Ich selber war von jeher der Ansicht gewesen, daß es höhere Reichtümer gebe als Gold und Silber, und diese Überzeugung hatte sich nach und nach auch den Haddedihn mitgeteilt. Und was die Beni Lam betrifft, so hatte wenigstens ihr Scheik damals, als er so leichten Herzens auf „den Schatz der Glieder" verzichtete, obgleich er sich schon in seinen Händen befand, eine bewundernswerte Selbstbeherrschung an den Tag gelegt. Außerdem gab es jetzt andre Dinge zu besorgen, die vordringlicher waren: das Begräbnis des Mekkaners und der Aufbruch zum Bir Hilu. Die Kiste wurde also wieder verschlossen und einstweilen auf einem Lastkamel verpackt.

Dann legten wir die Leiche des Ghani in die bereitstehende Grube und bedeckten sie mit dem ausgehobenen Erdreich. Als wir beinah fertig waren und nur noch das Gesicht frei war, wandte sich der Graf, der unterdessen stumm, wie betend, danebenstand, mit der Bitte an mich:

„Effendi, erlaube, daß ich dem entseelten Körper Abadilahs die letzte Handvoll Erde gebe! Vorher möchte ich aber über ihm die Sure beten, die das ‚Zerspalten' betitelt ist. Du kennst sie ebensogut wie ich und weißt, daß sie nichts gegen unsern Glauben enthält und daher unbedenklich von jedem Christen gebetet werden kann."

Ich winkte ihm schweigend Gewährung seines Wunsches zu, und der Graf begann in tiefer Bewegung, während die

Haddedihn und Beni Lam in ernstem Schweigen vor dem Grab standen:

„Im Namen Gottes, des Allbarmherzigen! Wenn der Himmel sich spaltet, und wenn sich die Sterne zerstreuen, und wenn sich die Wasser vermischen, und wenn die Gräber umgekehrt werden, dann weiß die Seele, was sie getan und unterlassen hat. O Mensch, was hat dich von deinem erhabenen Herrn abwendig gemacht, der dich erschaffen, gebildet und geformt und dich in der Form, die ihm beliebte, gefügt hat? Das ist die Wahrheit, und doch leugnet ihr das Gericht. Aber sieh, über euch sind Wächter, edle Wächter mit dem Schreibstift in der Hand, die wissen, was ihr tut. Sieh die Rechtschaffenen! Wahrlich, sie werden in Seligkeit wohnen. Sieh die Missetäter! Im Höllenpfuhl werden sie brennen am Tag des Gerichts, und nimmer werden sie ihm entrinnen. Was lehrt dich wissen, was der Tag des Gerichts ist? Und wiederum, was lehrt dich den Tag des Gerichts erkennen? An jenem Tag wird eine Seele für die andre nichts vermögen, und die Herrschaft gehört an jenem Tage Allah."

———————————————————————————

Ich bin am Ende angekommen und kann mir denken, daß mancher Leser den Wunsch haben wird, eine recht genaue Auskunft zu erhalten über jede einzelne Person, die seine Teilnahme gewonnen hat. Dieser Wunsch kann mit wenigen Worten erfüllt werden. Am Bir Hilu nahm Abd el Darak von uns Abschied, der sich äußerst herzlich gestaltete, weil wir wußten, daß es sich um einen Abschied fürs Leben handle. Er nahm die Hälfte des Goldes mit sich. Eigentlich hätte er nach dem Wüstenrecht auf den ganzen Schatz Anspruch erheben können, weil er im Machtbereich der Beni Lam gefunden worden war. Aber er bemerkte ganz richtig, daß er keinen einzigen Piaster gesehn hätte, wenn er nicht auf den Gedanken gekommen wäre, uns eine Strecke das

Ehrengeleit zu geben. Die andre Hälfte wurde den Haddedihn zugesprochen, und diese war immerhin von solcher Höhe, daß sie sich von nun an zu den reichsten Stämmen der Dschesireh rechnen durften. Für die Asaker des Persers war, wie schon erwähnt, auf andre Weise hinreichend gesorgt worden.

An der Stelle, wo die Mekkaner den blinden Münedschi als tot begraben hatten, trennten sich der Perser und der Graf von uns, ersterer, um nach Meschhed Ali zurückzukehren, letzterer, um zunächst seinen Freund nach Haus zu begleiten und dann über Bagdad und Kermanschah die Straße nach Teheran zu gewinnen. Beide erreichten glücklich ihr Ziel. Von Khutab Aga darf ich verraten, daß ich mit ihm in lebhaftem Briefwechsel stehe. Er ist sehr glücklich geworden und erfreut sich an den heiligen Stätten der Schia des höchsten Ansehens. Seinen Einfluß benützt er nach Kräften im Sinn jener Liebe, die sich ihm in der höchsten Todesnot offenbart hat, und deren eifriger Apostel er in Wort und Tat geworden ist.

Graf Werniloff wurde von Schah Nasreddin in alle Ämter und Würden wiedereingesetzt, die er vor Jahren innegehabt hatte. Er wirkte noch einige Jahre zum Segen des Volks, dem er, der aus seinem Vaterland Vertriebene, seine Liebe geschenkt hatte, und als er starb, wurde er vom Herrscher und vom ganzen Land aufs aufrichtigste betrauert.

'Aun er Rafiq erlebte eine lange Regierungszeit, was ein Kenner der Geschichte Mekkas als eine große Seltenheit bezeichnen muß: er hatte den Scherifenthron 23 Jahre inne und starb im Jahre 1905. Die Ereignisse, von denen dieses Buch berichtet, hatten ihm über die Hohlheit und Verderbtheit der mekkanischen Gesellschaft die Augen geöffnet und ihm die Waffen in die Hand gegeben, die es ihm ermöglichten, den versteckten Machenschaften seiner Gegner mit Erfolg entgegenzutreten. Auch der Pforte gegenüber zeigte er sich als geschickter Staatsmann, der scheinbar auf alle ihre Forderungen einging, in Wirklichkeit aber sich seine Machtstellung um keines Haares Breite verkürzen ließ. Wie er einst gegen Othman Pascha Sieger geblieben war, so behauptete er auch dessen Nachfolgern gegenüber eine unleugbare Überlegenheit, die er indes, wenn man den Zeitungsberichten glauben darf, nicht in selbstsüchtiger Weise, sondern zum Nutzen des Hedschas ausnützte.

Und Halef und seine Haddedihn? — Als wir in der Nähe des Euphrat angekommen waren, wurden zwei Haddedihn als Eilboten vorangeschickt, die unsre Ankunft melden sollten. Wir wurden vom ganzen Stamm mit jubelnder Begeisterung empfangen. Jetzt hätte eigentlich nach Beduinenbrauch unsre glückliche Wiederkehr durch eine Reihe von Festspielen und Siegesmahlzeiten gefeiert werden müssen, aber, zur Ehre der Haddedihn muß es gesagt werden, sie dachten diesmal gar nicht daran. Statt dessen versammelte Halef seine Haddedihn und berichtete ihnen in der ihm eignen, unübertrefflichen Art und Weise von der denkwürdigen Hadsch, die uns so seltsame Erlebnisse gebracht hatte. Daß er zu dieser Erzählung allerdings mehr als einen Abend benötigte, wer kann ihm das verdenken? Und ebensowenig ist daran zu zweifeln, daß er eine dankbare, aufmerksame Zuhörerschaft besaß, die seinen Worten mit atemloser Spannung folgte. Wie eine Offenbarung aus einer andern Welt durchschauerte es aber ihre Seele, als er anhub, von den Geschichten des Münedschi zu erzählen. Und eine Woge bisher unbekannter Gefühle, die sich zu heilig ernsten Vorsätzen gestalteten, durchflutete sie, da die erschütternden Bilder vor ihrem geistigen Auge erstanden, die ihnen ein dunkles, unerforschtes Gebiet seelischer Zustände ahnungsvoll erschloß, deren vollkommene Enthüllung und Erkenntnis uns freilich erst in der Sterbestunde zuteil wird, wenn unsre Seele zitternd und zagend stehen wird

am Jenseits.

KLASSISCHE JUGENDBÜCHER

Harriet Beecher-Stowe, **ONKEL TOMS HÜTTE**

Gottfried A. Bürger, **MÜNCHHAUSEN**

Frances Burnett, **DER KLEINE LORD**

Daniel Defoe, **ROBINSON CRUSOE**

Charles Dickens, **DAVID COPPERFIELD**

Charles Dickens, **OLIVER TWIST**

Herman Melville, **MOBY DICK**

Howard Pyle, **ROBIN HOOD**

Gustav Schalk, **KLAUS STÖRTEBEKER**

Robert Louis Stevenson, **DIE SCHATZINSEL**

Jonathan Swift, **GULLIVERS REISEN**

UEBERREUTER

KLASSISCHE JUGEND BÜCHER

J. F. Cooper
LEDERSTRUMPF Der »Lederstrumpf« Coopers
zählt zu den schönsten und
berühmtesten Indianerbüchern der
Welt.
Die Erzählungen ranken sich um
die Gestalten des schlichten und
einfachen Trappers Natty Bumppo
— genannt »Lederstrumpf« — und
seines edlen roten Freundes
Chingachgook, die eine einzig-
artige Freundschaft verbindet.
Jeder Leser erlebt die auf-
regenden Abenteuer, die der Held
des Buches und die übrigen
Hauptpersonen zu bestehen haben,
so unmittelbar mit, als ob er selbst
an ihrem Leben in den Wäldern
Nordamerikas teilnehmen würde.
Diese Gesamtausgabe enthält alle
fünf Erzählungen. Der Wild-
töter — Der letzte Mohikaner —
Der Pfadfinder — Die Ansiedler —
Die Prärie.

UEBERREUTER

Die vorliegende Erzählung

IN MEKKA

ist als Band 50 in Karl Mays Gesammelten Werken erschienen

KARL MAYS GESAMMELTE WERKE

Jeder Band in grünem Ganzleinen mit Goldprägung und farbigem Deckelbild

KARL-MAY-VERLAG, Bamberg